Fonología generativa contemporánea de la lengua española

Fonología generativa contemporánea de la lengua española

Rafael A. Núñez Cedeño
Alfonso Morales-Front

Colaboran
Pilar Prieto i Vives
José Ignacio Hualde

Georgetown University Press • Washington DC

Copyright © 1999 Georgetown University Press
All rights reserved
Printed in the United States of America

03 02 01 00 99 98   5 4 3 2 1

Library of Congress Cataloging-in-Publication Data

Núñez, Rafael.
   Fonología generativa contemporánea de la lengua española / Rafael A. Núñez Cedeño, Alfonso Morales-Front.
     p. cm.
   Includes bibliographical references (p.   ) and index.
   1. Spanish language—Phonology.   2. Spanish language—Grammar, Generative.
   I. Morales-Front, Alfonso.   II. Title.
PC4131.N86   1998
461'.5—dc21   98-13261
ISBN 0-87840-693-X (cloth).
ISBN 0-87840-694-8 (pbk.)

Para Anthony Zahareas y Kathleen Houlihan
Hoy me sonríen Yulissa e Ysatris
　—Rafael A. Núñez Cedeño

Para Cristina y Alex
　—Alfonso Morales-Front

Índice

Prólogo   xiii

Introducción: La Fonología   1

   Fonética y fonología   1
   Fonología: fonemas y alófonos   2
   Breve historia de la fonología: 4
     Estructuralismo   4
     Generativismo   5
   Principios de organización de la fonología generativa:
   representaciones y reglas   9
     El sistema de *Sound Pattern of English*   9
     Representaciones   9
     Reglas y procesos fonológicos   12
   La fonología autosegmental y la fonología métrica   14
     Representaciones y reglas   14
     Subespecificación de rasgos   18
   Propuestas recientes: optimidad   20
   Resumen   22

I   De La Fonética Descriptiva a los Rasgos Distintivos   23

   1. Introducción   23
     1.1 Fonética articulatoria   24
       1.1.1 Una visión general de la producción de sonidos.   24
       1.1.2 Los órganos del habla   26
     1.2 Clasificación de los sonidos.   27
       1.2.1 Según las posibilidades de la laringe.   27
       1.2.2 Según el grado de constricción en la cavidad oral.   28
         1.2.2.1 Vocales   29
         1.2.2.2 Consonantes   31
           1.2.2.2.1 Grado de constricción   31
           1.2.2.2.2 Punto de articulación.   34
     1.3 De la malla descriptiva a los rasgos mínimos.   37

II Fonologia Autosegmental   43

2. Introducción   43
   - 2.1 Arquitectura de los segmentos   45
   - 2.2 Asociación de rasgos   47
     - 2.2.1 Armonías no tonales   49
   - 2.3 Análisis autosegmental de la aspiración   51
     - 2.3.1 Aspiración de /f/ y /r/   53
     - 2.3.2 Análisis autosegmental de la asimilación de nasales   53
   - 2.4 Arquitectura geométrica autosegmental   55
     - 2.4.1 Los esqueletos prosódicos   56
     - 2.4.2 Análisis CV de los plurales   59
     - 2.4.3 Los hipocorísticos y el nivel CV   63
     - 2.4.4 El esqueleto X y reglas globales   64
     - 2.4.5 Compensación vocálica   64
   - 2.5 Niveles de representación y la Convención de Asociación Universal   67
     - 2.5.1 Las líquidas vibrantes   68

III Modelo Autosegmental Jerárquico   72

3. Introducción   72
   - 3.1 Modelo jerárquico   72
     - 3.1.1 Localización del rasgo [continuo]   81
     - 3.1.2 Excepciones al Principio de Preservación de Estructura   84
     - 3.1.3 Dependencia de [cont] bajo el punto oral   85
   - 3.2 Motivación del nuevo modelo   86
     - 3.2.1 Reanálisis de algunos procesos   87
   - 3.3 Propagación de un nodo completo   91
     - 3.3.1 Reducción de rasgos   92
   - 3.4 El Principio de Contorno Obligatorio   93
     - 3.4.1 Integridad de las geminadas   99
     - 3.4.2 Inalterabilidad de geminadas en otras lenguas   100
     - 3.4.3 Alteración de geminadas reales   104
     - 3.4.4 Breve excursus de distinción de segmento largo vs. geminada   106
   - 3.5 La asimilación y la Condición de Inalterabilidad   107
     - 3.5.1 Espirantización de obstruyentes   109

3.6 Asimilación y propagación de rasgos sin desunión   114
    3.6.1 Coarticulación de las nasales   116

3.7 Unidad en la organización de rasgos en vocales y consonantes   118
    3.7.1 Modelo geométrico basado en la constricción bucal   120
    3.7.2 Coronalización de obstruyente velar sorda   121
    3.7.3 Coronalización como producto de asimilación del rasgo [coronal]   124

3.8 Teoría de la adyacencia   127
    3.8.1 Breve bosquejo histórico de la adyacencia   128
    3.8.2 Adyacencia en la teoría no lineal   128
    3.8.3 Definición de localidad   129
    3.8.4 Particularidades de otras lenguas   131

IV Teoría de la Subespecificación   134

4. Introducción   134

4.1 Redundancia léxica   135
    4.1.1 Teoría de la marcadez   135
    4.1.2 La marcadez en el estructuralismo   135
    4.1.3 La marcadez en el generativismo   136

4.2 Teoría de la subespecificación   138
    4.2.1 Subespecificación en general   139
    4.2.2 Subespecificación definida   139
    4.2.3 Inventario alfabético   140

4.3 Reglas de redundancia: por defecto y de complemento   141
    4.3.1 Reglas aprendidas   142

4.4 Epéntesis de /e/   143

4.5 La armonía vocálica en pasiego   145
    4.5.1 Ventajas de la no especificación en pasiego   148
    4.5.2 La *e* tensa del pasiego   148

4.6 Subespecificación consonántica   149
    4.6.1 Inventario consonántico general   149
    4.6.2 El rasgo [sonoro] en japonés   151
    4.6.3 Subespecificación en nasales y líquidas   152
    4.6.4 Particularidades de lengua   153

4.7 El caso especial de las nasales /m n ñ/   154

4.8 Más en cuanto a la subespecificación del rasgo [coronal]   158

4.9 La subespecificación restringida 162
    4.9.1 El latín y la subespecificación restringida 164
    4.9.2 El vasco y la subespecificación restringida 165
    4.9.3 Diferencias entre los modelos de subespecificación 167

V   La Silabificación en Español   170

5. Introducción a la sílaba 170
  5.1 Principales generalizaciones acerca de la silabificación en español 175
  5.2 Estructura moraica 179
  5.3 Hiatos y diptongos 181
  5.4 Resilabificación de grupos vocálicos: sinalefa y sinéresis 185
  5.5 Contacto silábico 188

VI   La Fonología Léxica   189

6. Introducción 189
  6.1 SPE: reglas cíclicas y no cíclicas 190
  6.2 El Principio de la Ciclicidad Estricta 192
  6.3 Los sufijos del inglés y los estratos morfológicos (Siegel 1974) 193
  6.4 La fonología léxica 194
  6.5 Los estratos léxicos y las reglas postcíclicas 198
  6.6 Los estratos léxicos del español 200
  6.7 Propuestas recientes 201

VII   El Acento   203

7. Introducción 203
  7.1 El acento en un modelo generativo 203
  7.2 Formalización 205
    7.2.1 Parametrización del acento 208
  7.3 Aspectos problemáticos de la acentuación en español 209
    7.3.1 El patrón no marcado 209
    7.3.2 Excepciones a la generalización básica: cómo formalizarlas 212
      7.3.2.1 Acentuación esdrújula en palabras con un ET 212
      7.3.2.2 Acentuación llana en palabras terminadas en consonante, sin ET 216

       7.3.2.3 Esdrújulas terminadas en consonante   217
   7.3.3 El límite de las tres sílabas   218
   7.3.4 Peso silábico   219
   7.3.5 Acento secundario   225
   7.3.6 Acentuación verbal   226
 7.4 Conclusión   230

VIII   Teoría de la Optimidad   231

8. Introducción   231
  8.1 La nueva aproximación puesta en perspectiva   232
    8.1.1 La aproximación basada en reglas   232
    8.1.2 La aproximación basada en restricciones   235
  8.2 Teoría de la Optimidad   238
    8.2.1 Organización del componente fonológico de la gramática en la TOp   242
    8.2.2 Qué son las restricciones y cómo se articula un análisis basado en restricciones   245

IX   El Acento y la Optimidad   251

9. Introducción   251
  9.1 La Teoría de la Optimidad   251
  9.2 La generación de pies   252
  9.3 Acentuación no marcada   253
  9.4 Esdrújulas y llanas terminadas en consonante   255
  9.5 El residuo   259
  9.6 Acentuación verbal   263
  9.7 Acento secundario   270
    9.7.1 La generación de pies secundarios   271
  9.8 Conclusión   276

Bibliografía   277

Apuntes de transcripciones fonéticas   289

Indice de temas y lenguas   291

Prólogo

Con la publicación del libro *Spanish Phonology* de James W. Harris (1969), los datos de la fonología española pasaron a sustentar o cuestionar aspectos de la teoría generativa propuesta por Chomsky y Halle (1968) en su fundamental trabajo *The Sound Pattern of English* (en adelante SPE). Desde el punto de vista de la fonología española, el impacto de la teoría generativa ha sido harto abrumador. Sin embargo, la teoría generativa no ha permanecido intacta, fosilizada, tal y como se formulara en las páginas del SPE. Como cualquier teoría dinámica ha ido evolucionando en respuesta a retos que planteaban datos nuevos de diferentes lenguas. Ejemplos de propuestas alternativas o complementarias que mantienen la concepción unidimensional, o lineal, de los segmentos, son los trabajos de Hooper (1976), Stampe (1973) y Bjarkman (1975).

Hubo algunas publicaciones de carácter divulgativo que se encargaron de hacer asequibles en español las fuentes primigenias de la fonología generativa lineal. Entre ellas hay que destacar la obra *Aproximaciones a la fonología generativa* de Lleó y Contreras (1982). Pero al momento de publicarse este libro, ya se venía elaborando la fonología autosegmental, inicialmente propuesta en Goldsmith (1976), la cual encarna una nueva interpretación de cómo se organizan y distribuyen los rasgos distintivos. La fonología autosegmental supuso un abandono del presupuesto de que la secuencia lineal de segmentos era la base de la fonología y aportó toda una nueva dimensión interna acerca del segmento. La nueva fonología no lineal, se nutrió también de los datos del español y facilitó un nuevo prisma de análisis que permitió superar posiciones problemáticas en el modelo lineal. Entre las aportaciones del español al modelo no-lineal cabe destacar la monografía de James W. Harris *Syllable Structure and Stress in Spanish* publicada en 1983. A esta obra siguieron toda una serie de artículos cuya aportación se detalla en los capítulos de este libro.

Notablemente, a pesar de la continua evolución del marco teórico fonológico y del impacto que las nuevas propuestas han tenido en los datos del español, no ha aparecido ningún libro que recoja el cuadro general de cómo los avances teóricos han influenciado la interpretación de los datos del español. Una parte importante del presente trabajo viene a llenar este vacío, ya que la línea central de su estructura presenta las diferentes aproximaciones teóricas a los datos como revoluciones en las tendencias de investigación que esclarecen áreas de dificultad para posiciones previas. En ese sentido, este libro traza una línea de progreso en la investigación de la fonología española. Sin embargo, en las secciones finales, el libro va mas allá del compendio analítico y se adentra en terreno innovador al plantear cómo las más recientes innovaciones afectan datos del español. Es necesario puntualizar aquí que hay otras teorías menos conocidas que no se mencionan en este libro. En este sentido se puede echar de menos la presencia de la 'fonología de dependencia' (Anderson y Ewen 1987), y la 'fonología de partículas' (Schane 1984) y la de 'encanto y rección' (Kayes y Lowemstam 1985) que le atribuyen al segmento, en particular a las vocales, propiedades moleculares. El alcance y aplicación de estas teorías han sido bastante limitados y prácticamente inexistentes para el español. Es por ello que no pormenorizamos en sus detalles.

Fue precisamente el reconocimiento de la necesidad de ofrecer una obra general actualizada sobre el estado actual y las proyecciones inmediatas de las innovaciones teóricas en la fonología del español, lo que nos llevó a aunar esfuerzos en la elaboración de este libro. El primer impulso para este proyecto vino de la iniciativa de Rafael A. Núñez Cedeño, quien se encargó de subrayar la urgente necesidad de llevar a cabo un proyecto con los objetivos descritos. Los capítulos no están señalados con los nombres de sus autores en un intento de ofrecer cohesión al volumen. Conviene, sin embargo, matizar aquí las contribuciones de cuyos contenidos desean responsabilizarse los autores individualmente. La introducción y el capítulo VI son responsabilidad de Pilar Prieto i Vives. Alfonso Morales-Front es el autor del capítulo I y la sección final (capítulos VII, VIII y XIX). Rafael Núñez Cedeño contribuyó con los capítulos II, III y IV y se encargó de la edición de la obra. Quien conozca el *Phonology in Generative Grammar* de Kenstowicz (1994) se dará cuenta de que, en cierta medida, le sirvió de inspiración para la presentación didáctica de sus capítulos. Finalmente, José Ignacio Hualde es el autor del capítulo V.

El libro va dirigido a un público lector que tenga conocimientos básicos sobre la teoría estándar. Ayudaría al lector, o lectora, haber leído la obra de Lleó y Contreras, o la más reciente *Fonética y fonología actual del español* de D'Introno, del Teso, y Weston (1995), texto de introducción a la fonética y fonología españolas pero que además incluye algunos rudimentos de las nuevas teorías. También servirán la obra introductoria de fonología general del inglés *Generative Phonology* de Kenstowicz y Kisseberth (1979), o del mismo corte, la traducción española del libro *Fonología moderna* de Sommerstein (1995).

El libro está organizado de la forma siguiente. La introducción presenta una vista panorámica de la fonología generativa. En este capítulo se presentan conocimientos básicos sobre el modelo lineal que se inscribe mayormente bajo los preceptos teóricos de Chomsky y Halle (1968). El capítulo I presenta el fundamento fisiológico en el que se basa la fonología y plantea la conexión que existe entre la fonética descriptiva y el primer nivel del edificio fonológico: los rasgos distintivos. El capítulo II arranca con las nociones centrales de la fonología autosegmental. El capítulo III expande la base autosegmental hasta su culminación en la geometría de los rasgos. El capítulo IV desarrolla el tema de la redundancia en las representaciones fonológicas mediante la subespecificación de rasgos. En el capítulo V se introduce la sílaba y se describen las posibilidades de esta unidad prosódica en español. El capítulo VI esboza las contribuciones de la fonología léxica que se ve mejor ilustrada con el concurso de procesos provenientes de otras lenguas. El capítulo VII se ocupa de una presentación de la teoría métrica y de considerar desde una perspectiva teórica neutra los temas de debate en torno al sistema de acentuación del español. El capítulo VIII presenta la revolución teórica de la década de los 90: la teoría de la optimidad. Finalmente, el capítulo IX es un botón de muestra de las posibilidades de esta teoría aplicada a los datos del español. En este capítulo se retoman los aspectos problemáticos del sistema acentual del español identificados en el capítulo VII y se les somete a un nuevo análisis de optimidad.

La verdad de Perogrullo es que todo libro se nutre directa o indirectamente de los comentarios, sugerencias y críticas de colegas y amigos. Por ello, los colaboradores y quienes abajo suscriben queremos agradecer las lecturas críticas o los comentarios que nos hicieran Jorge M. Guitart, James W. Harris, D. Eric Holt, Fernando Martínez-Gil, Regina Morín y Manel Pérez Saldanya. Así mismo, queremos agradecer los comentarios esclarecidos de dos evaluadores anónimos que fueron fundamentales para mejorar tanto aspectos concretos de los capítulos como el diseño general de la obra. Con la intervención oportuna de John Goldsmith pudimos rastrear datos y procesos de la lengua guaraní. Además le agradecemos al Institute for the Humanities de la University of Illinois-Chicago su generosa ayuda económica. Un reconocimiento especial para Gail Grella, así como para Patricia Rayner y el personal de la casa editorial de Georgetown University por la ayuda técnica y paciencia que nos brindaron durante todo el proceso de edición. Reconocemos por igual, y con gratitud, la cuidadosa labor editorial y técnica que nos ofrecieron Silvia Slack, estudiante de doctorado en lingüística de UIC y Marta Aponte Alsina. Por supuesto, cualquier error de concepto o ejecución que haya en este trabajo es responsabilidad exclusiva de los autores.

Rafael A. Núñez Cedeño
University of Illinois at Chicago

Alfonso Morales-Front
Georgetown University

INTRODUCCIÓN

La Fonología

Fonética y fonología

Los términos fonética y fonología se usaron indistintamente durante el siglo XIX para designar, en consonancia con los objetivos de la lingüística de aquella época, el estudio de la evolución histórica de los sonidos. El nacimiento de la fonología como disciplina diferenciada de la fonética es relativamente moderno y se debió a la introducción de las influyentes ideas lingüísticas de Ferdinand de Saussure a principios de este siglo. La clara distinción conceptual establecida por Saussure entre los ejes sincrónico y diacrónico del estudio lingüístico puso fin al predominio del análisis histórico característico del siglo pasado. Además, la dicotomía que estableció entre *langue* y *parole* (lengua y habla, en español actual) marcó fuertemente las prioridades y objetivos de la lingüística moderna. Saussure concibe la *lengua* como el modelo general y abstracto de todas las realizaciones lingüísticas particulares de una lengua, y el *habla* como el fenómeno concreto e individual, es decir, el acto de hablar esa lengua. En su *Cours de Linguistique Générale*, Saussure ilustra esta división conceptual con el ejemplo del ajedrez: los elementos particulares del juego, la forma de las piezas, el tablero, etc.. (habla) no cambian lo esencial e importante, lo que es común a todas las manifestaciones posibles del ajedrez, que son las reglas del juego (lengua). Así, Saussure propone que el estudio de una lengua determinada debe consistir en la descripción de su *lengua*, o del conocimiento abstracto que comparten todos sus hablantes, a través de las manifestaciones accesibles al observador (*habla*). Asimismo, como veremos más adelante, Saussure concibe la tarea del lingüista como una tarea de descripción y de sistematización del sistema lingüístico de una lengua dada, es decir, de las relaciones existentes en el sistema abstracto de reglas que cada hablante posee de su lengua.[1]

La aplicación de la división conceptual entre lengua y habla en el terreno de lo fónico se tradujo en la diferenciación entre *fonética* y *fonología*, establecida por Saussure y los primeros estructuralistas de la Escuela de Praga (Roman Jakobson y Nikolai Trubetzkoy, entre otros). La división entre las dos disciplinas parte de la observación de que no toda la variación fonética de los sonidos del habla es lingüísticamente relevante: es decir, en una lengua dada

---

1. Más tarde, Chomsky estableció una distinción similar entre competencia (*competence*) y actuación (*performance*).

existen oposiciones fónicas que son utilizadas para diferenciar las significaciones de las palabras y otras que no son utilizadas con ese fin. El análisis acústico o articulatorio de la producción del sonido [s] nos indica, por ejemplo, que ese sonido no se produce de la misma forma ante la vocal [a] que ante [i]; sin embargo, los hablantes de una lengua como el español perciben ese sonido como una entidad invariable. Partiendo de datos experimentales, la fonética se ocupa del estudio de los sonidos de una lengua como fenómenos puramente físicos de producción y percepción. La fonología, en cambio, analiza los sonidos como fenómeno lingüístico. Es decir, se ocupa de cómo se usan los sonidos en esa lengua para distinguir significados, así como de los principios que gobiernan su distribución y de las relaciones existentes entre ellos. En suma, la fonética se ocuparía de la descripción física y del foco de variación en cada realización sonora (habla) y la fonología analizaría lo estable y lingüísticamente relevante en el sistema de sonidos de una lengua (la lengua). Aunque desde principios del estructuralismo se ha mantenido una estricta división entre las dos disciplinas, la mayoría de los fonólogos admiten que un estudio acústico y articulatorio de los sonidos de una lengua debería constituirse en un paso previo al análisis fonológico e incluso a la confirmación de hipótesis lingüísticas.

Fonología: fonemas y alófonos

Generalmente, el *fonema* se ha definido como la unidad mínima de descripción fonológica, una entidad abstracta con una *función distintiva* a la que no corresponde una realidad fónica particular. Como "función distintiva" se entiende la capacidad de un sonido para producir una diferencia funcional—o de distinción de significado—en una lengua dada. La fonología parte generalmente del examen de los sonidos existentes en una lengua particular, para determinar qué unidades fonemáticas tienen una función lingüística. La *prueba de la conmutación,* propuesta por los fonólogos de la Escuela de Praga, consiste en probar la diferencia funcional entre fonemas a partir de su capacidad de generar distinciones de significado. Por ejemplo, la existencia de tripletes mínimos como *carro* [káRo], *sarro* [sáRo] y *tarro* [táRo] en español demuestra que los sonidos [k, s, t] son fonemas distintos /k, s, t/ y capaces de generar una oposición distintiva.[2] Otra estrategia para determinar la fonemicidad potencial de un sonido, la llamada *distribución complementaria* propuesta por los distribucionalistas americanos (especialmente Bloomfield), consiste en usar un mecanismo puramente formal, que no recurre a las diferencias de significado. Si dos sonidos de una lengua aparecen siempre en

---

2. La mayoría de los sistemas notacionales suelen distinguir entre sonidos (entre corchetes) y fonemas (entre barras oblicuas).

contextos distintos se puede deducir que el rendimiento funcional del contraste entre los dos es nulo. En cambio, si un sonido aparece en la misma posición que otro en una lengua determinada (equivalencia distribucional) ello indica que existe un contraste funcional entre ambos y que son fonemas distintos.

Puesto que a base de los fonemas pueden distinguirse significados, estos no son predecibles y deben venir dados por un léxico que contenga la composición fonemática de las palabras. Lo que es predecible según el contexto son las variantes fonéticas de los fonemas, o *alófonos*. Una prueba usada a menudo con el fin de identificar las posibles manifestaciones fonéticas de un fonema es el análisis de la variación de morfemas. Suele ocurrir que el mismo morfema tenga una realidad sonora diferente según el contexto; por ejemplo, en (1) podemos observar varias realizaciones del morfema correspondiente al artículo indeterminado *un* en español peninsular: la nasal final adquiere distintos puntos de articulación, según cuál sea el punto de articulación de la consonante siguiente. A base de estos datos podemos deducir que /n/ es un fonema del castellano que se manifiesta fonéticamente en los siete alófonos [n, m, ɱ, n̪, n, ñ, ŋ]:

(1) no asimilada   u[n] árbol
    bilabial   u[m] burro
    labiodental   u[ɱ] fuego
    dental   u[n̪] diente
    alveolar   u[n] lomo
    alveolopalatal u[ñ] yeso
    velar   u[ŋ] cuento

Puede ocurrir que un sonido se comporte como fonema en una lengua y como alófono en otra. Por ejemplo, la fricativa sonora [z], que forma parte del inventario de sonidos del catalán y del castellano, se comporta de formas distintas en los sistemas fonológicos de ambas. Mientras que en catalán la prueba de la conmutación demuestra que [z] tiene una función distintiva (cf. los pares mínimos *casa* [kázə] 'casa', *caça* [kásə] 'caza.3ps'), en español no la tiene, ya que este sonido aparece única y exclusivamente ante consonantes sonoras (*desde* se suele pronunciar [dézðe] en la mayoría de dialectos). En el caso del español, se dice que los sonidos [s] y [z] son variantes fonéticas o alófonos del fonema /s/, puesto que la realización fonética de /s/ (en [z] o [s]) es dependiente del contexto.

La tarea principal de la fonología gira en torno a la descripción del comportamiento de los fonemas y la formalización de las regularidades existentes en los sistemas fonemáticos. Como veremos, los objetivos de esta disciplina han variado a lo largo de este siglo, debido en parte a la evolución de las concepciones sobre la lingüística y la creciente intención de mejorar las predicciones de los modelos fonológicos. En las secciones siguientes repasaremos brevemente la evolución de las propuestas de la fonología, desde las hipótesis estructuralistas hasta las más recientes propuestas del generativismo.

Breve historia de la fonología

Estructuralismo

A diferencia de otras corrientes, el estructuralismo concibe la lingüística como una ciencia eminentemente clasificatoria, cuyo objetivo es describir y establecer una taxonomía de las lenguas humanas. Partiendo de la distinción básica entre *lengua* y *habla*, esa corriente considera que el objeto de estudio de la lingüística debe ser el sistema de reglas común a todos los hablantes de una lengua. De acuerdo con su orientación metodológica, la fonología estructuralista ha centrado el análisis de los fonemas en un estudio minucioso de las oposiciones fonológicas y sus propiedades. Así, la determinación de la estructura fonológica de una lengua consiste en sistematizar y describir tanto relaciones opositivas entre fonemas (*relaciones paradigmáticas*) como relaciones secuenciales de fonemas en el discurso (*relaciones sintagmáticas*). Alarcos apunta que la fonología se ocupa de "investigar las diferencias fónicas asociadas con las diferencias de significación, el comportamiento mutuo de los elementos diferenciales y las reglas según las cuales estos elementos se combinan para formar significantes" (Alarcos 1981:28).

En el marco estructuralista, la fonología no se consideraba como un componente aislado del análisis gramatical, sino como un área repartida e interrelacionada con los demás componentes gramaticales, dividida en tantas ramas como tuviera la gramática (léxico, morfología y sintaxis). Como apuntaba Trubetzkoy, "puesto que la fonología estudia *todas* las funciones lingüísticas de las oposiciones fónicas, deberá ser subdividida en tantas ramas como tiene la gramática (en el sentido que Saussure da a este término). Además de la *fonología léxica,* hay pues una *fonología morfológica* (o morfofonología simplemente) y una *fonología sintáctica.* Cada una de esas ramas de la fonología presenta especiales y muy interesantes problemas." (Trubetzkoy 1972:25).

Se han distinguido dos corrientes dentro de la fonología estructuralista: la Escuela Fonemicista o Americana, que comprende el grupo formado por Bloomfield, Hockett, Harris, Sapir, entre otros; y la Escuela de Praga, que recoge el trabajo de fonólogos como Jakobson y Trubetzkoy. La fuerte influencia de la psicología positivista y antimentalista sobre la Escuela Americana, especialmente sobre Bloomfield, explica algunas de las diferencias entre las dos escuelas. Por una parte, el rechazo a lo que no sea puramente empírico lleva al grupo americano a negar el estudio de los significados y a considerar la semántica como un área fuera del alcance de la ciencia lingüística. Por ejemplo, para identificar los fonemas de una lengua y sin posible referencia al significado, recurren a un sistema puramente formal que usa operaciones estrictamente "objetivas," como pueden ser el análisis de la distribución complementaria de los segmentos fónicos de la lengua (de ahí el nombre de distribucionalismo americano). Ambos enfoques también se pueden distinguir en cuanto a su apreciación del trabajo fonético. Por una parte, los distribucionalistas americanos sostienen que el único análisis riguroso del sistema fonológico es el estrictamente formal, desprovisto de referencia alguna a características acústicas y articulatorias de los sonidos. Bloomfield (1933), por ejemplo, defiende la posición de que sólo los dos tipos siguientes de análisis fónicos pueden ser científicamente relevantes: el análisis acústico de los sonidos en habla espontánea, o el análisis fonémico. En cambio, el análisis fonológico de la escuela de Praga basa muchas de sus clasificaciones fonológicas en el análisis fonético. La influyente *teoría de los rasgos distintivos,* propuesta por Roman Jakobson, constituye un claro exponente del papel ejercido por la fonética en las hipótesis de esta escuela. Este fonólogo propuso la existencia de un conjunto limitado y universal de rasgos binarios capaces de describir, contrastar y agrupar las fonemas de una lengua dada. Con ese grupo de rasgos se puede llegar a definir las unidades fonemáticas y las relaciones opositivas que se establecen entre ellas. En el libro *Preliminaries to Speech Analysis. The Distinctive Features and Their Correlates* (1952), Roman Jakobson, Gunnar Fant y Morris Halle introducen una serie de rasgos basados fundamentalmente en criterios acústicos de observación espectrográfica (también en algunos casos articulatorios). Los rasgos propuestos incluyen doce oposiciones binarias: 1) vocálico/no-vocálico; 2) consonántico/no-consonántico; 3) interrupto/continuo; 4) glotalizado/no-glotalizado; 5) estridente/suave; 6) sonoro/no-sonoro; 7) compacto/difuso; 8) grave/agudo; 9) redondeado/no-redondeado; 10) palatalizado/no-palatalizado; 11) tenso/laxo; y 12) nasal/oral, etc. La autonomía de cada rasgo distintivo se observa en procesos fonológicos en los que estos rasgos actúan de forma independiente. La teoría de los rasgos distintivos de Jakobson representó el comienzo de la discusión actual sobre cuál debe de ser el contenido y la función de los rasgos en los sistemas fonológicos (para una revisión de sus aportaciones a la teoría fonológica, véase Halle 1983).

Otro aspecto que distingue a la Escuela de Praga de la Escuela Americana es su concepción de la relación entre el sistema fonológico y la competencia lingüística del hablante. Mientras que la Escuela Americana niega cualquier tipo de conexión entre ambos, varios de los trabajos en la Escuela de Praga contienen implícitamente la idea de que el sistema lingüístico se relaciona directamente con las capacidades cognitivas del hablante. La posible realidad psicológica de los fonemas y rasgos distintivos, capaces de controlar los mecanismos de producción y percepción del habla, fue uno de los temas centrales de discusión entre los fonólogos de la Escuela de Praga. Finalmente, la fonología estructuralista, particularmente los miembros de la Escuela de Praga, se planteó la búsqueda de leyes fonológicas *universales,* activas en todos los sistemas fonológicos. En realidad, la teoría de los rasgos distintivos propuesta por Jakobson ya deja entrever esa tendencia universalista de la cual arranca directamente la gramática generativa. Nikolai Trubetzkoy ya apuntó que "el carácter concreto de la fonología actual la conduce hacia la investigación de leyes fonológicas válidas para todas las lenguas del mundo. Al aplicar los principios de la fonología a muchas lenguas enteramente diferentes con el fin de poner en evidencia sus sistemas fonológicos y estudiar la estructura de esos sistemas, no se tarda en advertir que ciertas combinaciones de correlaciones pueden hallarse en las más diversas lenguas, en tanto que en otras no existen en ninguna parte." (Trubetzkoy 1972:27).

Generativismo

El modelo de la fonología generativa fue propuesto por Noam Chomsky, Morris Halle y sus colaboradores del MIT entre finales de los años cincuenta y 1968, año en que se publicó el *Sound Pattern of English* (SPE). Este estudio pronto se convirtió en la obra de referencia clásica de la teoría fonológica generativa y definió las cuestiones centrales que se debatirían dentro de su marco teórico a lo largo de los años setenta. Aunque generalmente se ha destacado la ruptura que representó dicho modelo, el generativismo no significó un cambio radical de objetivos con respecto a anteriores modelos estructuralistas. Por un lado, continúa vigente la dicotomía entre langue y parole, que Chomsky recoge en la distinción entre *competencia* y *actuación*. Chomsky llama competencia al conocimiento lingüístico que comparten, por ejemplo, los miembros de una comunidad lingüística como el español y que les permite relacionar una serie de sonidos conectados como la frase [se kajó kon la móto] con un significado y viceversa. Una de las tareas del lingüista es describir la *gramática particular* del español, es decir, una serie de reglas interiorizadas que describen la competencia de un hispanohablante.

Uno de los cambios introducidos por la revolución chomskyana en el estudio lingüístico parte de la hipótesis de que la facultad del habla constituye una capacidad innata del hombre, con un funcionamiento universal y común a todos los humanos. Chomsky llega a esa conclusión a partir de lo que él llama el "dilema de Platón". Por un lado, tenemos evidencia de que cualquier hablante posee un conocimiento sorprendente de su propia lengua. Cualquier niño de corta edad ya ha aprendido su lengua a base de una serie finita de ejemplos. El problema que se plantea es la dificultad de explicar la internalización de ese conocimiento lingüístico a través de los pocos datos accesibles al observador. En consecuencia, Chomsky arguye que el género humano viene dotado de una herencia genética que le permite adquirir con facilidad la complejidad del lenguaje. El centro de la argumentación chomskyana es que las estructuras sintácticas de cualquier lengua son tan complicadas que ningún niño o hablante podría aprenderlas de no ser por sus capacidades innatas. Además, esa herencia genética debe corresponderse con el conjunto de principios generales comunes a todas las lenguas, lo que se llama *gramática universal.* La estructura sintáctica se define como el núcleo estructural de la lengua y son sus principios los que reflejan las capacidades innatas de la mente humana. En su *Principles on Government and Binding,* por ejemplo, Chomsky (1981) propuso una serie de principios universales operantes en el componente sintáctico, como los principios de proyección y de subyacencia. Esos dos principios representan condiciones sobre la estructura y sobre las referencias lingüísticas, respectivamente, e intentan predecir las estructuras sintácticas gramaticales en diferentes lenguas y prohibir las estructuras sintácticas agramaticales.

De modo que los objetivos de la gramática generativa van más allá de la descripción de la competencia particular en una lengua. Además de describir las gramáticas particulares de cada lengua, la tarea del lingüista consiste en descubrir los principios que forman parte de esa gramática universal, es decir, descubrir los patrones universales que son comunes a todas las lenguas particulares y que a la vez puedan constituir evidencia de procesos cognitivos generales. Halle, entre otros, defiende que el estudio de la naturaleza del lenguaje está directamente relacionado con el estudio de procesos cognitivos: "He supuesto que una descripción adecuada de una lengua puede consistir en un conjunto de reglas (...). Este conjunto de reglas, que llamaremos la *gramática* de una lengua (y que incluye también el componente fonológico), representa el conocimiento que necesita un hablante para comunicarse en una lengua dada y contiene una parte esencial de lo que el niño aprende de sus padres y de sus maestros." (Halle 1959:12–13).[3]

La teoría generativa concibe la gramática como un sistema estratificado en tres componentes -sintáctico, fonológico y semántico- que representan el conocimiento lingüístico del hablante nativo. Una descripción adecuada de la gramática de una lengua particular debe consistir en una serie de reglas y principios que sean capaces de generar cualquier frase gramatical en esa lengua y prohibir cualquier frase agramatical. El gráfico en (2) muestra cómo se organizan los componentes de la gramática universal en la propuesta generativa. Primero, el componente sintáctico, el núcleo de la gramática, genera la Estructura Superficial (ES), que es una representación abstracta de una estructura intermedia.[4] Después, los dos componentes interpretativos de la gramática (la fonología y la semántica) asignan una representación o forma fonética (FF) y una representación semántica o lógica (FL) a esa estructura. Como se

---

3. "I have assumed that an adequate description of a language can take the form of a set of rules (...). This set of rules, which we shall call the grammar of the language and of which phonology forms a separate chapter, embodies what one must know in order to communicate in the given language: it contains an essential part of what the child learns from his parents: or the language learner, from his teacher."

4. Esta división entre Estructura Profunda y Estructura Superficial corresponde a una concepción clásica de la organización de la gramática, no vigente actualmente.

puede observar en (2), este sistema presupone que la estructura superficial abstracta es una estructura intermedia, y que las interpretaciones fonética y semántica son independientes entre sí.

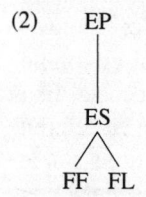

(2) EP
     |
     ES
    / \
   FF   FL

Por lo que respecta al componente fonológico de la gramática, está formado por una serie de reglas que transforman una entrada o *representación subyacente* (que equivale a la Estructura Superficial, o ES) en una *representación* o *forma fonética* (FF), que equivale a la pronunciación de la frase. La parte regular o productiva del sistema se registra en las reglas del componente fonológico, y la parte irregular o no-predecible en la representación subyacente. Se llama *derivación* a las representaciones intermedias generadas por la aplicación repetida de las reglas que producen la representación fonética a partir de la representación subyacente.

En el marco de la fonología generativa, una de las tareas de un fonólogo consiste en describir el sistema fonológico particular de una lengua, es decir, establecer unas *reglas* que permitan obtener representaciones fonéticas (FF) a partir de representaciones subyacentes. Otra de sus tareas consiste en describir los principios generales que regulan el funcionamiento de los componentes de reglas y de representaciones. El componente fonológico se organiza en dos partes, el de las reglas y el de las representaciones; consecuentemente, el fonólogo generativo enfoca su atención a cuestiones teóricas que atañen a esos dos componentes organizativos. Preguntas como ¿qué elementos forman las representaciones? ¿cómo se deben aplican las reglas fonológicas para obtener la representación fonética? ¿cuáles son las representaciones y reglas posibles? han sido cuestiones recurrentes en la teoría fonológica de los últimos años. En resumen, el objetivo de la fonología generativa consiste en descubrir los principios que rigen los cambios y combinaciones de sonidos, y hasta qué punto éstos se pueden derivar de principios universales.

En lo que resta de este capítulo se presentan algunas de las respuestas que los lingüistas generativos han dado a cuestiones como las anteriores. A través del diferente tratamiento y formalización de los componentes representacional y de reglas se irán apreciando los cambios en la teoría generativa, desde la publicación de *The Sound Pattern of English* hasta las últimas aportaciones, como las teorías armónica (Goldsmith 1993), de *grounding* (Archangeli y Pulleyblank 1994), declarativa (Scobbie 1991, entre otros) y de optimidad (Prince y Smolensky 1993). Como veremos, esas teorías fonológicas han propuesto cambios substanciales en los principios organizativos de los componentes fonológicos con el fin de simplificar la expresión de las regularidades fonológicas y restringir el grado de libertad de la teoría.

Principios de organización de la fonología generativa: representaciones y reglas

El sistema de The Sound Pattern of English

En esta sección se explica de forma sucinta el modelo propuesto por Chomsky y Halle en SPE. Como mencionamos anteriormente, dicho estudio analiza las propiedades estructurales de los sonidos en inglés en el marco de la teoría de la gramática generativa. Como veremos, las propuestas allí mencionadas han representado el punto de partida de la discusión de las cuestiones centrales de que se ha ocupado la fonología teórica en los últimos años.

Representaciones

Desde que Roman Jakobson propuso la llamada *teoría de los rasgos distintivos*, se han usado los rasgos en vez del fonema como unidad mínima de análisis. Jakobson defendió la existencia de una serie finita de rasgos binarios, definidos a base de propiedades acústicas y/o articulatorias de los sonidos, y capaces de describir los posibles contrastes distintivos entre fonemas. La propuesta de SPE recoge la hipótesis de los rasgos distintivos de Jakobson y propone un conjunto universal de rasgos fonéticos (nasalidad, sonoridad, etc..). Cada fonema se representa como una matriz no ordenada de rasgos binarios que se ha dado en llamar *representación lineal* y que tiene la función de agrupar y distinguir a los fonemas por sus rasgos comunes y no comunes.

Mientras que Jakobson et al. (1952) y Fant (1973) basaron el contenido de los rasgos en características acústicas, Chomsky y Halle (1968) propusieron una descripción articulatoria, inaugurando así la línea ortodoxa adoptada por la fonología generativa.[5] Una de las características importantes de esta propuesta es la binariedad de los rasgos: todos los rasgos tienen su valor positivo y su valor negativo, y se da por sentado que ambos pueden ser activos en reglas fonológicas. Aunque la mayoría de los rasgos representan una gradación fonética y podrían ser divididos en más de dos partes, se ha observado que generalmente los rasgos se comportan de forma binaria en el componente fonológico. Por ejemplo, no se sabe de ninguna lengua en que el rasgo [nasal] tenga más de dos distinciones activas fonológicamente, aunque fonéticamente se puedan distinguir más de dos valores en algunas lenguas. Incluso en

---

5. Aunque ha habido discusiones a favor de la reintroducción de rasgos como 'grave', la mayoría de los modelos fonológicos han continuado usando rasgos definidos articulatoriamente. Los únicos rasgos definidos acústica o perceptualmente que todavía se usan extensamente son [estridente], [sibilante] y [resonante].

lenguas que muestran una división tripartita de algún rasgo a nivel fonético no se tiene constancia de que esos rasgos sean activos en reglas fonológicas. Algunos trabajos posteriores a SPE han planteado la posibilidad de eliminar una de las dos distinciones binarias de forma que la otra se pueda "deducir" a través de reglas de redundancia (ver capítulo sobre la subespecificación de rasgos); asimismo, también se ha considerado la posibilidad de tener algunos rasgos múltiples en el caso de rasgos que se resisten a la especificación binaria, como la especificación de altura vocálica o de punto de articulación consonántica.

En lo que sigue se presenta de forma sucinta la propuesta de caracterización de rasgos de SPE, mantenida en gran parte por el modelo generativo de los años setenta. No comentaremos la lista exhaustiva de los rasgos propuestos en SPE, sino los más relevantes para la descripción de los sonidos del español (para más detalle, consúltese Chomsky y Halle 1968:293–329). En primer lugar, los llamados *rasgos mayores* (±silábico, ±consonántico y ±resonante) pueden distinguir las clases básicas de sonidos (vocales, deslizadas, líquidas, nasales y obstruyentes):

	silábico	consonántico	resonante
vocales	+	−	+
deslizadas	−	−	+
líquidas	−	+	+
nasales	−	+	+
obstruyentes	−	+	−

Tres rasgos caracterizan la posición del dorso de la lengua (±alto, ±bajo, ±retraído) y son suficientes para distinguir los fonemas vocálicos en muchas lenguas. La siguiente tabla muestra la *matriz clasificatoria* de las cinco vocales del español:

	i	e	a	o	u
alto	+	−	−	−	+
bajo	−	−	+	−	−
retraído	−	−	+	+	+

Los principales puntos de articulación de las consonantes se pueden distinguir a través de los siguientes rasgos: [±coronal, ±anterior, ±alto, ±retraído] y [±distribuido] (Harris 1969). Una consonante es [+anterior] si se produce una obstrucción *delante* de la región palato-alveolar de la cavidad bucal (labial, dental, alveolar), [+coronal] si se articula con el predorso de la lengua elevado desde su posición neutra, y [+distribuida] si se produce una constricción considerable en la dirección de la salida del aire (laminal). La siguiente matriz clasificatoria distingue algunas de las consonantes del español según su punto de articulación (la lista de consonantes no es exhaustiva):

	Bilabial [m p b]	Labio- dental [m̩ f]	Dental [t d θ]	Alveolar [r n s z]	Alveo- palatal [č y̆]	Palatal [ñ λ]	Velar [k g x]
coronal	−	−	+	+	+	−	−
anterior	+	+	+	+	−	−	−
alto	−	−	−	−	+	+	+
retraído	−	−	−	−	−	−	+
distribuido	+	−	−	+	+	+	+

los rasgos [±continuo, ±estridente, ±sonoro] caracterizan el modo de articulación de las consonantes (fricativo, africado, oclusivo y (sordo y/o sonoro)). Un sonido es continuo cuando el paso del aire no queda obstruido en el aparato fonador, estridente cuando acústicamente es más ruidoso que sus contrapartidas no-estridentes, y sonoro cuando las cuerdas vocales vibran durante la producción del sonido en cuestión. La siguiente matriz clasificatoria describe algunos de los sonidos del español según su modo de articulación:

	Oclusiva sorda [p t k]	Oclusiva sonora [b d g]	Africada sorda [č]	Africada sonora [y̆]	Fricativa sorda [s]	Fricativa sonora [z β δ γ]
continuo	−	−	−	−	+	+
sonoro	−	+	−	+	−	+
estridente	−	−	+	+	+	−

Finalmente, los rasgos [±nasal, ±lateral] permiten diferenciar entre nasales y líquidas. Y entre las líquidas, el rasgo [±vibrante] distingue a la vibrante simple de la múltiple.

En el sistema lineal, los fonemas que forman el morfema /un/ del español se representarían a través de los siguientes rasgos distintivos. Rasgos como [±sonoro] o [±consonante] no se incluyen en la matriz porque se consideran redundantes; es decir, las vocales y las consonantes nasales tienen siempre el atributo [+sonoro], y en ese sentido la sonoridad es un rasgo redundante:

/ u /   n /

$$\begin{bmatrix} +\text{alto} \\ -\text{bajo} \\ +\text{retraído} \end{bmatrix} \quad \begin{bmatrix} +\text{coronal} \\ +\text{anterior} \\ -\text{alto} \\ -\text{retraído} \\ +\text{distribuido} \end{bmatrix}$$

La representación de los fonemas a través de una matriz de rasgos distintivos tiene varias ventajas. En primer lugar, permite sistematizar las propiedades fónicas empleadas para la distinción entre fonemas y, por consiguiente, posibilita que la expresión de las reglas fonológicas pueda formalizarse de forma más natural. En segundo lugar, ofrece una motivación del por qué los sonidos tienden a agruparse en clases naturales (o conjuntos que comparten características fonéticas o rasgos distintivos) y a participar en una misma clase de reglas fonológicas.

Algunas de las críticas al sistema representacional propuesto por SPE provocaron la introducción de nuevos sistemas de representación. Por un lado, la teoría autosegmental criticó la representación lineal de los fonemas en haces de rasgos desordenados propuesta por SPE; ese tipo de representación no daba cuenta del comportamiento de ciertos rasgos en reglas fonológicas (por ejemplo, que los rasgos de Punto de Articulación se comporten como grupos naturales). Por otro lado, las propuestas de las teorías métrica y prosódica reivindicaron la presencia de unidades prosódicas como la sílaba o el pie, ya que su introducción en el sistema de representaciones simplificaba significativamente el componente de reglas. Objeto de críticas ha sido también la supuesta binariedad de los rasgos (generalmente uno de los valores del rasgo es redundante y no se usa en reglas, como en el caso del rasgo [−nasal]) y la representación del acento (que difiere bastante de la representación segmental).

Reglas y procesos fonológicos

Las reglas son operaciones que afectan algún rasgo o grupo de rasgos de un fonema, obteniendo o bien una representación fonológica intermedia o una representación fonética final. Las reglas del tipo SPE constan de una *descripción estructural* (o descripción del contexto en la regla), y un *cambio estructural* (o especificación del tipo de cambio que produce la regla). Tanto los segmentos que se ven afectados por el proceso como el contexto que lo produce se suelen representar utilizando únicamente el rasgo o conjunto de rasgos que permiten identificar el conjunto de sonidos en cuestión. Utilicemos la siguiente regla fonológica en (3) como ejemplo:

(3)
$$[+\text{vocal}] \longrightarrow [+\text{largo}] \;/\; \underline{} \begin{bmatrix} +\text{consonántico} \\ +\text{sonoro} \end{bmatrix}$$

La regla anterior formaliza un proceso fonológico de alargamiento vocálico que se produce cuando la vocal precede a una consonante sonora (un ejemplo posible sería la secuencia subyacente /pan/ que se convertiría en [paːn]). El cambio estructural, situado entre la flecha y la barra oblicua "/," representa el cambio de rasgo que produce la regla (la flecha se puede leer como "se le asigna" y la barra oblicua como "en el contexto de"). Después del símbolo ___ aparece la descripción estructural; es decir, la descripción del contexto lingüístico que produce el cambio estructural.

En algunos dialectos del español, procesos como la Velarización de Nasales y la Aspiración de Sibilantes afectan a nasales y sibilantes en posición de coda silábica (e.g., Lo e[ŋ]contró en la estació[ŋ], E[h] de Avilé[h]). La formalización del proceso de velarización en el modelo de SPE podría ser una regla como la de (4). Como SPE no reconoce explícitamente la unidad silábica, las reglas segmentales de esos dos procesos deben especificar los dos posibles contextos que conducen a la aplicación de la regla: ante consonante y/o ante frontera de palabra (C y # respectivamente; véase también la propuesta de Guitart 1979).

(4)
$$[+\text{nasal}] \longrightarrow \begin{bmatrix} -\text{coronal} \\ -\text{anterior} \\ +\text{alto} \end{bmatrix} / \underline{\qquad} \begin{Bmatrix} C \\ \# \end{Bmatrix}$$

Para expresar de forma más simple algunos procesos de asimilación se empezó a extender el uso de variables en la formalización de reglas del tipo SPE. En (5) se muestra la Regla de Asimilación de Punto de Articulación de Nasales en español propuesta por Harris (1969:12) (véanse los ejemplos pertinentes en (1)). Cualquier nasal ante consonante [+obstruyente] cambia los siguientes rasgos: coronal, anterior, retraído y distribuido. Las variables (alfa, beta, gamma, ...) ante los rasgos de punto de articulación nos indican que los valores (+ o −) que adquirirán esos rasgos coincidirán con los valores de esos rasgos en la consonante obstruyente que le sigue:

(5) Regla de Asimilación de Nasales en español peninsular (Harris 1969)

$$[+\text{nasal}] \longrightarrow \begin{bmatrix} \alpha\text{coronal} \\ \beta\text{anterior} \\ \delta\text{retraído} \\ \gamma\text{distribuido} \end{bmatrix} / \underline{\qquad} \begin{bmatrix} +\text{obstruyente} \\ \alpha\text{coronal} \\ \beta\text{anterior} \\ \delta\text{retraído} \\ \gamma\text{distribuido} \end{bmatrix}$$

Como mencionáramos anteriormente, el modelo generativo concibe el componente fonológico como una serie de reglas ordenadas que transforman una representación subyacente (la salida del componente sintáctico, o ES) en una representación o forma fonética (FF). Chomsky y Halle (1969:14) proponen que las reglas fonológicas se aplican de una misma forma, y que corresponde al lingüista descubrir el funcionamiento general de la aplicación de las reglas. Ese funcionamiento, a su vez, debe corresponderse con condiciones universales de la teoría lingüística. Según SPE, las reglas se aplican ordenada y cíclicamente en la derivación, siguiendo el llamado *ciclo transformacional*. En primer lugar, el componente sintáctico genera una representación superficial que incluye fronteras morfemáticas. La secuencia de reglas fonológicas se aplica cíclicamente, y afecta primero a los elementos incluidos en las fronteras más internas, que se eliden después de este proceso. Esa *aplicación cíclica* se repite sucesivamente hasta que se encuentra el dominio fonológico más alto (Chomsky y Halle 1968:60). Las consecuencias de la aplicación de las reglas en el ciclo transformacional se pueden observar, por ejemplo, con los pares del inglés "comp[ə]nsátion" y "cond[ɛ]nsátion." La no-reducción de la [ɛ] en la palabra *condensation* se explica porque la Regla de Asignación de Acento Primario se ha aplicado en el primer ciclo de la palabra (cf. *condénse*), lo que no permite la aplicación de la regla de reducción vocálica en ciclos posteriores; en cambio, la [ə] de la palabra *compensation* sufre reducción vocálica porque la asignación de acento primario que se aplica en el primer ciclo ha acentuado la sílaba *cóm* (cf. *cómpensàte*). Así, el acento proveniente de la aplicación cíclica de la Regla de Asignación de Acento Primario bloquea la reducción vocálica sólo en el caso de *condensation*. (Chomsky y Halle 1968:39).

Algunas de las críticas al modelo segmental de SPE condujeron a la introducción de la teoría autosegmental. Por una parte, el excesivo poder de generación de las reglas del tipo SPE hacía que se consideraran tan naturales la asimilación de nasalidad (proceso muy común en muchas lenguas) como mecanismos fonológicos tan inverosímiles como la transformación de [s] en [l] ante la consonante [f]. Ambos casos implican el mismo mecanismo fonológico en SPE, que es una regla de cambio de un rasgo distintivo. Por otra parte, también se criticó la falta de naturalidad con que se expresaban procesos fonológicos tan comunes como la asimilación de punto de articulación de nasales. Finalmente, la especificidad en la ordenación de reglas fue otra de las críticas a este modelo; el modo de aplicación de las reglas y su interacción con la morfología ha sido revisado en modelos posteriores, especialmente en la propuesta de la fonología léxica. (Para una explicación más detallada de esta evolución, véase el capítulo VII.)

La fonología autosegmental y la fonología métrica
Representaciones y reglas

La *fonología autosegmental* y la *fonología métrica,* también llamadas fonologías no-lineales, cuestionan el tratamiento de las representaciones fonológicas en un solo nivel (como el propuesto por SPE) y abogan por la jerarquización de los rasgos segmentales (rasgos distintivos) y unidades suprasegmentales (sílaba, pie métrico, etc..). La organización jerárquica de los rasgos tiene el objetivo de expresar las agrupaciones y dependencias que estos manifiestan en operaciones fonológicas. Goldsmith (1976) fue uno de los primeros fonólogos en observar que algunos rasgos se comportaban de forma independiente en ciertas asimilaciones tonales y armonías vocálicas. Propuso que este comportamiento se podía explicar de forma sencilla mediante una jerarquía de los rasgos que permitiera referirse a ellos por separado. Así pues, procesos como la asimilación podían interpretarse como la extensión de un rasgo (o grupo de rasgos) de un segmento hasta otro. Con la independencia funcional de los rasgos y de las unidades prosódicas se conseguía explicar por qué ciertos procesos fonológicos son más naturales y comunes que otros, así como la uniformización en la representación de los rasgos segmentales y suprasegmentales. En esta sección revisaremos los argumentos que llevaron a la propuesta de la jerarquía de los rasgos distintivos y algunas de sus hipótesis. Referimos al lector a los capítulos III y VII, donde se exponen con más detalle estos modelos (Fonología autosegmental y Fonología métrica, respectivamente).

Partiendo de la idea de Goldsmith, Clements (1985) propuso que esos rasgos independientes podían ser organizados en los grupos que se presentan en (6), según su comportamiento típico en reglas fonológicas. Su propuesta fue llamada *geometría de rasgos*. Las abreviaciones usadas a continuación son las siguientes: L = rasgos laríngeos; SL = rasgos supralaríngeos; PA = punto de articulación; distr = distribuido; ant = anterior; cons = consonántico; reson = resonante; cont = continuo; const = cuerdas vocales constreñidas; dist = cuerdas vocales distendidas; post = posterior; red = redondeado.

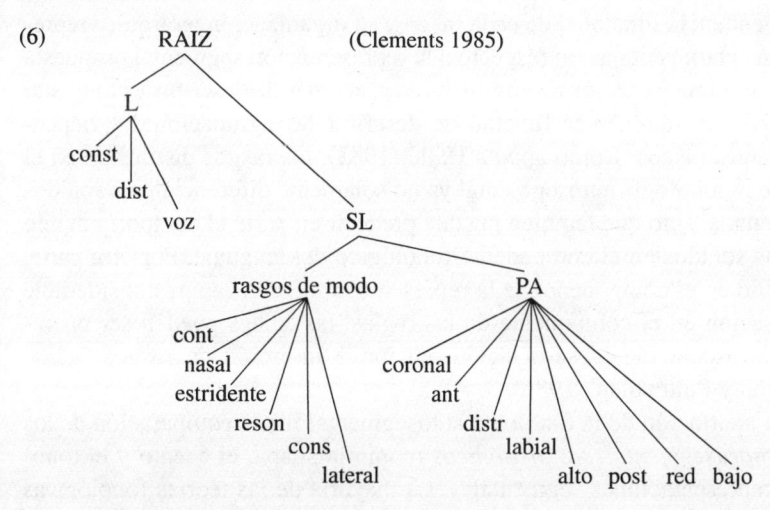

(6) RAIZ (Clements 1985)

Los argumentos para la postulación de un rasgo y de sus dependencias en la jerarquía se basan en su función fonológica. Esto es, los rasgos que se agrupan en un nodo forman un grupo natural que se identifica por medio de reglas fonológicas que extienden, eliden o desasocian rasgos (Clements 1989). Por ejemplo, entre los procesos fonológicos que evidencian la existencia del nodo supralaríngeo (SL) se han citado varios procesos de desasociación de rasgos como la aspiración de fricativas sordas en coda silábica en la variedad andaluza del español. Según Clements este proceso puede ser interpretado como una simple desasociación de los rasgos supralaríngeos, junto al mantenimiento de las propiedades laríngeas, como observamos en (7):

(7) Desasociación del nodo SL
 Variedad andaluza del español
 singular plural
 ve[h]   ve[s]es
 me[h]   me[s]es

```
      RAIZ
      /  ╲
     L    SL
```

La existencia del nodo de Punto de Articulación (PA) y su independencia de otros rasgos (en particular, [continuo] y [nasal]) se demuestra a través del extendido fenómeno de asimilación de punto de articulación de nasales. En el español peninsular, las nasales en coda silábica adquieren el punto de articulación de la consonante siguiente (ver ejemplos de (1)), y este proceso se puede expresar como una simple extensión del rasgo de Punto de Articulación:

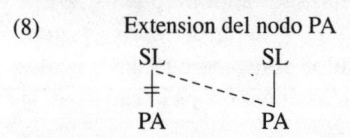

(8)   Extension del nodo PA

```
   SL        SL
   |╶╶╶╶╶╶╶╶╶|
   ≠         ╵
   PA        PA
```

La independencia funcional de cada rasgo y su organización jerárquica representan una clara ventaja con respecto a la representación segmental propuesta por SPE. Por una parte, los rasgos distintivos, además de describir y contrastar sonidos, tienen también la función de describir las agrupaciones y dependencias entre rasgos. Como apunta Halle (1983), los rasgos distintivos en el marco de la fonología autosegmental ya no solamente diferencian los sonidos de una lengua, sino que también pueden predecir en parte el comportamiento de dichos sonidos en el componente fonológico del lenguaje. Por otra parte, ese cambio en el componente de la representación conlleva una considerable simplificación en el componente de las reglas, las cuales pueden ser operaciones de asociación, desasociación, elisión e inserción de rasgos (véase Archangeli y Pulleyblank 1986).

Otra aportación de la fonología autosegmental fue la equiparación de los *rasgos suprasegmentales* o *prosódicos* (como la sílaba, el acento y el tono) con las representaciones segmentales. La mayoría de las teorías fonológicas anteriores habían descuidado la representación de dichos rasgos, o los habían representado de forma específica, es decir, destacando el funcionamiento distinto de éstos. Por ejemplo, el modelo de SPE no admitía la existencia de dominios prosódicos como la sílaba o el pie en el inventario de unidades fonológicas. Asimismo, tanto los fonemicistas americanos como el SPE usaban un sistema de niveles (no de oposiciones binarias) para caracterizar el acento y la entonación: ambos diferenciaban, por ejemplo, cinco niveles de acentuación y cuatro de entonación.

La fonología métrica y prosódica, inaugurada con los trabajos de Liberman (1975) y Liberman y Prince (1977) comenzó a observar que la incorporación de nociones prosódicas como la sílaba y el pie a la teoría fonológica permitían una importante simplificación en la explicación de los hechos fonológicos. Como veremos en el capítulo V (La Sílaba), la sílaba representa un dominio natural para establecer reglas fonológicas y restricciones fonotácticas. En español estándar, por ejemplo, una palabra no puede empezar por la combinación ⟨tl⟩ y sí por la combinación ⟨br⟩ (e.g., *brazo, *tlazo*). Y si en el interior de una palabra nos encontramos con la secuencia ⟨tl⟩ generalmente se habrá de silabificar como ⟨t.l⟩ (e.g. *At.lán.ti.co*). Un sistema que contenga la sílaba como unidad prosódica puede unificar esos dos fenómenos a través de una única restricción: la restricción a nivel de palabra se deriva de la imposibilidad de que ocurra ⟨tl⟩ a nivel silábico. Este mismo tipo de restricciones se encuentran en todas las lenguas y son buena evidencia de que muchas de las restricciones fonotácticas se controlan a nivel silábico.

Anteriormente, el marco teórico de SPE formalizaba reglas segmentales tales como la Velarización y la Aspiración en español de forma arbitraria, ya que los dominios "ante consonante y/o frontera de palabra (C y #)" no pertenecen a una clase natural de elementos. Con la introducción de la unidad silábica esas reglas se pueden expresar de forma más simple, como se muestra en las siguientes reglas propuestas por Harris (1983:46) en (9) y (10) (R = rima silábica):

(9) Velarización

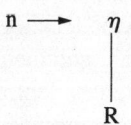

$$n \longrightarrow \eta$$
$$\mid$$
$$R$$

(10) Aspiración

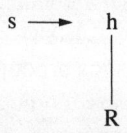

$$s \longrightarrow h$$
$$\mid$$
$$R$$

Además, partiendo de que se debe garantizar la silabificación de todos los segmentos es posible motivar procesos de elisión y epéntesis. En español, por ejemplo, se puede explicar la epéntesis de la vocal [e] en palabras como /studio/ → *estudio*.

Kenstowicz y Kisseberth (1979:241–42) ya mencionaron cuatro propiedades que deberían caracterizar a un sistema óptimo de rasgos distintivos: 1) los rasgos deberían ser capaces de diferenciar cualquier sonido de otro en una lengua; 2) las clases naturales de sonidos deberían agruparse a base de rasgos comunes; 3) los rasgos deberían explicar por qué ciertas asimilaciones o procesos fonológicos se producen en ciertos contextos; y 4) la formulación de los rasgos debería permitir la exclusión de sonidos que no existen. En definitiva, los modelos autosegmental y métrico representaron un avance con respecto a modelos anteriores. El énfasis en la independencia y la jerarquía de las representaciones fonológicas permitió una simplificación del componente de reglas, así como la motivación de la naturalidad de ciertos procesos fonológicos. Con la representación autosegmental es más fácil llegar a predecir, a través de la expresión de agrupaciones y dependencias entre rasgos, qué cambios fonológicos son más naturales y frecuentes en las lenguas del mundo. A partir de la propuesta original de Clements (1985), varios modelos han modificado y refinado el sistema de organización de los rasgos, de manera que, a la luz de nuevos datos lingüísticos, la jerarquía es capaz de acomodar y explicar el comportamiento de esos rasgos en diferentes lenguas (Sagey 1986, Archangeli y Pulleyblank 1986 y Gorecka 1989). El capítulo III contiene una exposición más detallada de las diversas propuestas sobre sistemas de rasgos.

Subespecificación de rasgos

Una de las cuestiones más debatidas en el marco de la fonología generativa ha sido el problema del grado de especificación o subespecificación de las representaciones subyacentes. Si se acepta que el hablante tiende a maximizar la eficiencia con la cual procesa la gramática y que el almacenamiento de información en su memoria ha de ser mínimo, cabe concluir que las representaciones subyacentes de las propuestas lineales y no-lineales todavía contienen gran parte de la información predecible. Siguiendo esta tendencia general a minimizar la cantidad de información en el léxico y listar solamente la información no predecible a través de reglas, propuestas recientes dentro del marco de la fonología autosegmental han considerado que la *subespecificación de rasgos* es teóricamente deseable para dar cuenta, por ejemplo, de la rapidez de procesamiento del habla (Halle 1959), de la tarea del aprendizaje y de la simplificación del componente de reglas (Archangeli 1984, 1988).

Las primeras propuestas sobre la subespecificación de rasgos produjeron resultados muy elegantes en la explicación de varios procesos fonológicos (Archangeli 1984, 1988). Paulatinamente se empezó a debatir cómo se podía determinar formalmente el grado de especificación de rasgos en una lengua determinada, y surgieron las propuestas de la *subespecificación radical* y la *subespecificación contrastiva o restringida*. Por una parte, la propuesta radical propone que no se deberá especificar en la representación subyacente todo tipo de información predecible, ya sea a través del contexto o de forma independiente (Archangeli 1984, 1988, Pulleyblank 1986, 1988, Archangeli y Pulleyblank 1994). Por otra parte, la subespecificación restringida (Halle 1959, Steriade 1987, Clements 1988, Ito y Mester 1989) sostiene que deberán listarse solamente los rasgos que se usen para distinguir y contrastar fonemas del inventario fonológico de una lengua dada.

Como ejemplo, tomemos el caso del rasgo de sonoridad en lenguas como el español y el quechua. Mientras que el español distingue entre obstruyentes sordas y sonoras, el quechua sólo posee obstruyentes sordas regulares y aspiradas, como muestran los inventarios consonánticos de (11) y (12) respectivamente:

(11) Español
 p t k s
 b d g
 m n
 l
 r

(12) Quechua
 p t k q s
 p^h t^h k^h g^h
 m n
 l
 r

Por un lado, la propuesta de la subespecificación restringida predice que la especificación del rasgo [sonoro] de las consonantes obstruyentes será diferente en los sistemas del español y del quechua (ver 13a y 14a): mientras que en español las obstruyentes sordas y sonoras se deben especificar como [±sonoras] respectivamente (ya que muestran una oposición fonológica en esa lengua) (13a), en quechua ese rasgo es predecible, como vemos en (14b). Por otro lado, la propuesta de subespecificación radical propone que el rasgo [−sonoro] de las obstruyentes deberá obviarse en las representaciones subyacentes de las dos lenguas, puesto que es predecible a través de la regla de redundancia [ ] → [−sonoro]. El rasgo [+sonoro] se especifica solamente en el caso de las obstruyentes sonoras del español. Finalmente, en el caso de las resonantes, el rasgo de sonoridad no se especificaría en ninguna de las dos propuestas, puesto que ese rasgo es precebible tanto en español como en quechua a través de la Regla de Redundancia [−obstruyente] → [+sonoro] (en lo adelante usaremos el rasgo [−obstruyente] para referirnos a las resonantes).

(13) Especificaciones de sonoridad para resonantes y obstruyentes en español
 a. *Subespecificación restringida*

	p	t	k	s	b	d	g	m	n	l	r
[−obstruyente]	−	−	−	−	−	−	−	+	+	+	+
[sonoro]	−	−	−	−	+	+	+				

Reglas de redundancia: [−obstruyente] → [+sonoro]

 b. *Subespecificación radical*

	p	t	k	s	b	d	g	m	n	l	r
[−obstruyente]	−	−	−	−	−	−	−	+	+	+	+
[sonoro]	−	−	−	−	+	+	+				

Reglas de redundancia: [−obstruyente] → [+sonoro]
 [ ] → [−sonoro]

(14) Especificaciones de sonoridad para resonantes y obstruyentes en quechua
 a. *Subespecificación restringida*

	p	t	k	q	s	m	n	l	r
[reson]	−	−	−	−	−	+	+	+	+
[sonoro]									

Reglas de redundancia: [−obstruyente] → [+sonoro]
 [+obstruyente] → [−sonoro]

b. *Subespecificación radical*

```
                p  t  k  q  s  m  n  l  r
[-obstruyente]  -  -  -  -  -  +  +  +  +
[sonoro]
```

Reglas de redundancia: [-obstruyente] → [+sonoro]
[+obstruyente] → [-sonoro]

Aunque la mayoría de los fonólogos coinciden en afirmar que cierto grado de subespecificación es necesario, actualmente se debate cuáles deben ser los usos permitidos de la subespecificación. Como apuntan Clements (1988) y Mohanan (1991), el modelo autosegmental ha usado la subespecificación para finalidades diversas, como las siguientes: 1. para expresar dependencias entre rasgos, es decir, el valor del rasgo F se deriva de los valores que tienen otros rasgos; 2. para caracterizar las propiedades de transparencia de un segmento en procesos de armonía vocálica (por ejemplo, la vocal [a] en el caso de armonías de altura en Pasiego y dialectos italianos); 3. para caracterizar el no dominio de un rasgo; por ejemplo, el rasgo Coronal se asimila normalmente a otros puntos de articulación y, así, se ha propuesto repetidamente el no especificar este nodo (véase Paradis y Prunet 1988, 1991); 4. para expresar predicibilidad lingüística en el caso de la propuesta radical de subespecificación; por ejemplo, si una lengua muestra una oposición fonológica entre obstruyentes sonoras y sordas, las obstruyentes sonoras pueden especificarse como [+sonoro], y el valor de sonoridad de las sordas se puede derivar de una regla de redundancia: [ ] → [-sonoro] (ver el caso de 13b).

En resumen, al igual que la propuesta de organización de los rasgos iniciada por Clements (1985), la teoría de la subespecificación ha tenido un efecto simplificador del componente de las reglas fonológicas. No obstante, se sigue discutiendo cuál debe de ser el grado de subespecificación o grado de abstracción de las representaciones subyacentes y cómo se pueden llegar a predecir estas especificaciones de forma independiente. En el capítulo IV se presenta en más detalle la propuesta de la subespecificación de rasgos y cómo se ha utilizado en diferentes casos del español.

Propuestas recientes: optimidad

En parte, la teoría autosegmental continuaba adoleciendo de algunos de los problemas que se habían criticado anteriormente en el modelo segmental de *Sound Pattern of English*. Propuestas como la teoría del *grounding*, la teoría armónica o la hipótesis declarativa mostraron que el sistema formal propuesto por la teoría autosegmental no ofrecía una suficiente restricción de las posibilidades fonológicas. Por un lado, una teoría como la del *grounding* (Archangeli y Pulleyblank 1994) propone restringir las reglas fonológicas posibles partiendo de condiciones universales impuestas por el mismo proceso de articulación fonética de los sonidos. Demuestran que ciertas implicaciones fonéticas (como por ejemplo que una vocal con el dorso retraído (+ATR) como la [a] implica también una configuración no-alta de la lengua) ocurren en los componentes fonológicos de diferentes lenguas y controlan los cambios que producen, por ejemplo, las armonías vocálicas. La *teoría armónica* (Goldsmith 1993), muy relacionada con la anterior, postula principios o reglas que representan tendencias universales que regulan el componente fonológico. La *teoría declarativa* (Scobbie 1991, 1992, entre otros) propone eliminar el concepto de la ordenación intrínseca de reglas y muestra cómo muchos de los ejemplos típicamente usados para evidenciar la necesidad de la ordenación de reglas pueden ser reanalizados a base de una aplicación no ordenada de las restricciones fonológicas.

Por otra parte, la teoría de partículas (Kaye, Lowenstamm y Vergnaud (1984) y los trabajos de Schane (1984) y van der Hulst (1989)) concibe la fonología como un componente no derivacional en que el sistema fonológico es gobernado por principios de lo que ellos llaman *fonología universal* (idea que arranca inicialmente de SPE). En cuanto a la representación fonemática, esos trabajos parten de la idea de que los segmentos fonológicos se componen de una combinación de otros segmentos más básicos: por ejemplo, [e] y [o] se consideran como la combinación de [i] más [a] y [u] más [a] respectivamente. El comportamiento de esos segmentos se debe buscar en la naturaleza y condiciones que sostienen la combinación de estas unidades.

La *teoría de la optimidad*, iniciada por Prince y Smolensky (1993) y McCarthy y Prince (1993), ha sido una influyente propuesta motivada por las propuestas mencionadas y por la intención de derivar las propiedades fonológicas estrictamente de principios universales, tal como habían propuesto los objetivos programáticos del generativismo. La teoría de la optimidad propone que las fonologías de lenguas particulares comparten los mismos principios y tendencias fonológicas universales, y que las diferencias entre las lenguas se obtienen a través de la importancia relativa que cada uno de estos principios adquiere en una lengua dada. Así, cada lengua establece una jerarquía de restricciones universales, que pueden violarse en una lengua si están ordenadas bajo otros principios de esa lengua. La Teoría de la Optimidad no concibe el componente fonológico tal como se había propuesto en SPE, es decir, como una serie de reglas que se aplican repetidamente a una representación subyacente, de lo cual se deriva una representación fonética. Puesto que no hay evidencia clara de que existan niveles fonológicos intermedios, se propone abandonar la especificación de orden de aplicación de reglas; a través de la aplicación simultánea de restricciones se consigue, entre otras cosas, simplificar el sistema de aplicación de restricciones. En el capítulo VIII del presente libro se explican en detalle las bases de la teoría de la optimidad y su aplicación a la fonología del español.

Resumen

Con el objetivo de ofrecer al lector un marco de referencia que le permita situarse y comprender mejor los capítulos que siguen, esta introducción representa un intento de síntesis de los temas que han preocupado y preocupan a la fonología generativa, cómo empezaron a surgir y cómo han ido evolucionando. En primer lugar, el inicio de la fonología como disciplina separada de la fonética es relativamente moderno y se debió en gran parte a la distinción propuesta por Saussure entre *lengua* y *habla*. A partir del estructuralismo, la tarea del lingüista consistió en describir el sistema lingüístico, la *lengua* o la competencia que comparten los hablantes de una misma lengua. La teoría generativa recogió esa concepción de la lingüística y amplió sus objetivos: la lingüística no solamente debe dar cuenta de la competencia de los hablantes de una lengua particular, sino que se encarga también de descubrir la serie de principios universales que regulan el funcionamiento de las lenguas particulares (y que deben relacionarse con la herencia genética común a todos los humanos). La teoría generativa propuso un sistema formal bastante diferente del estructuralista: el módulo fonológico está formado por dos componentes básicos: el de las reglas (o principios) y el de las representaciones. El repaso de las propuestas recientes que afectan a esos dos componentes (jerarquía de rasgos, subespecificación, etc.) nos muestra el persistente intento de simplificar el sistema lingüístico.

CAPÍTULO I

De la Fonética Descriptiva a los Rasgos Distintivos

1. Introducción

Como se apuntó en la introducción, la fonología y la fonética comparten un mismo dominio de estudio, pero mientras que la fonética se ocupa del aspecto físico, y por tanto de lo directamente observable y medible, la fonología se ocupa de la dimensión mental.

Por razones obvias, la manipulación mental de los sonidos no puede estudiarse directamente. Sin embargo, la huella de esa actividad mental puede rastrearse en ciertas particularidades de la pronunciación. Podemos plantearnos, por ejemplo: ¿por qué el artículo definido *un* se pronuncia [um] seguido de una palabra que empiece con un sonido labial (ej. *puente*) o como [uŋ] seguido de un sonido velar (ej. *gordo*). ¿Por qué pasa lo mismo con todas la palabras que terminan con /n/? ¿Por qué palabras como *poblado* o *celeste* se pronuncian con una vocal simple, pero *pueblo* o *cielo,* a pesar de tener la misma raíz, presentan un diptongo? ¿Por qué la sílaba sobre la que cae el acento primario en una palabra inventada es completamente predecible? ¿Por qué palabras como *agua* o *arca* requieren un artículo masculino a pesar de ser femeninas? Detrás de cada una de estas preguntas, y de muchas otras, hay una alternancia sistemática y es por tanto lógico pensar que debe haber un sistema responsable de este comportamiento. Podría pensarse que las alternancias contextuales resultan de las limitaciones físicas del aparato fonador. Sin embargo, en muchos casos sería difícil encontrar un condicionamiento físico (ej. no hay limitación física que impida *la agua*). El presupuesto central del que parte la fonología generativa es que estas alternancias son el reflejo del sistema mental que los humanos empleamos para generar y descodificar la parte fónica del habla. Dada esta premisa, la fonología se dedica a estudiar las alternancias y generalizaciones que se observan en el habla para hacer inferencias sobre el sistema mental que les subyace. Sobre la base de estas inferencias, la fonología construye modelos de sistemas cuyos resultados aspiran a reproducir las generalizaciones y alternancias observadas en los datos empíricos de las lenguas naturales.

Estos modelos se basan en una serie de presupuestos teóricos que van a motivarse, exponerse y analizarse en los próximos capítulos. Sin embargo, antes de adentrarnos en el estudio de los presupuestos teóricos convendrá que consideremos en el presente capítulo cuál es la base física de la que parten los modelos fonológicos y cuáles son las unidades abstractas con las que operan.

1.1. Fonética articulatoria

Esta rama de la fonética es especialmente relevante para la fonología porque es la base sobre la que se han desarrollado la mayor parte de las innovaciones fonológicas. En concreto, la teoría de los rasgos distintivos y más recientes elaboraciones, como el modelo autosegmental (véase capítulo II) y la geometría de los rasgos (véase capítulo III), tienen sus raíces en el estudio de las posibilidades articulatorias del aparato fonador humano[1].

Vamos a ocuparnos aquí de revisar cómo los órganos que intervienen en la fonación interactúan en la producción de los distintos sonidos del habla. Empezaremos con una visión general del mecanismo más normal de producción de sonidos. Seguidamente pasaremos revista a las partes del cuerpo que intervienen en la fonación. En las secciones siguientes vamos a ocuparnos de describir los diferentes tipos de sonidos del habla a base de indicar el estado específico del órgano fonador en la producción de cada sonido.

1.1.1 Una visión general de la producción de sonidos

Atendiendo al origen de la energía que los produce, los sonidos del habla se clasifican en tres tipos: pulmonares, vélicos y glotálicos. Dado que los sonidos más comunes son los pulmonares, empezaremos con ellos. Un sonido pulmonar es el que se articula a base de obstaculizar la expulsión normal del aire proveniente de los pulmones. En principio, los mismos órganos que nos permiten respirar y comer son la base de la producción de los sonidos del habla. Mientras que al respirar simplemente dejamos escapar el aire de la forma más libre posible, al hablar sometemos el aire a cambios de presión (compresión o rarefacción), o lo usamos para iniciar la vibración de las cuerdas vocales. En cualquiera de estos casos el resultado es la producción de un sonido.

El primer obstáculo que podemos presentar a la columna de aire en su camino hacia la boca está en las cuerdas vocales. Estas son músculos localizados en la laringe (v. figura 1) que al tensarse pueden cerrar por completo el paso del aire procedente de los pulmones. Si las cuerdas vocales se acercan lo suficiente la una a la otra mientras mantienen una tensión determinada contra el paso de la columna de aire producen una vibración. Esta vibración es la característica que distingue a los sonidos sonoros. En contrapartida, si las cuerdas vocales están relajadas el sonido que resulta es sordo. La vibración

---

1. Con el término *aparato fonador* nos referimos al conjunto de partes del cuerpo que intervienen en la articulación de sonidos del habla.

de las cuerdas vocales crea una onda compleja cuyo tono se denomina fundamental. Por encima de las cuerdas vocales pueden formarse cámaras de resonancia en la cavidad oral, y la cavidad nasal, que funcionan como filtros, eliminando una serie de frecuencias y resaltando otras, según su tamaño y forma. Por ejemplo, en la articulación de [a], el aire se encuentra primero con las cuerdas vocales tensas y las hace vibrar, la cavidad oral se mantiene abierta al máximo, y el paso a la cavidad nasal cerrado. Con esta configuración, la cavidad oral resalta las frecuencias que el oído humano típicamente asocia con el sonido [a]. En la articulación de [t] en cambio, las cuerdas vocales no ofrecen resistencia alguna al paso del aire. El acceso a la cavidad nasal se mantiene también cerrado, pero hay una obstrucción momentánea de la cavidad oral. Esta obstrucción momentánea produce un aumento de la presión detrás de la oclusión que se percibe como una pequeña explosión al abrirse la cavidad oral súbitamente. El hecho de que la cámara en la que queda atrapado el aire sea más pequeña en una [t] que en una [p] es lo que básicamente nos permite distinguirlas.

Lo que hemos descrito hasta aquí de manera esquemática se conoce como el mecanismo pulmonar egresivo. El inventario de sonidos contrastivos del español se compone exclusivamente de sonidos pulmonares egresivos. Sin embargo, es importante notar que el habla puede incorporar sonidos producidos de otras formas.

Una posibilidad del mecanismo de fonación pulmonar es el de articular sonidos durante la inhalación del aire. En este caso se habla de un mecanismo pulmonar ingresivo. El mecanismo es idéntico al que acabamos de describir pero en orden inverso. Muchas lenguas no tienen sonidos pulmonares ingresivos como parte de su inventario. Esto es comprensible si se tiene en cuenta que al hablar, los sonidos ingresivos no son fácilmente combinables con sonidos egresivos. Por otra parte, los sonidos ingresivos resultan poco adecuados para establecer contrastes debido a la dificultad de distinguirlos de las manifestaciones ingresivas con la misma articulación, y debido a que el sonido egresivo es, bajo condiciones normales, más perceptible. En español, los sonidos ingresivos no establecen contrastes pero pueden aparecer en casos especiales. Un caso especial podría ser el de una persona que esté hablando bajo condiciones respiratorias excepcionales. Por ejemplo, alguien que deba transmitir un mensaje oral con extrema urgencia tras realizar un acelerado ejercicio físico. En ese caso, un hablante puede empezar un enunciado pronunciando hacia afuera y terminarlo pronunciando hacia adentro.

Un tipo de sonido que no se origina en los pulmones es el clic. Los clics son un buen ejemplo de cuán variadas son las posibilidades articulatorias de la lengua. Para articular un clic, la lengua se extiende primero contra un área determinada. Seguidamente, los músculos directamente debajo del centro de esa área se contraen mientras que los de la periferia mantienen el contacto. El resultado es una pequeña cavidad en la que se crea un vacío. Al abrir la cavidad se produce el sonido seco y corto que llamamos clic. Articulamos los clics cuando imitamos el ruido de los cascos de un caballo, o cuando contestamos negativamente a una pregunta de sí o no con dos breves chasquidos de la lengua. El primero es un clic palatal mientras que el segundo es alveolar, pero el mecanismo articulatorio es comparable.

Finalmente, otra forma de producir sonidos sin que la fuerza provenga directamente de los pulmones es la que explota el hecho de que la glotis puede funcionar a modo de émbolo. Si la cavidad vocal se cierra por delante y al mismo tiempo se obtura la base de la misma cavidad en la glotis con las cuerdas vocales, el resultado es, de nuevo, que una masa de aire queda atrapada. Entonces, si se baja la laringe (popularmente la nuez de adán) sin abrir la cavidad, como hacemos por ejemplo al tragar, se produce una rarificación del aire atrapado en la cavidad oral. Al abrir la cavidad, el sonido producido tiene una calidad diferente a la de los sonidos pulmonares. Este tipo de sonidos se denominan glotálicos ingresivos. La variante egresiva es la que desplaza la glotis hacia arriba mientras mantiene el aire atrapado. En este caso el resultado es una compresión de las moléculas que produce una eyección abrupta del aire al abrir la parte superior de la cavidad. Los sonidos eyectivos suelen interpretarse como versiones glotalizadas de los correspondientes sonidos pulmonares.

1.1.2 Los órganos del habla

Antes de adentrarnos en un análisis tipológico, será conveniente pasar revista a los órganos que participan en la articulación de los sonidos del habla. Esto nos permitirá tener una idea más precisa de la configuración del aparato fonador, según se muestra en la figura 1, y del estado de cada órgano en la articulación de cada sonido.

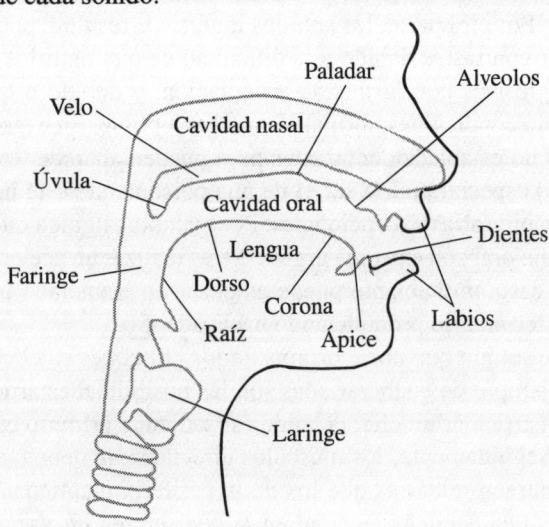

Figura 1. Los órganos del habla

Es importante tener presente que los órganos que intervienen en la producción de los sonidos del habla tienen como función primordial el facilitar la respiración y la alimentación. Es decir, los pulmones y los dientes no aparecieron en los humanos bajo el imperativo de facilitar la comunicación, sino para facilitar la respiración y el inicial procesamiento de los alimentos respectivamente. Más allá de estas funciones básicas, los humanos hemos superpuesto en esos mismos órganos la función de articular sonidos. La mayor parte de los articuladores se pueden observar desde el exterior y por ello son fáciles de identificar. Los labios, dientes y alveolos no necesitan ser descritos. El cielo de la boca se divide en dos secciones, el paladar es la parte dura y el velo la parte blanda. Al final del velo está la úvula (la campanilla) que controla el acceso a la cavidad de resonancia nasal. El ápice es la parte superior de la lengua (la punta). La lámina, o corona, comprende una pequeña área justo detrás del ápice. El dorso de la lengua empieza donde termina la corona y se extiende hasta la altura de la úvula. Finalmente, la raíz está en la base, más allá de la úvula.

Entre estos órganos, algunos son activos en el sentido de que inician el movimiento articulatorio, mientras que otros son pasivos y simplemente reciben el contacto del articulador activo. El articulador activo por excelencia es la lengua (especialmente el ápice y la corona), pero también son activos el labio inferior, la úvula y la laringe. Los articuladores pasivos son: el labio y dientes superiores, los alveolos, el paladar, el velo, y la faringe. Los articuladores activos normalmente buscan el articulador pasivo más cercano: así, el labio inferior se desplaza hacia el superior, el ápice hacia los dientes o los alveolos, la corona hacia el paladar, el dorso hacia el velo o la úvula, y la raíz hacia la faringe. Sin embargo, hay casos en los que un articulador activo se desplaza más allá de su domino habitual. Esto pasa, por ejemplo, con las consonantes retroflejas que se articulan con el ápice de la lengua marcadamente curvado hacia atrás, de forma que alcance el paladar.

1.2. *Clasificación de los sonidos*

1.2.1 Según las posibilidades de la laringe

La laringe es un órgano de particular importancia para el habla porque en ella residen las cuerdas vocales. Las cuerdas vocales son los músculos que presentan un primer obstáculo al aire procedente de los pulmones. Pueden vibrar si la tensión de los músculos y la presión del aire están dentro de unos límites determinados.

En un sonido sordo las cuerdas vocales se mantienen separadas al grado de que no haya ningún tipo de resistencia al paso del aire por la glotis. Ladefoged (1993) mantiene que en la articulación de los sonidos sordos las cuerdas vocales se quedan en la posición normal de la respiración. Ese es el caso en la pronunciación de sonidos como [s] en el primer sonido de *sé*, [θ] como en el primer sonido de *zinc*, [f] *fé*, [č] *Ché*, [x] *José*, [t] *té*, [p] *pan*, o [k] *casa*. Si la tensión de las cuerdas es mayor de lo que consideramos una posición relajada y, en consecuencia, se produce una cierta turbulencia al paso del aire, se trata de una articulación fricativa glotálica y el sonido producido se transcribe con el símbolo [h]. Este es el sonido que los dialectos aspirantes del español pronuncian en ciertos contextos en lugar de la /s/. Es también el primer sonido en la pronunciación inglesa de la palabra *home* 'casa'.

En un sonido sonoro las cuerdas vocales se acercan lo suficiente como para producir un momentáneo aumento de la presión en la zona subglotálica. Cuando el aumento de la presión basta para desbordar la resistencia que ofrecen las cuerdas vocales, el aire se libera y como resultado la presión detrás de las cuerdas baja repentinamente. Al reducirse la presión, la tensión de las cuerdas vocales es de nuevo suficiente para obturar el paso del aire, con lo que se reinicia el ciclo de presión y descompresión. Ese continuo abrir y cerrar del paso del aire en la zona glotal es lo que genera la vibración característica de los sonidos sonoros. La vibración de las cuerdas en estos sonidos es fácilmente perceptible si se mantienen los dedos contra la glotis (la nuez) mientras se articula una vocal como en el primer sonido de *ana*, [R] como en *rana*, [l] en *lana*, [n] *nana*, [m] *mona*, [y] *llana*, [b] *vana*, [g] *gana*, [d] *daga*, o [w] como en *hueso*.

Sin embargo, las posibilidades de las cuerdas vocales no se limitan a contrastar sonidos sonoros y sordos. Las cuerdas vocales son también las que controlan el susurro, una modalidad de fonación en la que se reduce la resonancia de todos los sonidos de modo que resulta ideal para comunicar secretos al oído. La voz suspirante es un tipo de fonación que prolonga la articulación de algunas vocales con un suspiro (asociada, en nuestra cultura, algunas veces, con una voz sensual). Por otra parte, la voz vibrante es un tipo de fonación que se caracteriza por una vibración de las cuerdas de frecuencia muy lenta (utilizada hasta el cansancio en algunas películas de terror). En el español, estos tipos de fonación no se usan distintivamente y por eso los concebimos como efectos especiales de la voz. Hay que tener presente, sin embargo, que en otras lenguas, estos "efectos especiales" funcionan contrastivamente. Es decir, crean distinciones equivalentes al contraste entre sonidos sordos y sonoros o al de /r/ frente a /l/.

1.2.2 Según el grado de constricción en la cavidad oral

Según el grado de constricción, el tipo de contraste más utilizado por todas las lenguas es el que existe entre vocales y consonantes. Las vocales son los sonidos que debido al grado de apertura de la cavidad oral tienen mayor sonoridad o perceptibilidad. Una consonante puede definirse como un sonido cuyo grado de obstrucción es mayor al de cualquier vocal.

1.2.2.1 Vocales

Los sonidos vocálicos se generan, como ya vimos, con una vibración inicial de las cuerdas vocálicas y la posterior modificación de estas vibraciones en las cavidades supraglotálicas. La configuración de esas cavidades puede modificarse según la posición de la lengua y los labios. En la medida en la que el tamaño de la cavidad se altera, así cambia también para un oyente la percepción del sonido emitido. Por tanto, la diferencia entre /i/ y /e/ resulta de la diferencia en el tamaño de la cavidad oral. En el caso de la /e/ la cavidad es ligeramente mayor y esto tiene un efecto de resonancia claramente perceptible.

Normalmente las vocales se clasifican en diagramas bidimensionales cuyo eje vertical representa el grado de constricción en la cavidad oral y el eje horizontal los puntos de máxima constricción ordenados de anterior a posterior.

Este tipo de diagrama es particularmente útil porque refleja de inmediato las diferencias articulatorias entre los segmentos del sistema vocálico. Por ejemplo, se ve claramente que [i] es más alta y frontal que [e]; que la diferencia entre [i] y [u] radica en que una es frontal mientras que la otra es posterior; que [a] es el segmento más bajo de todos etc. Sin embargo, cuando Daniel Jones propuso este sistema de representación gráfica de los sonidos vocálicos aspiraba a captar el espacio de las posibilidades vocálicas universales. Es decir, cualquier vocal de cualquier lengua debe tener una articulación localizable dentro de los límites del triángulo empleado en la figura 2.

Es interesante notar que las vocales del español están repartidas de forma casi equidistante en la periferia del espacio vocálico. Esa distribución se atribuye a una tendencia a maximizar la dispersión entre los elementos. El hecho de que la distribución del sistema vocálico del español sea tan simétrico y maximice la dispersión explica el que este tipo de sistema sea muy común.

De todas formas hay que tener presente que la representación en la figura 2 es una idealización. En Quilis y Esgueva (1983) se analiza la pronunciación de hablantes españoles e hispanoamericanos y se constata que [i],

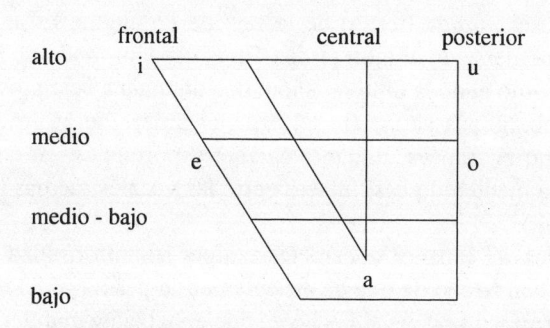

Figura 2. Las vocales del español sobre el triángulo de las vocales cardinales.

[u] y [a] del español son un poco más posteriores que [i], [u], [a] cardinales y que [e] y [o] son también bastante más abiertas que las correspondientes cardinales pero sin llegar al grado de apertura de [ɛ] y [ɔ] cardinales. Obviamente, la posición exacta de cada elemento dentro del espacio vocálico no es absoluta ni constante. Si un hablante produce un sonido que queda entre la [a] y la [e] cardinales, pero más cercano a la [a] que a la [e], un hablante de español lo procesará como /a/, aunque en realidad el punto de articulación de esa vocal no corresponda exactamente a la posición de [a] en la figura 2.

En principio, cada vocal en la figura 2 podría ir acompañada o no de una protuberancia y redondeamiento de los labios. Esto produciría un sistema con diez vocales. En la práctica sin embargo, hay muchos sistemas en los que la protusión labial es característica sólo de las vocales posteriores. El hecho de que esta correspondencia entre posterioridad y redondeamiento no tenga excepciones en español es un indicativo de que la protusión labial de las vocales no funciona contrastivamente dentro del sistema fonológico.

Otra característica fonética que puede dar lugar a la duplicación de elementos dentro del espacio vocálico es la duración relativa. La duración relativa ignora las diferencias de articulación inherentes a cada vocal. Por ejemplo, como demuestra Lehiste (1976), las vocales bajas suelen tener una mayor duración debido al mayor esfuerzo articulatorio que supone el desplazamiento de la mandíbula para crear la apertura necesaria en la cavidad oral. De forma paralela, la duración de las vocales puede variar dependiendo de la consonante que sigue. Por ejemplo, en inglés, las vocales son consistentemente más largas cuando van seguidas de una consonante sonora que seguidas de una sorda. Al margen de estas variaciones intrínsecas o contextuales de duración, hay lenguas en las que una [a] que dure aproximadamente el doble que una [a] simple se percibe como un vocal diferente. Ese era el caso en latín clásico, por ejemplo, cuyo sistema contrastaba sistemáticamente entre vocales largas y breves. En todas las variedades del español moderno este contraste se ha perdido aunque quedan algunos vestigios que pueden rastrearse en la diptongación de las vocales medias.

Un caso paralelo lo tenemos en el contraste entre vocales tensas y laxas. El latín tenía dos series de vocales que contrastaban sólo por la posición retraída (laxa) o extendida (tensa) de la raíz de la lengua. Estas distinciones empezaron a perderse en el latín tardío. En el español moderno hay procesos fonológicos, como el de la diptongación, que apuntan a vestigios de este contraste. Sin embargo, la situación del español difiere de la de otras lenguas romances como el francés, italiano, catalán y portugués, en las cuales este contraste se ha mantenido casi intacto entre las vocales medias (véase Harris y Vincent 1988).

Las vocales del español se caracterizan por su uniformidad y nitidez. La nitidez se debe al hecho de que se articulan en la periferia del espacio vocálico. La uniformidad se debe al hecho de que el hablante mantiene la posición de los articuladores a lo largo de toda la duración de la vocal. Esto contrasta con lenguas como el inglés, cuyas vocales se deslizan hacia constricciones más altas durante su articulación (Ladefoged 1993:81). Otra característica que contribuye a la robustez del sistema vocálico del español es el hecho de que no haya una tendencia a la reducción de las vocales cuando no llevan acento prosódico. Reiteramos que, con excepción de la diptongación de algunas vocales medias bajo la influencia del acento, la pronunciación de las vocales tónicas y átonas sólo varía con respecto a su duración media (Quilis 1993:150).

1.2.2.2 Consonantes

Tal y como establecimos más arriba, cualquier constricción en la cavidad oral que tenga un grado superior al de la vocal /i/ es por definición una consonante.

1.2.2.2.1 *Grado de constricción*

Empezaremos por ver cómo se clasifican las consonantes según el grado de aproximación del articulador activo al pasivo.

Aproximantes. Estas son las consonantes con el grado de constricción más cercano al de una vocal. Lo que las caracteriza es que no dificultan el paso del aire lo bastante como para que se cree una turbulencia o fricción perceptible. En este grupo entran la /j/ de *tiene*, la /w/ de *puente*, la /r/ de *pera* y la /l/ de *lejos*. En todos estos sonidos el aire pasa por la cavidad oral sin que se perciba una fricción.

Las aproximantes, como las vocales, son casi siempre sonoras. Es decir, van normalmente acompañadas de vibración en las cuerdas vocales. La explicación de esta dependencia resulta transparente cuando consideramos cómo se articulan estos sonidos. Al igual que los sonidos vocálicos, los sonidos aproximantes necesitan una vibración básica cuya resonancia pueda variar según el tamaño de la cavidad oral. Sin la vibración básica las diferencias de tamaño no son lo bastante perceptibles en sí mismas, ya que estos sonidos no crean turbulencia en la cavidad oral (lo mismo pasa con las consonantes nasales que consideramos más abajo). Por supuesto, existen vocales, nasales y aproximantes sordas, pero cierto es que estos sonidos suelen tener una distribución muy limitada. La perceptibilidad de estos sonidos sordos radica en el hecho de que la falta de vibración en las cuerdas vocales se compensa con algún tipo de turbulencia en el área glotálica. Eso es similar a lo que sucede, por ejemplo, en el susurro (modalidad de fonación en la que a pesar de haberse suprimido la vibración de las cuerdas vocales es todavía posible contrastar /p/ y /b/). Las cuerdas no tienen una tensión suficiente para que se produzca una vibración pero están lo bastante juntas como para que el aire no pase libremente. Esto basta para crear una onda básica cuya resonancia puede manipularse en la cavidad oral.

Las aproximantes pueden ser centrales o laterales. En las centrales, la lengua está en contacto con la parte interior de los dientes a la altura de los primeros molares y sólo se aproxima al paladar (en la pronunciación de [j]) o al velo (en [w]), dejando escapar el aire por el centro. En las laterales la zona de contacto y aproximación se invierte. Hay contacto por el centro en los alveolos ([l]) o en el paladar ([ʎ]) pero la lengua sólo se aproxima a la parte interior de los molares dejando escapar el aire por el lado (normalmente hay contacto en un lado y aproximación en el otro).

Fricativas. Si el grado de constricción se lleva al punto en que empieza a formarse una turbulencia en el aire detrás del punto en que el articulador activo y pasivo se acercan uno a otro, se produce un sonido fricativo. La calidad fricativa de sonidos como la /f/ en *falso*, /θ/ en *zona*, /s/ en *sol*, y /x/ en *jaca*, es claramente distintiva y se usa contrastivamente en español. La fricativa glotal [h] es muy común en los dialectos aspirantes.

A diferencia de lo que pasa con sonidos de mayor apertura, en cuya perceptibilidad tiene un papel fundamental la vibración de las cuerdas vocales, las fricativas pueden ser tanto sonoras como sordas. De hecho las fricativas sordas son más comunes que las sonoras. Esto se debe a la fricción que se produce al acercar los articuladores es perceptible en sí misma. En estos sonidos, la finalidad de la constricción es más la de crear una fricción que la de crear una cámara de resonancia de un tamaño específico. La vibración glotal es perceptible cuando se combina con la fricción supraglotal, sin embargo no añade nada a la perceptibilidad inherente de la consonante fricativa. Una característica del español es que no tiene consonantes fricativas sonoras en el inventario consonántico sincrónico. Las fricativas sonoras eran aún parte de la lengua en el subsistema de las sibilantes hasta los sistemas medievales tardíos pero acabaron perdiéndose en un proceso sistemático de ensordecimiento (Véase Lloyd 1987). En la actualidad, las únicas fricativas sonoras que aparecen son exclusivamente alófonos contextuales de las oclusivas sonoras. Eso quiere decir que las fricativas sonoras son posibles pero no tienen valor contrastivo. La fricativa bilabial sorda [ɸ] es una variante dialectal o contextual de [β] (Véase Navarro Tomás 1968).

Oclusivas. Son las consonantes con un grado máximo de constricción oral. Puesto que la aproximación de los articuladores es total, y que el velo se mantiene subido cerrando el paso del aire a la cavidad nasal, se produce un bloqueo temporal en la salida del aire. Como el impulso de los pulmones no se detiene durante este bloqueo, el resultado es un aumento de la presión detrás del punto donde los articuladores entran en contacto. Lo que se percibe en estos sonidos es la ausencia momentánea de sonido y la súbita explosión que se produce al liberar el aire atrapado.

Igual que con las fricativas, el objetivo en estos sonidos no es el de producir resonancias sobre la base de una vibración o turbulencia previa en el área de la glotis. Son perceptibles aunque las cuerdas vocales estén completamente relajadas. Las oclusivas también pueden ser sordas o sonoras, pero hay que señalar que la perceptibilidad de la vibración de las cuerdas vocales se ve atenuada como resultado de la oclusión momentánea en la cavidad oral. Esa incompatibilidad de las oclusivas con la sonoridad puede verse reflejada en procesos de alargamiento fonético compensatorio de las vocales ante oclusivas sonoras, como en inglés o en la fricativización de las oclusivas sonoras como en español.

Las consonantes oclusivas del español son /p/ como en *palo*, /t/ en *todo*, /k/ en *cada*, /b/ en *bala*, /d/ en *dama* y /g/ en *gamo*. En el español, como en la gran mayoría de las lenguas, puede oírse la oclusiva glotal [?], aunque no es contrastiva. Es el sonido (o más bien la ausencia de sonido) que se percibe entre las dos vocales en la negación [a?a] o en la expresión de admiración típica de los niños [o?o] (con una segunda vocal bastante larga y entonación típicamente descendente). Las oclusivas sonoras tienen los alófonos fricativos [β], [ð], [γ]. Los alófonos oclusivos aparecen detrás de nasal o pausa y los fricativos en los demás casos. La excepción a esta generalización afecta a la /d/ que, detrás de /l/, es oclusiva.

Nasales. Al igual que en las oclusivas, en las consonantes nasales hay una total obstrucción de la cavidad oral. Sin embargo, en las consonantes nasales la úvula desciende separándose de la pared faríngea y esto crea una apertura que permite que el aire escape por la cavidad nasal. La cavidad nasal, al estar llena de membranas, actúa como una sordina que amortigua el sonido, dándole así la calidad típicamente nasal que escuchamos en /m/ *mano*, /n/ *nana*, /ñ/ *caña*. Si la úvula se baja pero no hay una oclusión en la cavidad oral se produce una vocal nasal[2] como las del portugués, o el francés. En español las vocales que preceden a las consonantes nasales pueden pronunciarse con cierta nasalización (ej. n[ã]na).

Africadas. Las africadas pueden verse como una combinación de una oclusiva y una fricativa. Su articulación empieza con un cierre total del conducto oral, como en las oclusivas, pero la apertura no es súbita sino que la articulación se desliza a un grado de constricción ligeramente inferior que al mantenerse produce una fricción. En el español moderno las únicas africadas son [č] y [y̌] como en *noche* y *yema*. En otras lenguas, sin embargo, o incluso en etapas previas del español, las posibilidades de las africadas son, o eran, mayores.

La R múltiple. La vibrante múltiple es esencialmente similar a la vibrante simple con la diferencia de que suele tener más de una vibración. En la pronunciación de este sonido, la corona se aproxima a los alveolos y se pone en

---

2. Al dejar escapar el aire por la cavidad nasal se necesita mucho esfuerzo articulatorio para producir en la boca la presión necesaria para crear la turbulencia típica de las fricativas.

tensión. El ápice se mantiene con un tensión menor de forma que ofrezca una leve resistencia al paso del aire. Esta resistencia hace que la presión detrás de la lengua aumente. Cuando la presión aumenta lo suficiente, el ápice se desplaza hacia abajo, pero no la corona (dado que esta parte de la lengua está más tensa). El aire puede entonces escapar y como consecuencia la presión detrás de la lengua se reduce. Cuando la fuerza del ápice es de nuevo superior a la presión, el ápice vuelve a cerrar el paso del aire y se inicia un nuevo ciclo. La sucesión rápida de estos ciclos crea la vibración múltiple característica de la [R] en la palabra *Ramón*.

La distribución de la [r] y la [R] en español es complementaria en todos los contextos excepto entre vocales, donde estos dos sonidos parecen contrastar como lo demuestran pares mínimos del tipo *corro/coro*. Esto hace que debamos plantearnos si se trata de dos fonemas contrastivos o de alófonos de un mismo fonema. Por una parte estos dos sonidos dan lugar a pares mínimos como los fonemas, pero por otra, en la mayoría de los contextos tienen una distribución complementaria como los alófonos. La posición más aceptada en este momento es la de dar por sentado que hay un sólo fonema subyacente y que las diferentes manifestaciones contextuales se derivan a base de reglas, mientras que el contraste intervocálico resulta de preespecificar una unidad extra de tiempo (Harris 1985, 1993, Núñez Cedeño 1994).

1.2.2.2.2 Punto de articulación

Hasta aquí hemos analizado distintos modos de articulación según su grado de constricción. Sin embargo, el mismo grado de constricción se percibirá como un sonido distinto cuando se articule con el ápice contra los dientes o con el dorso contra el velo. Por ejemplo, si consideramos una oclusión, en el primer caso tendremos /t/ y el segundo /k/, o si se trata de una fricativa /θ/ y /x/. El contraste entre estos pares es de punto de articulación. El punto de articulación se determina con respecto al articulador pasivo, al que el articulador activo toca o se aproxima. Según su punto de articulación, las consonantes se clasifican del modo siguiente:

Labiales. Son sonidos articulados contra el labio superior. /p/ *Pedro*, /b/ *ven*, /m/ *mamá*, tienen este punto de articulación. [β] *haba* es una variante alofónica de /b/. Dialectalmente puede encontrarse [ɸ] como resultado de asimilación en voz, progresiva o regresiva (por ejemplo, *resbalar* en variedades extremeñas del andaluz).

Labiodentales. Se articulan con el labio inferior contra los dientes superiores. La labiodental por excelencia en español es /f/, pero por asimilación de una nasal a /f/ puede también producirse una labiodental, nasal, fricativa [ɱ]. Una ausencia destacable es la de la labiodental, fricativa, sonora /v/, pero hay que notar que esto no es una particularidad de las labiodentales sino que puede extenderse a todas las fricativas sonoras en todos los puntos de articulación. En el español de la edad media había una fricativa labiodental sonora pero en la actualidad se oye en el español de los Estados Unidos y en casos de ultracorrección motivados por el conservadurismo ortográfico.

Interdentales. Se articulan colocando el ápice entre los incisivos superiores e inferiores. Quizás debido a que los dientes pueden dificultar la oclusión en caso de un alineamiento muy imperfecto, o por poder perderse con la edad o debido a accidentes, lo cierto es que las oclusivas interdentales, al igual que las labiodentales, no son nada comunes. Los sonidos consonánticos que se articulan contra la punta de los incisivos son exclusivamente fricativos. El sonido interdental más conocido del español es [θ], pero hay que notar que en la mayoría de los dialectos del español este sonido se ha perdido al confundirse con [s] en una de las finales estribaciones en la reestructuración del sistema de las sibilantes medievales. Alofónicamente puede encontrase [ð] como resultado de la sonorización de /θ/.

Dentales. Se articulan con el ápice contra la parte posterior de los dientes. En español tienen este punto de articulación /t/ *todo* y /d/ *dar*. Alofónicamente, como resultado de asimilación progresiva, encontramos [l̪] y [n̪].

Alveolares. Las alveolares se producen con el ápice o la corona contra los alveolos. Tenemos /s/ *sal*, /n/ *no*, /l/ *lazo*, /r/ *mar* y /R/ *rosa*. No hay oclusivas alveolares y esto debe atribuirse al hecho de que hay oclusivas dentales. Debido a su cercanía no se suelen contrastar consonantes con un mismo grado de constricción en esos dos puntos de articulación. La ausencia de la fricativa sonora /z/ está en consonancia con la ya observada ausencia de fricativas sonoras en general, pero como en casos anteriores este sonido se da alofónicamente como resultado de la sonorización de /s/. Dialectalmente, hay al menos dos tipos de /s/. La apical se pronuncia con el ápice de la lengua y tiene un típico carácter silbante. Se suele identificar con una pronunciación peninsular pero se han encontrado manifestaciones apicales en Colombia, Puerto Rico, áreas altas de Bolivia, Ecuador y el norte de Argentina y México (véase Canfield 1981). La laminal acerca la corona a los alveolos. En España es característica de la zona andaluza y de Canarias, mientras que en Hispanoamérica es la pronunciación más extendida.

Retroflejas. Se articulan a base de curvar la lengua hacia atrás hasta tocar con el ápice el paladar duro. El español no usa contrastivamente consonantes retroflejas pero hay dialectos (especialmente el habanero coloquial—véase Guitart 1980) en los que abundan estos sonidos.

Palatales. Se articulan con el dorso de la lengua contra el paladar. Las palatales del español son /č/ *chico*, /ñ/ *baño* y /y/ *calle*. La distribución de las palatales tiene limitaciones posicionales que derivan mayoritariamente del hecho de que desde un punto de vista diacrónico son de incorporación relativamente reciente al inventario. Existe la palatal lateral /ʎ/ en los dialectos del español que contrastan este sonido con /y/. Estos dialectos distinguen el sustantivo *valla* [báʎa], de la interjección *vaya* [báya]. El sonido [y̌] también se da dialectalmente como variante de /y/ en un ataque silábico (ej. llave [y̌áβe]).

Velares. En su articulación intervienen el dorso de la lengua y el velo del paladar. Las oclusivas velares son /k/ *canasta* y /g/ *goma*. La fricativa velar es /x/ como en *jarro*. La variante fricativizada de /g/ es [γ]. La pronunciación de la fricativa /x/ admite mucha variación dialectal en punto y modo de articulación. El dialecto castellano se caracteriza por la pronunciación uvular [χ], mientras que una gran parte de los dialectos de Hispanoamérica (especialmente las variedades caribeñas), Andalucía, Canarias y puntos de Extremadura se caracterizan por la pronunciación suave [h]. Un fenómeno localizado en Chile es pronunciar la fricativa palatal [ç] ante las vocales anteriores (Oroz 1966:124).

Uvulares. Se articulan con el dorso de la lengua contra la úvula. El español no usa contrastivamente sonidos producidos en esa área pero una vez más tenemos que notar la presencia de sonidos uvulares en dialectos españoles. Acabamos de mencionar la pronunciación uvular de /x/ en el castellano. Otro caso lo tenemos en la pronunciación, típicamente puertorriqueña de [R] como [χ] o [ʁ].

Faríngeas. Se articulan con la raíz de la lengua contra la pared faríngea. No se usan contrastivamente en español, pero hay pronunciaciones de la [χ] castellana que se aproximan a una pronunciación faríngea (especialmente ante vocal baja). Asimismo, como mencionamos arriba, en algunos dialectos [h] puede tener una articulación faríngea.

La clasificación de las consonantes contrastivas del español según el punto de articulación y el grado de constricción puede sintetizarse en una tabla que ordene estas dos gradaciones.

La tabla puede enriquecerse para incluir no sólo los sonidos contrastivos (fonemas) sino también los alófonos contextuales y variaciones dialectales más comunes.

	Bilabial		Labio-dental		Dental		Interdental		Alveolar		Palatal		Velar	
	son	sor	son	sor	son	sor	son	sor	son	sor	son	sor	son	sor
Oclusiva	b	p			d	t							g	k
Fricativa				f				(θ)		s				x
Africada												č		
Aprox. Lateral Vibrante									l r		y (ʎ)			
Nasal	m								n		ñ			

Figura 3. Tabla de los fonemas del español.

	Bilabial	Labio-dental	Dental	Interdental	Alveolar	Palatal	Velar
	son sor	son sor	son sor	son sor	son sor	son sor	son sor
Oclusiva	b p		d t				g k
Fricativa	β	f		ð θ	s		γ x
Africada						y̆ č	
Aprox. Lateral Vibrante			ḷ		l r / R	y ʎ	
Nasal	m	ɱ	ṇ		n	ñ	ŋ

Figura 4. Tabla de los sonidos consonánticos más comunes del español.

1.3. De la malla descriptiva a los rasgos mínimos

El estudio del aparato fonador y de los distintos articuladores nos ha servido para describir y clasificar los sonidos del habla. Como veremos seguidamente, esos mismos articuladores nos servirán para identificar y nombrar las unidades mínimas del sistema mental. En el campo de la fonética descriptiva, *labial* es primordialmente un término que indica dónde se produce la articulación del sonido. Al desplazarnos al dominio de los modelos mentales, [+labial] debe entenderse como una instrucción precisa del sistema nervioso al labio inferior para que se aproxime al labio superior; [−continuo] es una instrucción complementaria al mismo músculo, la cual indica que la aproximación debe producir una oclusión momentánea del conducto oral.

La hipótesis revolucionaria avanzada por la escuela de Praga y en concreto por Roman Jakobson, es que [labial], [continuo] y otras instrucciones similares, son las unidades mínimas del sistema mental y por tanto, los átomos con los que deben construirse los modelos fonológicos. Estas unidades son los rasgos mínimos. Un conjunto de rasgos mínimos puede formar un segmento (definido tradicionalmente como la unidad mínima del habla). Los rasgos son también esenciales para la definición de los grupos naturales. Por ejemplo, todas las consonantes que comparten el rasgo [−continuo] constituyen el grupo natural de las consonantes oclusivas.

Tradicionalmente se ha establecido que los rasgos tienen valores binarios (ej. [−continuo] y [+continuo]). El rasgo [−continuo] requiere una oclusión total de forma que se cierre el paso continuo del aire y [+continuo] requiere que no se interrumpa el flujo. De forma similar, puede interpretarse que [+labial] es la instrucción que hace que los labios se junten y [−labial] la instrucción que los mantiene separados. Sin embargo, si tenemos en cuenta que los articuladores tienen una posición de defecto en la que los músculos están relajados, se puede interpretar que la ausencia de una instrucción al labio inferior para que se aproxime al superior no es diferente de [−labial]. De hecho, aunque [−labial], [−coronal] y [−dorsal] se usaron por algún tiempo, hay ahora consenso en que estos no deben sumarse a la lista de los rasgos distintivos. La única motivación que podría inclinarnos a mantener el valor negativo de estos rasgos es el deseo de trabajar con un sistema de unidades mínimas uniformes: todas con valencia binaria. Obviamente, este no es el tipo de argumento que deba justificar la binariedad de los rasgos. Sin embargo, el admitir que algunos rasgos son binarios y otros monovalentes, abre toda una problemática, en la que no vamos a entrar aquí, que consiste en determinar qué rasgos son binarios y cuáles son monovalentes. Para complicar la situación hay que considerar la existencia de procesos que refuerzan o cambian la altura vocálica, y que parecen indicar la existencia de rasgos plurivalentes o escalares.

Los rasgos son universales pero no todas las lenguas los explotan de la misma forma. Por ejemplo, en principio todas las lenguas pueden contrastar entre oclusivas glotales y fricativas glotales, ya que todos los humanos pueden producir estos sonidos. Para las lenguas que contrastan entre estos sonidos se emplea el rasgo [laringe constricta]: las oclusivas glotales son [+laringe constricta] y el resto tienen valor negativo. Sin embargo, no todos los inventarios requieren la presencia de este rasgo para contrastar consonantes. Ese es el caso del español, pues a pesar de tener sonidos oclusivos glotálicos, estos no se usan de forma contrastiva. Por eso decimos que el rasgo [laringe constricta] no tiene una función distintiva en español.

Los rasgos distintivos que se necesitan para contrastar tanto el sistema consonántico en la figura 3 como el vocálico en la figura 2, son los siguientes:

Para distinguir sonidos sordos y sonoros usamos el rasgo **[sonoro]**. Con valencia positiva indica la vibración de las cuerdas vocales, con valencia negativa marca la ausencia de vibración.

Para contrastar la **altura vocálica** se suele presumir que hay un punto medio que corresponde a la posición neutral de la lengua. Con referencia a ese punto, el rasgo [+alto] indica que la lengua debe rebasarlo en su aproximación hacia el articulador pasivo, y [+bajo] que debe rebasarlo pero hacia abajo. Si se postula la binariedad de todos los rasgos, [−alto] y [−bajo] son instrucciones que requieren no subir y no bajar respectivamente. Es decir, se trata de instrucciones que no tienen un efecto directo en los movimientos de la lengua. Si se presume en cambio, que [alto] y [bajo] son monovalentes y por tanto que sólo pueden ser instrucciones positivas, entonces las vocales medias son las que carecen de una instrucción específica con respecto a subir o bajar la lengua.

Respecto al **punto de articulación vocálico,** basta con el rasgo **[retraído].** Si se establece que en la posición neutral el cuerpo de la lengua no está ni adelantado ni retraído, entonces las vocales anteriores /e/, /i/, son [−retraídas] y las posteriores /o/, /u/ son [+retraídas]. Para la vocal /a/ se suele también dar por sentado que es [+retraída]. Sin embargo, a diferencia de lo que pasa con /o/ y /u/, la articulación de /a/ no es necesariamente posterior. Es decir, si pronunciamos una [æ] anterior, el hablante de español percibirá /a/ de todas formas. Esto puede verse como un problema para el presupuesto de que todos los rasgos son binarios, ya que una vez más la razón principal por la que se presume que /a/ es [+retraída] es la necesidad teórica de que toda vocal tenga un valor positivo o negativo para cada rasgo. De postular la existencia de rasgos monovalentes necesitaríamos un rasgo [retraído] para /o/, /u/ y el rasgo [adelantado] para /i/, /e/. Para la vocal baja que en realidad no es necesariamente ni adelantada, ni retraída, el único requisito es que sea baja.

En correspondencia con el abocinamiento labial que se observa en algunas vocales tenemos el rasgo [**redondo**]. Las vocales /o/ y /u/ se caracterizan por tener el rasgo [+redondo]; /e/, /i/, /a/ se caracterizan por ser [−redondo]. Si aceptamos que /a/ no es [+retraído], entonces la necesidad de tener [redondo] entre los rasgos distintivos que se necesitan para caracterizar el inventario español desaparece. [+redondo] pasa a ser predecible a base de [+retraído] y [−redondo] a partir de [−retraído].

Para diferenciar los sonidos que usan la resonancia nasal de los que no la usan necesitamos el rasgo [**nasal**]. Este rasgo debe entenderse como una instrucción al velo para que suba y cierre el paso a la cavidad nasal o para que baje, abriendo el paso a esa cavidad. Presumiendo que la posición natural del velo es estar apoyado contra la pared faríngea, cerrando el paso a la cavidad nasal, entonces se puede interpretar [−nasal] como la ausencia de una instrucción cuyo efecto sería bajar el velo. Por tanto, este rasgo es también candidato a que se le considere monovalente.

Hay una serie de rasgos fonológicos que se correlacionan con el **grado de constricción.** Hemos visto ya los rasgos [alto] y [bajo] en el caso de las vocales. Revisemos ahora los rasgos que especifican el grado de constricción en las consonantes.

[**continuo**] caracteriza a las consonantes con el mayor grado de constricción. Los sonidos [−continuo] son oclusivos y los [+continuo], fricativos.

[**resonante**] es el rasgo que caracteriza a los sonidos cuya constricción no llega a producir una turbulencia en la columna de aire. Las vocales, deslizadas, líquidas y nasales comparten este rasgo. Las nasales se distinguen de las otras resonantes por ser [+nasal]. Las vocales y semiconsonantes, como veremos seguidamente, se diferencian de líquidas y nasales en que no son consonantes. Las semiconsonantes y las líquidas tienen en común el rasgo [**+aproximante**].

El rasgo [**consonante**] se emplea para distinguir vocales de consonantes. Las deslizadas son [−consonante] al igual que las vocales. Lo que las distingue de otras vocales es el hecho de que no pueden ser el núcleo de una sílaba. Para distinguir las deslizadas y dar cuenta de que hay lenguas que manifiestan sílabas cuyo núcleo puede ser consonántico se usó por algún tiempo el rasgo [silábico]. Este rasgo permitía agrupar las vocales y consonantes nucleares por un lado y las consonantes y deslizadas por el otro. Sin embargo, [silábico] tenía una serie de características anómalas con respecto a otros rasgos. Por ejemplo, era la única información de la estructura silábica que se incluía en la representación subyacente, nunca participaba en casos de asimilación, etc. A raíz de estos problemas [silábico] dejó de usarse como rasgo distintivo.

En español, el tema de la especificación léxica de las deslizadas es materia de debate (véase capítulo V). Las deslizadas son, en la mayoría de los casos, vocales que aparecen en posición no nuclear dentro de la sílaba. Para aquellos casos en que la silabificación no pueda dar cuenta de la manifestación de una vocal alta como deslizada, se recurre a la preespecificación de la estructura silábica o a la incorporación de diacríticos en el léxico. Cualquiera de estas opciones puede suplir la función del rasgo [silábico]. La principal diferencia radica en que los diacríticos o la preespecificación admiten, acertadamente, que lo común es derivar las semiconsonantes del proceso normal de silabeo y que lo excepcional, aunque no imposible, es marcarlas en el léxico. Entre la preespecificación y el uso de diacríticos se debería preferir la primera opción a base de que una de las características básicas del léxico mental es que está formado de unidades gramaticales (rasgos, segmentos, sílabas, pies, etc.). Los diacríticos, al ser tan sólo marcadores de excepción sin afiliación gramatical, relajan innecesariamente las posibilidades del léxico mental.

Para contrastar consonantes según su **punto de articulación** necesitamos los rasgos [labial], [coronal] y [dorsal][3]. Hay bastante consenso en que estos rasgos no son binarios.

Las consonantes que se articulan en la zona labial comparten el rasgo **[labial]**. Bilabiales y labiodentales no contrastan fonológicamente. Ciertamente hay fonemas como /p/ y /b/ que son bilabiales y fonemas como /f/ que son labiodentales. Lo que no existe es un contraste entre una oclusiva bilabial y una oclusiva labiodental. Por tanto, lo que diferencia /p/ de /f/ es que uno es fricativo y el otro oclusivo.

En el área coronal hay que distinguir entre interdentales /θ/, alveolares /s/, y palatales /č/. Para distinguir las palatales de las alveolares, dentales e interdentales tenemos el rasgo **[anterior]** que combinado con **[coronal]** produce los contrastes necesarios. Las palatales se caracterizan por ser coronales y por poseer el valor negativo y las demás son [+anterior]. Para contrastar /s/ y /θ/ se puede recurrir al rasgo **[distribuido]**. Este es un rasgo que especifica el área de contacto o acercamiento entre el articulador activo y el pa-

---

3. Como que el español no tiene consonantes faríngeas no hacemos mención de este nodo articulatorio aquí.

sivo. Si el área es extendida el sonido es [+distribuido], mientras que en el caso de un contacto puntual, o de área reducida, es [−distribuido]. La /s/ es [−distribuida] y la /θ/ es [+distribuida].

Como ya mencionamos, hay dialectos como el habanero que tienen además coronales retroflejas. Estos sonidos se diferencian de los palatales en que se articulan con el ápice de la lengua. Por tanto pueden distinguirse de los palatales con el rasgo **[distribuido]**. En este caso son las palatales las [+distribuidas]. Las retroflejas se diferencian de las alveolares y dentales en que son [−anteriores].

En el área velar el articulador activo es el dorso, el cual no tiene la precisión y flexibilidad que caracterizan al ápice y la corona. No hay, por ende, las mismas posibilidades de contraste y basta con el rasgo **[dorsal]**.

Finalmente, para distinguir /r/ de /l/ se necesita el rasgo **[lateral]**. Algunas propuestas han tratado de incorporar un rasgo **[rótico]**. Sin embargo a falta de argumentos concluyentes y mientras se acepte el carácter binario de [lateral], las consonantes vibrantes del español pueden caracterizarse como las únicas consonantes resonantes no laterales y no nasales.

Para más información sobre la estructura e interacción de los rasgos véanse los capítulos II y III, donde se presentan el modelo autosegmental y la geometría de los rasgos.

La siguiente tabla expresa de forma sintetizada el conjunto de rasgos distintivos, con sus respectivos valores, que se necesitan para establecer todos los contrastes fonológicos que se han observado en esta sección. Nótese, sin embargo, que esta tabla toma los presupuestos más conservadores con respecto a las posibilidades de la monovalencia de ciertos rasgos.

42 De la Fonética Descriptiva a los Rasgos Distintivos

	p	t	k	b	d	g	f	(θ)	s	č	x	m	n	ñ	l	(ʎ)	r	y	i	e	a	o
sonoro	−	−	−	+	+	+	−	−	−	−	−	+	+	+	+	+	+	+	+	+	+	+
alto																	+	+	−	−	−	−
bajo																	−	−	−	+	−	
retraído																	−	−	−	+	+	
redondo																	−	−	−	−	+	
nasal	−	−	−	−	−	−	−	−	−	−	−	+	+	+	−	−	−	−	−	−	−	−
continuo	−	−	−	−	−	−	+	+	+	±	+	−	−	−	−	−	+	+	+	+	+	+
resonante	−	−	−	−	−	−	−	−	−	−	−	+	+	+	+	+	+	+	+	+	+	+
aproximante	−	−	−	−	−	−	−	−	−	−	−	−	−	−	+	+	+	+	+	+	+	+
consonante	+	+	+	+	+	+	+	+	+	+	+	+	+	+	+	+	+	−	−	−	−	−
labial	+			+			+					+										
distribuido							+	−														
anterior		+			+			+	+	−			+	−	+	−	+					
coronal		+			+				+	+	+		+	+	+	+	+					
dorsal			+			+					+											
lateral	−	−	−	−	−	−	−	−	−	−	−	−	−	−	+	+	−	−	−	−	−	−

Figura 5. Tabla de rasgos distintivos necesarios para contrastar los fonemas del español.

CAPÍTULO II
Fonología Autosegmental

2. Introducción

Hemos podido inferir del capítulo introductorio que la fonología se define como la representación mental que el hablante/oyente posee de la producción y percepción de las señales del habla. En este tipo de fonología la relación entre los fenómenos mentales y los hechos físicos reales se da mediante un sistema de reglas. Se ha presumido que la fonología así definida tiene un diccionario o léxico que contiene todas las informaciones necesarias para hacer palabras. Así, hemos visto que cada morfema se compone de fonemas individuales que se caracterizan mediante un conjunto de rasgos fonéticos universales. De suerte que la palabra *pan* se representa formalmente de la manera siguiente:

(1)   p   a   n

$$\begin{bmatrix} +\text{consonántico} \\ +\text{obstruyente} \\ -\text{sonoro} \\ +\text{labial} \\ -\text{coronal} \\ \cdot \\ \cdot \end{bmatrix} \begin{bmatrix} -\text{consonántico} \\ -\text{obstruyente} \\ +\text{sonoro} \\ -\text{labial} \\ -\text{coronal} \\ \cdot \\ \cdot \end{bmatrix} \begin{bmatrix} +\text{consonántico} \\ -\text{obstruyente} \\ +\text{sonoro} \\ -\text{labial} \\ +\text{coronal} \\ \cdot \\ \cdot \end{bmatrix}$$

En el ejemplo, el segmento fonológico se caracteriza por ser un conjunto de rasgos con coeficientes positivos y negativos, los cuales indican si el segmento en cuestión posee esos rasgos. Las palabras, y unidades mayores, son una simple yuxtaposición o, para ser más exactos, una concatenación lineal de dichos rasgos distintivos. Dicho de otra forma, y según se muestra en (1), la representación fonológica de la palabra *pan* es la concatenación del conjunto de rasgos de los segmentos [p], [a] y [n], sin más estructura. Se presume que el hablante divide verticalmente la representacion (1) y que le asigna sus rasgos correspondientes.

El punto de vista que hemos expuesto hasta ahora resume la exposición de la teoría fonológica de la que hemos venido hablando, es decir, la de Chomsky y Halle (1968). Hoy día, sin embargo, se ha llegado a la conclusión de que las cosas no lucen tan sencillas, sino que las representaciones fonológicas tienen un arquitectura mucho más compleja que la de una simple concatenación lineal de rasgos distintivos. En efecto, Goldsmith (1976) teoriza que los elementos constitutivos de la representación fonética se componen de un grupo de actividades articulatorias simultáneas ejecutadas secuencialmente en planos diferentes, y que responden a ciertas restricciones al relacionarse entre sí. El propone sustituir el modelo (1) con el (2), un modelo poligestual de orquestación de actividades articulatorias.

(2) Labios ... Se cierran, se abren ...
    Lengua ... Posición baja ... desciende
    Velo   ... Sube .... baja
    Laringe ... Tono bajo ... tono bajo

Este modelo representa una teoría de la separabilidad del aparato articulatorio y de cómo se coordinan el velo, la lengua y los labios para producir la palabra *pan*. De manera que intervienen tres clases de gestos: los orales, que se refieren a las actividades de los labios, la lengua, y el maxilar inferior; y los nasales, con los cuales se activa el velo. Al pronunciar la palabra *pan* ocurre efectivamente una orquestación de gestos producidos por los distintos órganos de fonación. Además, en (2) se ha añadido la laringe, con lo que se da lugar a la producción de tono, marcado aquí como [tono bajo], porque cuando se pronuncia *pan* el tono de la vocal desciende un poco. Pues bien, dicho tono no tiene valor contrastivo en español y por tanto se puede prescindir de él. Sin embargo, Goldsmith (1976:18) indica que en lomongo, una lengua bantú, se emplea contrastivamente el tono laríngeo, según veremos pronto. Es por eso que la ausencia de este tono contrastivo para el español puede ser más bien un accidente. El hecho de que se produce fonéticamente en español sin que ocurran contrastes, sugiere que los hablantes tienen la capacidad de producirla. Lo que hay que decidir es si ese rasgo se debe o no incluir como requisito universal para todas las lenguas, es decir, si debe formar parte del modelo lineal (1). Las investigaciones de Goldsmith, y otras posteriores, sugieren que en inglés (y en el español) el tono no contrasta; por ello en el nivel fonológico hay que excluirlo. El hecho de que en lomongo se pueda manipular independientemente de los demás rasgos articulatorios sugiere que se le debe atribuir un plano aparte, según veremos en la sección 2.1. Con la inclusión redundante de la actividad laríngea entran en acción las cuerdas vocales, produciéndose o no sonoridad/aspiración o diferentes tonos, según lo requiera el caso.

La tesis fundamental de Goldsmith es que los gestos de cada uno de estos niveles no tienen que ser simétricos; es decir, que producir el gesto en un plano no hace que se realice un gesto igual en otro plano, aunque los planos sí permanezcan relacionados. Una metáfora instructiva sería comparar esta acción gestual con la actividad que ejecutan los distintos instrumentos de una orquesta: cada uno no toca la misma melodía y sin embargo todos ellos forman parte de lo que se percibe como una totalidad. Las lenguas, por supuesto, no siempre activan cada gesto. Por ejemplo, la actividad del tono que pudieran producir las cuerdas vocales habría que excluirla de la señal lingüística del léxico de los hispanohablantes, pues el tono sólo le es distintivo a la oración, como cuando se distingue una frase interrogativa de una declarativa. En cambio, las palabras de otras lenguas, cuyas configuraciones morfofonológicas son idénticas, se distinguen entre sí mediante el tono. Fue precisamente empleando lenguas tonales que Goldsmith avaló su teoría de que los segmentos poseen una arquitectura geométrica.

2.1 Arquitectura de los segmentos

En la teoría clásica de las representaciones lineales, según se ilustra en (1), el tono se consideraba simplemente uno más del conjunto de rasgos que caracterizan a un segmento particular. Sin embargo, esa presunción plantea problemas difíciles de resolver cuando se analizan ciertos fenómenos fonológicos de algunas lenguas tonales. En lomongo se da la regla (3) que elimina una vocal final ante otra palabra que se inicia con vocal.

(3) V → Ø / __#V

En el modelo generativo tradicional, como el tono forma parte del conjunto de rasgos distintivos que posee tal vocal, al eliminarse la vocal mediante (3) el tono consiguientemente tendrá que desaparecer. Por ejemplo la palabra 'su' se dice [bàlóngó], (en donde el símbolo ` significa tono bajo y ´, tono alto) y la palabra 'libro' se dice [bǎkáé], en donde el símbolo ǎ significa tono que baja y sube. Suponiendo primero la existencia de una regla independiente que elimina la [b] de esta última palabra sin que se afecte nuestro argumento, al ligarse ambas palabras y aplicárseles la regla (3) el resultado debería ser lo que se muestra en la derivación (4). Pero lo que resulta es totalmente anómalo.

(4) bàlóngó (b)ǎkáé
     bàlóng   ǎkáé   Regla 3
     *[bàlógǎkáé]

La derivación (4) es mala porque el resultado correcto debe ser [bàlógǎkáé]. O sea que el tono de la vocal elidida debe reaparecer en la vocal inicial de la palabra siguiente. Por supuesto que en la literatura se sabía de tan significativo fenómeno, y en vista de que se necesitaba la regla (3) había que ingeniárselas para recuperar el tono inherente de la vocal perdida.

A tal fin, se invocaron reglas de copias de tonos y restricciones en la derivación, entre otras (v. Goldsmith 1976:31), que pretendían explicar el fenómeno. Sin embargo, no se logró éxito alguno. Pongamos por ejemplo la regla de copia de tonos. En este tipo de regla antes de efectuarse la elisión de vocal se copia su tono en la vocal siguiente. El resultado, no obstante, es que cada vez que se elida una vocal en cualquier otra lengua tonal (y semejante fenómeno se da en varias lenguas bantúes) habrá que aplicar una regla de copiar tonos para cada caso particular. ¿Dónde está la falla de este procedimiento? En el hecho de que se pierde el poder de generalizar. Al agrupar todos los rasgos en un fonema, no es posible desplazar ningún rasgo individual en posición intramorfémica; aún más, ni siquiera se pueden transferir rasgos fuera del fonema mismo, a otro ámbito, como por ejemplo el de otra sílaba.

Las reglas de restricción derivacional tienen la característica de especificar, en caso de que se elida un tono o de que la vocal sea incapaz de mantener su tono, la necesidad de transferirlo a la vocal siguiente. Es obvio que este tipo de regla resuelve en parte el poder de generalización que no tienen las de copia. Pero solamente en parte. Esto es así porque, si bien se generaliza cuando se pierde una vocal, no ocurre lo mismo cuando una vocal se asimila a otra, pues hay muchas lenguas, por ejemplo las lenguas nigerianas yoruba e igbo, que muestran asimilación total de rasgos, y sin embargo el tono se pierde. Nuevamente surge el problema de la imposibilidad de generalizar porque, si bien la restricción derivacional da cuenta de los tonos cuando desaparecen las vocales, se queda muy a medias cuando trata los casos de asimilación total o parcial.

La representación lineal misma era en realidad lo que retaba al lingüista generativo, porque le obligaba, no ya a restringir el poder de la teoría sino a pegarle parches. Goldsmith pensó en resolver el problema de otra manera: manipular independientemente los tonos y las unidades portadoras de tonos (las vocales), teoría que ya tenía distinguidos predecesores como Harris (1944), Hockett (1944) y Firth (1948), éste último arquitecto de la teoría del análisis prosódico que se propagó en Inglaterra. Según ésta, ya no se trata de una representación unilineal, como se ofrece en (5), sino multilineal, como la que se brinda en (6), en la que se extrae un segmento de un fonema y se coloca en un plano aparte.

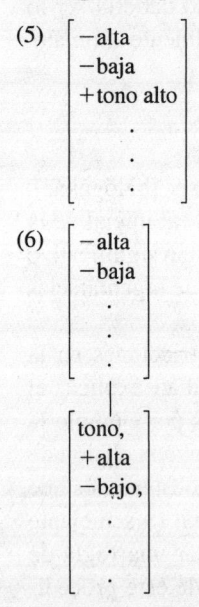

(5) $\begin{bmatrix} -\text{alta} \\ -\text{baja} \\ +\text{tono alto} \\ \cdot \\ \cdot \\ \cdot \end{bmatrix}$

(6) $\begin{bmatrix} -\text{alta} \\ -\text{baja} \\ \cdot \\ \cdot \\ \cdot \end{bmatrix}$
$\quad\quad |$
$\begin{bmatrix} \text{tono,} \\ +\text{alta} \\ -\text{bajo,} \\ \cdot \\ \cdot \\ \cdot \end{bmatrix}$

En (6) los rasgos de la vocal se distribuyen en diferentes planos o estratos. Para más precisión, los elementos que componen cada estrato funcionan de manera independiente o autónoma, de ahí que se les llame *autosegmentos*. Por tanto, (6) reproduce lo que llamaremos una *representación autosegmental*. Al funcionar los rasgos en diferentes estratos de manera autónoma, se explica el por qué en lomongo desaparece la vocal y se preserva su tono: la razón es que se pierden los rasgos fonológicos de la vocal y su tono queda flotando (hecho que se capta mediante las dos líneas truncadas que significan desunión o desasociación de estratos) pasando luego por regla a asociarse con el único elemento donde puede hacerlo, o sea, la vocal siguiente, según se observa en (7).

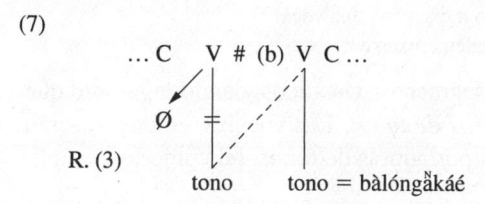

(7)

$$\ldots C \quad V \quad \# \quad (b) \quad V \quad C \ldots$$

R. (3)   ∅
              tono   tono = bàlóngǎkáé

Las C y V resumen aquí los rasgos típicos de las consonantes y vocales.

Al igual que en lomongo, en margi, lengua que se habla en Nigeria oriental, se registran dos tipos de procesos que se pueden analizar de manera similar. La vocal del verbo [tlà] 'cortar' se pierde mediante elisión al agregársele el sufijo [wá], otorgándole el significado 'cortar en dos' (Roca 1995:21). Ahora bien, se esperaría que el tono bajo de dicha vocal desapareciera también. Pero no ocurre así. El tono bajo reaparece añadido al sufijo de manera que en vez de *[tlwá], se produce [tlwǎ]. La combinación de una vocal de un tono alto con uno bajo se conoce como *contorno tonal*. Por otro lado, no siempre desaparece la vocal. En el mismo contexto, cuando la base tiene una vocal alta, como [hù] 'sepultura' que entra en contacto con una vocal del sufijo, por ejemplo [-ári], la vocal alta se convierte en deslizada y su tono inherente se desplaza hacia la vocal vecina de la derecha, realizándose [hwári], y no *[hwàri].

En estos ejemplos salta a la vista algo fundamental de la fonología tradicional que se resuelve sin problema en la fonología autosegmental. Y es que si para aquella, como en estos casos, el tono forma parte íntegra del segmento se produce una contradicción fonológica, pues un segmento no se puede caracterizar por tener valores opuestos para un mismo rasgo. No se permite una vocal con los rasgos simultáneos *[−tono bajo, +tono alto]. Mientras que al aplicar un análisis autosegmental, se separa el tono del segmento y el proceso se puede interpretar como la combinación en un segmento de tonos que se oponen en valores.

2.2 *Asociación de rasgos*

La línea discontinua que se ve en (7) es significativa porque representa en sí una regla, la que asocia el tono desunido con el elemento siguiente. Las líneas sólidas representan asociación entre autosegmentos. Sin embargo, estas líneas sólidas están sujetas a condiciones estrictas de asociación que se supone funcionan de manera universal. En efecto, se establece en la fonología autosegmental que las líneas de asociación no están presentes en las formas subyacentes sino que se introducen mediante reglas que emparejan los autosegmentos de un mismo fonema. Originalmente Goldsmith propuso la condición universal (8).

(8) Condición de Buena Formación
    a. Cada vocal debe asociarse por lo menos con un tono
    b. Cada tono debe asociarse por lo menos con una vocal
    c. Las líneas de asociación no pueden cruzarse

Tanto (8a) como (8b) seleccionan segmentos vocálicos, dando lugar a lo que se conoce como *unidades portadoras de tonos*. Las vocales, entonces, serán siempre los núcleos y por tanto las portadoras de tonos, tal como lo ejemplifica [ù?ú] 'fuego', del margi.

(9)   ù   ?   ú
         | |
        bajo alto

Las dos primeras partes serían modificadas más tarde (véase la sección 2.5) porque, en primer lugar, la asociación de vocales y tonos parece proceder en una dirección, y en segundo lugar porque según se añaden vocales tienden a copiar el tono de la vocal precedente. Es lo que se documenta en la lengua margi. Como pudimos inferir anteriormente, en esta lengua hay un tono bajo, uno alto, y una combinación de ambos. Además de estos tonos, hay sufijos que parecen indicar que carecen do tono, escapándoseles, por tanto, a los efectos de (8). Por ejemplo, [-bá] es un sufijo verbal, cuyo tono tiende a mutar (Hoffman 1963). De modo que después de /cí/ y /hé/ aparece con tono alto, según se evidencia en los respectivos [cí-bá] 'hablar' y [hé-bá] 'llevar'. Pero sobre una base que contiene un tono bajo, se transforma en bajo, v.g., [ghà-bà] 'alcanzar'. El hecho de que [-ba] puede surgir con tono alto o bajo, según la característica tonal de la base, sugiere que no tiene tono alguno. Ante esta situación, Pulleyblank (1986), entre otros, propone que (8) debe reformularse de manera que pueda bregar con casos en que el tono subyacente no esté asociado con todas las vocales. Como el sufijo duplica el tono de la base, para dar cuenta de lo que ocurre en margi se necesita que el tono de la base se propague o se extienda hacia la vocal de la derecha mediante la regla de extensión (10). De haber más sufijos a la derecha, estos también recibirían recurrentemente el tono de la base.

(10)   Regla de extensión de tono
          V
        /¯¯˜˜
       tono tono

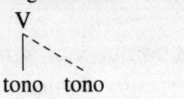

Aplicando (10) a la subyacente /cí-ba/ se consigue el resultado (11).

(11)   cí   ba   cí   bá
       | → | |
       t. alto   (regla 10) t. alto

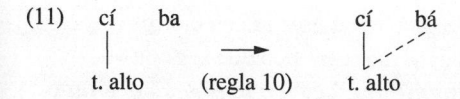

Es obvio que la Condición de Buena Formación se aplica sólo a la base porque de lo contrario el sufijo /-ba/ tendría que venir inherentemente marcado con tono fijo y ya vimos que esto no ocurre. Por lo visto, (11) no es más que una regla de copia de tonos, o dicho de otro modo, una regla de armonía melódica. Con ella se crea un segmento que surge con una asociación múltiple de tonos.

2.2.1 Armonías no tonales

Cuando Goldsmith (1976: 50–52) intentó explicar el caso de nasalización que se da en guaraní, lengua indígena hablada en Uruguay, intuyó las observaciones que más tarde propusiera Pulleyblank. De hecho, Goldsmith notó el paralelo que había entre el tratamiento autosegmental de los tonos que proponía y la nasalización. Así, basándose en las presencia de afijos de idéntica configuración segmental pero que se distinguían por la oralidad o nasalización que podían recibir de sus bases, llegó a la conclusión de que había que tratar la nasalización como si fuera un autosegmento que se propagaba a consonantes resonantes y vocales. El hecho de que los prefijos [ro] y [no] pudieran aparecer indistintamente como orales o nasales, dependiendo de si la base era oral o nasal, confirmaba que la nasalidad tenía que ser un autosegmento. Un par de ejemplos en donde las negritas indentifican a la base nos sirven de modelo.

(12)   ndo-ro-**haihú**-i   no+yo−tu+amo   'no te amo'
       nō-rō-**hendū**-i   no+yo−tu+oigo 'no te oigo'

La regla (13) que se encargaría de extender la nasalidad sería casi igual a la (10), excepto que cambia el autosegmento de tono por el de nasalidad. En vez de asociar hacia la derecha, se procede hacia la izquierda. Como en las lenguas tonales, la regla se aplica cada vez que reuna los requisitos estructurales de aplicación, según se ejemplifica en (14).

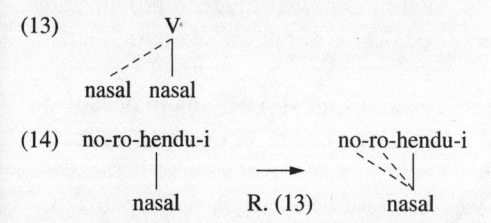

(13)   V
              / |
           nasal nasal

(14)   no-ro-hendu-i   no-ro-hendu-i
              | → |
            nasal   R. (13)   nasal

En realidad (14) es un caso típico de armonía, pero esta vez, de nasalización.

Este tipo de análisis autosegmental también rinde fruto cuando se aplica a los segmentos mismos. La armonía de rasgos vocálicos que se registra en varias lenguas puede explicarse nítidamente desde una perspectiva autosegmental. Definimos *armonía vocálica* como el proceso en que una o varias vocales comparten los mismos rasgos de otra vocal ubicada en ciertos lugares de la palabra. Los casos que se registran de armonía tienen que ver con vocales que comparten los rasgos alto, bajos, posteriores, laxos o tensos. Este último rasgo ha sido cuidadosamente estudiado en varias lenguas africanas. Para articularlo la raíz lingual avanza hacia adelante poniéndose tensa, como se siente en la vocal [e] de *tope,* o simplemente no avanza permaneciendo laxa, como e la [ę] de *perla.* Se ha empleado el rasgo *Raíz Lingual Avanzada* (RLA) para describir esta actividad articulatoria. El español de Andalucía (en particular en Granada oriental) nos sirve de modelo para ilustrar el tipo de análisis autosegmental que se usó originalmente para explicar la armonía vocálica de las lenguas mencionadas (Ka 1988).

El granadino presenta vocales tensas y laxas—estas últimas caracterizadas con el rasgo [−RLA]—y que sirven para establecer distinciones fonológicas (Zamora Vicente 1974). Los hablantes emplean las vocales laxas para denotar la voz plural, mientras que las tensas señalan la singular. De manera que ellos distinguen a [lę́čę] de [léče] por el ostensible timbre abierto de la primera, con el que se sabe intuitivamente que la palabra es plural. La abertura de la vocal parece resultar de la aspiración de la /-s/ marcadora de plural, pues según se afirma, los hablantes al no poseer la flexión plural recurren entonces a "desdoblar" las vocales. En (15) reproducimos ejemplos adicionales.

(15) Singular   Plural
     monotono   monotono(h)
     peso   peso(h)
     momento   momento(h)
     klabel   klabele(h)
     mohto   mohto(h)

Tal parece que hay algo en la marca de plural /-s/ y no en la aspiración del segmento /s/ final que causa la armonía vocálica. Nótese por ejemplo, la última palabra, cuya primera vocal se abre ante la /s/ aspirada sin que con ello se abra la última vocal, que sí se abre cuando existe la presencia de la aspirada del plural. De ello se deduce que la palabra *entonces* aparece pronunciada [entónsę(h)], sin que las dos primeras vocales se abran (cf. Zamora Vicente 1974:292).

En vista de lo anterior, debemos presumir que al morfema indicador de plural se le otorga el rasgo [−RLA], el cual transmite su cualidad de modo reúurrent a todas las demás vocales; de aquí que aparezcan como laxas. Esta hipótesis no es errónea, pues en la lengua wolof de Senegal, se hace una distinción parecida a nivel léxico (Kenstowicz 1994:354). Lo mismo ocurre en el español pasiego que McCarthy (1984) analiza y que se discute en el capítulo IV. Pero además es evidente que las vocales granadinas no poseen el rasgo [RLA], pues el hecho de que mutan en lo que respecta a este rasgo cuando se añade el plural justifica su ausencia a nivel subyacente. Semejante estado de cosas lo representamos con la regla (16), en la que el rasgo [−RLA] aparece como autosegmento.

(16)   V   Plural
        ＼＿｜
          [−RLA]

Debido a la recurrencia de (16) todas las vocales recibirán el timbre vocálico que le imprime el rasgo [−RLA], según bosquejamos en (17).

(17)   m o m e n t o + Plural   m o m e n t o + Plural
              | ＼＼＼＼｜
           [−RLA]   (R. 16)   [−RLA]

Con (17) se documenta un autosegmento anclado a una asociación múltiple de vocales. Lo deseable de este análisis autosegmental es que el rasgo [RLA] es propiedad del morfema de pluralidad y no de todas las vocales. Es este el tipo de ventaja que la hipótesis multilineal le lleva al análisis unilineal. Suponiendo que [RLA] fuera propiedad exclusiva de las vocales, al desplazarse entraría en contradicción con el rasgo [+RLA] de la base singular, creando una segmento [±RLA]. Además, según el modelo tradicional, los rasgos de la vocal se extenderían (al por mayor) causando una armonía total de rasgos. Ello sucedería con los rasgos de /o/ en la palabra *momento,* los cuales se copiarían sobre las demás vocales, produciendo la anomalía *[momonto]. Si la vocal final fuera /e/ u otra cualquiera se producirían errores parecidos.

Por lo que se deduce de los párrafos anteriores ha habido una progresión sistemática al considerar los tonos como autosegmentos; luego, por implicación, se pasa a la nasalización, y de ahí a considerar los rasgos propiamente segmentales. Semejante idea le ha sido fructífera a la teoría autosegmental.

2.3 *Análisis autosegmental de la aspiración*

Fue de hecho el propio Goldsmith (1979) quien nos ofreció un ejemplo aleccionador de cómo funcionaría la fonología autosegmental al tratar fenómenos segmentales. Se interesó en particular por la aspiración de la /s/ final que se registra en la mayoría de los dialectos hispánicos y cuya representación informal figura en (18)

(18)   s → h / X
       (X = cierto contexto)

sin que por ello se pretenda ignorar detalles relacionados con el contexto fonológico, variabilidad, distribución geográfica, así como aspectos extralingüísticos que han sido objeto de numerosos estudios independientes.

La regla (18) convierte las /s/ de /esto/ y /mes/ en las respectivas [éhto] y [méh]. El problema de (18) es que no expresa la naturalidad del proceso de aspiración. ¿Qué se quiere decir con esta afirmación? Sencillamente que el hecho de que se convierta a /s/ en [h], y no en [t], [p], [r], u otro segmento cualquiera, queda sin explicación.

Según Goldsmith, cuando el niño adquiere su fonología los rasgos fonológicos, al igual que las lenguas tonales, talvez funcionen independientemente entre sí. Es decir, son autosegmentales. Prueba parcial de esto lo demuestra la armonía vocálica que se da en el habla incipiente de los niños, según reporta Goldsmith (1979:215). Si se registra el fenómeno de la utilización de ciertos rasgos fonológicos en el habla infantil, lo mismo pudiera presumirse que ocurre en el habla adulta.

El proceso de aspiración de /s/ final nos provee pruebas fehacientes de que los segmentos se pueden "autosegmentalizar". Se propone así que los rasgos orales de /s/ se separan de los que se producen a nivel laríngeo. Configurada como (19), lo que ocurre entonces es que se truncan los orales de /s/, o sea [+anterior, +coronal, +estridente], quedando tan solo los laríngeos, o sea, la aspiración percibida por el oyente al estar la glotis dilatada. En (20) se ilustra el fenómeno de supresión de rasgos.

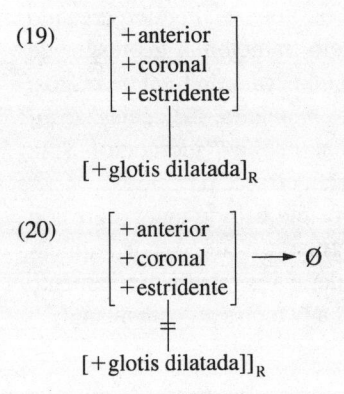

(19) $\begin{bmatrix} +\text{anterior} \\ +\text{coronal} \\ +\text{estridente} \end{bmatrix}$

$[+\text{glotis dilatada}]_R$

(20) $\begin{bmatrix} +\text{anterior} \\ +\text{coronal} \\ +\text{estridente} \end{bmatrix} \longrightarrow \emptyset$

$[+\text{glotis dilatada}]]_R$

Cuando se eliden los rasgos orales en la derivada queda únicamente la aspiración, lo cual nos demuestra que, en efecto, los rasgos funcionan independientemente. La acción fonética viene a ser la orquestación de gestos realizados por los distintos órganos de la fonación. En otras palabras, en el caso que vemos en (20) se han eliminado los gestos del nivel oral, que son las acciones combinadas de los labios, la lengua y el maxilar inferior, permaneciendo el reflejo del nivel laríngeo, el cual implica las acciones de las cuerdas vocales que en este fenómeno quedan dilatadas. La división hecha tiene una sólida motivación fonética.

Recuérdese, no obstante, que en lomongo el tono no se perdió al separarse de la vocal; todo lo contrario, pasó a unirse con la vocal siguiente. No se repite lo mismo en (20) y nos debemos preguntar por qué los rasgos supraglotales de /s/ no pasan a ligarse con los de la vocal precedente, formándose quizás una extraña vocal consonantizada. La explicación es que al no especificarse mediante regla lo que debe sucederle a los rasgos flotantes de /s/ y al no hallar un soporte donde adherirse, no pueden interpretarse fonéticamente y por tanto se pierden de modo automático en el curso de la derivación.

2.3.1 Aspiración de /f/ y /r/

Igual tratamiento del análisis de /s/ se puede aplicar a otros fenómenos de la dialectología hispánica. En el dominio hispanoamericano los hablantes tienden a realizar las alternacias de las consonantes que figuran en (21).

(21) di[f]teria —di[h]teria
      a[f]tosa —a[h]tosa
      a[f]gano —a[h]gano
      ca[r]ne   —ca[h]ne
      O[r]lando—O[h]lando

El fenómeno es idéntico y se puede explicar utilizando la configuración (20), en el mismo contexto fonológico: se suprimen los gestos orales que componen tanto a /f/ como a /r/, quedando sólo la sordez glotal del nivel laríngeo. Presumimos que esta /r/ es una inobstruyente sorda, como ocurre en algunos dialectos.

2.3.2 Análisis autosegmental de la asimilación de nasales

Los procesos de asimilación de nasales también se pueden interpretar de manera autosegmental, revelándose así su naturaleza. Se sabe que todos los dialectos del español poseen los fonemas nasales /m/, /n/ y /ñ/, los cuales funcionan distintivamente al principio de palabra y en posición intervocálica, según lo vemos en las respectivas [m]*ata-ca*[m]*a*, [n]*ata-ca*[n]*a* y [ñ]*ata-*ca[ñ]*a*. También se sabe que la labiodental [ɱ], la dental [n̪], la alveolar [n], la alveopalatal [ń] y la velar [ŋ] aparecen obligatoriamente y de manera no distintiva en grupos homorgánicos de nasal-obstruyente, tal como lo muestran las respectivas *ca*[mp]*o, a*[ɱf]*iteatro, mo*[n̪t]*a, ma*[ns]*o, a*[ńč]*o* y *a*[ŋk]*a*. Se presume que estas nasales se derivan de la básica /n/ porque, en primer lugar, cuando nos encontramos con el prefijo /in-/ en la palabra *inarticulado* vemos que surge como alveolar ante vocal, [inartikuláðo]. Pero la nasal de este mismo prefijo ante la /p/ y /f/ surge como [m] y [ɱ], v.g., [impoténte] e [iɱfalíble]. En segundo lugar, por el *Principio de Preservación de Estructura* que veremos en el capítulo de la fonología léxica, se descarta que existan fonemas que no cumplan funciones distintivas. Es por ello que la labiodental [ɱ] no puede ser otra cosa sino una de las tres nasales distintivas ya mencionadas, y para nuestro caso será /n/.

Las descripciones tradicionales daban cuenta de la asimilación mediante reglas segmentales en las que se mencionaban los rasgos binarios [αcoronal, βanterior, γretraída, δdistribuido, etc.] (v. Harris 1969, Núñez Cedeño 1979, entre otros). Las reglas que proponían los mencionados autores reiteraban pero no explicaban el hecho de que solamente se transfería un grupo de rasgos del segmento en cuestión, los del punto de articulación, y no cualquier otro (digamos que el [sonoro, continuo, coronal]).

Goldsmith (1979) pensó en la posibilidad de tratar la asimilación de manera autosegmental. Su análisis se basa en la fonética articulatoria de los hechos. Lo que se nota en (21) es que se suprimen los gestos laríngeos y orales de /n/, quedando el gesto en el estrato nasal de dejar el velo descendido, con lo cual se produciría un sonido nasal. Al crearse la desunión de los gestos orales y laríngeos, los órganos de articulación se adelantan a formar una cerrazón implosiva con la consonante obstruyente que sigue a /n/. Luego ocurriría una fase explosiva de la nasal y el resultado sería la consonante asimilada. Harris (1984) propone que semejante operación se realiza formalmente según se ilustra en (22), aunque adelantamos que los rasgos de /n/ no están presentes en la representación fonémica, sino que se insertan mediante regla por defecto (véase el cap. IV).

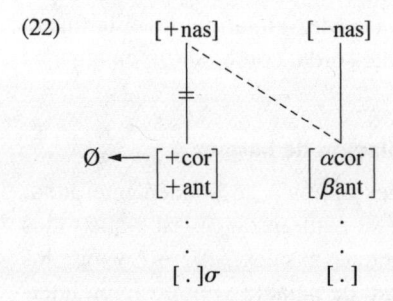

(22)

$$\begin{array}{cc} [+\text{nas}] & [-\text{nas}] \\ \emptyset \leftarrow \begin{bmatrix} +\text{cor} \\ +\text{ant} \end{bmatrix} & \begin{bmatrix} \alpha\text{cor} \\ \beta\text{ant} \end{bmatrix} \\ [\,.\,]\sigma & [\,.\,] \end{array}$$

(El símbolo σ denota sílaba, indicando que el primer segmento está en posición final de sílaba o coda silábica)

(22) dice así: desasóciense los rasgos orales de la consonante nasal y reasóciese el rasgo nasal flotante con los rasgos orales del autosegmento no nasal del segmento de la derecha, lo que corresponde a la actividad fonética que acabamos de explicar anteriormente.

En los estudios dialectológicos también se menciona frecuentemente la presencia de la nasal velar [ŋ] que ocurre casi siempre al final de palabra (ej. carbo[ŋ]) o en posición interna al final de sílaba (ej. fre[ŋ]te,), contexto donde por lo regular se espera la asimilación a la consonante siguiente. Este fenómeno también se puede analizar de manera autosegmental (Harris 1984a).

Para resumir, lo que hemos presentado hasta ahora es una visión panorámica de la importante contribución que la fonología autosegmental le ha brindado a la teoría fonológica. Investigaciones hechas después del trabajo pionero de Goldsmith (1976) se han alejado aún más del modelo tradicional y del mismo Goldsmith al incluir extensas innovaciones a la multilinealidad de las representaciones fonológicas.

2.4 Arquitectura geométrica autosegmental

El análisis autosegmental de fonemas consonánticos y vocálicos también se puede extender a los morfemas y a las sílabas que forman las palabras. Un ejemplo instructivo nos proviene del árabe clásico (Harris 1986a). El árabe comparte interesantes propiedades con lenguas semíticas y no semíticas como la hausa del Africa y la yokuts de la familia indoamericana. Una de estas propiedades es que la silabificación no la determina el componente de vocales y consonantes sino la estructura de la palabra. Unos cuantos datos sacados de McCarthy (1979, 1984) ilustran este punto.

(23)	singular	plural	glosa
a.	jundab	janaadib	'cigarra'
	sultaan	salaatiin	'sultán'
	duktar	dakaatir	'doctor'
	maktab	makaatib	'oficina'
	miftaaba	maffaatiih	'llave'
	nuwwar	nawaawir	'flor blanca'
b.	safarjal	safaarij	'membrillo'
	ˤandaliib	ˤanaadil	'ruiseñor'

En primer lugar hay que observar que mientras las formas singulares pueden ser bisilábicas (23a), o trisilábicas (23b), las plurales son trisilábicas. Además, la estructura silábica de éstas se ajusta a un patrón obligatorio que no ocurre en los singulares: la primera sílaba del plural sólo lleva una vocal breve mientras que la segunda siempre presenta una vocal larga. Por otra parte, la cantidad vocálica de la tercera sílaba del plural es idéntica a la de la segunda sílaba de su correspondiente singular. Esto es un ejemplo típico de lo que se podría denominar *silabificación por inducción morfológica,* lo cual quiere decir que se impone la estructura silábica mediante una categoría gramatical particular: la denominada "plurales separados".

Prosiguiendo con las propiedades morfológicas de las palabras en (23), se observa que el patrón vocálico en todos los plurales no es el mismo: a las dos primeras sílabas les corresponde la vocal [a] y a la tercera, [i]. Por lo visto, el patrón vocálico de los plurales es fijo, cosa que no sucede con el de los singulares, que es libre. De hecho, la selección de las consonantes es el único aspecto de los plurales que no lo dicta la morfología. Las consonantes transmiten el significado léxico de la forma. Incluso las consonantes mismas están restringidas gramaticalmente en su distribución: sólo se dan en posiciones muy específicas de la palabra, y debe haber solamente cuatro consonantes en el plural. Si resulta que el singular tiene más de cuatro consonantes, se omiten las consonantes sobrantes en el plural, según se muestra en los casos de (23b), en donde las consonantes finales /l/ y /b/ no aparecen en los plurales.

Por consiguiente, hay que concluir que el plural posee una plantilla denominada *esqueleto prosódico* y que inicialmente representamos en (24).

(24)
```
       V   V   V   V   V
       |   |\  |   |\  |
       C a C a   a C i (i) C
       |    \/     \/    |
       σ    σ      σ
```

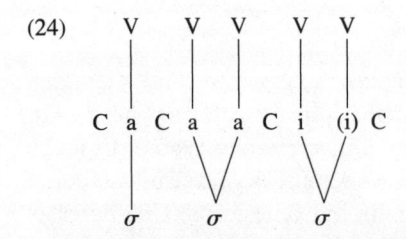

Las Ces y Ves representan lugares de soporte, o sea, que son posiciones que en cada caso se habrán de identificar con las consonantes o vocales que representan el significado léxico del sustantivo. Como dijéramos, el símbolo σ representa la sílaba, y las líneas que van desde estos símbolos al esqueleto indican la estructura silábica de la palabra, que estudiaremos en el capítulo V.

2.4.1 Los esqueletos prosódicos

La representación (24) se acerca bastante a la arquitectura que introdujo McCarthy en 1979, aunque resulta un poco más rica, ya que contiene el plano silábico que no existía entonces. En McCarthy la secuencia de Ces y Ves funcionan como propiedades morfológicas. La estructura esquelética (24) también se registra en otras áreas de la morfología arábiga. Por ejemplo, en el complejo sistema flexional de los verbos hay varios paradigmas que contienen la misma configuración que (24) pero con un grupo de vocales diferentes. De modo que la [a] se reserva para todas las sílabas del activo perfectivo, mientras que en el pasivo perfectivo la [u] se da en las primeras dos sílabas y la [i] en la tercera. En vista de estos y otros datos, McCarthy propuso que a estas "melodías" vocálicas se les deben otorgar un plano de representación separado, y que el esqueleto por tanto se debe considerar como la línea de intersección de los varios planos de representación. El esqueleto, pues, consiste en una secuencia de Ces y Ves. Fue esta noción la que Harris (1980) empleó para plantear una solución a las debatidas hipótesis de los plurales: ¿debían analizarse como un proceso donde se inserta una vocal a nivel subyacente o como uno que la elimina? En la sección 2.4.2 pasamos revista a la solución empleando el modelo de McCarthy.

Conviene seguir anotando que la hipótesis de McCarthy fue refinada por Clements y Keyser (1983), quienes presentan otra concepción teórica del papel que desempeñan las Ces y Ves. Para estos dos autores, la secuencia de Ces y Ves forma parte de la estructura silábica. Coinciden con McCarthy en que dicha secuencia ocupa un plano aparte. No obstante difieren de él al asociar a C y V en función de la posición que ocupan en la sílaba. De este modo por la posición que C ocupa se identifica con la categoría [−silábica], que puede ser tanto consonante como deslizada, mientras que V se reserva estrictamente para la cresta silábica representada por las vocales. Semejante asociación reproduce en parte la categoría [+silábica] del *Sound Pattern of English*. Pero además de poseer estas características fonológicas, las Ces y Ves también funcionan como unidades de tiempo. Con esto se quiere decir que ya no es necesario utilizar el rasgo [+largo] para representar vocales o consonantes dobles o geminadas, sino que se pueden interpretar como una secuencia doble de V o C. La diferencia fonológica entre una consonante sencilla y una geminada responde al hecho de que en el nivel CV la consonante sencilla presenta una sola C mientras que la geminada presenta dos Ces, unidas ambas a una melodía segmental. La distinción entre una u otra se ilustra en (25) con las palabras *cana* y *perenne*.

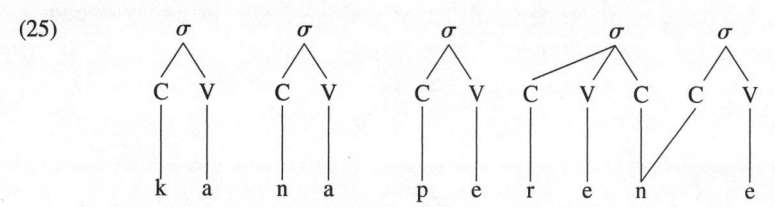

(25)

```
    σ        σ        σ         σ         σ
   /\       /\       /\        /\        /\
  C  V    C  V     C  V      C  V     C  C  V
  |  |    |  |     |  |      |  |     \ /   |
  k  a    n  a     p  e      r  e      n    e
```

El nivel CV pasa a incorporarse al nodo silábico σ.

A la teoría que nace, concebida con un núcleo cuya estructura silábica contiene una secuencia de Ces y Ves, se le denominará *Fonología CV*, la cual encontrará sus simpatizantes y detractores. Pasando al diagrama (25), nuevamente se muestra que la distinción entre segmento sencillo y largo se determina por el número de Ces y Ves que haya en el nivel CV. Esto nos permite apreciar la distinción que existe en lenguas que contrastan sílabas livianas con pesadas, como se verifica en latín. Además, nos ayuda a elucidar importantes procesos, según se discute en la sección 2.4.2, e inclusive ayuda al investigador a discernir las características de consonantes que se pronuncian de maneras idénticas, pero cuyos hablantes las diferencian. Tal es el caso del polaco.

En polaco las primeras consonantes (en negritas) de las palabras *czysta* 'limpia' y *trzysta* 'trescientos', se pronuncian con una combinación de oclusiva y fricativa, o sea [tsi]. Sin embargo, los hablantes las sienten distintas acústica y perceptualmente. La Fonología CV permite captar la percepción que los hablantes poseen de estas palabras, distinguiéndolas mediante el tiempo que les toman producirlas, hecho que se muestra en (26).

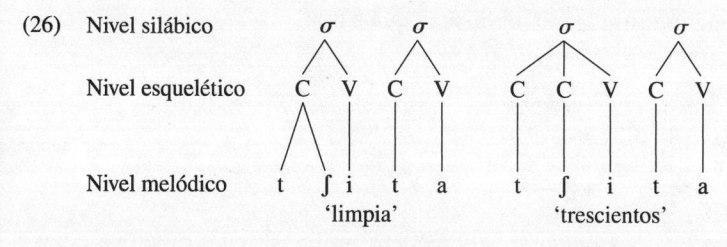

(26) Nivel silábico

```
                 σ        σ           σ          σ
                /\       /\          /\         /\
Nivel esquelético  C  V    C  V      C  C  V    C  V
                  /\    |  |         |  |  |    |  |
Nivel melódico   t  ʃ i  t  a        t  ʃ  i    t  a
                    'limpia'              'trescientos'
```

O sea que en (26) una sola C se interpreta como una unidad de tiempo, lo cual sería el caso de *tzysta*, mientras que una secuencia de CC representa dos unidades de tiempo, que sería el caso de *trzyta*.

Comparable al polaco, la fonología hispánica ofrece una rica variedad de fenómenos cuya explicación y descripción se ajustan perfectamente a la presencia de un nivel CV. Tomemos por primer caso el español que se habla en el suroeste de los Estados Unidos. En el habla rápida los hablantes tienden a modificar las vocales cuando entran en contacto entre sí. Las vocales se modifican de la siguiente manera (Clements y Keyser 1983, Núñez Cedeño 1989:1) la vocal se reduce o se convierte en deslizada ante otra vocal, v.g., m/i/ # /u/ltimo produce [mj u]ltimo; 2) una vocal que no sea baja se hace deslizada alta, v.g., teng/o/#/i/po da teng[wi]po; 3) una vocal baja se elimina, v.g., est/a/#/i/ja se convierte en est[i]ja; y 4) dos vocales idénticas se convierten en una, v.g., l/o/#/o/dio deviene en l[o]dio.

Un análisis unilineal requiere cuatro reglas diferentes para dar cuenta de los hechos:

(i)   V → [+breve]/__V

(ii) [+breve] → [+alta]
      [−baja]

(iii) [+breve] → ø
      [+baja]

(iv) [+vocal]¹[+vocal]² → ø 2 (en donde 1 = 2)

Se producen ciertas paradojas al aplicar estas reglas. En primer lugar, las pruebas espectrográficas (Hutchinson 1974) muestran que las vocales no idénticas del habla rápida tienen la misma duración que una vocal sencilla tónica o átona. Esto quiere decir que de aplicarse la regla (i) se producirá una secuencia de dos segmentos que son físicamente más largos que un segmento sencillo, lo cual contradice los hechos. Suponiendo, además, que hay un orden de aplicación, se produce una complicación. En una secuencia /ee/ y /ei/, por ejemplo, para que se dé el resultado [e] en la primera secuencia la regla (iv) debe preceder a la (ii); sin embargo, esta última regla debe aplicarse cada vez que se encuentre con la descripción estructural adecuada. Pues bien, para la segunda secuencia hay que invertir el orden de aplicación de la regla. La derivación siguiente muestra la incongruencia que surge.

(27) a   b   c
      /ee/   /ei/   /ei/
      e R. (iv)   i R. (ii)   —   R. (iv)
      — R. (ii)   i R. (iv)   ii R. (ii)
      [e]   [i]   [ii]* Salida

La paradoja que se expone debilita el análisis unilineal, puesto que ya no es posible explicar por qué las reglas interactúan según se muestra en (27), particularmente cuando la regla (iv) es de aplicación obligatoria.

Con un análisis de CV se resuelven todos los problemas discutidos. El diptongo que se siente como segmento sencillo se analizaría simplificando una secuencia de VV, de manera que una vez se pierda la segunda V, el segmento flotante pasaría a formar parte de la otra V. Es decir que la regla (28) se aplicaría a una secuencia no idéntica de VV para crear una V que domine dos segmentos. En (29) se proveen los resultados de la aplicación de (28).

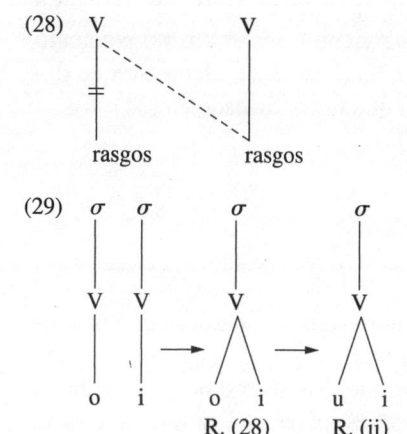

(28)

```
    V        V
    |
    =
    |
  rasgos   rasgos
```

(29)

```
  σ  σ      σ         σ
  |  |      |         |
  V  V      V         V
  |  |     / \       / \
  o  i    o   i     u   i
         R. (28)    R. (ii)
```

La presencia de dos Ves idénticas que se reducen a una quedará sujeta al *Principio de Contorno Obligatorio,* cuya meta esencial es impedir la presencia intramorfémica de elementos adyacentes con rasgos idénticos (dilucidaremos formalmente este principio en el capítulo III). La configuración inicial de estas vocales es igual a la que se muestra en (29), excepto que en vez de producirse la entrada /oi/ se obtiene /ee/.

2.4.2 Análisis CV de los plurales

Si bien en la sección anterior encontramos pruebas que justifican la presencia del nivel CV, otros dialectos lo corroboran aún más. Pasemos ahora a considerar el análisis jerárquico de los plurales con soporte CV (Harris 1985b). En efecto, en la mayoría de las gramáticas se dice que para formar el plural de sustantivos y adjetivos tan sólo hay que agregarles -*s* si terminan en vocal átona, y -*es* a los que terminan en consonante o en vocales acentuadas. Si terminan en -*s,* precedida de vocal átona, entonces no se les agrega nada. Esto en sí es lo sabido, según figura en (30), donde el acento se marca con fines ilustrativos.

(30) singular plural
    líbr[o]   líbr[o]s
    clás[e]   clás[e]s
    hoté[l]   hoté[l]es
    lápi[s]   lápi[s]es
    vud[ú]   vud[ú]es
    crísi[s]   crísi[s]
    dósi[s]   dósi[s]

Ahora bien, en (30) se perfila una solución potencial que no se había contemplado en la literatura generativa del pasado. Se trata de que estas palabras responden a una estructuración morfológica diferente (Harris 1985b). Un análisis cuidadoso de las dos últimas formas nos sugiere en primer lugar que la *-is* final no es la misma secuencia final que aparece en *lápiz* (para el habla hispanoamericana). En segundo lugar, la *-is* viene a ser el mismo elemento morfológico que la *-o* final de *libro,* y la *-e* final de *clase,* elemento que denominaremos *marcador de palabra,* lo cual queda confirmado en (31).

(31)   versus
    clas+e   libr+o
    clas+ificar   libr+ero
    dos+is   lapis+ero
    dos+ificar

Se nota que las vocales de las palabras no derivadas no aparecen en las derivadas, lo cual sugiere que no pertenecen a su base y que por tanto tampoco deben aparecer en la representación subyacente. Lo mismo ocurre con la *-is* de *dosis.* Además se observa que la [s] de *lápiz* aparece en su raíz, lo cual la distingue de la *-is* de *dosis,* que no está presente. A manera de ejemplo, ofrecemos la representación autosegmental-jerárquica de *libro* y *dosis.*

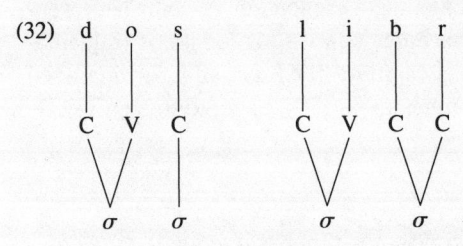

(32)   d   o   s   l   i   b   r
       | | | | | | |
       C   V   C   C   V   C   C
        \ / \ /   \ / \   /
         σ   σ   σ   σ

Para explicar el plural de manera uniforme y sencilla podemos utilizar la representación geométrica de (32). Este análisis se puede considerar explicativo porque se deduce de principios primordiales y generales de la gramática universal y no de reglas particulares del idioma. Veamos los detalles.

Primero, se plantea como postulado de la gramática particular del español que el esqueleto prosódico de los plurales se ajusta al patrón (33), en donde los corchetes indican la composición morfológica.

(33)   [[...] VC]α   α = nombre, adjetivo

Se propone, además, que la plantilla prosódica se formule como la regla (34), en la que se proporciona material fonológico a tales plurales.

(34)   Asóciese *s* a la C periférica de (33)

La V se asociaría con *a, o,* o *e,* si se presume que a nivel subyacente toda palabra contiene un diacrítico que provee información predecible, ya sea de género femenino o masculino. De otro modo, las palabras del léxico español se identifican de dos maneras: 1) mediante el género, y 2) mediante el marcador de palabra que adopta el género (Harris 1991a). De suerte que a las palabras de género femenino y las ambiguas que terminan con -*a* (como la -*a* final de *planeta*) se les suple el marcador]*a;* y por defecto, las palabras de género masculino (y las que terminan en -*o,* como *mano*) reciben el marcador]*o.* Las demás vienen marcadas a nivel subyacente con el diacrítico]*e.* Esto último quiere decir que una palabra puede llevar el género femenino sin que por ello la realización fonológica tenga que ser /a/ sino otra vocal. Puede ser /e/, por ejemplo. En (35) se ilustra lo antedicho.

(35)   libro   libra   clase
       /libr/   /libr/   /klas/
               f   ]e   Rep. subyacente
             ]a   ____   R. de marcador de rasgo femenino

Una vez identificadas las palabras, se les suplen redundantemente sus rasgos fonológicos mediante la regla (36), para las que terminan en *a* y *o,* y por defecto, para las que llevan *e.*

(36)   Regla de realización de marcador de palabra
       Ø → [+baja] / [[ ]a]$_{N/A}$ ____]$_{Xo}$
           otra
      (N = nombre; A = adjetivo; Xo = una categoria cualquiera)

Reconsidérese (33) y (34), vemos entonces que la regla (36) se aplicaría del siguiente modo.

(37)   /libr/   /libr/   /klas/
           f   f
          ]a   ]e   Rep. subyacente
    libro   libra   ____   R. (36)
                            klase   R. de redundancia

En (37) la presencia de]e en *clase* impide la aplicación de la regla de redundancia (36) que de lo contrario llenaría el esqueleto vacío con *a* u *o.*

Retomando el hilo de la pluralización, ahora resulta claro lo que ocurre con la C y V del esqueleto prosódico: la última C recibe *s* y la V, una de las vocales. Ilustremos con *libro:*

(38)   estrato segmental [[l i b r]
                               | | | | | | → R.33, 34, 36
      estrato prosódico [[CVCC]VC]α

                             [[l i b r]o s]
                             | | | | | |
                             [[CVCC VC]α

¿Qué ocurre, entonces con el plural del sustantivo *dosis* y otros parecidos? Si nos remitimos a su representación veremos que la [i] va a ocupar la V penúltima y a C le corresponderá *s* (se presume que las vocales /i,u/ por ser de carácter impredecible, cuentan con rasgos especificados a nivel subyacente y por tanto con sus esqueletos rellenos). Nos queda entonces la -*s* propia del plural. Al abreviar pasos sucede lo siguiente:

(39) $\quad$ d o s i s $\quad$ R. 34 $\quad$ d o s i s s
$\qquad$ | | | | $\quad\longrightarrow\quad$ | | | | |
$\qquad$ [[CVC]VC]α $\qquad$ [[CVC]V C]α

Por lo visto encontramos una -*s* de más, y a nivel de fonética lo que aparece es una [s] breve. La explicación nuevamente se produce de manera automática y universal sin tener que recurrir a lo específico del español: mediante la Convención Universal de Asociación que estudiaremos en la sección 2.5.

(40) $\quad$ d o s $\quad$ i $\quad$ s $\quad$ s
$\qquad$ | | | $\quad\quad$ | $\quad\quad$ |/
$\qquad$ [[CVC] $\quad$ V $\quad$ C] α

El tipo de asociación que se ilustra en (40) es lo que se conoce como *asociación simple,* con lo cual se quiere decir que vale lo mismo asociar a dos [s] con una C que asociar las dos [s] con dos Ces.

También hay *asociación propagada* con la cual se establece que las líneas de asociación entre estratos autosegmentales se propagan automáticamente a todas las posiciones que no están todavía asociadas con un elemento de otro estrato, según se muestra en (41b). Esta última es generalmente propia de los fenómenos de armonía vocálica, como ocurre en el granadino, donde la vocal abierta final que señala el plural le envía sus rasgos a las demás vocales precedentes, v.g., /monoton+ǫ/ → [mǫnǫtǫnǫ]. La asociación propagada también se puede aplicar a otros procesos, v.g., el conocido plural doble: *ají* → *ajises.*

(41) $\quad$ a. asociación simple $\qquad\qquad$ b. asociación propagada
$\qquad$ X Y Z Z = X Y Z $\qquad\qquad$ Z $\longrightarrow$ Z
$\qquad$ | | |/ $\quad\quad$ | | | $\qquad\qquad\qquad$ | $\qquad$ /|\
$\qquad$ P Q R $\quad\quad$ P Q R $\qquad\qquad$ P Q R $\quad$ P Q R

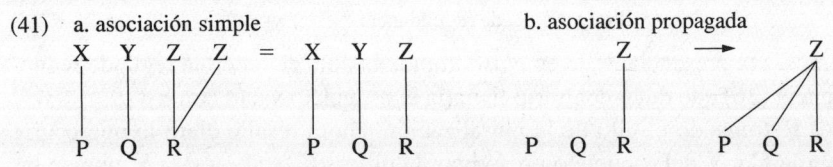

Aquí se presume que la /e/ del plural doble no impide la asociación doble de la *s* porque aquélla no posee especificación de rasgos a nivel subyacente. Es por eso que los rasgos de /s/ se pueden propagar a través de /e/, proceso muy típico en otras lenguas que estudiaremos en el capítulo IV.

Claro está que la plantilla (34) no da cuenta de todos los plurales. Habría que considerar aquéllos que terminan en consonantes o vocales acentuadas pero que no reciben -*e* epentética, tales como *vermut* ~ *vermuts, yen* ~ *yens, Perú* ~ *Perús;* o los que varían entre uno y otro, como *club* ~ *clubs* ~ *clubes; bajá* ~ *bajás* ~ *bajáes.* Estos requerirían otro tipo de patrón. Igual razón se daría de los plurales dobles, que se identifican por poseer dobles marcas de la seña de plural /-s/, como en *manises* o *cafeses* de varios dialectos hispanoamericanos. Este tipo de plural lleva la plantilla prosódica [[...]VCVC], en donde esta secuencia de Ces y Ves se ajusta a los cuatro últimos segmentos de ambas palabras. Harris (1985) propuso este tipo de análisis para explicar los plurales dobles en dominicano de *gallina* y *mujer* que se pluralizan *gallínase* y *mujérese,* excepto que la plantilla de este dialecto resulta ser [[...]VCV], pues no se ha documentado que los hablantes articulen una [s] final.

2.4.3 Los hipocorísticos y el nivel CV

Los adultos y niños en su habla afectiva suelen simplicar los nombres propios, convirtiéndolos en apodos. Así, de *Gregorio, Anselmo, Graciela* y *Humberto* se registran *Goyo, Chemo, Chela* y *Beto*. En Lipski (1995) se estudia este proceso en el cual se notan una serie de regularidades que se pueden explicar parcialmente con un nivel CV. En la mayoría de estas reducciones se observa que el apodo resultante es una palabra de dos sílabas, y éstas son siempre del prototipo silábico universal consonante+vocal, salvo cuando el nombre propio contiene una sílaba final trabada por consonante nasal, como en *Arminda* que da *Minda*. Además, los apodos surgen con acentuación llana, aún si el el nombre original contiene acentuación aguda o esdrujúla, por ejemplo, *Valentín* da *T*[í]*no* y de *Cándida* se tiene *C*[á]*nda*.

Al igual que el plural, se puede deducir la forma de la mayoría de los hipocorísticos con una esqueleto CVCV, que se construye sobre el nombre primitivo desde la derecha hacia la izquierda. La dirección es importante porque el hipocorístico contiene usualmente los segmentos de las dos últimas sílabas:

(42) H u m b e r t o   E r n e s t o
         | | | | | | | |
      [[   ]C V C V]]   [[   ]C V C V]

Nótese que como resultado de aplicar la plantilla, hay consonantes y vocales que quedan sin soporte alguno. En ausencia de soporte, los elementos desasociados se pierden, o dicho de otro modo, no encuentran interpretación fonética. El resultado de (42) son los respectivos *Beto* y *Neto*.

La reducción que se ejemplifica viene aparejada típicamente de una serie de cambios. Por lo pronto, las consonantes tienden a cambiar de rasgos, por ejemplo la /s/ se convierte en [č], *Ignacio* cambia a *Nacho*. Este ejemplo muestra además la tendencia a que desaparezcan las deslizadas. La /f/ se transforma en [p], por ej., *Alfonso* produce *Poncho*.

Los nombres *Federico, Lázaro* y *Tránsito,* suelen abreviarse *Fico, Lacho,* y *Tacho.* De ellos se deduce que para formar hipocorísticos se toman prestados los dos primeros segmentos del nombre propio y los dos últimos, hecho que se contrapone a la plantilla CV. Tal parece que esta reducción posiblemente requiera de análisis más general, como el que sugiere Lipski (1995), quien emplea la mora prosódica que se estudiará en el capítulo V. Lo significativo de un análisis CV es que capta un buen número de derivaciones hipocorísticas, con lo cual se nos da a entender que el hablante tiende no sólo a buscar simplicidad sino que se remite también a innovar. Es por ello que de entrar en la lengua el nombre *Protanasio,* problablemente produzca *Nacho* (cf. Lipski 1995:390).

2.4.4 El esqueleto X y reglas globales

Además de los reparos que le hiciera Lipski a la representación CV en el citado artículo, ésta encontró otros retos que llevaron a proponer una nueva concepción teórica de representación. El mayor desafío lo articuló Levin (1985), y antes que ella Kaye y Lowenstamm (1984), sugirieron que, en lugar de Ces y Ves, debe haber ranuras vacías las que suelen representarse mediante una X. Uno de los argumentos más sólidos a favor de esta hipótesis es que la presencia de CV permite combinaciones extrañas entre esqueleto y segmentos. Es este el problema espinoso que confrontara Núñez Cedeño (1989) al analizar el fenómeno de alargamiento vocálico compensatorio en español cubano.

2.4.5 Compensación vocálica

Entiéndase por *alargamiento vocálico compensatorio* el proceso que hace que los rasgos de un segmento contiguo pasen a rellenar el espacio vacío de los rasgos de un segmento que se ha eliminado. El caso que más se conoce en la literatura lingüística es el que se registra en el dialecto del español habanero (Hammond 1986), aunque otros fenómenos parecidos se reportan para el español dominicano (Jiménez Sabater 1975) y otras lenguas, el griego, por ejemplo (Ingria 1980). Tomemos el cubano como modelo.

Como se sabe, el cubano, al igual que la gran mayoría de los dialectos hispánicos, posee una regla que tiende a aspirar o eliminar la /s/ subyacente al final de sílaba en posición intramorfémica. Contrario a otros dialectos, el cubano parece poseer la singular característica de que, una vez eliminada la /s/, la vocal precedente tiende a alargarse. En los estudios generativos tradicionales se trató semejante caso con las denominadas reglas globales. O sea, para que una vocal pudiera alargarse tenía que saberse previamente que una consonante se había eliminado. Era necesario, por tanto, conocer la historia derivacional de una palabra, un aspecto de las restricciones derivacionales que mencionáramos en renglones anteriores. Formalmente expuesta, la regla de alargamiento vocálico luce de esta manera:

(43) $\quad$ V $\rightarrow$ V: / ___ s $\quad$ C
$$\underline{}]\sigma$$

Condición: Esta regla se cumple si ya se ha aplicado la regla de elisión de /s/

De manera informal, la regla (43) dice que una vocal se alarga sólo si la sigue una consonante que sea /s/, la cual se representa en este caso con la primera C. Con la segunda C se capta el hecho de que sólo se alargarán las vocales en posición interna de palabra. Con semejante condición estipulada se pueden derivar correctamente las palabras que damos en (44).

(44) /talbes/   /buke/   /buske/   /pastiya/   /peskado/
     talbés   búke   búske   pastíya   peskádo   Acento
     talbé   ———   búke   patíya   pekádo   Elisión de /s/
     ———   ———   bú:ke   pa:tíya   pe:kádo   R. (43)
     [talβé] [búke] [bú:ke] [pa:tíya] [pe:káðo] Salida

El problema de semejante solución era el tener que referirse al segmento elidido, lo que implicaría extender el poder generativo de las reglas. Si fuera posible hacer entrar en juego tales tipos de reglas, cabría preguntarse por qué no hacer lo mismo con las demás reglas de cualquier gramática. Las reglas globales resultarían, por ende, demasiado poderosas, ya que el analista podría aplicarlas a su antojo y por consiguiente se haría difícil restringirlas. Sin embargo, no había otra manera de dar cuenta de lo que sucedía y el lingüista se seguía valiendo de tan sospechosa solución.

El análisis autosegmental, con un primer acercamiento basado en un esqueleto CV, ofrece una salida parcialmente exitosa a la dificultad teórica que produce el empleo de las reglas globales (Núñez Cedeño 1989). Vamos a ejemplificar con la palabra *pescado*, limitándonos exclusivamente a la sílaba *pesk-*. Si presumimos que se han eliminado todos los rasgos de /s/, lo único que resta es su esqueleto C sin rasgos. Ocurriría, entonces, que los rasgos de la vocal precedente se extenderían, lo cual queda indicado con las líneas discontinuas en (45), y que ocuparían el lugar vacío de C previa desasociación de todos sus rasgos. Ilustremos (presúmase que ya la secuencia CV de la entrada se ha asociado con la C que queda flotando, según lo requiere un principio universal que estudiaremos más adelante; las letras resumen rasgos fonológicos).

(45) Alargamiento vocálico compensatorio

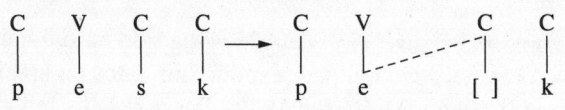

    C V C C   →   C V   C C
    | | | | | |⌐ ─ ─ ─┐|
    p e s k   p e   [ ] k

Si bien con este análisis se eliminan las reglas globales porque ya no habría que referirse a la historia derivacional de un segmento, el asunto se nos complica por otra parte. Obsérvese en (45) que los rasgos de /e/, siendo vocal, pasan a ocupar la ranura vacía de C, cuyo esqueleto se supone sea [-silábico], es decir, una consonante. Nos encontramos con una evidente contradicción que ya ha sido anotada en el análisis de otras lenguas (Roca 1994).

Si en cambio nos remitimos a un esqueleto de X, cuya función es también servir de soporte y como unidad de tiempo, al igual que el nivel CV, la contradicción se desvanece. Retomemos (45) y cambiémosla por (46).

(46) Alargamiento vocálico compensatorio

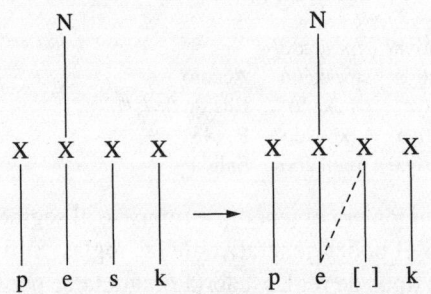

```
     N                    N
     |                    |
 X X X X      →    X X X X
 | | | |           | |  ⁄  |
 p e s k           p e [ ] k
```

Los rasgos de /e/, entonces, pasan a extenderse de manera que encuentran un lugar vacío que no posee rasgos ningunos. Por eso entonces se siente en ese dialecto una vocal larga.

En el ejemplo (46) hemos incluido un nivel adicional, el de N(úcleo), que se le agrega a X, y que siempre viene preasignado a su vocal. Este tipo de representación es mucho más rica una vez se considera la estructura de la sílaba, la cual proyecta niveles adicionales que se representan respectivamente como N' y N", punto que se discutirá en el capítulo de la sílaba.

Al igual que en cubano, en dominicano se da el caso de pérdida intramorfémica de /r/, exactamente en el mismo contexto de la pérdida de /s/ cubana, con el resultado del alargamiento de las vocales que la preceden, v.g., *muerto*, y *corto*, surgen respectivamente como [mwé:to] y [kó:to], esta última diferenciándose en su cantidad vocálica de *coto*, [kóto]. La presencia del esqueleto vacío explica por qué no se alargan las vocales de *codo, abogado, lobo, peludo*, etc. La explicación es que estas palabras no poseen esqueletos vacíos. De eliminarse los rasgos de una de estas consonantes intervocálicas, el análisis autosegmental-jerárquico prediría que las vocales precedentes también se alargarían, y es lo que sucede en dominicano con *codo,* que se pronuncia [kó:].

El desafío que le presenta el nivel X al del CV no ha sido mortal, pues se ha demostrado que su presencia es vital para explicar los datos en arábigo y hebreo (véase Kenstowicz 1986 y McCarthy 1989). Por otro lado, hoy día la Teoría de la Optimidad, que examinaremos en el capítulo VIII, acepta la presencia CV al exigir que la sílaba por excelencia consiste en la secuencia CV. Lo mismo ocurre con el desarrollo de la arquitectura geométrica que veremos más adelante en donde los diferentes nodos que conforman a un segmento van supeditados a un nodo mayor que se identifica con los rasgos [+-consonático], o sea, C y V. Todavía no se ha llegado a una decisión final basada en datos empíricos que desdigan una hipótesis y favorezcan otra. Por ello encontramos

Niveles de representación y la Convención de Asociación Universal 67

a menudo una literatura multifacética, que incorpora las distintas nociones de un esqueleto estructural.

2.5. *Niveles de representación y la Convención de Asociación Universal*

Volviendo a centrarnos en los varios estratos de representación, tenemos que ellos—las vocales, las consonantes, la estructura silábica, los constituyentes morfológicos—se intersectan en el núcleo esquelético. Vamos a imaginar dicho núcleo como un cuaderno de lomo alambrado en espiral, de donde parten los varios estratos antes mencionados, (Harris 1986a, Clements 1985).

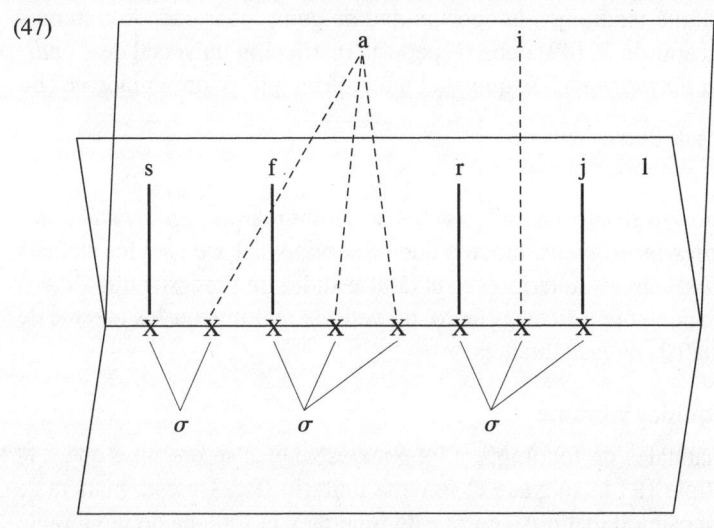

(47)

(Las Ces de la Fonologia CV se pueden sustituir por equis sin mayores consecuencias)

Los tres planos representan los aspectos independientes de la estructura de la palabra que coincide con el plural de la palabra "membrillo" de (23b). La configuración del estrato de la estructura silábica (el de líneas sólidas claras), como queda dicho, también se refiere a la flexión verbal. Las entidades del estrato consonántico (de líneas oscuras) son las de la forma léxica de la raíz y se hallan tanto en el singular como en el plural. El tercer estrato (de líneas discontinuas) corresponde a la "melodía" vocálica [a], [i], la cual conforma la categoría morfológica de los plurales separados. Estos tres estratos convergen entre sí mediante la Convención de Asociación Universal y su apéndice, que evitan el cruce de líneas, producen la representación y deben incluir los fenómenos no tonales (véase (48)). Seguimos la revisión más moderna, reinterpretada por varios autores (Archangeli (1988) y Pulleyblank (1986).

(48) Convención de Asociación Universal
    Asociénse los elementos libres de uno a uno, de izquierda a derecha.

En (48) se toma la representación subyacente con su esqueleto de CV y se ligan a sus melodías correspondientes. Ilustramos semejante unión sólo con las consonantes; lo mismo ocurría con las vocales.

(49) C C C C → C C C C
       | | | | | | | \
       s f r j l   s f r j l

La última C aparece asociada con dos elementos por motivo de la asociación propagada que vimos en (41b). La asociación que se cumple en el estrato silábico será regida por la estructuración silábica de esta lengua en particular, particularidad que tendremos la oportunidad de comprobar cuando tratemos el tema en el capítulo V. (49) debe respetar la restricción universal de *Condición de Buena Formación* (50), que es el tercer principio ya presentado en (8).

(50) Condición de Buena Formación
      Las líneas de asociación no deben cruzarse

Las que hemos ilustrado en (47) vamos a denominarlas *representaciones autosegmentales-jerárquicas,* modelo que ha servido de base para los análisis estudiados en secciones anteriores y para el estudio de procesos que dilucidaremos en lo adelante. Mientras tanto, no vendría mal ilustrar los efectos de (50) con el análisis de las vibrantes.

2.5.1 Las líquidas vibrantes

En los manuales de fonología y fonética españolas se presume que a la vibrante múltiple [R] la subyace el fonema unitario /R/. De esta manera se cumple una oposición distintiva entre este fonema y el fonema de la vibrante sencilla /r/. Los ejemplos abundan: *pe*[R]*o* contrasta con *pe*[r]*o*, *mo*[R]*o* se opone a *mo*[r]*o*, *ca*[R]*eta* a *ca*[r]*eta*, y así por el estilo.

En contraste con lo que afirma la tradición, Harris (1983) propone que en la lengua española a nivel fonológico no existe /R/ sino que hay únicamente una secuencia heterosilábica del fonema sencillo /r/ en posición intervocálica, cuya manifestación fonética en forma de vibrante múltiple es enteramente predecible. La palabra *careta* se distingue de *carreta* según se ilustra informalmente en (51) (presúmase la previa aplicación de la Convención de Asociación Universal).

(51)   a   versus   b
         C V C V C V   C V C C V C V
         | | | | | | | | | | | | |
         k a r e t a   k a r r e t a

(51a) estarían bien formadas, pero no así (51b) que tendría que configurarse como (52), en la que las dos Ces aparecen unidas a una sola /r/, por motivo del *Principio de Contorno Obligatorio* (PCO) (véase el capítulo III), que impide la secuencia adyacente de melodías idénticas.

(52)

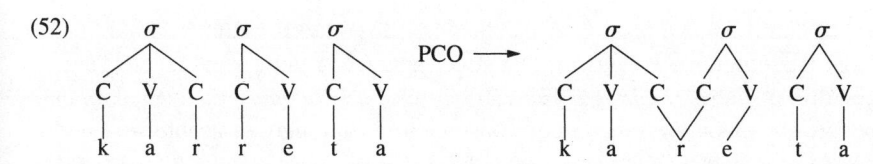

```
    σ     σ    σ              σ     σ    σ
   /|\   /|   /|     PCO →   /|\   /|\  /|
  C V C C V  C V             C V C C V C V
  | | | | |  | |             | | | |/  | |
  k a r e t  a               k a r e   t a
```

Igualmente predecible lo es la [R] en posición inicial de palabra, la cual se deriva de una /r/ sencilla mediante una regla fonológica que la refuerza en dicho contexto.

Varios son los argumentos que se aducen a favor de la presencia de una /r/ con unión múltiple, a manera de (52b). Uno de ellos es la distribución de las vibrantes, que ocurre de la siguiente manera:

a. ambas contrastan en posición intervocálica
b. la [R] aparece en posición inicial absoluta, la [r] no.
c. después de /l,n,s/ siempre aparece [R], nunca [r].
d. a final de palabra sólo aparece [r] y nunca [R] si sigue una palabra que comienza con vocal; de modo que en *comer algo* la vibrante siempre aparece como sencilla, *come*[r] *algo* y casi nunca como múltiple, **come*[R] *algo*, salvo si se produce pausa entre las dos palabras, en cuyo caso sí puede darse esta última vibrante. Por el contrario, si la segunda palabra se inicia con consonante, la vibrante se puede reforzar. Así, *comer plátanos* podría ser lo mismo *come*[R] *plátanos* que *come*[r] *plátanos*, esta última en el habla enfática.
e. después de las oclusivas en posición de arranque, siempre aparece [r] y nunca [R].

Lo que se resume en *a–e* nos da a entender que no se cumple una alternancia de los dos tipos de vibrantes; en términos de posición son mutuamente exclusivos. Ahora bien, dado que uno de los requisitos fundamentales para determinar si un segmento es o no fonemático es que pueda contrastar distintivamente vemos, sin embargo, que tal contraste sólo se verifica en posición intervocálica y falla en los demás contextos.

Sumémosle a lo anterior la distribución de /r/ con los segmentos consonánticos que pueden seguirla. Prácticamente todas las consonantes, a excepción de [r] y [ñ], siguen a /r/. Ejemplos típicos serían *car-pa, ár-bol, mor-fología, ar-miño, cor-te, ar-de, cor-so, sor-na, or-la, ar-chivo, nar-cótico, amar-go, sur-ge*. Se produce en el inventario fonológico una incongruencia distributiva con /r/, lo cual deja un hueco que se habría de rellenar teorizándose que a esta consonante sólo la puede seguir otra igual.

Hay aún otros argumentos que confirman la hipótesis de la inexistencia de vibrante múltiple /R/ y la presencia, en cambio, de una secuencia /rr/. Adelantándonos un poco al tema de la acentuación, citemos la posible distribución de la carga acentual en una palabra como *malanga*. En ésta solamente puede aparecer en una de dos posiciones: ya en la última sílaba, *malangá*, ya en la penúltima, *malánga*. Con excepción de dos o tres préstamos o topónimos (v.g., *Wáshington* y *Frómista*), casi nunca aparece la carga acentual en la antepenúltima sílaba, **málanga*. Tal restricción se debe a que si en una palabra la penúltima sílaba va trabada por consonante o diptongo, el acento no puede desplazarse más allá de dicha sílaba. Observemos, por ejemplo, que el acento puede aparecer en cualquier sílaba de *citara,* cambiándose, por supuesto su sentido según la posición que ocupe, v.g. *cítara, citára, citará*.

En vista de lo antedicho, si una palabra cuya penúltima sílaba es abierta puede aparecer con acentuación variable, lógicamente cabe preguntarse por qué las palabras que poseen el sonido [R] entre la penúltima y la última suelen aparecer con el acento en la penúltima sílaba o en la última pero no en la antepenúltima. Si se presume que a *amarro* le subyace la vibrante unitaria como en /a.ma.Ro/ debería ser posible acentuar cualesquiera de sus sílabas de modo que tanto *ámarro, amárro,* y *amarró* sean factibles. Resulta, no obstante, que **ámarro* es inadmisible y la hipótesis de /R/ subyacente no puede explicar tan singular hecho. En cambio, al proponerse que a [R] le subyace la secuencia /rr/, se explica el motivo de la inexistencia de **ámarro:* la penúltima sílaba viene trabada por /r/. De este modo *amarro* sería silabeada /a.mar.ro/.

Si se aceptan los argumentos dados arriba para fundamentar la distinción de las vibrantes a nivel subyacente, entonces el español dominicano nos brinda los datos para motivar la Condición de Buena Formación (50). Al sur de la República Dominicana, los hablantes de las clases populares, en situaciones semi-formales o formales, tienden a hacer ultracorrecciones insertando /s/ final donde generalmente no debe aparecer. Las palabras *estúpido* y *afectado* pueden decirse lo mismo *etús-pido, estú-pido, etúpidos* que *afes-tado, asfetado, afetados* (Núñez Cedeño 1989: 161). Semejante regla de epéntesis pudiera aplicarse en cualquier lugar una vez se dé el silabeo a la entrada de /karreta/ en (52), pero no ocurre así porque el PCO exige que las melodías idénticas tomen la configuración (52), de la derecha. Al tener tal configuración, la regla de epéntesis no puede aplicarse porque ella estipula que la inserción ocurre al final de sílaba y la melodía /r/ está repartida tanto al final como al principio de sílaba. Por otro lado, la inserción tampoco puede darse porque así lo prohíbe la convención (50), la cual evita la encrucijada de líneas que se ofrece en (53), de insistirse en aplicar la regla.

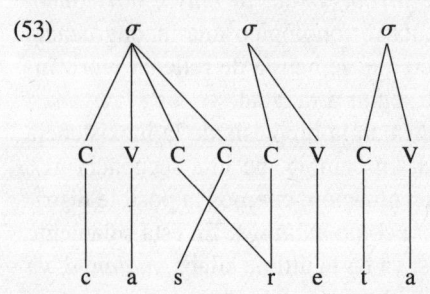

(53)

Para concluir, el hecho de que no se producen encrucijadas en (53) transciende al dominicano. En marroquí y en árabe argelino, por ejemplo, existe una regla bastante genérica que tiende a insertar una vocal entre los dos primeros miembros de un núcleo triconsonántico. Sin embargo, cuando se trata de consonantes geminadas, el proceso no se cumple, pese a que la palabra puede recibir estructuralmente a la vocal epéntetica. Steriade (1982) indica que en kolami, una lengua dravidia, no puede haber núcleos consonánticos ante otra consonante o al final de palabra. Si esto fuere a ocurrir, se interpondría una regla que insertaría una vocal y por ende se evitaría la mala configuración. Resulta, no obstante, que, en ámbitos parecidos, si el núcleo consonántico consiste en dos elementos idénticos, la epéntesis vocálica dejaría de aplicarse, puesto que se quebrantaría la prohibición (50) de entrecruce de líneas.

CAPÍTULO III

Modelo Autosegmental-Jerárquico

3. Introducción

En el capítulo anterior presentamos la idea de que los rasgos distintivos se caracterizan por tener una organización jerarquizada y que en realidad no se representan mediante haces de rasgos según los concebía la fonología generativa tradicional. La naciente fonología autosegmental abona el terreno de manera que podamos ir intuyendo y profundizando en la naturaleza misma de los procesos fonológicos.

Pero sin pecar de ingenuidad, no estaría demás preguntarse por qué se autosegmentalizan ciertos rasgos y no otros o, como muy correctamente nos interpelara uno de nuestros estudiantes, ¿hay una preferencia o quizás hasta un orden en el tipo de rasgos que se pueden autosegmentalizar? Realmente es una pregunta de peso, porque si nos remitimos a los análisis autosegmentales que hemos ofrecido, podemos observar que tanto el tono como los rasgos articulatorios que intervienen al hacerse la asimilación de nasal del español, tienden a operar en grupo. Y es justamente la misma pregunta que se formularan varios investigadores al observar el comportamiento de ciertas reglas de asimilación total o parcial de rasgos, llegando a proponer que todo parecía indicar que los rasgos tienden a agruparse de manera regular (v. Clements 1985). De ahí que el modelo que propusiera Goldsmith en 1976 pasara a ser refinado y mejorado al tenerse en cuenta semejante comportamiento.

3.1 *Modelo jerárquico*

Varios lingüistas han observado la agrupación regular que se ofrece en (1). Es precisamente la agrupación recurrente de ciertos rasgos en reglas asimilatorias la que nos hace despejar el interrogante de cómo caracterizar lo que es más común o natural en los procesos de asimilación: una regla que propague sólo un rasgo (v.g., la de pérdida de sonoridad ante una consonante sorda), o una que afecte todos los rasgos (v.g., la de asimilación de nasal). Por lo visto, si se caracterizan como se muestra en (1), los rasgos tienden a formar clases naturales. Estos grupos no son, pues, arbitrarios, sino que reflejan una agrupación basada en la fonética: a un grupo lo controlan los tonos, a otro el punto de articulación. Este a su vez es controlado por la cavidad supraglótica, en donde se ejecutan los movimientos articulatorios, y así sucesivamente.

Modelo jerárquico 73

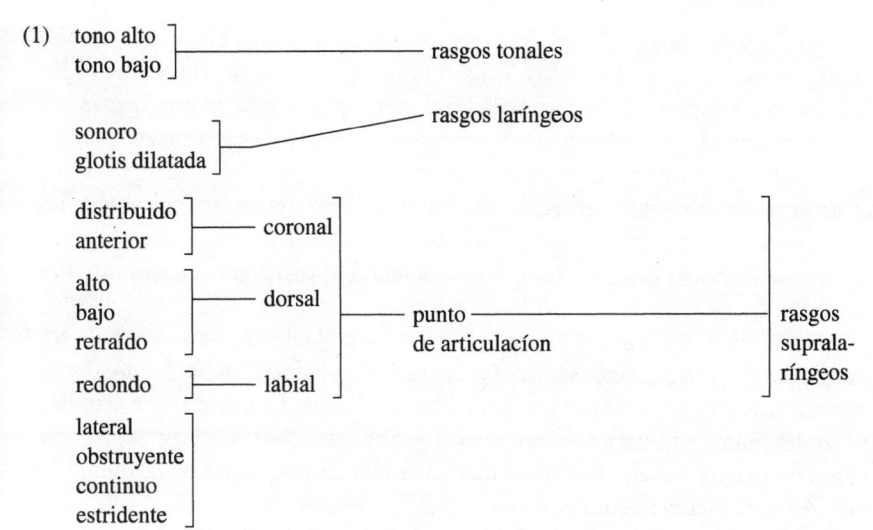

(1)
```
tono alto  ⎤
tono bajo  ⎦────────────── rasgos tonales

sonoro            ──────── rasgos laríngeos
glotis dilatada ⎤
                ⎦

distribuido ⎤
anterior    ⎦──── coronal      ⎤
alto        ⎤                  |
bajo        ├──── dorsal       ├── punto ─────────── ⎤ rasgos
retraído    ⎦                  |  de articulación    | supra-
redondo     ⎤──── labial       ⎦                     ├ laríngeos
            ⎦                                        |
lateral     ⎤                                        |
obstruyente |                                        |
continuo    |                                        ⎦
estridente  ⎦
```

Lo que en potencia engloba la representación (1) es la hipótesis de que los segmentos en sí se agrupan en constituyentes. Entonces un segmento consiste no sólo en los rasgos fonéticos que lo definen sino que además posee estratos de clase que lo controlan, los que se ilustran arriba como los respectivos laríngeos y supralaríngeos. Con este modelo se le da primacía al hecho de que los articuladores son los que entran en acción en una zona cualquiera de la cavidad bucal para producir sonidos. Pasamos a ilustrar en el diagrama (2) lo que hemos bosquejado en (1).

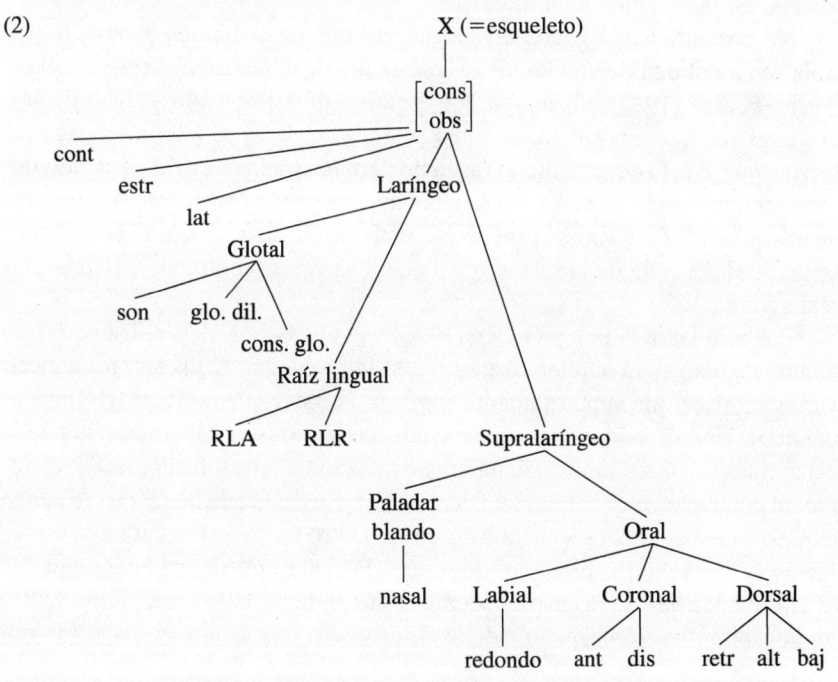

(2)   X (=esqueleto)
                                            |
                                       ⎡cons⎤
                                       ⎣ obs⎦

           cont
               estr
                   lat
                          Laríngeo
                     Glotal
             son   glo. dil.
                        cons. glo.
                            Raíz lingual
                    RLA   RLR   Supralaríngeo
                                   Paladar
                                   blando   Oral
                                      |
                                    nasal   Labial   Coronal   Dorsal
                                               |
                                            redondo ant dis retr alt baj

La representación (2) incorpora innovaciones al modelo que originalmente propusiera Sagey (1986). Halle (1992), por ejemplo, siguiendo la hipótesis que planteó McCarthy (1988), sugiere que la raíz la conforman los rasgos principales [±obstruyente] y [±consonántico]. Dichos rasgos son los que típicamente distinguen los segmentos en grandes clases. Por un lado, el rasgo [−obstruyente] abarca a las líquidas, las nasales, las vocales y las deslizadas; mientras que el rasgo [+obstruyente] alude propiamente a las obstruyentes. Por otro lado, el rasgo [+consonántico] distingue a todas las consonantes de los segmentos vocálicos y deslizados.

Un motivo poderoso que permite hacer semejantes agrupaciones de los rasgos [obstruyente, consonántico] en la raíz responde al hecho de que usualmente estos rasgos no se comportan como los demás. Es decir, no se asimilan ni se disimilan y tampoco se reducen. Resulta que, al estar agrupados como haces de rasgos, se supone que la única manera de poder propagar alguno de ellos sea como parte de un nodo completo; es decir, si se propaga la raíz completa. Es por ello que la asimilación total de rasgos implica que en realidad se está asimilando todo el contenido de la raíz. Ejemplo típico de asimilación completa es el proceso de geminación en el que se produce una modificación total al nodo que contiene los rasgos consonánticos e inobstruyentes de un segmento por influencia de otro segmento vecino. Las palabras *barba* y *toldo*, que resultan en las respectivas [bábba] y [tóddo] en el Caribe hispánico, muestran el cambio completo de las líquidas /r,l/ frente a las oclusivas siguientes, convirtiéndose aquéllas en oclusivas. En la sección 3.3 se discute más extensamente la asimilación total de la raíz.

No obstante hay algunos investigadores que especulan en torno a la posible separabilidad de uno de los rasgos de la raíz e inclusive sobre su inexistencia. Kaisse (1992) afirma que hay pruebas de asimilación y disimilación que sugieren que, en efecto, el rasgo [+consonántico] se puede propagar, y teoriza que si esto ocurre, dicho rasgo no pertenece a la raíz. Tal es el caso del chipriota, en donde la deslizada /j/ se convierte en la obstruyente [k] después de obstruyente. Para Kaisse este hecho, entre otros, justifica que el rasgo [consonántico] dependa de la raíz al igual que los rasgos [continuo] y [lateral] en el diagrama (2).

Por otro lado, Hume y Odden (1996) van mucho más lejos al sugerir que dicho rasgo no es ni siquiera necesario en la fonología. Estos autores aducen varios motivos que supuestamente sugieren la inexistencia del rasgo [consonántico]. Uno de ellos es que para establecer contrastes fonémicos se puede echar mano de otros rasgos sin tener que mencionar [consonántico]. Por ejemplo, el contraste entre la bilabial fricativa [β] y la deslizada labial [w] se puede expresar mediante el rasgo [−obstruyente]. Otro motivo se refiere a la asimilación (y también disimilación) de rasgos, la cual se puede explicar mediante la asimilación de otro rasgo procedente de un segmento adyacente, como ocurre en la espirantización española de la oclusiva /b/ que asume el rasgo [+continuo] de la vocal, líquida o fricativa precedentes para convertirse en la fricativa [β]. Igual razonamiento se aplicaría al mencionado ejemplo del chipriota, el cual se analizaría como un cambio que se efectúa en los rasgos [continuo] y [resonante]. Al igual que Hume y Odden, Keyser y Stevens (1994) presentan una teoría geométrica, diferente de la que aquí seguimos, en donde el rasgo [consonántico] no cuenta en la raíz; pero estos investigadores también eliminan el rasgo [−obstruyente] de dicha posición. Resumida en sus detalles, la teoría presupone que la cavidad bucal está dividida en tres nodos que controlan las diversas actividades articulatorias: el radical (propiamente desprovisto de rasgos), el supralaríngeo y el supranasal. Cuando se activa, por ejemplo, el nodo supralaríngeo, se producen por implicación los sonidos que llevan constricción, tales como las consonantes y las deslizadas. El rasgo [−obstruyente] va ligado a los nodos terminales de los varios articuladores; o sea que la resonancia de la bilabial [m] va aparejada con las actividades que despliegan los labios.

Como podemos colegir de lo anterior, la firmeza de los cuestionamientos aún no goza de aceptación general. En el caso de Kaisse, su hipótesis se puede explicar sin que se tenga que separar el rasgo [consonántico] de su raíz, aludiéndose a otros rasgos. Tampoco sirven los datos del porteño argentino que Kaisse (1996) posteriormente emplea para justificar la separabilidad de ese rasgo, pues si bien es cierto que /s/ cambia a [h] no es porque el rasgo [−consonántico] de la vocal precedente se propague a /s/. Todo lo contrario, bien se sabe que en cubano el proceso se efectúa aun cuando le precede una nasal, como las alternantes *in*[s]*tituto* versus *in*[h]*tituto,* hecho que demuestra que la vocal no modifica nada. Hume y Odden se limitan a plantear una serie de datos empíricos que cuestionan el modelo unitario, pero pecan de no ofrecer una teoría coherente que justifique sus razonamientos. Son hechos interesantes que nos impulsan a seguir sondeando en futuras investigaciones para determinar su alcance verdadero. Keyser y Stevens presentan una teoría que está en vías de desarrollo. Habría que ver si realmente se puede sostener el argumento de que el rasgo [−obstruyente] depende de diferentes articuladores. Además, dicha teoría adolece de no considerar suficientes datos empíricos que la justifiquen. Apenas comienza a surgir uno que otro análisis que parece darle cierto sostén (Núñez Cedeño 1997), aunque como teoría todavía le falta más rigor definitorio. En vista de estos atenuantes, nos ceñimos al modelo que se ejemplifica en (2).

El modelo (2) muestra que puede haber cierta dependencia e independencia entre los diferentes rasgos. Por una parte comprobamos que en los extremos inferiores de las líneas se encuentran los rasgos individuales, v.g., [redondo], [anterior], [alto], etc. Estos son los denominados rasgos terminales. La mayoría de los rasgos terminales se agrupan en constituyentes en el árbol, dependiendo de qué articulador en la cavidad bucal active un rasgo en particular. Los rasgos [alto], [retraído] y [bajo] se agrupan bajo el nodo dorsal porque el dorso de la lengua es el articulador que les hace funcionar. Así, los nodos más bajos del árbol corresponden a seis articuladores de la cavidad bucal, a saber: el radical, el glotal, el paladar blando, el labial, el coronal, y el dorsal. Lo que esta configuración representa es que se cumple una estrecha relación entre la producción fonética de los sonidos y las representaciones abstractas que todo hablante posee de ella. Si aislamos la parte inferior de la representación geométrica en (2), podemos notar más claramente la interrelación que existe entre los articuladores y los rasgos terminales que activan.

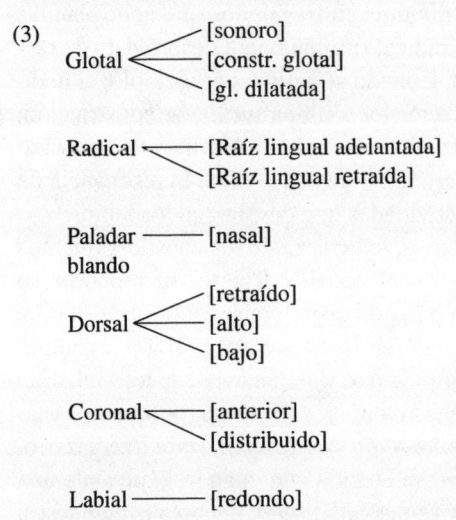

(3)
Glotal — [sonoro]
       — [constr. glotal]
       — [gl. dilatada]

Radical — [Raíz lingual adelantada]
        — [Raíz lingual retraída]

Paladar — [nasal]
blando

Dorsal — [retraído]
       — [alto]
       — [bajo]

Coronal — [anterior]
        — [distribuido]

Labial — [redondo]

En (3) se ve que cada articulador tiene la propiedad de activar únicamente los rasgos que domina. Por lo tanto, para producir el sonido [t], no hay necesidad de mencionar el articulador dorsal porque éste no tiene rasgo alguno que caracterice a ese sonido; se menciona tan sólo el articulador coronal porque con éste se activan los rasgos de [t], que en la lengua española se caracteriza por ser [+anterior]. No habría que mencionar el rasgo [distribuido] porque dicho rasgo no tiene valor contrastivo en la lengua española, como lo tiene, por ejemplo, en la lengua araucana de Chile, que distingue entre la *t* alveolar, y la *t* retrofleja, según lo reportan Echeverría y Contreras (citados en Chomsky y Halle 1968:312).

Resulta, pues, que el nodo coronal suele ser incompatible con los otros nodos, aunque también se puede dar el caso de que haya incompatibilidad entre un grupo de rasgos dominados por un mismo nodo. Esto se ejemplifica con cualquiera de los nodos que se ilustran en (3). Pongamos por caso el dorsal, que domina tres rasgos, pero no el nasal, porque a éste lo domina el nodo del paladar blando. Sin embargo, la incompatibilidad de los nodos no es absoluta en las lenguas naturales. Se da el caso, por ejemplo, de que hay lenguas que poseen sonidos labio-velares, como el [kp] de algunas lenguas africanas, con el que se activan dos articuladores diferentes: el dorsal, con el que se ejecuta la simultánea articulación del rasgo [retraído] de [k], y el labial de [p]. La representación fonética de este sonido sería como se muestra en (4).

(4)   Punto oral
         /   \
      Dorsal   Labial
        | |
      [+retra] [+redon]
             [kp]

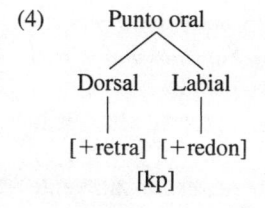

Luego veremos que la representación (4) se extiende a algunos sonidos complejos de la lengua española; en particular, a los que resultan de la coarticulación de diferentes nasales y la asimilación de sonoridad o sordez de obstruyentes ante obstruyentes sonoras o sordas.

Es necesaria una breve digresión para explicar parcialmente el articulador *radical* y el *glotal*. Algunas lenguas, como la inglesa, distinguen entre vocales tensas y laxas, de suerte que a las vocales /i, e, a/ se les oponen /I, ε, æ/ (las cuales representan las laxas). Por ejemplo la grafía *ee* de *beet* 'remolacha' corresponde al sonido tenso [i], que se pronuncia [bit], la cual se distingue de la *i* en *bit* 'poco', que se pronuncia [bIt]. Aunque semejante distinción fonológica no existe en español estándar, a nivel fonético se dan variantes tensas y laxas que son determinadas contextualmente. Para producir físicamente las vocales tensas se requiere que entre en acción la raíz lingual, la cual se proyecta hacia adelante, creándose así un mayor volumen faríngeo. Como la raíz lingual es el articulador que funciona en la parte inferior de la faringe, se dice entonces que las vocales tensas se inducen por *raíz lingual adelantada*, [+RLA]. Por el contrario, la raíz lingual se puede retraer hacia la pared faríngea, en cuyo caso se produce un sonido consonántico que se describe como *raíz lingual retraída*, [+RLR], típico del árabe, que posee las consonantes faríngeas [h,Ç].

La abertura que se produce entre las cuerdas vocales, conocida generalmente como glotis, la ejecutan una serie de cartílagos aritenoides. Dicha abertura puede ser lo suficientemente amplia como para ceder el paso del aire durante la respiración. También puede estrecharse un poco como para que se produzca un sonido sordo no interrumpido, el que generalmente se conoce con el nombre de sonido aspirado y que se representa con [h], típico de la gran mayoría de los dialectos hispánicos. Halle y Stevens (1971) nos dicen que estos músculos tienden a producir los rasgos [±glotis dilatada]. Si en cambio la tensión es suficiente como para impedir momentáneamente el aire, se produce entonces un golpe glotal, que se caracteriza por el rasgo [±constricción glotal]. Con dicho rasgo se caracterizan las consonantes glotales [h.,ʔ]. Por último, los aritenoides, que se supone sean capaces de tensarse y vibrar o no, y cuya vibración es accionada por el paso del aire, dan lugar a que salga un sonido que se caracteriza por ser sonoro [+sonoro] o sordo [−sonoro]. Los dos rasgos son controlados por el articulador glotal.

Volviendo al tema de la geometría, los seis articuladores se agrupan bajo tres constituyentes superiores que representan diferentes actividades articulatorias en todo el aparato bucal: el *P*(unto) *O*(ral), el *Supralaríngeo* y el *Laríngeo*. Los articuladores dorsal, coronal y labial se reúnen bajo el constituyente superior oral. El oral representa todo sonido que se articula con la lengua o los labios. Es el que se conoce tradicionalmente con el nombre de punto de articulación. El oral está dominado directamente por el constituyente supralaríngeo que contiene dos cavidades, la bucal y la nasal. Es por ello que vemos este constituyente bifurcado en dos, con lo cual se representa el hecho de que a nivel supralaríngeo se producen los sonidos orales, oronasales y nasales. Del constituyente supralaríngeo salen instrucciones articulatorias directas al *paladar blando* para que la úvula baje al producirse un sonido nasal. Por último, el constituyente laríngeo controla las actividades del articulador *glotal* y del *radical,* los cuales estudiamos más arriba.

De este modo, se establece una relación de implicación entre los rasgos terminales y los nodos que les quedan más arriba. Si se menciona el rasgo [+anterior], con ello se implica la ejecución del articulador coronal, con lo cual a su vez se implica la activación del nodo oral. Como ya se ha indicado, sólo se accede al rasgo [distribuido] mediante el nodo coronal. El nodo oral se relaciona con las articulaciones supralaríngeas, que a su vez van a depender de la raíz. La raíz involucra los rasgos mayores [±consonántico, ±obstruyente]. Estos rasgos son los que propiamente definen si el sonido en cuestión se trata de una consonante resonante [+cons, −obs], de una obstruyente [+cons, +obs] o de una vocal [−cons, −obs]. La implantación de uno u otro se determinará por su posición en la cadena fónica, ya sea ocupando el lugar de núcleo, en cuyo caso será una vocal, u ocupando los márgenes en donde se desempeñarían como consonantes o deslizadas. La raíz representa el sonido mismo, con todos sus rasgos dependientes que le quedan debajo. Semejante agrupación tiene motivación empírica, puesto que la tendencia general es que estos rasgos no se asimilen ni disimilen y tampoco se pierdan, salvo cuando estos procesos se dan conjuntamente con otros que afecten a todo el segmento (McCarthy 1988). Un ejemplo común es el de las líquidas caribeñas que adoptan el punto articulatorio de la obstruyente siguiente, convirtiéndose en geminadas, o el de la consonante /s/ que se pierde al final de sílaba, dejando en su lugar un cero fonético. Es lo contrario de lo que le ocurre al rasgo [continuo] que puede ser afectado individualmente: en español las oclusivas intervocálicas tienden a hacerse fricativas.

De la raíz también dependen los rasgos de la manera de articulación [continuo], [estridente] y [lateral]. Por motivo de que estos no aparecen supeditados a ningún articulador en particular sino que van con la raíz, se dice que son *articuladores libres*. Esto atañe especialmente al rasgo [continuo] cuya tendencia es aparecer tanto en consonantes como en vocales. No obstante, hay quienes arguyen que la dependencia de estos rasgos del nodo radical no se puede dar por sentada, pues el rasgo [±lateral] se registra usualmente con consonantes coronales y por tanto se supone que está ligado al nodo coronal.

Halle (1995:6), en cambio, presenta pruebas de que las consonantes laterales son producidas por el articulador dorsal. Con ello se sugiere que el [lateral] no puede estar sujeto a ningún articulador y se arguye que su implantación depende de lenguas particulares. También ha sido problemática la constricción [continua], como veremos en la sección 3.1.1. Un buen número de investigadores la asignan directamente a la raíz como el modelo (2) de Sagey-Halle. Estos rasgos bien podrían identificarse con la manera de articular los sonidos. El rasgo [continuo], como ya indicamos, caracteriza a las vocales que se producen sin constricción alguna, mientras que la producción de las fricativas tiende a caracterizarse por una constricción parcial. El rasgo [estridente] distinguiría a la /s/ de la /θ/ en el dialecto castellano. Otro motivo para unir directamente los rasgos mencionados a la raíz es que en su ejecución interviene cualquiera de los articuladores; por ejemplo, puede intervenir el labial, el coronal o el dorsal. Si se le atribuyera el rasgo [estridente], por ejemplo, al nodo supralaríngeo, se estaría teorizando que en la producción de [p] se podría encontrar una extraña oclusiva bilabial estridente. Dicho rasgo se activaría únicamente con las consonantes fricativas.

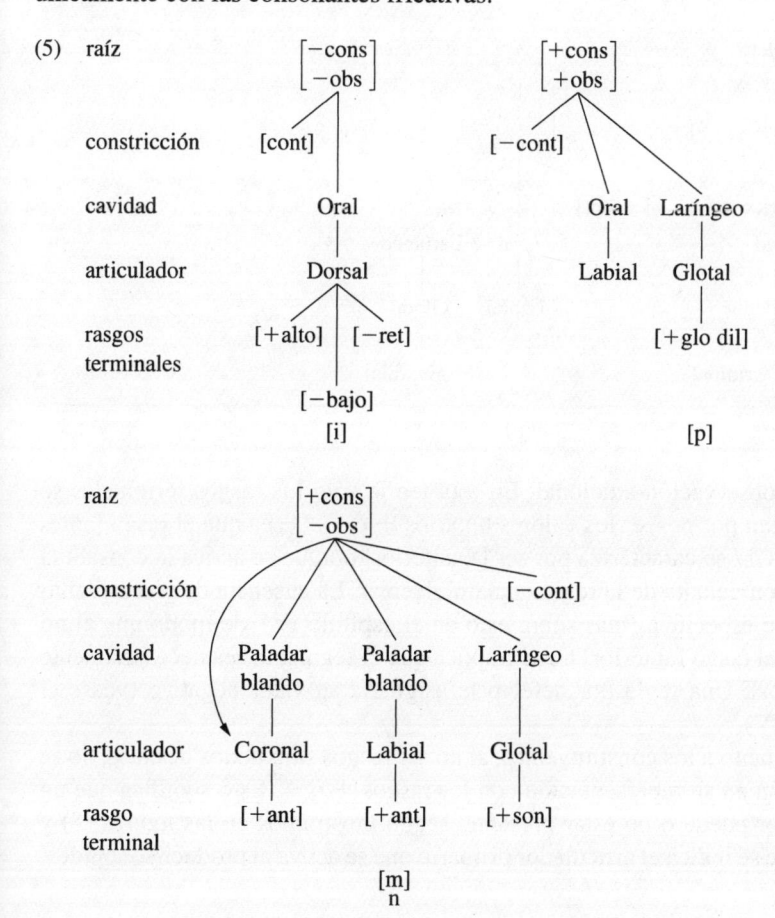

(5) raíz $\begin{bmatrix} -\text{cons} \\ -\text{obs} \end{bmatrix}$ $\begin{bmatrix} +\text{cons} \\ +\text{obs} \end{bmatrix}$

constricción [cont] [−cont]

cavidad Oral Oral Laríngeo

articulador Dorsal Labial Glotal

rasgos   [+alto] [−ret]   [+glo dil]
terminales
               [−bajo]
               [i]   [p]

raíz $\begin{bmatrix} +\text{cons} \\ -\text{obs} \end{bmatrix}$

constricción [−cont]

cavidad   Paladar   Paladar   Laríngeo
          blando   blando

articulador Coronal   Labial   Glotal

rasgo   [+ant]   [+ant]   [+son]
terminal

               [m]
                n

Para ilustrar la estructura geométrica arbórea que hemos venido elaborando, tomemos como ejemplo los sonidos [i], [p] y el sonido labio-coronal [m̪n] que describe Navarro Tomás (1974:113) en la pronunciación de *inmóvil* (para más detalles véase la sección 3.6.1). La ilustración (5) reproduce en parte el modelo de Kenstowicz (1993).

La flecha que se desplaza desde la raíz al articulador del sonido nasal labio-coronal es una convención que emplea Sagey (1986) y con la cual se señala el articulador primario que se activa. Para Sagey el articulador primario de un segmento cualquiera es el que al producirse muestra un mayor grado de oclusión distintiva. De modo que en (5) el articulador principal que entra en acción para que se realice [n] es el coronal.

Por último, todo el conjunto de rasgos que caracterizan al fonema se liga al esqueleto X, que como dijéramos anteriormente, representa una unidad de tiempo. Este supuesto se basa en el hecho físico de que al producirse rasgos se utiliza cierta cantidad de tiempo en su producción. Recuérdese además que dicho esqueleto en la teoría de Clements y Keyser (1983) se representa mediante C o V.

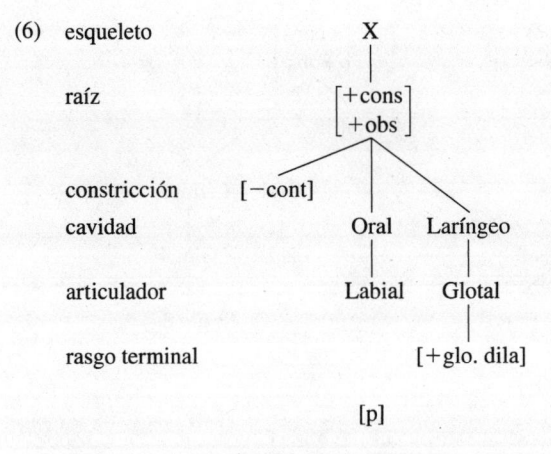

(6) esqueleto   X

    raíz   [+cons, +obs]

    constricción   [−cont]
    cavidad   Oral   Laríngeo

    articulador   Labial   Glotal

    rasgo terminal   [+glo. dila]

                              [p]

Una observación adicional. En esta teoría sólo los rasgos terminales se caracterizan por poseer los valores binarios + o −. O sea que el rasgo [anterior] de la /s/ se caracteriza por ser [+anterior] porque se activa la consabida obstrucción delante de la región palato-alveolar. La ausencia de una articulación no se especifica (más sobre esto en el capítulo IV), de modo que al no incluirse el rasgo [anterior] no se implica que el segmento sea necesariamente [−anterior]. Una regla por defecto le asignaría su valor negativo (véase el capítulo IV).

En cuanto a los constituyentes, al no ser rasgos sino nodos de clase, no se especifican en su representación con los rasgos + o −. Esto significa que un articulador puede o no estar presente, según mostramos en las figuras (5) y (6), donde se indica el articulador primario que se activa al producirse sonidos.

La ausencia de valores bivalentes en los nodos articuladores impide que se dé contradicción en la representación básica de los fonemas: un segmento no puede ser simultáneamente [+coronal, −coronal].

3.1.1 Localización del rasgo [continuo]

En el modelo de Sagey-Halle, cuya parte superior reproducimos en (7), los rasgos [continuo], [estridente] y [lateral] van unidos directamente a la raíz.

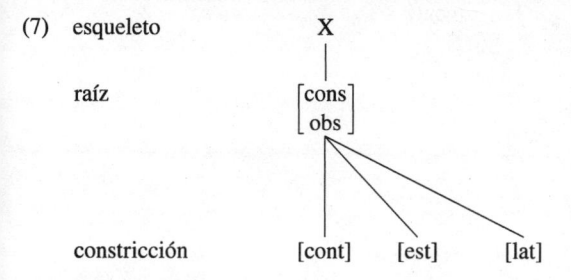

(7) esqueleto   X

    raíz $\begin{bmatrix}\text{cons}\\\text{obs}\end{bmatrix}$

    constricción   [cont]   [est]   [lat]

En lo que concierne al rasgo [continuo], con (7) se presume que como la constricción se ejecuta en la cavidad bucal se la puede manipular independientemente de los demás rasgos o articuladores. Sin embargo, pusimos en duda semejante configuración y sugerimos que la lengua española ofrece pruebas de que posiblemente dicha constricción no esté controlada por la raíz sino por el punto de articulación.

Esta es la hipótesis que defiende Padgett (1991), quien arguye a favor de la inserción de [+continuo] inmediatamente debajo de articulador oral, según se ilustra en (8).

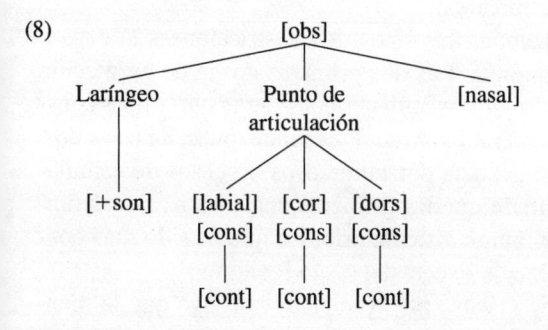

(8)   [obs]

   Laríngeo   Punto de   [nasal]
                 articulación

   [+son]   [labial]   [cor]   [dors]
            [cons]   [cons]   [cons]

            [cont]   [cont]   [cont]

Conviene adelantar que como Padgett, el modelo de Clements-Hume que estudiaremos en la sección (3.7), coloca al rasgo [continuo] bajo el control de la Cavidad Oral.

En este caso habría tres posturas diferentes de control de la constricción [continua]: 1) bajo la raíz (modelo Halle-Sagey); 2) bajo la cavidad oral (modelo Clements-Hume), y 3) bajo el punto de articulación (modelo Padgett), que de modo sucinto ilustramos respectivamente en (9a), (9b), y (9c).

(9) a.   b.
$$\begin{bmatrix}\text{cons}\\\text{obs}\end{bmatrix}$$

supra   [cont]

PO   [nas]

$$\begin{bmatrix}\text{cons}\\\text{obs}\end{bmatrix}$$

supra

cav. oral   [nas]

PO   [cont]

c.
[son]

PO   [nas]

articuladores

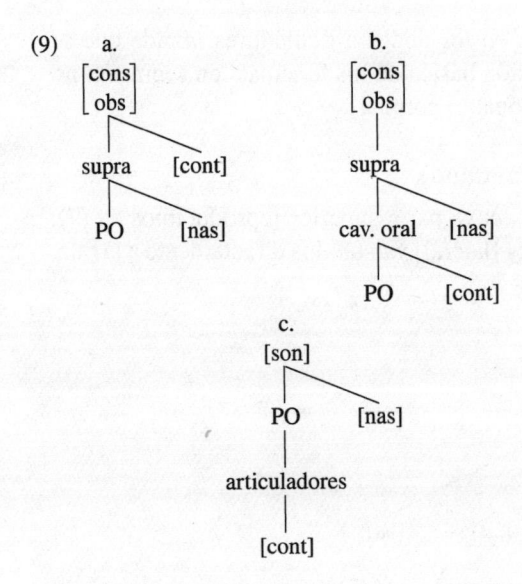

[cont]

(En el modelo de Padgett el rasgo [consonántico] también queda ubicado con el grupo de articuladores, contrario a la hipótesis que seguimos en este texto. Los fundamentos de su análisis son controversiales y por tanto no nos ceñiremos a ellos).

En cuanto al modelo (9c), que es relativamente nuevo y ofrece posibilidades analíticas y de respuestas, debemos matizar que por su novedad todavía no ha experimentado los embates de la crítica. En lo que sigue, centraremos nuestra atención en los dos primeros y se mostrará cómo el tercero tiene más éxito en tratar fenómenos de asimilación.

En la cavidad bucal se ejecutan tres tipos de constricciones: 1) consonántica, 2) obstruyente y 3) continua. Las dos primeras gozan de aceptación general entre la mayoría de los lingüistas, quienes consideran que ambas constituyen la raíz del sonido. La tercera, [continua], depende, pues, de estas dos. Semejante configuración viene avalada por numerosos procesos de asimilación con los que se ha demostrado que las primeras dos constricciones funcionan independientemente del punto articulatorio. Lo que ha sido más controversial es determinar la ubicación exacta del rasgo [continuo].

En la disertación de Sagey (1986), por ejemplo, se arguye que la mencionada agrupación y dependencia debe ser así porque en la lengua liberiana kpelle existe un interesante proceso de asimilación de nasal (10):

(10) a. /N+polu/   [mbolu]   'mi espalda'
     b. /N+tia/   [ndia]   'mi tabú'
     c. /N+koo/   [ŋgoo]   'mi pie'
     d. /N+fela/   [mvela]   'mis salarios'
     e. /N+sua/   [njua]   'mi nariz'

La N mayúscula representa una nasal no marcada en su punto articulatorio. Lo que se destaca en (10) es el ejemplo (10d) de que la nasal se asimila al punto articulatorio de la obstruyente siguiente sin que por ello asimile sus propiedades fricativas. La nasal permanece como oclusiva y no fricativa, con lo que se demuestra que el rasgo [continuo] no depende del punto articulatorio. El mismo razonamiento se aplicaría al modelo de Clements-Hume porque, según se ve en (9b), el rasgo [continuo] es independiente del punto articulatorio.

Si bien el modelo Halle-Sagey predice que una nasal se asimila en punto de articulación a oclusivas, lo mismo ocurre cuando se encuentra frente a una fricativa. Es decir, que con este modelo se presume que es tan natural que una nasal se asimile a una oclusiva como a una fricativa porque en ambas el rasgo [continuo] no depende del punto articulatorio. Pero Padgett (1991) arguye que el comportamiento de una nasal cuando se asimila a una oclusiva tiende a ser muy diferente de lo que sucede cuando se encuentra frente a una fricativa. Por lo general, se produce una perfecta asimetría: en cualquier lengua en que la nasal se asimila al punto de articulación de una fricativa, también se asimila al punto de articulación de una oclusiva. En cambio, lo contrario no ocurre: si se produce asimilación de nasal a la continuidad de una fricativa, no por ello se realiza asimilación al punto articulatorio de una oclusiva. Lo típico es lo primero, según se documenta en numerosas lenguas del mundo. Lo segundo es lo raro, y ocurre esporádicamente, como en el español, según Padgett. En tal caso, este lingüista propone que el rasgo [continuo] depende directamente del punto oral, según se muestra en (9) y por tanto en kpelle se produciría la regla de asimilación siguiente con la palabra /N+fela/ en (10d).

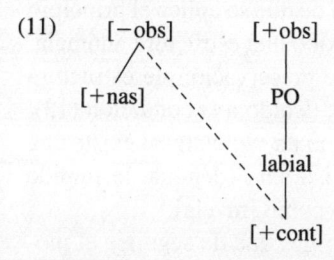

(11)   [−obs]   [+obs]
         / |
      [+nas]   PO
                           |
                         labial
                           |
                        [+cont]

Pero si observamos bien las consecuencias de la aplicación de (11), veremos que obtendremos como resultado lo que Padgett llama la nasal fricativa *[ɱvela] y no la nasal oclusiva [mvela] que se esperaba. Padgett señala que justamente la aplicación de la regla a nivel léxico sugiere una respuesta, y es que a nivel léxico la nasal fricativa no se da en forma contrastiva. No existe en el léxico un morfema nasal fricativo. El que aparece es producto de aplicación de una regla postléxica. Para dar cuenta de la [mvela] correcta, se apela a la interacción de la marcadez universal, conocida con el nombre de *Principio de Preservación de Estructura* (que examinaremos en el capítulo de fonología léxica), con la geometría que se ofrece en (11).

(12) Preservación de Estructura
Las condiciones de marcadez universal se aplican en toda la fonología léxica.

En efecto, la condición de preservación estructural significa una serie de condiciones que restringen la aparición en el léxico de derivaciones que no sean documentables en la generalidad de las lenguas. Por ejemplo, una condición universal es que si el segmento es [−obstruyente] no puede ser *[−sonoro] a nivel léxico. No ocurre, pues *[−obs, −son]. Lo mismo sucede con las nasales. Como lo común es la presencia de nasales derivadas de carácter oclusivo, se presume la existencia de una condición universal que restringe la aparición de una nasal fricativa.

O sea que es enteramente predecible el hecho de que si la consonante es nasal debe ser por tanto oclusiva. Dado que éste es el caso, a las nasales no se les necesita marcar ni positiva ni negativamente con respecto al rasgo [continuo]. Existe por consiguiente la condición universal (13).

(13)   *[+nas] [cont]

Sin embargo, sabemos que a nivel fonético para las lenguas que mencionamos arriba, y para muchas otras, lo que aflora a la superficie es una nasal sin especificación [−cont]. Como veremos en el capítulo IV, los rasgos redundantes se predicen mediante regla y en este caso sabemos que si es consonante nasal, debe ser oclusiva. En (14) se capta esta redundancia.

(14)   [+cons, +nas] → [−cont]

Ahora volvamos al ejemplo (10d) y a la regla de asimilación de nasal. Esta regla deja de aplicarse al /N+fela/ por razón de que se aplica el principio universal (12). Es decir, con (11) se crea en el léxico una estructura anómala: una nasal fricativa. Sin embargo, el principio de preservación de estructura impide que se produzca una fricativa subyacente, debido a la condición (13). El Principio de Preservación de Estructura es como un vigilante: si existe una regla que pueda producir un fonema que no existe en la lengua, le impide proseguir adelante. Es por ello que /N+fela/ sale como [mvela].

¿Pero qué ocurre en la lengua española? Dijimos que de seguirse el modelo de Padgett, la lengua española poseería nasal fricativa. Así, de /anfibio/ y /sin firma/ se producen las respectivas [aɱfiβjo] y [siɱ firma]. Podemos sacar de aquí dos conclusiones: 1) el Principio de Preservación de Estructura tiene excepciones, y 2) la asimilación prueba que el rasgo [continuo] debe depender del punto oral. Veamos ambas conclusiones por separado.

3.1.2 Excepciones al Principio de Preservación de Estructura

La posibilidad de invocar excepciones a la aplicación de la regla a nivel léxico es problemática, pues el Principio de Preservación de Estructura rige en todo momento la forma subyacente. Es un principio radical, que desdeña a nivel léxico todo mecanismo que atente contra sus funciones reguladoras. La asimilación de nasal se aplicaría, por lo tanto, en aquellos casos en que el principio tolere su ejecución. En las palabras *conga* y *campo* surgirían la respectivas nasales velar y bilabial. En cambio no procedería la aplicación con la /n/ de *triunfo,* que resultaría bloqueada por el principio.

No obstante, como se sabe, la asimilación de nasal traspasa el contexto del vocablo y se aplica fuera de la palabra tanto en el estilo ligeramente lento como en el ordinario, según observa Navarro Tomás (1974). La nasal de *compadre* y la de la frase *con padre* son ambas oclusivas bilabiales. Lo mismo ocurre en la palabra *conforma* que *con forma,* en las que ambas nasales surgen como labiodentales. En estos estilos de habla la asimilación es inapelable y no admite excepciones. Evidentemente la lengua española pertenecería, de acuerdo con Padgett, a un reducido grupo de lenguas que posee nasal fricativa. Lo interesante del español es que, contrario a las demás lenguas, también posee asimilación a nivel postléxico. La regla de asimilación de nasal (11) tendría vigencia en español. Con esto se sugiere que semejante regla no es léxica, aplicada a formas subyacentes, sino postléxica, es decir, que se aplica tardíamente una vez formadas las palabras o las frases. Siendo regla postléxica, no crea un fonema nasal fricativo y, por consiguiente, no se contrapone a los requisitos del principio. Su aplicación postléxica la convierte en un tipo de regla de implantación fonética.

3.1.3 Dependencia de [cont] bajo el punto oral

Ya hemos visto dos modelos de ubicación del rasgo [continuo]. En cualquiera de los dos que se tome, su aplicación ejecutará únicamente la transferencia del punto articulatorio de la obstruyente y se dejará atrás el rasgo [+continuo] de [f]. Tomemos el de Sagey a modo de ilustración.

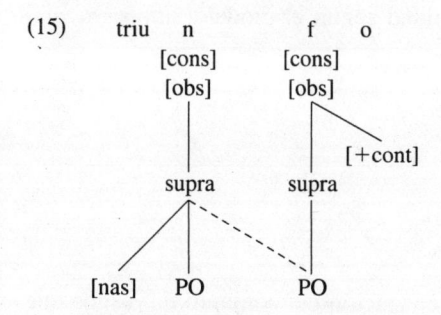

(15) triu n   f   o
          [cons]   [cons]
          [obs]   [obs]
                          [+cont]
          supra   supra
         / | \ |
     [nas] PO   PO

Y aunque sea posible aducir los mismos argumentos en el caso de (15) con respecto al Principio de Preservación de Estructura, o sea, que su aplicación es postléxica, se incurriría en un costo adicional al tener que sumarle una regla mediante la cual se asimilaría el rasgo [continuo] de [f], esto siempre y cuando se presuma que existe una nasal fricativa. Con la regla (11), en cambio, la asimilación postléxica resulta del traspaso de todo material que se encuentre inmediatamente debajo del punto articulatorio, sin tener que añadirse una regla especial que nos dé a nivel fonético la nasal fricativa.

3.2 *Motivación del nuevo modelo*

El modelo jerárquico (2) se justifica a base de procesos fonéticos y fonológicos. La motivación fonética se basa en el hecho de que al producirse los sonidos se requiere la coordinación y superposición simultánea de gestos articulatorios. En otras palabras, los gestos articulatorios, según el modelo, pueden operar de modo independiente. Un ejemplo típico sería cuando al producirse la vocal [a] se mantiene la cavidad bucal en una configuración constante, al mismo tiempo que varía la configuración laríngea, produciéndose allí vibración de las cuerdas vocales o que la úvula se mueva, adhiriéndose a la pared faríngea (Clements 1985). El sostén fonológico habría que buscarlo en las generalizaciones fonológicas donde se evidencia la actuación independiente de cierto rasgo o cierto conjunto de rasgos, como la sonorización de obstruyente y asimilación de nasales, mencionadas anteriormente en el capítulo II.

¿Qué ventajas nos ofrece el modelo (2) en la formulación de reglas y explicación de los procesos fonológicos frente al modelo estudiado en el capítulo anterior? Adelantándonos un poco, el hecho de que se pueda tomar un rasgo, un nodo, o todo un segmento es bastante significativo para la caracterización de los procesos naturales. Clements (1985) nos hace notar el hecho de que en la idealización del modelo jerárquico se pueden producir varias operaciones fonológicas, siendo las de más valor las que implican asimilación de un sólo rasgo, las que asimilan rasgos parciales de un nodo y las que asimilan todos los rasgos fonológicos de la raíz. A modo de ilustración, refirámonos a los dos primeros, iniciando de antemano la discusión al examinar el modelo (16) de asociación de nasalidad según el modelo autosegmental clásico (Hualde 1989a).

(16) $\begin{bmatrix} +\text{nasal} \\ -\text{alto} \\ -\text{cont} \end{bmatrix}$

$\quad\quad\overset{\displaystyle\frown}{\underset{\text{C}\quad\text{V}}{}}$

El modelo clásico permitiría la propagación del conjunto de rasgos que caracterizan la consonante nasal, o sea, que muy bien podría darse el caso en el que una vocal recibiría los rasgos [+nasal, −alto, −continuo] de dicha nasal, lo cual es innatural e inconcebible. Es así porque suponiéndose que dicha vocal sea [+alta], se convertiría en un fenómeno contradictorio: por un lado sería [+alta, −alta], lo que físicamente es imposible de articular, y por el otro dejaría de ser [+continua], y ya se sabe que todas las vocales se caracterizan por ser redundantemente [+continua].

Por el contrario, es imposible formular una regla (11) con el modelo jerárquico por la simple razón de que no existe un nodo que agrupe a tan dispares rasgos. Cada uno de estos pertenece a nodos articulatorios distintos. La ventaja teórica de la jerarquía geométrica que vimos en (2) es que sólo permite la formulación de reglas documentables y registrables en las lenguas naturales del mundo.

Pasemos a estudiar casos específicos de asimilación que ofrecen al desnudo la simplicidad y naturalidad del modelo (2).

3.2.1 Reanálisis de algunos procesos

En el capítulo anterior ya habíamos visto la asimilación de la consonante nasal al punto de articulación de una obstruyente siguiente. De ahí se intuye implícitamente la operación de rasgos en conjunto al sugerirse que son los rasgos del punto de articulación los que se asocian al punto de articulación de la nasal, previa desasociación de éste de su nodo. Reanalizamos dicho proceso con la regla (17).

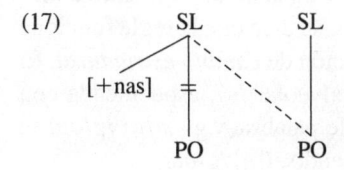

(17)   SL   SL

[+nas]

PO   PO

En (17) se realizan dos operaciones: la desasociación del punto oral (PO) de la consonante asimilante y la propagación inmediata del PO de la consonante que ofrece su punto de articulación. En (18) presentamos un ejemplo de la aplicación de la regla de asimilación (10) con la palabra *mango,* con la cual se ilustra la asimilación de la alveolar /n/ a los rasgos de /g/, convirtiéndose en la velar [ŋ].

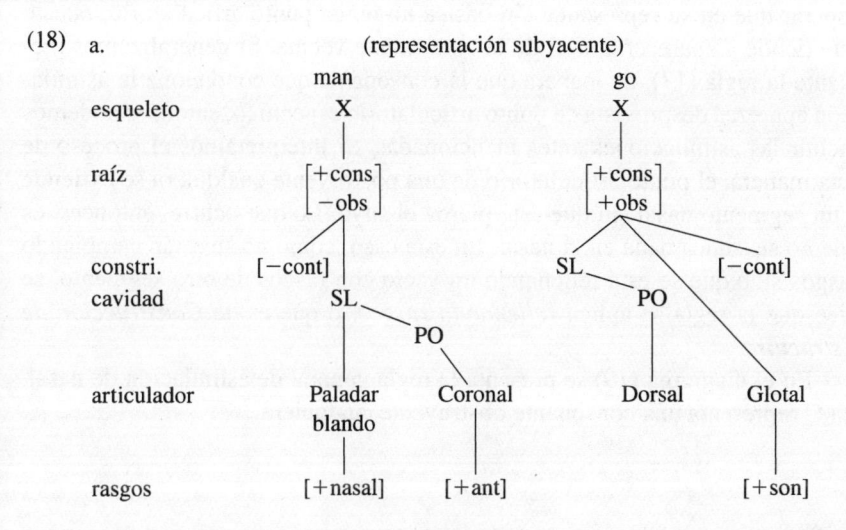

(18)   a.   (representación subyacente)

                          man   go
   esqueleto   X   X

   raíz $\begin{bmatrix} +\text{cons} \\ -\text{obs} \end{bmatrix}$ $\begin{bmatrix} +\text{cons} \\ +\text{obs} \end{bmatrix}$

   constri.   [−cont]   SL   [−cont]
   cavidad   SL   PO
                            PO

   articulador   Paladar   Coronal   Dorsal   Glotal
                      blando

   rasgos   [+nasal]   [+ant]   [+son]

88 Modelo Autosegmental Jerárquico

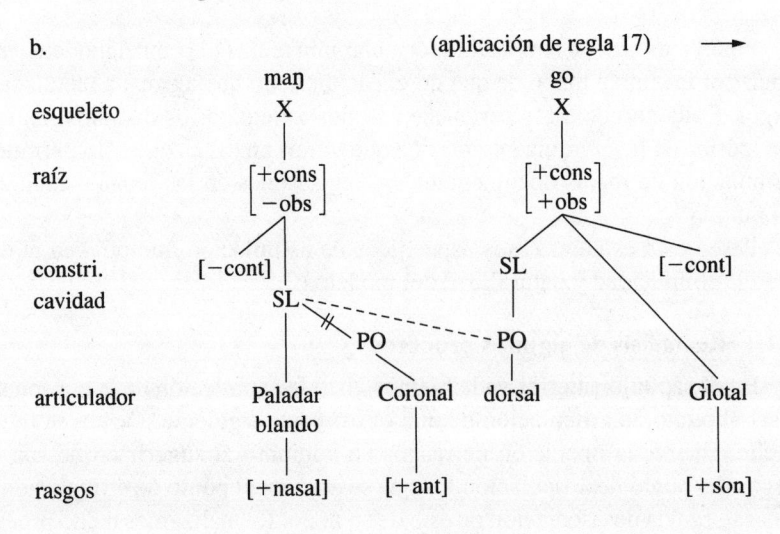

```
            b.                              (aplicación de regla 17)  →
                       maŋ                    go
         esqueleto     X                      X
                       |                      |
         raíz        [+cons]               [+cons]
                     [−obs ]               [+obs ]
                       |                    /     \
         constri.    [−cont]              SL       [−cont]
         cavidad      SL----                |
                       \   \---.           PO -----PO
                        \      \ //       / \
         articulador   Paladar   Coronal  dorsal    Glotal
                       blando      |         |         |
         rasgos       [+nasal]  [+ant]              [+son]
```

Cuando una regla como la (17) propaga los rasgos de un segmento a otro segmento contiguo truncándole a éste sus rasgos, se dice que la regla funciona haciendo *cambios de rasgos* o que es una operación de *cambio estructural*. El resultado de tal asimilación hace que la nasal alveolar /n/, especificada con sus rasgos, tanto en interior como en frontera de palabra, v.g., *si*/n/ /g/*ota* se asimile a la consonante velar siguiente, produciendo *si*[ŋ] /g/*ota*.

Sabemos, sin embargo, que la asimilación es mucho más general de lo que se ilustra en (17). Lo típico es que /n/ se haga homorgánica con cualquier obstruyente que le siga, ya sea en interior o en frontera de palabra. Justamente esto es lo que ocurre según se evidencia con *i*/n/*posible*, *i*/n/*fiel*, *i*/n/*congruente*, *si*/n/ *posibilidad*, *si*/n/ *fidelidad* etc., que se producen respectivamente como *i*[m]*posible*, *i*[m̩]*fiel*, *si*[m] *posibilidad*, *si*[m̩] *fidelidad*. Como la nasal /n/ tiende a amalgamarse con toda obstruyente siguiente, cabría esperar que en su representación básica no tenga punto articulatorio, puesto que tiende a aparecer con el de la consonante vecina. Si generalizamos mediante la regla (17), de manera que la consonante que condiciona la asimilación aparezca desprovista de punto articulatorio específico, entonces podemos incluir las asimilaciones antes mencionadas. Si interpretamos el proceso de esta manera, el punto articulatorio de una obstruyente cualquiera se extiende a un segmento nasal sin que éste pierda el suyo. Lo que ocurre, entonces, es que no se trunca nada en la nasal. En este caso, como no se están cambiando rasgos sino que se está rellenando un vacío con rasgos de otro segmento, se dice que la regla se aplica *rellenando rasgos*, o que es de *Construcción de Estructura*.

En el diagrama (19) se presenta la regla general de asimilación de nasal. La C representa una consonante obstruyente cualquiera.

(19)

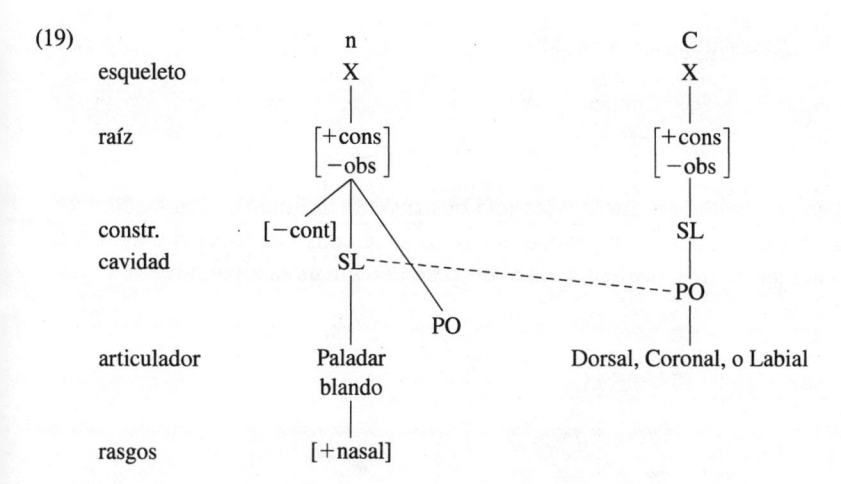

	n	C
esqueleto	X	X
raíz	$\begin{bmatrix} +\text{cons} \\ -\text{obs} \end{bmatrix}$	$\begin{bmatrix} +\text{cons} \\ -\text{obs} \end{bmatrix}$
constr. cavidad	[−cont] SL- - - - - - - - - - - - - - - - - - |　　　＼ |　　　　PO	SL | - - - -PO |
articulador	Paladar blando	Dorsal, Coronal, o Labial
rasgos	[+nasal]	

Obsérvese que ahora la nasal /n/ no posee especificación de articuladores, con lo que se deja entendido que es la nasal preferencialmente no marcada. Sólo contiene el nodo oral que recibe los rasgos articulatorios de una obstruyente sin que se le trunquen rasgos. Por eso se habla en este caso de construcción de estructura, porque se le provee algo que no poseía. Sin embargo, surge una complicación que no consta en (19). Ella es que, si bien da cuenta de la asimilación de nasal ante obstruyente, no puede caracterizar el hecho de que la /n/ ante la fricativa /f/ en interior y frontera de palabra, aparezca como la nasal fricativa [ɱ]. Esto ocurre porque el rasgo [continuo] está supeditado a la raíz y según la regla (19) lo que se desplaza no es la raíz sino el punto oral del segmento. Para captar semejante hecho habría que postular una regla de implantación fonética a posteriori que le consigne a la nasal propiedades fricativas. Se puede evitar este tipo de estipulación forzada si se sigue parcialmente el modelo que propone Padgett. Aparte de este reparo, el modelo Halle-Sagey funciona perfectamente para la lengua española, pero como se acaba de destacar, siempre y cuando se apele a un regla adicional, con lo cual se hace mucho más compleja la explicación.

La sonorización de las obstruyentes sordas ante consonantes sonoras o lo inverso, el ensordecimiento de consonantes sonoras ante consonantes sordas, es otro ejemplo instructivo que nos ayuda a comprender aún más claramente el modelo jerárquico, al mostrar la asimilación unitaria de un rasgo único. En la mayoría de los dialectos hispánicos las obstruyentes encorchetadas de la izquierda ante consonantes sordas o sonoras suelen pronunciarse según aparece a la derecha.

(20)　　a/bs/oluto　　　a[ps]oluto
　　　 su/bt/erráneo　 su[pt]erráneo
　　　 a/dk/irir　　　　a[θk]irir

90 Modelo Autosegmental Jerárquico

Ma/kd/onald's   ma[γð]onald's
ri/tm/o   ri[ðm]o
é/tn/ico   é[ðn]ico
té/kn/ika   té/γn/ika
de/sd/e   de[zð]e

Parece ser que en estos casos una obstruyente al final de sílaba adquiere los rasgos laríngeos de sonoridad o sordez de la consonante siguiente. Visto en forma jerárquica, presentamos el proceso de la manera siguiente:

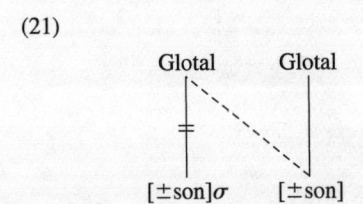

(21)

```
        Glotal        Glotal
          |    ╲        ╱
          ǂ      ╲    ╱
          |        ╲╱
       [±son]σ    [±son]
```

Tomemos como ejemplo ilustrativo de la aplicación de (21) la secuencia /bs/ de *absoluto* que modelamos como [ps], aunque en esta secuencia la /b/ también se elide, según comprobaremos en la sección 3.5.

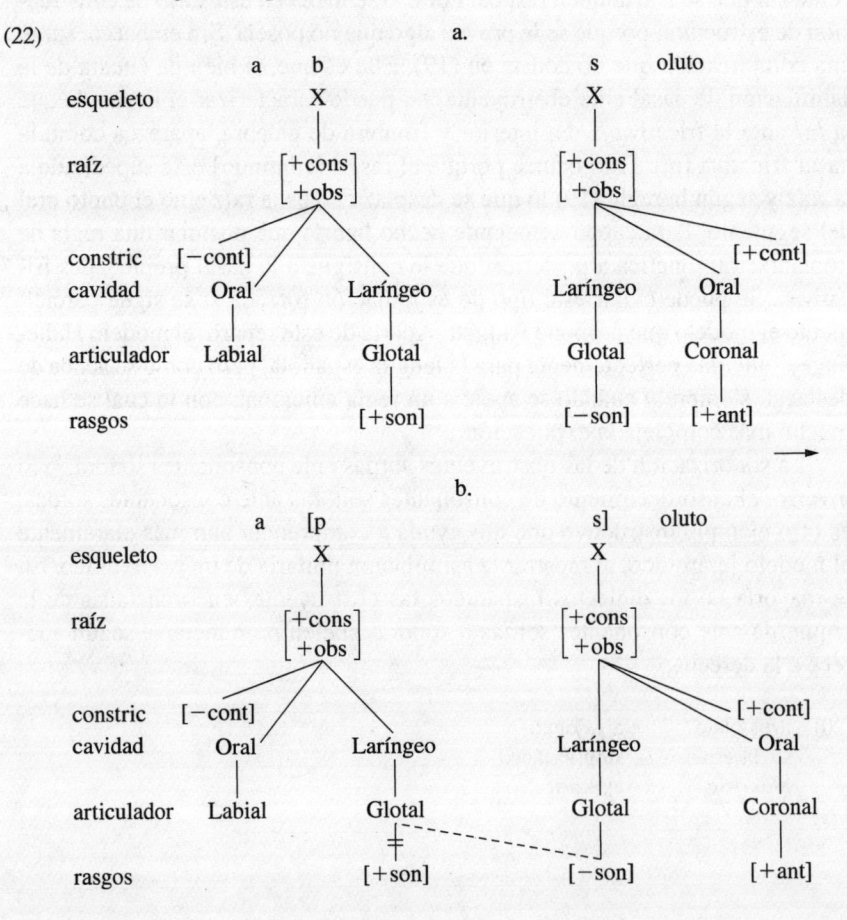

(22)

a.

```
                    a    b              s    oluto
esqueleto                X              X
                         |              |
raíz                  ⎡+cons⎤         ⎡+cons⎤
                      ⎣+obs ⎦         ⎣+obs ⎦
                        ╱  ╲           ╱    ╲
constric            [−cont]                    [+cont]
cavidad              Oral    Laríngeo   Laríngeo   Oral
                      |         |          |        |
articulador         Labial    Glotal     Glotal  Coronal
                      |         |          |        |
rasgos                        [+son]     [−son]   [+ant]
                                                    →
```

b.

```
                   a    [p              s]   oluto
esqueleto               X               X
                        |               |
raíz                 ⎡+cons⎤          ⎡+cons⎤
                     ⎣+obs ⎦          ⎣+obs ⎦
                       ╱  ╲            ╱   ╲
constric           [−cont]                     [+cont]
cavidad             Oral    Laríngeo   Laríngeo   Oral
                     |         |          |        |
articulador        Labial    Glotal     Glotal  Coronal
                     |         ǂ          |        |
rasgos                       [+son]-----[−son]   [+ant]
```

La regla (21) es de cambio estructural, ya que separa el rasgo [+sonoro] de /b/ y recibe en cambio el sordo de /s/.

Si bien se produce asimilación parcial de un rasgo, también se da lo contrario al final de sílaba. Lo común es que las obstruyentes en la coda se ensordezcan o se sonoricen, independientemente del contexto siguiente. Así tendríamos que las subyacentes o/p.s/ión, di/g.n/o, y e/k.s/ato se pronuncian como las respectivas o[b.s]ión, di[k.n]o, y e[g.s]ato. Pero hay realizaciones fonéticas en que se hace difícil determinar si la asimilación es producto de la regla (18) o si el ensordecimiento es simplemente resultado de la supresión del rasgo [+sonoro] de la obstruyente en la coda. ¿Qué se propondría, por ejemplo, en el caso de *obsesión,* que se pronuncia lo mismo [opsesión] que [oβsesión], esta última con bilabial ligeramente fricativa? Como sugiere Hualde (1989a), lo más probable es que la pronunciación sea variable en su efecto: hay hablantes en quienes predomina la asimilación y otros en quienes el ensordecimiento es lo usual; o, agregamos nosotros, también sucede que un mismo hablante produzca ambas variantes, dependiendo de la rapidez o lentitud con que hable. En todo caso, veremos la explicación de la sonorización o ensordecimiento de consonantes en los ejemplos citados cuando tratemos el tema de la subespecificación en el capítulo IV.

3.3 *Propagación de un nodo completo*

Hasta ahora hemos podido documentar que, en efecto, se pueden asimilar tanto un rasgo como un grupo parcial de rasgos. La dialectología hispánica nos brinda también datos en que se produce la asimilación total de la raíz de un segmento. Se trata del conocido fenómeno del Caribe hispánico en el que /l,r/ se asimilan al punto de articulación de la consonante siguiente (Guitart 1976, Jiménez Sabater 1975). Lo usual para muchos hablantes de estos dialectos es que las consonantes encorchetadas a la izquierda en (23) manifiesten la tendencia a la derecha.

(23) ba[rb]ero ~ ba[bb]ero
 e[l p]omo ~ e[p p]omo
 e[l b]erde ~ e[b b]erde
 a[rd]e ~ a[dd]e
 pa[rt]e ~ pa[tt]e
 o[rk]ídea ~ o[kk]ídea
 o[rg]anizar ~ o[gg]anizar
 e[l f]rente ~ e[f f]rente
 se[r f]ino ~ se[ff]ino
 se[r m]ejor ~ se[m m]ejor
 e[l ñ]ame ~ e[ñ ñ]ame
 e[l x]abón ~ e[x x]abón
 Ca[rl]os ~ Ca[ll]os
 fue[rs]a ~ fue[ss]a

La asimilación que se muestra en (23) es total, no tratándose por consiguiente de la extensión de un solo rasgo particular. La incorporación de este fenómeno a la estructura geométrica que nos ofrece (2) exigiría por tanto que un segmento se haga idéntico a su vecino, hecho que se logra con desarticular todos los rasgos que caracterizan a las líquidas, troncándolos de su raíz y simultáneamente copiándose los de la raíz de la consonante siguiente, según se ilustra en (24). El linde de palabra entre paréntesis refleja el hecho de que también se aplica entre palabras. Por tanto (24), tiene propiedades de regla postléxica.

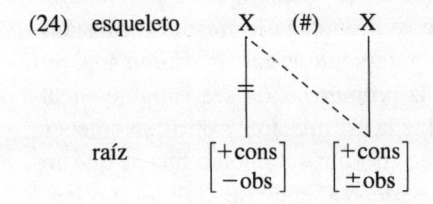

(24) esqueleto   X   (#)   X

raíz $\begin{bmatrix}+\text{cons}\\-\text{obs}\end{bmatrix}$ $\begin{bmatrix}+\text{cons}\\\pm\text{obs}\end{bmatrix}$

Este análisis ofrece la ventaja de aislar los rasgos completos de X, dejando a éste intacto y dispuesto a recibir los rasgos de su vecino. De haberse seguido el modelo originario de Goldsmith, no tendríamos más remedio que proponer la eliminación total de rasgos, dándose a entender, por consiguiente, que con semejante proceso también se perdería el sostén de los rasgos, o sea, su X, el cual no se distinguiría entonces de los demás rasgos, pues no existiría como estructura independiente. Además, de suponerse que el esqueleto se elimina, habría que presentar pruebas adicionales que avalen tal elisión como, por ejemplo, que hubiese una total asimilación de, digamos, los rasgos de una vocal a los de una consonante o viceversa; esto, sin embargo, no existe en la lengua española.

3.3.1 Reducción de rasgos

Si bien se produce asimilación parcial o total de rasgos, también se da lo contrario al final de sílaba: los rasgos tienden a desaparecer o reducirse en varios contextos. Es común, por ejemplo, que las obstruyentes se ensordezcan o se sonoricen, independientemente del contexto siguiente. Así, tenemos que las subyacentes en *a*/b/*negar, a*/b/*dicar* y *di*/g/*no* se pueden pronunciar en el habla enfática como *a*[p]*negar, a*[p]*dicar* y *di*[k]*no*. Es notable que el contexto antes y después de estas obstruyentes es sonoro, por lo que se debe presumir que dicho rasgo no juega ningún papel en el proceso ya que, de lo contrario, obviamente evitaría que salieran sordas. Para dar cuenta del proceso simplemente se tendría que desasociar el nodo glotal de estas consonantes sin que ocurra propagación de otros rasgos. Para la *g* de *digno,* se postula la regla (25).

(25)   Raíz $\begin{bmatrix} +\text{cons} \\ +\text{obs} \end{bmatrix}$

                          |

     articulador   Glotal
                             ≠

     terminal   [+son]

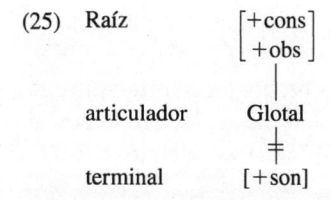

Al suprimirse el rasgo terminal [+sonoro], el final de la derivación recibirá por defecto el rasgo [−sonoro] que caracteriza a las obstruyentes sordas.

    Otro ejemplo típico de reducción es el conocido proceso de aspiración de /s/ en la rima, que ya habíamos adelantado en el capítulo II. Como se recordará, la /s/ final de to/s/tado, ca/s/pa, má/s/cara, de/s/de, y me/s/, usualmente se pronuncia con [h]. Según indicáramos, lo que ocurre en estos ejemplos es que se suprimen sus rasgos supralaríngeos, efecto que ilustramos geométricamente en (26).

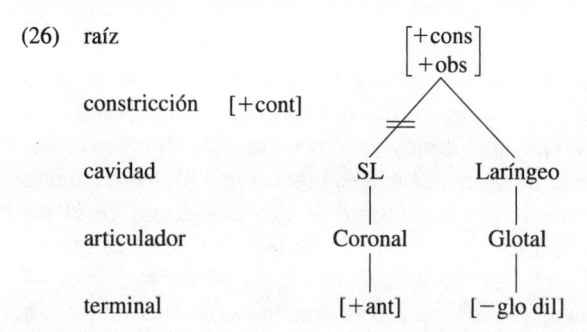

(26)   raíz $\begin{bmatrix} +\text{cons} \\ +\text{obs} \end{bmatrix}$

     constricción   [+cont]   ⧸≠⧹

     cavidad   SL   Laríngeo

     articulador   Coronal   Glotal

     terminal   [+ant]   [−glo dil]

3.4. *El Principio de Contorno Obligatorio*

Como se recordará, en el capítulo II habíamos propuesto que las palabras con [R] intervocálica poseen en su nivel fonológico la secuencia /rr/. También habíamos sugerido que a nivel subyacente existe una estrecha relación entre los segmentos y sus sostenes, ya sean estos de CV o equis. Para recapitular, la representación (27a) se convierte en (27b) mediante la *Convención de Asociación Universal* (8) vista en el capítulo II.

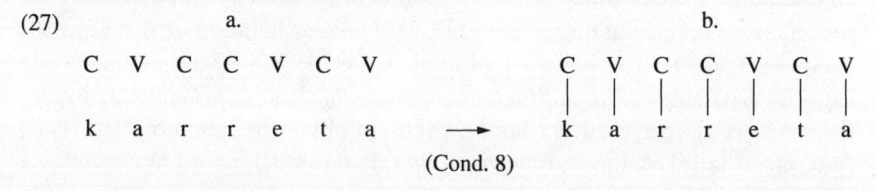

(27)   a.   b.

     C V C C V C V   C V C C V C V

     k a r r e t a   ⟶   k a r r e t a

                          (Cond. 8)

Sin embargo, el resultado (27b) se considera anómalo. ¿De dónde surge, pues, la representación (27b), que se supone defectiva, si la genera la convención de asociación universal?

94   Modelo Autosegmental Jerárquico

La anomalía de (27b) tiene una interesante historia que se remonta a los trabajos de Leben (1973, 1980) con lenguas tonales y de McCarthy (1979, 1986) con lenguas no tonales. Estos investigadores proponen un principio que aparentemente posee carácter universal, bautizado por John Goldsmith con el nombre de *Principio del Contorno Obligatorio* (PCO). El principio dice así:

(28)   Principio del Contorno Obligatorio
       Se prohíben elementos idénticos adyacentes

El PCO tiene entonces la propiedad de hacer que en (29a) las dos Ces que están ancladas cada una con una /r/, aparezcan unidas a una sola /r/, según muestra (29b).

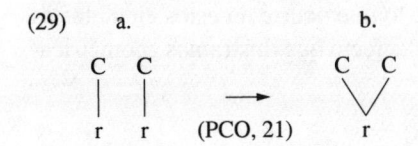

(29)   a.   b.

        C   C   C   C
        | | ⟶   \\ //
        r   r   (PCO, 21)   r

En (29a) las dos erres forman la secuencia de dos segmentos idénticos, o dicho en términos técnicos, cada segmento está ligado individualmente a su C. En contraste, en (29b) no hay adyacencia de dos segmentos sino que existe sólo uno (estudiamos el tema de la adyacencia en la sección 3.8); formalmente se dice que (29b) representa la unión múltiple de dos posiciones en el esqueleto con un segmento, múltiple en el sentido de que hay dos Ces que se ligan a un segmento único, /r/. Los efectos del principio (28) sobre *carreta*—el cual reproducimos a la izquierda de (30)—resultan como se muestra a continuación.

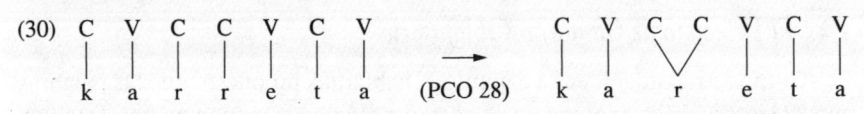

(30)   C V C C V C V   C V C C V C V
       | | | | | | | ⟶ | | \\ // | | |
       k a r r e t a (PCO 28) k a   r   e t a

Los ejemplos que confirman el PCO abundan. La /y/ intervocálica de varios dialectos hispanoamericanos suele tener varias manifestaciones fonéticas que van desde una pronunciación prepalatal africada, pasando por la deslizada [j], hasta desaparecer por completo. Se reporta que la tendencia predominante en el español méxico-americano es a eliminarla, lo cual se opina que es consecuencia de la presión que ejerce el PCO al crearse la unión de dos segmentos que se caracterizan por ser [coronal] (Lipski 1990). Según el análisis de Lipski, las palabras *silla, patilludo, bellísima* y *bullicio* se pronuncian respectivamente [sía], [patjudo], [beísima], y [buísjo]. En estos ejemplos, tanto la [i] (y también la [e], como lo muestra *sella* que da [séa]), como la consonante [y], coinciden en ser coronales, al nivel de representación de sus rasgos. Esto significa que el PCO puede abarcar sólo una parte de la composición de un segmento, como se ha demostrado también en arábigo (Clements 1993). Tomemos como ejemplo la palabra *silla*:

(31)   [coronal]   [coronal]
           | |
           X   X
           | |
        [s   i   y   a]

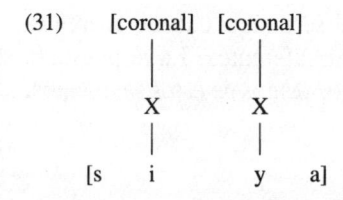

En (31), su representación es exactamente paralela a la representación que aparece en (29a). El PCO exigiría que se convirtiese en (29b), pero estos hablantes toman la vía contraria, obedeciendo posiblemente los requisitos del principio. Es por ello que presumiblemente se pierde el rasgo [coronal] de la consonante.

Si bien en el dialecto mencionado se produce la elisión, surge la alternativa de insertar [y] en el mismo contexto. Los vocablos *día, viuda* y *lee* aparecen como [díya], [biyúda] y [léye], con lo cual se sugiere que el PCO no tiene el poder que se le atribuye, pues evidentemente se inserta un rasgo, y si la presión es evitar la adyacencia de rasgos idénticos, el principio debería evitar semejante desenlace. De todas maneras, al insertarse /y/, el PCO exige que la configuración ocurra como en (29b).

Muchos investigadores han presentado sobradas razones de muchas lenguas que justifican el PCO (por ejemplo, Steriade 1990). Existen reglas que tienden a eliminar o a espirantizar un segmento particular a final de sílaba en posición interna de palabra pero cuando éste se encuentra en un contexto en el que potencialmente pudieran aplicarse dichas reglas por ajustarse a la descripción estructural de la entrada fonológica, sencillamente fallan. Por ejemplo, en tigrinia, una lengua de Eritrea, se da una regla que espirantiza la primera *k* de una secuencia de *kk* que provienen de la concatenación de dos morfemas diferentes. Así, la forma /baräk-ka/ 'bendito seas' se transforma en [baräx-ka]. Sin embargo, cuando dicha regla se encuentra con secuencias tautosilábicas de *kk*, surgen inalteradas: /fäkkärä/ 'alardeó' genera [fäkkärä]. Puesto que la regla de espirantización puede aplicarse en ambos casos, y en realidad sólo se realiza en uno, se debe presumir que el motivo de su inaplicación obedece a la distinción fonológica que subyace estas secuencias de segmentos. Dicho de otro modo, la espirantización sólo puede leer asociaciones monosegmentales (las de 29a), mientras que se vuelve ciega ante asociaciones multisegmentales sencillas (las de 29b), las cuales se denominan propiamente *geminadas*. A no ser por el PCO y por un principio de inalterabilidad de geminadas que dilucidaremos en más detalle más adelante, *fäkkärä* saldría erróneamente como *[fäxkärä].

En arábigo las raíces de las consonantes están sujetas a restricciones muy severas. En primer lugar, en un morfema no puede haber dos consonantes idénticas contiguas. Así se imposibilita la presencia de secuencias de bilabiales, dentales o velares, aun cuando a veces intervenga entre éstas otra consonante. La secuencia */dbt/, por ejemplo, es inaceptable en esta lengua.

Procede preguntarse, ¿por qué no se permite tal secuencia cuando aparentemente las consonantes que las conforman son tan diferentes? La respuesta la ofrece el PCO, al revelarse la representación de los rasgos de estos segmentos.

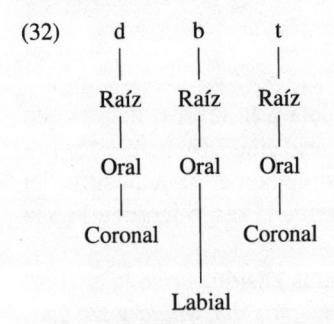

(32)
```
        d        b        t
        |        |        |
       Raíz    Raíz     Raíz
        |        |        |
       Oral    Oral     Oral
        |                 |
      Coronal          Coronal
               |
             Labial
```

Si nos fijamos en el nodo oral, notaremos que /b/ se caracteriza por no tener el articulador coronal en ese nivel; o sea, porque nada interviene entre el articulador oral y el labial. En vista de ello, se teoriza que los articuladores ocupan niveles diferentes, mientras que los rasgos terminales se encuentran en un mismo plano. Como resultado de tal hipótesis, los articuladores de /d/ y /t/ se encuentran adyacentes en el mismo nivel, pero no así el [labial]. La razón por la que no existe la secuencia */dbt/ es porque lo prohibe el PCO al estipular que no debe haber identidad de sonidos contiguos en un mismo morfema.

Naturalmente pensaríamos que dado el PCO, no deberían existir las secuencias /rt/, /lt/, /nd/, y /nt/, entre otras, y bien sabemos que este tipo de secuencia es perfectamente legítima en español, según vemos en las respectivas *arte, alto, mando,* y *cante*. ¿Cómo se justifica la presencia de estas secuencias, pese al PCO? Se hace partiendo de la unión de los rasgos idénticos en un mismo estrato. Dicho de otro modo, la representación (33a) se resuelve a favor de (33b) con la intervención del PCO.

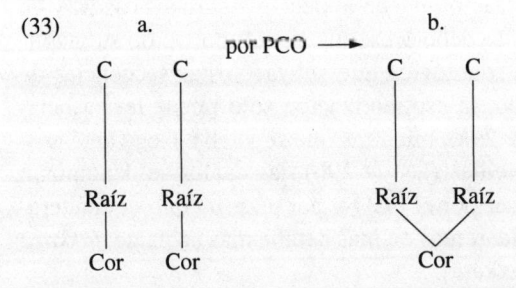

(33)   a.   b.
```
                  por PCO →
        C    C                  C    C
        |    |                  |    |
       Raíz Raíz              Raíz  Raíz
        |    |                   \  /
       Cor  Cor                  Cor
```

En (33) se da un claro ejemplo de una unión múltiple de dos estratos a un estrato, el de los articuladores que coinciden en rasgos. El español dominicano sirve de modelo para ilustrar con más rigor la aplicación del PCO en lo que respecta a un par de rasgos idénticos.

En dominicano, uno de los otros fenómenos que le ocurre a la vibrante /r/ es que se convierte en la aspirada [h] al final de sílaba, cuando le sigue una consonante inobstruyente. De modo que (34a) puede ser ejemplo típico de posibles alternancias, pero no (34b) (Núñez Cedeño 1994).

(34)   a.   b.
       Ca[r]los   — Ca[h]los   *pa[r]te   — pa[h]te
       pe[r]la   — pe[h]la   *bo[r]de   — bo[h]de
       pie[r]na   — pie[h]na   *to[r]pe   — to[h]pe
       a[r]mada   — a[h]mada   *cu[r]bero   — cu[h]bero
       ca[r]nívoro — ca[h]nívoro   *pue[r]co   — pue[h]co
                                       *a[r]golla   — a[h]golla
                                       *ma[r]char   — ma[h]char
                                       *Me[r]cedes — Me[h]cedes

Como se ejemplificó en (33), la /r/ seguida de consonante inobstruyente tipifica a dos consonantes coronales que tienen que unirse a nivel del punto de articulación para no entrar en conflicto con el PCO.

Resulta que además de darse la aspiración de /r/ al final de sílaba, un proceso parecido le ocurre también a la vibrante múltiple. Es por ello que en dominicano se registran las alternancias que aparecen en (35).

(35)   piza[R]a   ~ piza[hr]a
       ca[R]eta   ~ ca[hr]eta
       bo[R]ador   ~ bo[hr]ador
       chu[R]oso   ~ chu[hr]oso
       mi[R]a   ~ mi[hr]a

Los datos en (35) han sido analizados no con una /r/ subyacente sino con una secuencia de vibrantes sencillas, hipótesis ya presentada y comprobada con datos en el capítulo II. Presumiendo que la hipótesis de la geminada /rr/ sea correcta, según la exponen Harris (1993) y Nuñez Cedeño (1994), nuevamente el PCO exigirá que (36a) se convierta en (36b), que al no tener ningún linde silábico o morfemático que las separe se constituye en geminada.

(36)   a.   b.
       C   C   →   C   C
       | | \ /
       raíz raíz   raíz
       | | |
       r   r   r

Evidentemente tanto los datos en (34a) como en (35) podrían captarse con una sola regla que aspire la /r/ al final de sílaba, ya que ambos conjuntos de datos poseen la característica de compartir la misma representación subyacente, que es la que también se ofrece en (34b). Sin embargo, hay que resolver un serio problema, puesto que la regla de aspiración que podría aplicarse a (33a) sólo se cumple con segmentos sencillos y no con complejos, como el que se muestra en (33b). Con los datos en (26a) sólo funciona la regla (37).

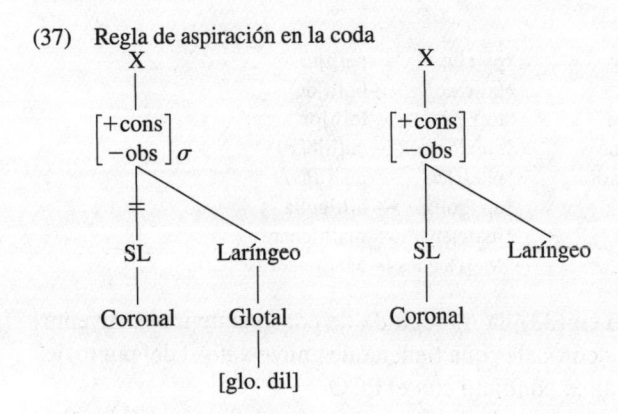

(37)   Regla de aspiración en la coda

$$
\begin{array}{cc}
X & X \\
| & | \\
\begin{bmatrix} +\text{cons} \\ -\text{obs} \end{bmatrix}\sigma & \begin{bmatrix} +\text{cons} \\ -\text{obs} \end{bmatrix} \\
\diagup\hspace{-0.3em}\diagdown & \diagup\diagdown \\
\text{SL} \quad \text{Laríngeo} & \text{SL} \quad \text{Laríngeo} \\
| \quad\quad | & | \\
\text{Coronal} \quad \text{Glotal} & \text{Coronal} \\
\quad\quad\quad | & \\
\quad\quad\quad [\text{glo. dil}] &
\end{array}
$$

La regla (37) separa los rasgos supralaríngeos de /r/, dejándole únicamente el rasgo laríngeo [+glotis dilata], lo que le convierte en la aspirada [h] cuando le sigue una consonante inobstruyente.

Con (37) se cambia la /r/ de *perla,* que se encuentra al final de sílaba. Sin embargo, (37) no puede aplicarse a (34) porque dicha regla no se ajusta a la descripción estructural de las cadenas de sonidos que componen (34). Es decir, mientras la secuencia [r-l] se caracteriza por tener dos raíces, la de (33b) contiene una sola raíz y, por lo tanto, (37) no puede aplicarse justamente porque se menciona una raíz y no dos. Tampoco puede realizarse (37) en el contexto (29b) porque Guerssel (1978), Hayes (1984), y Schein y Steriade (1986), entre otros, han demostrado que no se puede alterar la mitad de una geminada sin que se altere la otra parte, cosa que se ha articulado como principio de la fonología con el nombre genérico de *Condición de Uniformidad,* que pasaremos a estudiar en la sección 3.4.2. Si se aplicara (37), tendría la mala suerte de contrariar el mencionado principio, puesto que una vez se cambia el contenido de una raíz se cambia todo. Siendo así, la geminada /rr/ se convertiría en */hh/, lo cual no se ha documentado en dominicano. Sin embargo, los datos en (35) sí nos muestran que es posible que se altere la secuencia geminada /rr/. ¿Qué ha pasado, entonces?

En primer lugar, la regla (37) no nos sirve para justificar los datos en (35) por lo que hemos dicho en el párrafo anterior. Por otra parte, la regla es buena porque funciona con los datos en (34a). Pero está claro que el fenómeno es uno: aspiración de /r/ final en ambos datos. Lo que se nos escapa es el paralelismo que existe entre la geminada /rr/ y la secuencia de dos consonante inobstruyentes. Tomemos como ejemplo ilustrativo las palabras *carne* y *parra,* representémoslas como en (38).

(38)   ca[rn]ne   pa[rr]a
   laringe $\begin{bmatrix} \text{glo dil} \\ \text{son} \end{bmatrix}$ $\begin{bmatrix} -\text{glo dil} \\ +\text{son} \end{bmatrix}$ $\begin{bmatrix} \text{glo dil} \\ \text{son} \end{bmatrix}$

   raíz $\begin{bmatrix} +\text{cons} \\ -\text{obs} \end{bmatrix}$ $\begin{bmatrix} +\text{cons} \\ -\text{obs} \end{bmatrix}$ $\begin{bmatrix} +\text{cons} \\ -\text{obs} \end{bmatrix}$

   supralaríng.   •   •   •

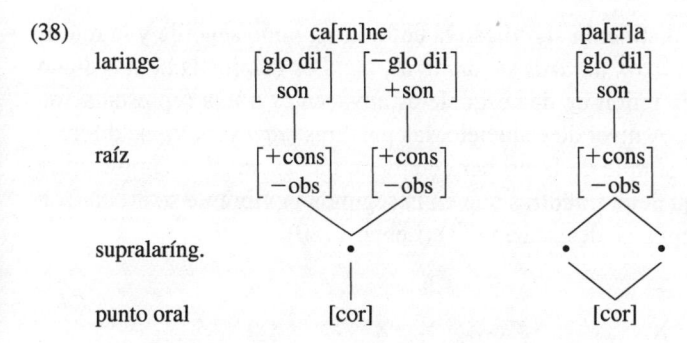

   punto oral   [cor]   [cor]

La parte de la laringe no está especificada para /r/, con lo que se presume que por defecto se le incluirá el valor positivo (+), porque este sonido es sordo para los hablantes que lo emiten en la República Dominicana. Entonces, las /r/ de ambas palabras tienen una representación idéntica, excepto que la de *carne* tiene dos raíces y la de *parra*, una. Notése que entre el estrato supralaríngeo y la raíz hay dos rayas asociativas, lo cual equivale a decir que los dos niveles comparten la representación (39), hecho que requiere el PCO.

(39)   SL   •
                      ╱ ╲
       PO   [cor] [cor]

(En (39) se abrevian detalles: nótese que presumimos que a nivel de rasgos terminales hay fusión de elementos idénticos).

Ahora bien, como esta secuencia es idéntica a nivel supralaríngeo, entonces una regla que desuna una de las partes supralaríngeas hará, por consiguiente, que la misma se pierda. Al estar desligada no tendrá interpretación fonética: se escuchará únicamente lo que se percibe como aspiración. Por lo tanto, se tendría que proponer la regla (40) para dar cuenta de los datos en (34) y (35).

(40)   SL   •
                      ╱̸ ╲
       PO   [cor] [cor]

El hecho de que se eliminan los rasgos articulatorios superiores, los supralaríngeos, y no la raíz, explica por qué se altera la primera parte de *parra:* tan sólo queda la aspiración. Además, con (40) no sólo se aspira la primera parte de la secuencia /rr/ sino que también se realiza el mismo fenómeno en la primera parte de una secuencia de consonantes inobstruyentes que no son geminadas, sin que con ello se quebrante la Condición de Uniformidad.

3.4.1 Integridad de las geminadas

En la sección anterior presentamos la idea de que posiblemente existan geminadas en la lengua española, constatándolo únicamente en los casos en que se siente una distinción significativa entre la vibrante sencilla y la múltiple, v.g., *caro* vs. *carro, amaras* vs. *amarras,* etc. Por geminada hemos dicho que entendemos la unión de dos esqueletos adyacentes a una representación fonémica sencilla. A nivel de esqueleto, las palabras *caro* y *carro* se diferencian porque la /r/ simple de la primera contiene una asociación simple entre el sonido y el esqueleto, mientras que en la segunda la vibrante se asocia con dos esqueletos, según se destaca en (34) (Leben 1980).

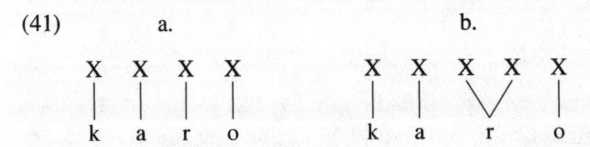

(41) a. b.

```
    X X X X           X X X X X
    | | | |           | |  \/  |
    k a r o           k a  r   o
```

Semejante oposición distintiva es bastante restringida en la lengua española estándar, observándose muy pocas realizaciones con otros sonidos. Por ejemplo, el gentilicio *chiíta,* que contiene una vocal geminada, en oposición a *chita,* o *loor* que se opone a *lord* (compárese con *lores,* en donde se muestra que la grafía *d,* no se pronuncia y por lo tanto no se encuentra a nivel subyacente) por las mismas razones. Este tipo de geminada intramorfémica o tautosilábica se conoce con el nombre de *geminada real.* Ésta se opone a la *geminada falsa* que surge de la unión de dos segmentos idénticos que se encuentran en diferentes morfemas, por ejemplo, la palabra *riíto,* que se opone a *rito,* proviene de la concatenación de la base morfémica /ri-/, de *río,* con el sufijo *-ito.* Esta geminada contiene, pues, un par de íes, cada una de las cuales pertenece a diferentes morfemas. Hay varios ejemplos de segmentos geminados que no parecen contrastar, v.g., *perenne, estannífero, acreedor, coona, galaadita,* entre otros, pero cuyas representaciones serían como se muestra en (41b).

Lo interesante de las geminadas es que tienden a resistir los embates de procesos fonológicos que muy bien podrían aplicárseles. Kenstowicz y Pyle (1973), y posteriormente Guerssel (1978), habían sugerido que una geminada no se puede dividir con regla de epéntesis, ni tampoco se puede alterar una de sus fases sin que se le altere la otra. A manera de ilustración histórica vamos a remitirnos a otras lenguas para luego desembocar en la española, como ya lo hemos hecho parcialmente en la sección anterior.

3.4.2 Inalterabilidad de geminadas en otras lenguas

Guerssel (1978) había observado que en el árabe marroquí hay una regla que tiende a insertar una vocal reducida entre los dos primeros miembros de un grupo triconsonántico, o sea, en el contexto C___CC. De manera que ante la forma subyacente /n+ktɛb/, se produce la fonética [nɛktɛb] 'yo escribo'. Sin embargo, cuando se encuentra en contexto similar con geminada, la regla de epéntesis deja de operar. Así, ante la subyacente /t+tlɛg/ 'sueltas', no se

El Principio de Contorno Obligatorio   101

produce *[tetleg], pese a que la secuencia /t+tl/ pondría de manifiesto el contexto de aplicación de la regla de epéntesis: C___CC. Por otra parte, Hayes (1986) plantea el caso del persa, en el que se documenta una regla que cambia la labiodental /v/ por la deslizada [w] cuando le precede una vocal breve tautosilábica y se encuentra en la coda. Dicha regla no se aplica a la /v/ de /senaevaende/ 'oyente', pero sí a /be-senaev/, que produce [besenow], 'escuchad'. Sin embargo, las formas *avvael* 'primero', y *morovvaet* 'generosidad' no surgen como las respectivas **awwol* ni **morowwot,* pese a que en ambas nuevamente se pone de manifiesto el contexto en que la regla puede aplicarse.

La razón por la que no se pueden aplicar las reglas a estas geminadas obedece a la Condición de Uniformidad, con la que se impide cambiar una de las fases de las geminadas. Para explicar cómo funciona esto, tenemos que considerar la representación de las geminadas. Porque así lo requiere el PCO, una geminada muestra la representación subyacente que se ofrece en (42a), en la que hay dos asociaciones esqueléticas con un segmento, y con la representación sencilla (42b) sólo se establece una identidad entre un segmento y un esqueleto. Una regla que aluda a una representación biúnica, como la (42b), no puede aplicarse a (42a).

(42)   a.   b.

         X   X   X
          \ / |
        [segmento]   [segmento]

La regla del marroquí sería inaplicable porque la inserción de un segmento produce una representación inadmisible, que quebranta el principio que prohíbe la creación de líneas asociativas que se crucen. Fijémonos en la regla (43) y sus efectos en las representaciones en (44).

(43)   Ø → V / C___CC
             |
             ε

(44)   a.

    C C C V C   * C V C C V C
    \ / | | | → (R. 43) |/| | | |
     t l ε g   t ε̲ l ε g

                           b.

    C C C V C   C V C C V C
    | | | | | → (r. 43) | | | | | |
    n k t ε b   n ε̲ k t ε b

Cuando (43) inserta la vocal, en (44a) produce un cruce con las líneas de asociación, cuyo resultado, por principio universal, resulta anómalo. En (44b), la inserción no da lugar a un cruce de líneas y, por lo tanto, el Principio de Buena Formación la tolera.

En cambio, en persa, no se inserta un segmento sino que se modifican rasgos. Ilustramos la regla en (45), según Hayes (1986:329).

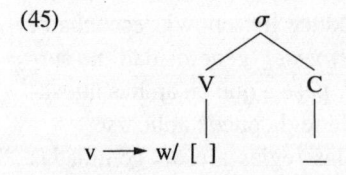

(45)

$$\begin{array}{c} \sigma \\ / \backslash \\ V \quad C \end{array}$$

v ⟶ w/ [ ] __

La regla (45) dice que /v/ se convierte en [w] cuando a ésta la precede una V en una misma sílaba. Si la probamos en (46a) con la entrada básica /nov-ru:z/ 'año nuevo', la realización fonética resulta [now-ru:z]. Por el contrario, con /avvæl/ 'primero' en (46b), (45) no puede aplicarse porque lo que precede a /v/ no es vocal sino otra C. Sale, entonces, a la superficie [avvæl].

(46)   a.

⟶ (r. 38)

b.

⟶ (r. 45, no se aplica)

Tendríamos que preguntarnos por qué (45) no se aplica en (46b), respuesta que ya hemos intuido en párrafos anteriores: porque la regla (38) exige que a /v/ la preceda un esqueleto V y lo que la antecede es un esqueleto C. Hay, pues, dos Ces, una de las cuales queda en la coda y la otra en el arranque. Evidentemente no hay identidad entre las líneas de asociación de la regla y la estructura esquelética de la palabra.

Como bien pudimos ver con la regla del persa y sus ejemplos, no coincide la descripción estructural de aquélla con los contextos fonémicos en donde pudiera ser aplicable. Esta falta de coincidencia que impide la aplicación de reglas a geminadas ha dado lugar a que se cree una restricción a la aplicabilidad de reglas cuando se trata de elementos geminados, a la cual ya nos hemos referido nombrándola *Condición de Uniformidad*. Este principio, elaborado por Hayes (1986) y Schein y Steriade (1986), y cuyos antecedentes los han articulado Kenstowicz y Pyle y Guerssel, lo parafraseamos a lo Kenstowicz (1994:413), en (47).

(47) Los rasgos de un segmento A cambian si la regla alude por completo a los rasgos que contiene cada esqueleto asociado con A.

Para interpretar (47), volvamos momentáneamente al persa. Los rasgos de /v/ (segmento A), no pueden cambiar porque la regla que modifica a este fonema no establece una asociación completa entre los rasgos asociados con los segmentos (la vocal que precede a /v/) y el esqueleto, que en este caso es C. Ejemplos adicionales de otras lenguas nos ayudarían a redondear la explicación de por qué falla una regla en una geminada. Consideremos el caso del tigrinia, una lengua semítica que se habla en Eritrea.

En tigrinia, cuando a las velares [kg] les sigue una vocal, se hacen fricativas. Los singulares /kɔlbi/ 'perro' y /gɔni/ 'tono' producen los respectivos plurales [ʔaxalib] 'perros' y [ʔagani?] 'tonos' (Hayes 1986: 336). Semejante hecho se traduce mediante la regla de espirantización (48).

(48) Espirantización de /k/

$$\begin{bmatrix} -\text{sono} \\ +\text{retra} \end{bmatrix} \rightarrow [+\text{cont}] / \text{V}\underline{}$$

Sin embargo, ante la forma /fakkara/, 'alardeó', (48) no produce *[faxkara] ni *[faxxara] sino la correcta [fakkara]. Nuevamente la regla (48) no puede afectar a estas geminadas /kk/ porque (48) requiere que a C le preceda una V, mientras que en el caso de la geminada lo que la precede es una C, según lo vemos en (49).

(49) fɔkkɔrɔ
    / |\
   V C C
    _/
     k

Para que (49) hubiese cambiado, el contexto de (48) tendría que ser VC__, en cuyo caso, por la acción del principio (47), los rasgos asociados con ambos esqueletos tendrían que haber cambiado. De aquí se desprende que si una regla afecta una parte de una geminada, todos los demás rasgos que la componen también deben cambiar. En los ejemplos ofrecidos no hay posibilidad de que ocurra semejante cambio totalizador porque ninguna de las reglas en cuestión se ajusta a la Condición de Uniformidad. Entonces, ¿en qué situaciones se puede aplicar una regla a una geminada, dado que hay pruebas de que, en efecto, las geminadas sí cambian?

Una primera respuesta la hallamos nuevamente en tigrinia, en donde si bien la regla (48) falla en la geminada (49), se aplica en [miraxka] 'cordero-2 sing.masculino', que proviene de la subyacente /mirak-ka/. Según Hayes (1986: 336), el motivo de esta aplicación es muy sencillo: la regla de espirantización (48) se aplica a la representación (50) porque la primera /k/

pertenece a una sílaba de un morfema y la segunda a otra sílaba de un morfema diferente.

(50) /mira k + ka/ → mira x + ka
```
     | |   |      | |   |
     VC   C      VC    C
```

Este es un caso típico de alteración en geminadas falsas porque los dos fonemas /k/ que surgen a nivel subyacente provienen de la concatenación de dos morfemas diferentes. Por ende, se puede aplicar (45).

Una segunda respuesta a esta pregunta se encuentra potencialmente en (47); o sea, la regla se puede aplicar cuando se refiere a los rasgos que contiene cada esqueleto. El lituano sirve a modo de ejemplo. En lituano se tiende a cambiar la secuencia de las vocales medias /e e:/ en /o o:/ ante /u/ y /w/. Es un típico fenómeno de posteriorización que se aplica libremente tanto a las vocales breves como a las largas. Por lo visto, lo que ocurre aquí es que las geminadas pierden sus rasgos mediante la desunión de su nodo articulatorio y reciben por propagación sólo el rasgo [+retraido] del nodo dorsal de la vocal siguiente. Tomemos como ejemplo la /ee/ y el cambio a [oo] ante /u/.

(51) Posteriorización de vocal

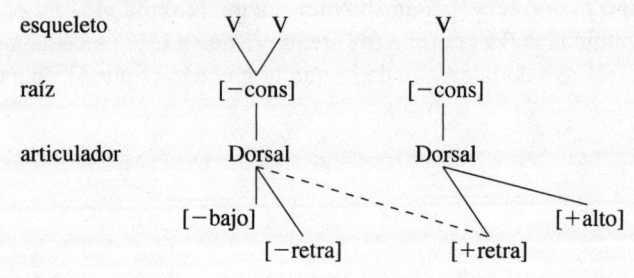

```
esqueleto        V  V              V
                  \/               |
raíz           [-cons]          [-cons]
                  |                |
articulador    Dorsal            Dorsal
               /    \            /    \
           [-bajo]   \         /    [+alto]
                      \       /
                   [-retra]  [+retra]
```

La representación (51) resulta reveladora porque clarifica enormemente el principio (47). Obsérvese que la entrada a la izquierda consiste en dos VV asociadas con una raíz, según lo requiere el PCO. El articulador dorsal asociado con los rasgos únicos [-bajo, -retra] equivale a decir que las Ves en realidad son, a nivel segmental, una secuencia de /ee/. Al cambiar estos rasgos articulatorios, automáticamente el contenido de las dos Ves cambiará también. Por eso es que si se cambian los rasgos de A (los rasgos articulatorios de /ee/), por ende también cambia cada esqueleto asociado con ellos.

3.4.3 Alteración de geminadas reales

Con la hipótesis de la inalterabilidad de geminadas se ha logrado explicar un buen número de fenómenos. No obstante, parece que a dicha hipótesis se le otorga un poder excesivo, ya que hay lenguas que prueban que una parte de una geminada real puede modificarse sin que por ello se tenga que cambiar su segundo elemento.

Odden en 1986 se dio a la tarea de estudiar el PCO que, como se recordará, tiende a prohibir una secuencia idéntica de segmentos en un mismo morfema perteneciente a diferentes sílabas. En vez de producirse

$$\begin{array}{cc} C & C, \\ | & | \\ t & t \end{array}$$

por ejemplo, la representación subyacente debe resolverse a favor de

$$\begin{array}{cc} C & C \\ \searrow & \swarrow \\ & t \end{array}$$

Se produce, pues, una geminada, cuyas líneas de asociación entre segmento y esqueleto hacen que se restrinjan las potenciales reglas que se le pudieran aplicar. Es evidente que si se altera una parte de esta representación, la otra también tiende a mutar, salvo en aquellos casos en que las geminadas no son reales. Odden concluye que en las lenguas bantúes shona de Zimbabwe, y en el kimatuumbi, de Tanzanía, entre otras, el PCO no se sostiene. Sus ejemplos provienen esencialmente del comportamiento de los tonos que caracterizan a estas lenguas y por eso llega a la conclusión de que sus pruebas sugieren que el PCO desempeña un papel bastante limitado como restricción universal, ya que en cada una de estas lenguas los tonos idénticos que poseen no tienen que asociarse con una vocal como lo exige el PCO sino que quedan repartidos en diferentes vocales. Un caso típico que él informa se refiere a los tonos flotantes idénticos en shona y que no obstante resisten asociarse con una vocal única.

Por otro lado, Odden también informa que en la lengua kipare, de Tanzanía, en ciertos casos derivacionales las vocales y los tonos se comportan igual que los del shona, pero en otros casos se tiene que respetar el PCO. En otras lenguas africanas, v.g., la maninka, y la kikuyu, entre otras, el PCO se sostiene como principio que rige las representaciones subyacentes.

Dado el vaivén del PCO, en donde las lenguas tonales lo aplican en algunos casos y en otros no, Odden sugiere que este principio no goza de carácter universal. Parece ser que algunas lenguas lo poseen como una regla o principio limitado de la gramática que tiende a fundir segmentos idénticos, mientras que en otras, sencillamente no existe. A la larga se establece una distinción entre una gramática compleja y una sencilla: la que posea el PCO debe ser más costosa por tener una maquinaria adicional, mientras que la que no lo tenga no será costosa.

El razonamiento de Odden abarcaría inclusive lenguas no tonales, como el islandés. Según Thráisson (1978), en islandés hay una regla que tiende a aspirar el primer segmento de una geminada de manera que /kappi/, /θakka/ y /hattur/ se pronuncian respectivamente como [kahpi] 'héroe', [θahka] 'gracias', y [hahtyr] 'sombrero'. El proceso del islandés es diferente al caso dominicano que reporta Núñez Cedeño (1994:17) porque en éste se arguye que el PCO se mantiene y se presume por tanto que el cambio de /karreta/ a [kahréta] obedece a universales fonéticos, sin que con ello se quebrante el principio. Independientemente de si el dominicano es un caso de simple fonética o de otro factor cualquiera, lo que hay que puntualizar es que tanto en las lenguas tonales como en las no-tonales el PCO no siempre se cumple cuando las condiciones estructurales así lo requieren. En consecuencia, habría que considerarlo como una regla o principio limitado que algunas lenguas aplican y otras no. No obstante, lo usual es que las lenguas respeten el PCO, puesto que los ejemplos que la literatura recoge son generalmente raros (Odden 1986:381).

3.4.4 Breve excursus de distinción de segmento largo vs. geminada

En las exposiciones anteriores hemos dado por sentado que a un segmento fonético largo lo subyace una secuencia de segmentos idénticos, o sea, una geminada. En la fonología tradicional y en la generativa se ha utilizado este tipo de representación subyacente, pero también se ha empleado el rasgo [+largo], cuya representación fonética, pongamos por caso el de la vibrante múltiple, sería [r:]. Durante las primeras etapas del desarrollo del generativismo se argüía tanto a favor de la existencia subyacente de la geminada como del rasgo [+largo]. En su texto de introducción a la fonología generativa, Kenstowicz y Kissiberth (1979:377) repasan datos que demostraban que en la fonología lineal se necesitaban ambos tipos de representaciones.

En la lengua amerindia cuna el acento se coloca generalmente en la penúltima sílaba: /gammái/ 'durmiendo', /dáge/ 'come' y /gomnáe/ 'ir a tomar'. Pero hay dos dialectos en esta lengua: en el dialecto A si la palabra termina en vocal larga, el acento se manifiesta en dicha vocal; en el dialecto B si termina en vocal breve, se aplica la regla general que acentúa la penúltima sílaba. Semejante comportamiento se explica si para A se presume que a la vocal larga final la subyace una geminada: /gwalludii/ produce [gwaludíi] 'kerosina' y /andii/ da [andíi] 'mi agua'. Vista como geminada, la regla de acentuación se aplicaría correctamente en la penúltima /-i-/. Para el dialecto B, las representaciones serían respectivamente /gwaludi:/ y /andi:/ y como el último segmento no es geminado, la regla produciría las representaciones con acentuación penúltima: [gwalúdi:] y [ándi:].

Lo problemático de la fonología lineal que discutían Kenstowicz y Kisseberth era que se tenían que admitir dos tipos de representaciones diferentes para un mismo segmento, con lo que evidentemente se da lugar a incoherencia y complejidad en las soluciones de los hechos fonológicos. En el persa, por ejemplo, linealmente se podría haber dicho que /v/ se convierte en [w] sólo si ésta se define como [−larga], lo cual constituye de hecho una condición de aplicabilidad y con ello se hace más compleja la descripción del proceso. Si en cambio se la ve como el par de fricativas /vv/, en la que cada una de éstas queda distribuida en diferentes sílabas, no hay por qué distinguir entre consonantes breves ni largas. Según se ilustra en (29b), la distinción se hace a base de los enlaces múltiples que hay entre dos posiciones esqueléticas y un segmento único para la geminada, y el enlace sencillo que existe entre un esqueleto con un segmento único para los segmentos no geminados. Lo mismo se aduciría para los ejemplos del marroquí mencionados anteriormente.

El caso se complicaría enormemente al querer explicar linealmente los procesos de preaspiración de geminadas del islandés. Sencillamente no parece fácil poder captar con lucidez el proceso porque si se introduce el rasgo [largo], no se le puede cambiar ninguna de sus partes y seguiría siendo largo, a no ser que se invente una regla que lo abrevie y se introduzca la preaspiración [h], o que de entrada se postule una subyacente /hC/, análisis que se ha considerado pero que se ha descartado rotundamente en islandés porque produce formas inexistentes en esa lengua (Thráisson 1978). La otra solución sería representarla como secuencia de consonantes idénticas, en cuyo caso volvemos al punto de partida sin haber resuelto nada, porque se tendría que admitir tanto el rasgo [largo] como la geminada. El caso de acentuación en cuna, ya discutido anteriormente, no constituiría prueba fehaciente y necesaria para que se incluyan ambas posibilidades de representación. La construcción de una regla de acentuación adecuada resolvería el impasse, pues en el dialecto que recibe carga acentual final si termina en vocal larga, a dicha vocal se la tendría como inherentemente acentuada, cosa que ocurre en numerosas lenguas (Halle y Vergnaud 1987b:13). La presencia de un elemento inherentemente acentuado sugiere que tales tipos de formas son idiosincrásicas y que lo usual es que la acentuación se efectúe en la penúltima sílaba, según lo predicen los hechos de ambos dialectos.

3.5 *La asimilación y la Condición de Inalterabilidad*

En las secciones anteriores pudimos constatar y explicar los casos de asimilación parcial de un rasgo o la asimilación total de un nodo. Un caso en particular que quisiéramos volver a considerar es el que discutimos en la sección 3.3, en donde pudimos comprobar que en el Caribe hispánico las líquidas finales de sílaba tienden a asumir el punto de articulación de la consonante siguiente. En los ejemplos en (23) vimos que /barbero/, /parte/, /orkidea/, /ser fino/ y /ser mejor/ producen mediante la regla (24) las respectivas [babbéro], [pátte], [okkídea], [seffíno] y [semmehór]. Fijémonos nuevamente en la regla (24), la cual reproducimos como (52).

(52) Asimilación de líquidas

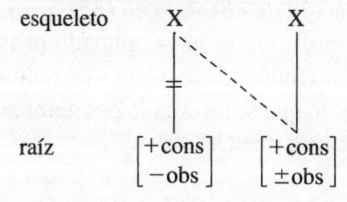

esqueleto   X   X

raíz $\begin{bmatrix} +\text{cons} \\ -\text{obs} \end{bmatrix}$ $\begin{bmatrix} +\text{cons} \\ \pm\text{obs} \end{bmatrix}$

Al hacerse la propagación de los rasgos de la consonante de la derecha hacia los rasgos de la izquierda, produciéndose por consiguiente la eliminación de éstos, observamos que se está creando una estructura de enlace múltiple con un esqueleto, según lo requiere el PCO cuando hay secuencia de identidad de segmentos. Dicho de otro modo, se crea una especie de geminada. Se esperaría que la aplicación de (52) desencadenara los mismos efectos que una geminada real cuando aparece en morfema; o sea, que resistiría los efectos de aplicación de reglas independientes que existan en la gramática porque, como hemos dicho, a una geminada no suele alterársele sólo una de sus partes.

En efecto, en estos dialectos y muchos otros del mundo hispánico, las consonantes encorchetadas en (53) tienden a alternar en el habla descuidada u ordinaria.

(53) a[t]mósfera ~ a[Ø]mósfera
défici[t] ~ défici[Ø]
a[k]tuación ~ a[Ø]tuación
fra[k] ~ fra[Ø]
a[p]titud ~ a[Ø]titud
ca[p] ~ ca[Ø]
a[b]soluto ~ a[Ø]soluto
uste[d] ~ uste[Ø]
di[g]nidad ~ di[Ø]nidad

Si bien se podrían sustentar tesis alternas que demuestren que lo que subyace a estas representaciones fonéticas es un fonema oclusivo o que en realidad es fricativo, lo que importa para nuestro caso es el hecho de que se eliminan. Vamos a presumir que son oclusivas a nivel subyacente y que no poseen el rasgo [continuo], el cual es luego asignado por defecto (se presume que la /s/ viene con su rasgo [+continuo] y por tanto no sería afectada). La regla que necesitaríamos para dar cuenta de estas formas se ofrece en (54).

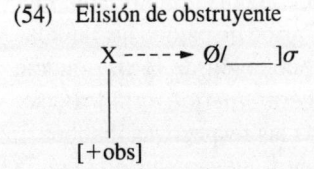

(54) Elisión de obstruyente

$$X \dashrightarrow \emptyset / \underline{\quad}]\sigma$$

$$[+obs]$$

La regla (54) pone de relieve que las oclusivas se eliden al final de sílaba. Si nos fijamos en (54) vemos que alude a una consonante que está unida a una X y que se aplicaría sin problema a la derivación de *absoluto* en (55), pero no a *barbero*, presumiendo que la regla de geminación se haya aplicado primero. No se aplica a *barbero* porque esta forma no reúne los requisitos estructurales de descripción de (54) para que se aplique: lo que se ha creado por geminación es una asociación múltiple de dos segmentos a una C.

(55) a b s o l u t o   b a r b e r o
         | | | |
         X X   X X

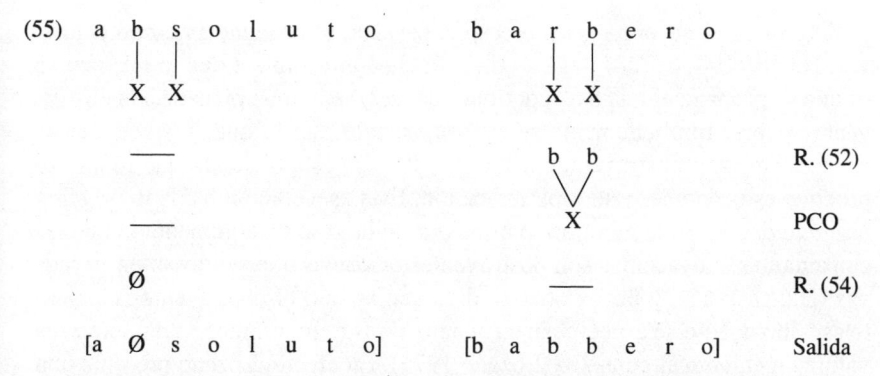

                                            b   b   R. (52)
                                             \ /
         ———   X   PCO

          Ø   ———   R. (54)

      [a Ø s o l u t o]   [b a b b e r o]   Salida

En (56), pues, entra en vigor la protección de geminada que lleva a cabo la Condición de Uniformidad, que exige una completa identidad entre segmentos, esqueleto y número de asociaciones de una representación y la descripción de la regla que la va a afectar. Puesto que la geminada /-bb-/ no se identifica descriptivamente con la asociación entre esqueleto y segmento de la regla (54), ésta no puede aplicarse.

3.5.1 Espirantización de obstruyentes

Otro caso que ejemplifica la inaplicación de una regla porque no coincide su descripción estructural con la representación de enlaces múltiples de dos estructuras con un solo segmento nos lo ofrece el proceso de espirantización de obstruyentes. Este proceso se refiere al hecho de que las ortografías *b, d, g* (y *v*) se realizan fonéticamente como las fricativas [β, δ, γ] después de vocales, líquidas, fricativas y variablemente al final de palabra, según se ilustra en (56a–d), excepto *d* que después de /l/ siempre sale oclusiva; en otras partes, se realizan como las oclusivas [b,d,g], como se lo presenta en (56e).

(56)   a.   d.
        a[β]ismo   atis[β]an
        na[δ]ando   des[δ]én
        ma[g/]o   mus[γ]o
                b.   e.
        bar[β]ero   [b]ate
        dar[δ]o   [d]istancia
        ar[γ]umento   [g]alán
        al[β]orada   don[d]e
        *al[δ]eano, pero al[d]eano   hom[b]ro
        al[γ]uno   mon[g]olés
                c.
        club[β]
        ciuda[δ]
        zigza[γ]

Por lo visto, lo que causa la espirantización es el tipo de segmento que precede, puesto que en (56e), cuando las consonantes obstruyentes están en posición inicial absoluta o las preceden nasales, se pronuncian como oclusivas. Harris (1985b: 128) llega a igual conclusión y sugiere que lo que ocurre es que se propaga el rasgo [+continuo] del segmento que precede a la obstruyente sonora. Implícitamente se está sugiriendo que lo que subyace a estas consonantes son obstruyentes oclusivas, pues se está diciendo que lo que se produce es un proceso de espirantización. Esta aseveración ha dado origen a bastante debate en la literatura porque por un lado se ha argumentado que las consonantes subyacentes son obstruyentes oclusivas que se tornan en fricativas (Harris 1969), y por el otro, se dice que no son ni obstruyentes ni fricativas, sino que no se especifican en cuanto al rasgo [continuo] y adquieren sus valores mediante el contexto (Lozano 1979). En efecto, Lozano presenta una serie de argumentos convincentes que dan sostén a esta hipótesis.

En primer lugar, y centrándonos en el español porteño (de Buenos Aires), se arguye que la variabilidad de la fricativa estridente sonora [ž] con la oclusiva [ᵈž] (en la ortografía corresponde a las letras *y* y *ll*) sugiere que el mencionado análisis de Harris no es enteramente adecuado. En general, en porteño este sonido se da variablemente al principio y final de sílaba; al principio de palabra puede alternar con una variable oclusiva [ᵈž], pero después de una nasal o lateral sólo aparece esta última. En (57) mostramos algunos ejemplos.

(57) [ž]   [ᵈž]   [ᵈž]
        žáma   ᵈžáma   enᵈžámas
        žúβya   ᵈžúβja   konᵈžúβja
        žeɣár   ᵈžeɣár   elᵈžeɣgár
        máža   talᵈžáɣa
        garáž

Pero si a estos datos les agregamos el hecho de que [ž] alterna con la vocal [i] o la deslizada [j], como en los pares *le*[j] ~ *le*[ž]*es*, *o*[i]*r* ~ *o*[ž]*endo* sugiere que [ᵈž] se deriva de una consonante continua, de vocal o de deslizada. Esto se complementa al notarse que el segmento fricativo derivado aparece como oclusivo después de nasal o lateral. Un análisis y razonamiento parecidos se ofrece para el español mexicano, que presenta alternancias de palatal fricativa sonora y palatal oclusiva sonora en contextos similares a los de (57) pero excluyéndose la aparición de la primera precisamente en el mismo contexto que en porteño.

El castellano también aporta datos para la hipótesis de obstruyentes continuas en el léxico. Se trata del comportamiento de las deslizadas /j/ y /w/. Según Alarcos 1965: 155), después de nasales y laterales las deslizadas surgen pronunciadas como si fueran oclusivas. Por lo visto, este fenómeno resulta ser el mismo que se da en los dos dialectos referidos anteriormente (Lozano 1979: 104).

Lo curioso es que el español castellano ofrece evidencia de procesos diametralmente opuestos a la mencionada hipótesis. Es decir, que los datos parecen indicar que a las obstruyentes continuas las subyacen obstruyentes oclusivas. Las oclusivas finales /ptk/ surgen en el habla moderada o enfática como sordas; mientras que en el habla espontánea se suelen pronunciar como fricativas sonoras o sordas. Ejemplos de estas respectivas variaciones son: [konsepto] ~ [konseβto], [rítmo] ~ [ríðmo], [aktór] ~ [aɣtór]. Se puede teorizar que la pronunciación de estas consonantes es paralela a la que se registra en la evolución de la lengua española. En la diacronía se sabe que /ptk/ inicialmente se convirtieron en sonoras y que éstas a su vez se espirantizaron. Pero, por si este paralelismo resultase dudoso, sólo hay que considerar la entrada de préstamos lingüísticos que le llegan a ese dialecto con obstruyentes sordas finales. Las palabras *frac* y *cognac* en pronunciación aislada se pronuncian [frák] y [koñák], pero en contexto se hacen continuas: [uŋ koñaɣ βuéno], [el fráɣ ðe χwán].

Estos últimos datos le dan sobrado poder a la teoría de la marcadez (sobre el tema véase el capítulo IV). En Chomsky y Halle (1968), al igual que sus predecesores estructuralistas, se arguye que a nivel subyacente debe aparecer el segmento universalmente esperado, o sea, al final de sílaba lo que se espera es que aparezca la obstruyente sorda. Esto se desprende de ciertas implicaciones, pues usualmente las lenguas poseen obstruyentes sordas y sonoras; hay otras en que se documentan solamente obstruyentes sordas sin sonoras, pero no existen lenguas que sólo tengan obstruyentes sonoras. Ahora bien, en lo que toca a la marcadez de las obstruyentes sonoras, una continua sonora es mucho más marcada que una no-continua. Si bien es cierto que la existencia de una obstruyente fricativa presupone la presencia de una obstruyente oclusiva, hay muchas lenguas que sólo tienen fricativas sonoras y sin embargo no cuentan con oclusivas sonoras (Ruhlen 1976, Maddiesson 1984). Por lo tanto se puede especular que la evidencia que presentan estas lenguas se puede extender por igual a la hipótesis de que haya obstruyentes continuas subyacentes.

Sin embargo, persisten los datos para que se favorezca uno u otro lado. Es decir que se hace extremadamente dificultoso proponer a nivel subyacente a las obstruyentes /bdg/ o las continuas /β ð ɣ/. En vista de ello, y manteniendo que el rasgo [continuo] no es distintivo en la lengua española, Lozano se pronunció en contra de la especificación total de rasgos en lo subyacente, aunque no articula una teoría general para explicar la ausencia de rasgos. Ella se apoya en los datos que le ofrece la lengua española para abogar por una especificación parcial de rasgos, pero sólo en lo que respecta al rasgo [continuo].

Si por un lado tomamos el caso más sencillo en el que las obstruyentes no contrastan con respecto a este rasgo, y por el otro, el hecho de que tienden a salir oclusivas en el habla esmerada (Tomás Navarro 1974), parecería que habría que representarlas en el léxico sin el rasgo [continuo]. Siguiendo además a Mascaró (1984), quien sostiene que realmente no hay pruebas fuertes que justifiquen la presencia subyacente del rasgo [±continuo] para estas obstruyentes, se debe presumir lo más elemental, o sea, la hipótesis de Lozano de

112 Modelo Autosegmental Jerárquico

que vienen no especificadas en cuanto a este rasgo. Frente a esto, la regla de espirantización que brindamos en (47) cubre casi todos los casos que mostramos en (56). En (58b–c) se ilustra la aplicación de (58a). Con la palabra *ignorante* se muestra, nuevamente, que la causa de la espirantización es el segmento que precede y no el siguiente, puesto que /n/ se caracteriza por ser [−continuo].

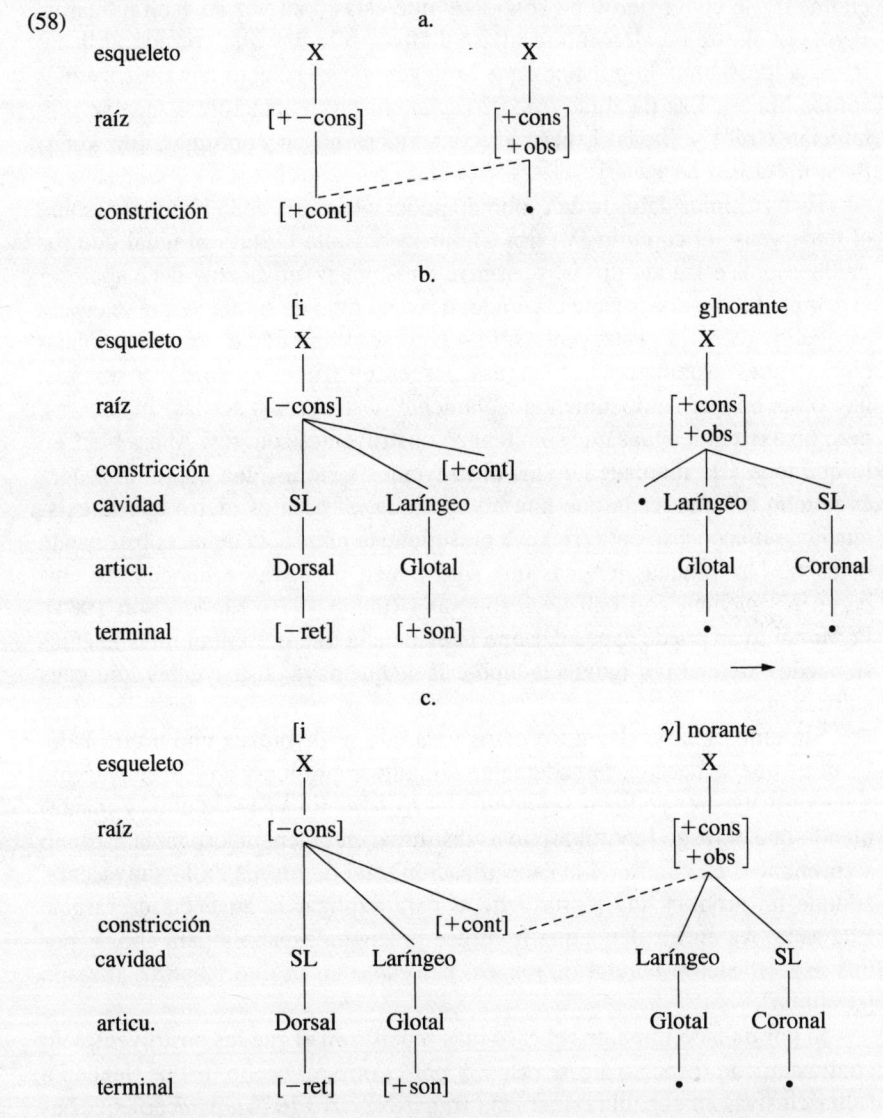

(58) a.

esqueleto	X	X
raíz	[+−cons]	[+cons, +obs]
constricción	[+cont]	•

b.

	[i			g]norante	
esqueleto	X			X	
raíz	[−cons]			[+cons, +obs]	
constricción		[+cont]			
cavidad	SL	Laríngeo	• Laríngeo	SL	
articu.	Dorsal	Glotal	Glotal	Coronal	
terminal	[−ret]	[+son]	•	•	

⟶

c.

	[i			γ] norante	
esqueleto	X			X	
raíz	[−cons]			[+cons, +obs]	
constricción		[+cont]			
cavidad	SL	Laríngeo	Laríngeo	SL	
articu.	Dorsal	Glotal	Glotal	Coronal	
terminal	[−ret]	[+son]	•	•	

La aplicación de (58) ocurre a nivel de raíz, con lo que se transmite sólo el rasgo [continuo] del segmento adyacente sin que ocurra coarticulación de los demás rasgos. Por eso todo el segmento aparece amalgamado como [γ] con su rasgo [+continuo], y no como segmento complejo que recibe por una parte el rasgo [−continuo] y por la otra los rasgos articulatorios de ese segmento.

Dijimos que (58) cubre "casi" todos los casos porque su aplicación irrestringida produciría la anómala *[alðeano] y ya sabemos que esta palabra se pronuncia con oclusiva [d]. La falta de espirantización de /d/ después de /l/ siempre ha sido la espina que ha atribulado a todos los fonólogos y que la teoría geométrica, juntamente con el principio de Condición de Uniformidad, logra dilucidar con espectacular sencillez.

En efecto, sabido es que la lateral /l/ adquiere el punto de articulación de las alveolares y alveopalatares siguientes, de suerte que *alzar, balde, altar, colcha* se pronuncian respectivamente [al̯zár], [bál̯de], [al̯tár], y [kól̯ca] (Navarro Tomás 1974:114). Lo que en realidad ocurre es que la lateral pierde sus rasgos de punto de articulación a la vez que recibe el de la obstruyente siguiente. La regla (59) refleja cómo se produce la asimilación de lateral.

(59) Asimilación de lateral

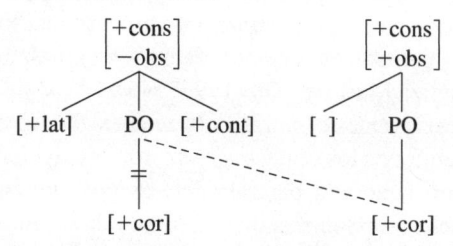

$$\begin{array}{cccc} & \begin{bmatrix}+\text{cons}\\-\text{obs}\end{bmatrix} & & \begin{bmatrix}+\text{cons}\\+\text{obs}\end{bmatrix} \\ [+\text{lat}] \quad \text{PO} & [+\text{cont}] & [\ ] & \text{PO} \\ \phantom{[+\text{lat}]} \quad \Vert & & & \mid \\ [+\text{cor}] & & & [+\text{cor}] \end{array}$$

Como se ve en (59), cuando se realiza la asimilación se da por consiguiente una nueva estructura: al haber en la entrada dos esqueletos que dominan una secuencia de puntos articulatorios diferentes, o sea

$$\begin{array}{cc} \text{PO} & \text{PO} \\ \mid & \mid \\ l & d \end{array}$$

se produce una amalgamación tipo geminada PO, en la que el PO surge

$$\begin{array}{c} \text{PO} \\ \diagup\diagdown \\ l \quad d \end{array}$$

atado a una única secuencia segmental según lo exige el PCO. Al crearse la estructura (59), la regla de espirantización (58) no puede aplicársele porque ésta requiere un contexto de aplicación a segmento no geminado, mientras que la regla (59) crea un contexto tipo geminado. Entonces entra en acción la Condición de Uniformidad que impide que (58) se aplique a una lateral que se ha asimilado. Por esta razón la /d/ no se hace fricativa después de /l/, mientras sí se hacen fricativas las demás obstruyentes sonoras, porque la lateral no se asimila a sus puntos de articulación. La regla (58) tendría que interponerse en estos casos para que fueran fricativas.

3.6 Asimilación y propagación de rasgos sin desunión

Hemos analizado los datos de asimilación total de las inobstruyentes /r,l/ a una obstruyente siguiente, vistos en (23) en el español caribeño, mediante la aplicación de la regla (24), que propaga los rasgos articulatorios de la obstruyente de la izquierda causando la consiguiente separación de los rasgos articulatorios de la inobstruyente de la izquierda. Se produce entonces una geminada, de suerte que /barbero/ sale como [babbéro]. Sin embargo, este tipo de análisis de propagación con desunión que se documenta en caribeño no puede extenderse a los demás dialectos hispánicos. En castellano, por ejemplo, Tomás Navarro (1974) observa que en el lenguaje ordinario la /b/ de [ab$^\theta$surdo], proveniente de la palabra *absurdo,* surge parcialmente ensordecida, con lo cual se sugiere que no es condición necesaria que se cumpla la desunión de rasgos para que se efectúe geminación por asimilación, puesto que evidentemente /b/ no sólo ha asimilado la sordez de /s/ sino que también ha preservado su sonoridad (Martínez-Gil 1993). La tesis que queremos adelantar es que no siempre se necesita desunir un nodo para que se cumpla un proceso de asimilación. Veamos primero algunas generalizaciones de datos y luego algunos otros de Navarro Tomás que sintetiza Martínez-Gil (1993:545).

En español estándar, las obstruyentes sonoras subyacentes finales casi siempre surgen como fricativas en todos los dialectos, pero con las siguientes peculiaridades: a) son sonoras ante sonoras y parcialmente ensordecidas ante sordas; b) al final de palabra suelen ser sonoras o sordas. Los datos en (60) ponen de relieve estas generalizaciones.

(60)   Obstruyentes sonoras subyacentes
    a. /___[+son]   b. /___[−son]
        a[β]dicar   a[β$^\theta$]sorber
        clu[β] malo   clu[β$^\theta$] caro

        a[δ]vertir   a[δ$^\theta$]quirir
        amí[γ]dalas   zi[γ$^\theta$]
    b. /___#
        clu[β] o [clu]
        ciuda[δ] o ciuda[θ]
        zigza[γ] o zigza[x]

De estos datos se desprenden dos fenómenos: uno de espirantización de obstruyente, que, como dijimos, se realiza en todos los dialectos, el otro, de asimilación de sordez. El primer caso ya lo hemos discutido, y propusimos una regla que da cuenta de la espirantización de obstruyente sonora en la sección anterior. El segundo, la asimilación, es un fenómeno distinto en castellano estándar porque el segmento que resulta de los efectos de asimilación es complejo: una obstruyente sonora absorbe la sordez/sonoridad del segmento consonántico siguiente. Semejante absorción debe producirse sin desunión una vez que se propagan los rasgos del segmento que causa la asimilación, según lo señalamos en (60b) para obstruyentes sonoras. También ocurre

Asimilación y propagación de rasgos sin desunión   115

lo contrario, con obstruyentes sordas, según se nota en la pronunciación de la palabra *étnico,* que da una dental sorda con coarticulación sonora, [d$^\theta$]. Si fuéramos a incluir ambos casos, entonces tan sólo se necesitaría dejar al articulador glotal de la segunda consonante sin su especificación de sonoridad, en cuyo caso se propagaría la sordez o sonoridad de ese segmento.

(61)   Asimilación de sordez

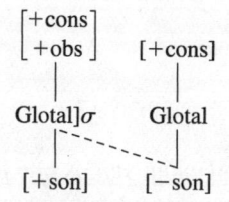

$$\begin{bmatrix} +\text{cons} \\ +\text{obs} \end{bmatrix} \quad [+\text{cons}]$$

Glotal]σ Glotal

[+son]   [−son]

A modo de aplicación, veamos los efectos de (61) en la secuencia /-bs-/ de *absurdo.*

(62)   a.

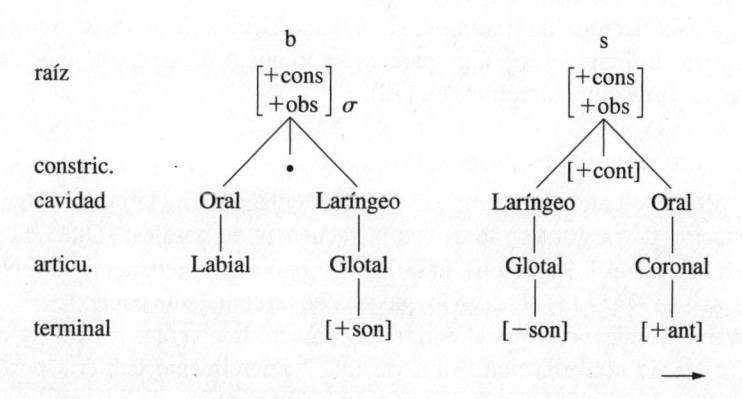

	b	s
raíz	$\begin{bmatrix} +\text{cons} \\ +\text{obs} \end{bmatrix} \sigma$	$\begin{bmatrix} +\text{cons} \\ +\text{obs} \end{bmatrix}$
constric. cavidad	• Oral Laríngeo	[+cont] Laríngeo Oral
articu.	Labial Glotal	Glotal Coronal
terminal	[+son]	[−son] [+ant]

→

b.

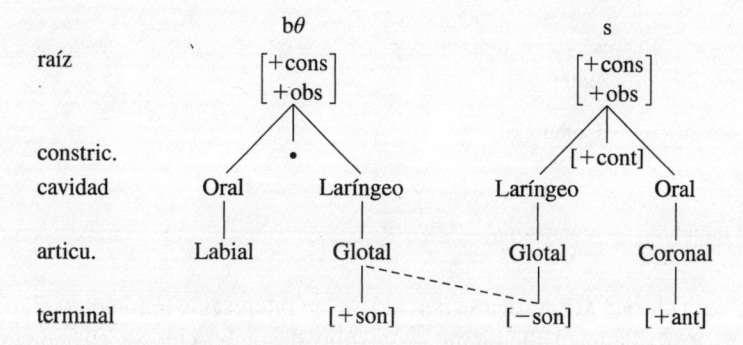

	bθ	s
raíz	$\begin{bmatrix} +\text{cons} \\ +\text{obs} \end{bmatrix}$	$\begin{bmatrix} +\text{cons} \\ +\text{obs} \end{bmatrix}$
constric. cavidad	• Oral Laríngeo	[+cont] Laríngeo Oral
articu.	Labial Glotal	Glotal Coronal
terminal	[+son]	[−son] [+ant]

Hemos presumido que la regla de espirantización (58) se ha aplicado en (61b). Nótese que al producirse la asimilación queda una secuencia de articuladores glotales, efecto tal que lo impide el PCO. Por lo tanto, la creación de (61b), reproducida parcialmente en (52a), tiene que resolverse a favor de (63b).

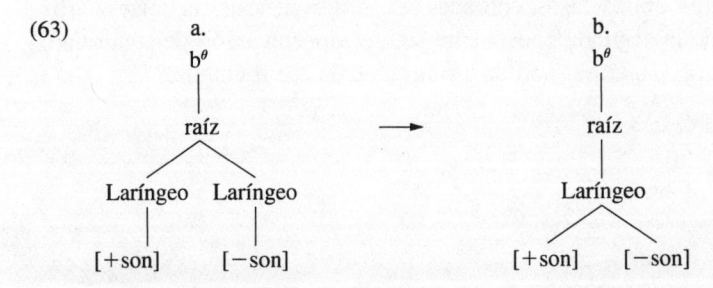

(63)   a.   b.
       b$^\theta$ b$^\theta$
       | |
       raíz   →   raíz
       / \ |
   Laríngeo Laríngeo   Laríngeo
      | | / \
   [+son]   [−son]   [+son] [−son]

Siguiendo, pues, la discusión en torno a la asimilación, vemos que para que se dé un sonido coarticulado como el [b$^\theta$] es preciso mantener la sonoridad del sonido asimilante, sin que éste pierda su característica. Entonces, si seguimos la regla típica de asimilación en la que el elemento asimilante pierde el rasgo que se menciona en la regla que causa la asimilación, no es posible dar cuenta de los sonidos complejos que se producen en este dialecto. De hacerse la asimilación con desunión, se obtendría únicamente un sonido ensordecido en su totalidad [p], algo parecido a lo que produce la regla de asimilación de sordez que ofrecemos en (12).

3.6.1 Coarticulación de las nasales

Un último ejemplo del proceso de coarticulación sin la concomitante desasociación de rasgos nos lo ofrece la secuencia de nasales. ¿Qué ocurre cuando a una nasal le sigue otra nasal? El reconocido fonetista español Navarro Tomás (1974:113) observó lo que sucede en semejante contexto.

Navarro Tomás notó que al entrar en contacto la alveolar [n] con la bilabial [m] en la conversación ordinaria iba "generalmente cubierta por la de m", registrándose de hecho una coartoculación producto de la articulación simultánea de la alveolar de [n] y la bilabial [m]. De manera que la glosa de la izquiera en (64), aparece pronunciada como se ve a la derecha.

(64)   Representación fonética
    inmóvil   [immóbil]
                    n
    conmigo   [commígo]
                    n
    sin más   [simmás]
                    n
    un mínimo   [ummínimo]
                    n

La fonología clásica generativa se percató de tan interesante fenómeno (Harris 1969:18), pero dado el incipiente desarrollo de dicha ciencia en aquellos años, se limitó a constatar los hechos, posponiendo su explicación para otro momento. El modelo jerárquico permite despejar la coarticulación compleja de estas nasales. Y es precisamente el estudio de otras lenguas, en particular el de las africanas, el que brinda posibilidades explicatorias a la doble articulación cuando se trata de coarticular rasgos supralaríngeos.

Sagey (1986:58), siguiendo a Halle (1982), reconoce que en una articulación compleja pasan a funcionar tres órganos de articulación: el labio inferior, el ápice de la lengua y el dorso de la lengua. Como la posición de cada uno de estos tres articuladores actúa de manera independiente, es entonces posible producir consonantes con más de una obstrucción. La coarticulación se rige mediante un articulador que se encuentra sólo en un punto de articulación y precisamente en un momento dado en el tiempo. De aquí que sólo sea posible documentar ciertas combinaciones de coarticulación simultánea, entre las que podemos citar la que nos compete a nosotros: la labio-coronal.

Pues bien, a los tres articuladores, que como dijimos funcionan de manera independiente, les corresponden tres nodos ya mencionados anteriormente: el labial, el coronal y el dorsal. Al funcionar los nodos independientemente, lo que ocurre es que el nodo coronal de la nasal alveolar recibe por asociación los rasgos del nodo labial de la nasal bilabial sin que aquélla pierda ninguno de sus rasgos articulatorios. Esta estructura coarticulada se ilustra en (65).

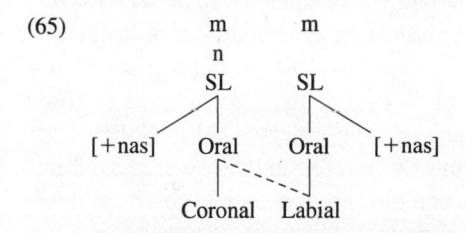

(65)
```
              m       m
              n
              SL      SL
        ╱    ╲   ╱    ╲
   [+nas]   Oral   Oral   [+nas]
            ╷┄┄┄┄╵
          Coronal  Labial
```

Con (65) se capta, pues, la doble articulación coronal y labial en la secuencia /nm/ cuyo resultado final sería la pronunciación [$\begin{smallmatrix}m\\n\end{smallmatrix}$] que se muestra en (64).

Además, la regla (65) nos pone de manifiesto algo que ya habíamos mencionado: el hecho de que los articuladores aparezcan sin valencias. Si nos remitimos a la clasificación generativa tradicional de las consonantes labiales encontramos que se caracterizan con los rasgos [+anterior, −coronal], y las alveolares con [+anterior, +coronal]. En términos de valencias tendríamos la imposible combinación articulatoria *[+labial, +coronal]. Al producirse la coarticulación vemos, no obstante, que sí es posible encontrar combinaciones de labiales y alveolares. Al definirlas con bivalencias en su nodo articulatorio sería por tanto imposible interpretar fonéticamente un segmento con valencias opuestas. Es irrelevante que cuando se articula una labial se tenga que aludir a la oclusión [+coronal], y viceversa para las alveolares, ya que para producir una bilabial actúan los labios y no la lámina de la lengua. Evidentemente se hace imposible combinar segmentos complejos si los articuladores que los activan son bivalentes. Si en cambio sólo se alude a los nodos que están presentes y no a los que están ausentes, no hay contradicción en representar a ambos, tal como se muestra en (65), lo cual nos ofrece a la sazón el segmento complejo [^m_n].

Por otra parte, lo curioso de la combinación de nasales es que en español estándar la secuencia contraria de nasales, o sea, /mn/, no produce coarticulación [^n_m]. Las consonantes encorchetadas de *hi*[mn]*o, alu*[mn]*o, sole*[mn]*e, colu*[mn]*a*, etc., se pronuncian todas como [mn]. Son curiosas porque lo normal es que toda nasal se asimile al punto de articulación de la consonante siguiente, incluyéndose las nasales, según lo atestigua la pronunciación de las secuencias /nñ/, cuya representación fonética es [ññ], como en [siññoñería] < *sin ñoñería*.

La restricción *[^n_m] pudiera obedecer a que al no poseer /n/ léxicamente el rasgo [coronal], no tendría nada que propagar a la nasal precedente, lo cual es contrario a la secuencia /nm/. Es por ello que /mn/ se pronuncia [mn] o /m/ se asimila a /n/, produciendo [nn] (en el habla ordinaria de varios dialectos *alumno* se pronuncia [alúnno]).

3.7 *Unidad en la organización de rasgos en vocales y consonantes*

En la fonología generativa tradicional las consonantes se definen mayormente por producirse con obstrucción radical en la cavidad bucal, hecho que se traduce mediante el rasgo [+consonántico]. También se definen por la configuración que adopta la cavidad bucal, la cual contribuye a que se restrinja severamente la sonorización espontánea de los segmentos consonánticos; por tanto se caracterizan por ser obstruyentes y se representan con el rasgo familiar [+obstruyente]. Las vocales, en cambio, no encuentran obstrucción alguna en su producción y la sonorización es espontánea; se caracterizan por ser [−consonántico, −obstruyente]. Esta distinción la refleja el modelo jerárquico (2) en donde se incluyen de modo ilustrativo los valores binarios que caracterizan a uno u otro segmento a nivel de la raíz, [±consonántico, ±obstruyente]. Vistas así, se desprende que tanto las vocales como las consonantes comparten un mismo nodo con dos conjuntos de rasgos que se oponen en sus valencias, siempre teniéndose presente que es "+" o "−" pero no los dos simultáneamente.

Además de compartir el nodo radical, las vocales y las consonantes comparten la posición que adopta la lengua con respecto a la región palatal o velar. Por ello se dice que pueden ser [±alta], [±baja], y [±retraídas]. Este hecho se refleja en el modelo de Halle-Sagey al estar dichos rasgos supeditados a un mismo nodo articulatorio: el dorsal, el cual a su vez queda dominado por el nodo del punto oral. Pero el abocinamiento de los labios queda regido independientemente por el nodo articulatorio labial. La diferencia que existe entre las vocales y las consonantes se remite a la ausencia del nodo coronal en las vocales, con lo cual se implica que el ápice no interviene en la ejecución de éstas. Geométricamente la diferencia en el punto oral se puede ver en (66a) y (66b). Presúmase que el rasgo [nasal] quedaría presente, según lo presentamos anteriormente en (65). Su inclusión se ciñe a la distinción entre vocales nasales y orales que existe en lenguas como la francesa.

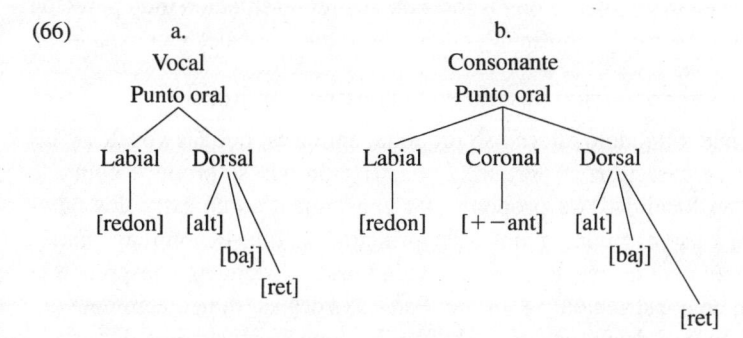

(66) a.
      Vocal
   Punto oral
     ╱ ╲
Labial Dorsal
 | ╱|╲
[redon] [alt] ╲
       [baj] ╲
           [ret]

b.
  Consonante
  Punto oral
 ╱ | ╲
Labial Coronal Dorsal
 | | ╱|╲
[redon] [+−ant] [alt] ╲
               [baj] ╲
                   [ret]

Sin embargo, Clements y Hume (1993) y Hume (1994) sugieren que existe una coincidencia sistemática entre las vocales anteriores y las consonantes coronales, hecho que está apoyado por un buen número de procesos fonológicos en las lenguas naturales. Hume (1994:6–13) señala que uno de estos procesos típicos es cuando la vocal ejerce su influencia sobre la consonante como en el caso de palatalización consonántica, el cual se produce cuando una consonante velar se convierte en palatal ante vocal anterior. En eslovaco las velares /k g x/ cambian en [tʃ, ž, š] ante las vocales /i e ae/. Un ejemplo sería el de la palabra /vnuk/ 'nieto', cuya /k/ final cambia a [tʃ] ante /i/: /vnúk+ik/ > [vnútʃik] 'nietecito'. También sucede lo contrario, cuando una consonante palatal cambia la característica de una vocal contigua. En la lengua Ndu, de Iatmul, se documenta que las vocales [i e], que no existen a nivel fonológico, se derivan por entrar en contacto con las consonantes coronales /y, ñ/; por ejemplo, la subyacente /I/ en contacto con la fricativa palatal /y/, produce [i]: de /malIy/ se consigue [mariy] 'rata'.

Hume también dice que algunos procesos disimilatorios en los que interactúan las vocales anteriores y las consonantes coronales prueban que existe una íntima afinidad entre estos dos tipos de segmentos. En coreano, por ejemplo, se documenta que en una misma sílaba no puede coexistir una deslizada palatal precedida de consonante coronal. De suerte que en esta lengua no se permiten los grupos tautosilábicos *tj, *sj, *nj, *ji. Semejante restricción responde al quebrantamiento del PCO, pues tanto las coronales y la deslizada /j/ coinciden en ser ambas [+coronal], y se encuentran posiblemente en un mismo nivel de representación.

Estos procesos, y muchos otros, los emplean Clements y Hume para proponer una revisión significativa al modelo (2). Estos autores teorizan que cualquier segmento que se produzca en la cavidad bucal tiene por característica cierto tipo de constricción parametrizada: 1) grado de constricción por gradación, y 2) localización de la constricción. Esta parametrización responde al hecho singular de que la constricción determina cómo se proyecta la señal acústica al producirse segmentos y por tanto contribuye a cómo aquella es percibida por los hablantes. Por eso, para caracterizar estos dos parámetros de constricción bucal los autores aludidos les asignan sus respectivos nodos articulatorios en la geometría de rasgos, con una representación muy parecida a la de la constricción [±continua], en donde se unen vocales y consonantes.

3.7.1 Modelo geométrico basado en la constricción bucal

Con el nuevo modelo alterno se propone, entonces, que las vocales y las consonantes se caracterizan porque la constricción que se produce coincide en grado y en localidad. Se propone, por consiguiente, que estas dos parametrizaciones están unidas a un nodo principal al que denominan *punto-constrictivo*, el cual corresponde a la cavidad oral, de donde se desprende la localización de constricción o *Punto-c*. Para las vocales, inmediatamente debajo del Punto-c se desprende un nodo *vocálico* que efectivamente domina la localización misma de la vocal y el cual se representa con el nodo *punto-v*(ocálico), lugar donde se concentra la actividad articulatoria. Del nodo vocálico también se desprende la constricción gradual, que se representa mediante un nodo de *apertura* y que corresponde al grado de apertura que se produce con la lengua según ésta se aproxima al paladar. Ilustramos semejante geometría en (67a). Aparte de la carencia del nodo de apertura, las consonantes simples, sin articulación secundaria, se caracterizan también por poseer una constricción de localización, que representamos en (67b) con *punto-c* y de grado que corresponde al rasgo [±continuo]. Pero a diferencia de las vocales, no poseen nodo vocálico. Como veremos en un momento, la ausencia del nodo vocálico permite explicar la propagación de rasgos o asimilación vocálica a través de consonantes. Tanto el punto-v como el punto-c son, a grosso modo, el conocido punto articulatorio de los segmentos.

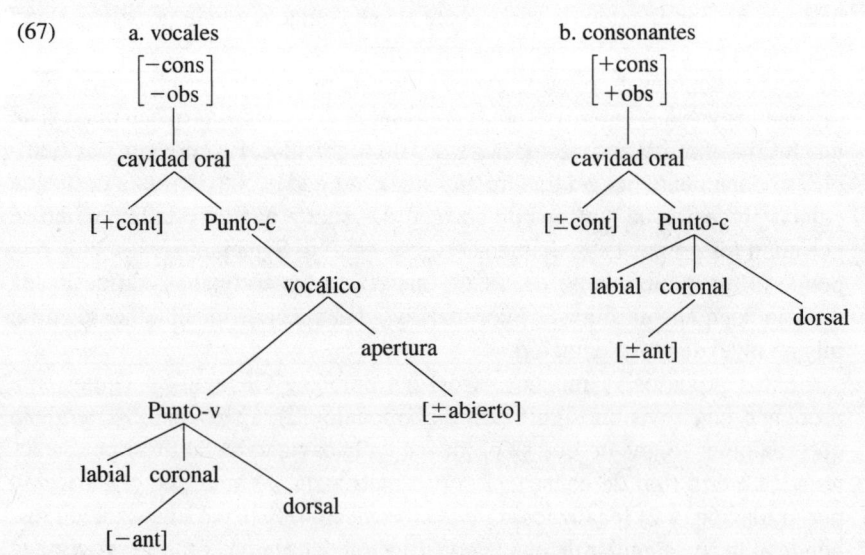

(67)   a. vocales   b. consonantes

$\begin{bmatrix} -\text{cons} \\ -\text{obs} \end{bmatrix}$ $\begin{bmatrix} +\text{cons} \\ +\text{obs} \end{bmatrix}$

cavidad oral   cavidad oral

[+cont]   Punto-c   [±cont]   Punto-c

                     vocálico   labial   coronal

                                                                            dorsal

                               apertura   [±ant]

        Punto-v   [±abierto]

   labial   coronal

              dorsal

   [−ant]

La representación (67) no es completa por falta de espacio en la página. Presúmase, pues, que tanto el nodo laríngeo como el nasal y los rasgos que dominan, están directamente ligados a la raíz, al igual que en el modelo Halle-Sagey. Hay que notar que las vocales tienen la especificación redundante [−anterior], según se muestra en (67). Como las vocales no se definen típicamente por dicho rasgo, su valor negativo se adquiere mediante la regla de redundancia, la cual lo introduciría, si el segmento en cuestión fuese vocal. Sería de esta manera: [ ] → [−anterior]/ [vocálico, +coronal]. La no especificación del valor negativo del rasgo [anterior] se hace más patente cuando se considera el cambio de /t/ a [s] ante /i/, como la /t/ de /president+e/ que en contacto con /iV/ se realiza como [s]: /president+ial/ → [presidens+jál]. Evidentemente, en esta asimilación la /i/ no podría transmitir un rasgo subyacente [−anterior], pues en vez de [s], terminaríamos con la palatal [š], que se caracteriza por ser [−anterior]. El hecho de que en inglés se realice precisamente una [š] en el mismo contexto, sugiere que en español tal valor no aparece en la forma subyacente de las vocales.

El modelo que se presenta en (67) define, pues, los rasgos que se producen en la cavidad oral no en términos de articuladores sino en término de su constricción. El grado de constricción y la localización pueden variar, pero las categorías formales de la realización oral son idénticas: ambas se agrupan bajo el nodo de la cavidad oral. Clements y Hume expresan la unidad de vocales y consonantes de esta manera.

(68) [labial]: consonantes labiales; vocales redondas y labializadas
[coronal]: consonantes coronales; vocales no retraídas (palatales y medias anteriores)
[dorsal]: consonantes dorsales; vocales retraídas (posteriores)

Los segmentos labiales se definen porque al producirse se produce una constricción de los labios. Los coronales involucran en su constricción la parte anterior de la lengua desde el dorso, que se aproxima o toca la región palato-alveolar, hasta la parte anterior (ápice y antedorso), que toca la parte posterior de los incisivos y los alveolos. Los dorsales se forman con constricción en la parte posterior de la lengua, comenzando desde el postdorso hacia su raíz. Si se definen por coincidir en su constricción, dejan de ser misteriosos algunos de los complejos casos de asimilación que se realizan en español. Nos referimos al mencionado cambio de /t/ ante /i/ y a la notable desvelarización de /k/, que se convierte en la fricativa [s] ante vocales [−retraída]. Pasemos a considerar este último caso.

3.7.2 Coronalización de obstruyente velar sorda

Una característica notable de la lengua española es la alternancia de [k] y [s] que suele producirse por influencia de la vocal /i/ y, en menor caso, por la /e/. Harris (1969:174−79) se percató tempranamente de este tipo de alternancias y propuso una regla tradicional de desvelarización con la que se reproducía el contexto mencionado. De suerte que la regla cambiaba la /k/ de /opak+idad/ en una intermedia [t͡ʃ], y otra se encargaba de convertir este segmento complejo en [s], para producir la eventual [opas+idád]. Lo mismo le ocurriría a /indik+e/ que con el concurso de dos reglas devenía en [índis+e]. Harris restringía el contexto que proyectaba el fenómeno, limitándolo al linde morfémico, pues las /k/ de es[k]*leto,* ata[k]e, fla[k]*ito,* y muchas otras más, no se desvelarizan. Todas éstas había que remitirlas excepcionalmente al léxico, en algunos casos, y en otros, eran producto de la distinción misma entre una /kw/ que subyacía a ciertas palabras, como en /kw/*iere* y la /k/ en *puertorri*/k/*eño* y los ejemplos antes citados.

Cabría pensar que a la luz de la fonología léxica la desvelarización parece producirse ante /i,e/, pero ello sucede sólo en ciertos tipos de contextos. Es justo lo que sugiere Núñez Cedeño (1993:132–44), quien nota que los sufijos *-idad, -ista, -ense* motivan el cambio; sin embargo, los sufijos *-edad, -ez, -ero, -izo, -eño, -ía,* y otros cuantos, no condicionan mutación alguna. (69a–c) ofrece ejemplos de los primeros y (69d) de los segundos.

(69)

a.
excéntri[k]o ~ excentri[s]idad
eléctri[k]o ~ eletri[s]idad
cadu[k]o ~ cadu[s]idad
católi[k]o ~ catoli[s]idad

b.
clási[k]o ~ clasi[s]ista
electri[k]o ~ eletri[s]ista
científi[k]o ~ cientifi[s]ista
gáli[k]o ~ gali[s]ista

c.
itáli[k]o ~ itali[s]ense
Costarri[k]a ~ costarri[s]ense

d.
ter[k]o ~ ter[k]edad
brus[k]o ~ brus[k]edad
domésti[k]o ~ domesti[k]ez
cadu[k]o ~ cadu[k]ez
ban[k]o ~ ban[k]ero
palen[k]e ~ palen[k]ero
blan[k]o ~ blan[k]izo
Puerto Ri[k]o ~ puertorri[k]eño
Antio[k]ía ~ antio[k]eño
monar[k]a ~ monar[k]ía
tur[k]o ~ Tur[k]ía

Sabiendo que hay excepciones notables en los casos en que hay cambio de /k/ a [s], tanto en no verbales como en verbales (para más detalles, refiérase a Núñez Cedeño 1993), lo que queremos resaltar es que la /k/ en límite de palabra ante /i,e/ de varios tipos de morfemas específicos de la lengua favorece la desvelarización o coronalización, nombre que en sí refleja fielmente lo que ocurre, según comprobaremos en un momento. Ahora bien, si regresamos al modelo tradicional que presentó Harris en 1969, no tendríamos manera de saber lo que pasa porque allí sencillamente se describe que estas vocales incentivan el proceso. No se sabe por qué lo hacen estas vocales y no la /a/, o demás vocales retraídas.

Si pasamos a considerar la teoría más reciente que articulan Halle-Sagey, hallamos que en realidad tampoco se ha avanzado demasiado en caracterizar lo que ocurre, porque si pensamos en las representaciones que proponen estos fonólogos, nos percataremos de que tendríamos que dar tres pasos. En primer lugar, habría que desarticular el nodo dorsal de /k/ sin propagación del de la vocal, pues no se produce un sonido coarticulado (complejo), según la regla (70a); luego habría que propagarle la constricción [+continua] de la vocal [−retraída], de acuerdo con (70b). Por último, al desarticularse el nodo dorsal, la consonante permanecería sin especificación en su punto articulatorio, con lo cual se presumiría que eventualmente recibiría por redundancia el rasgo [+coronal], hecho que parece corroborarse en otras lenguas. Los datos de estas lenguas sugieren que una consonante que carece de rasgos en su punto articulatorio recibe de modo general el punto articulatorio [coronal] (Paradis y Prunet:1989, y el capítulo IV), con el que automáticamente se implica que si es [coronal] también es [+anterior]. Las reglas de asimilación se ofrecen en (70a–b) y la presunta regla que introduce el rasgo [+coronal] se ofrece en (70d). La W representa el contexto que debe seguir a la vocal, y que se bosquejó arriba, para que se realice el proceso, o sea, *-dad, -sta, -nse,* etc.

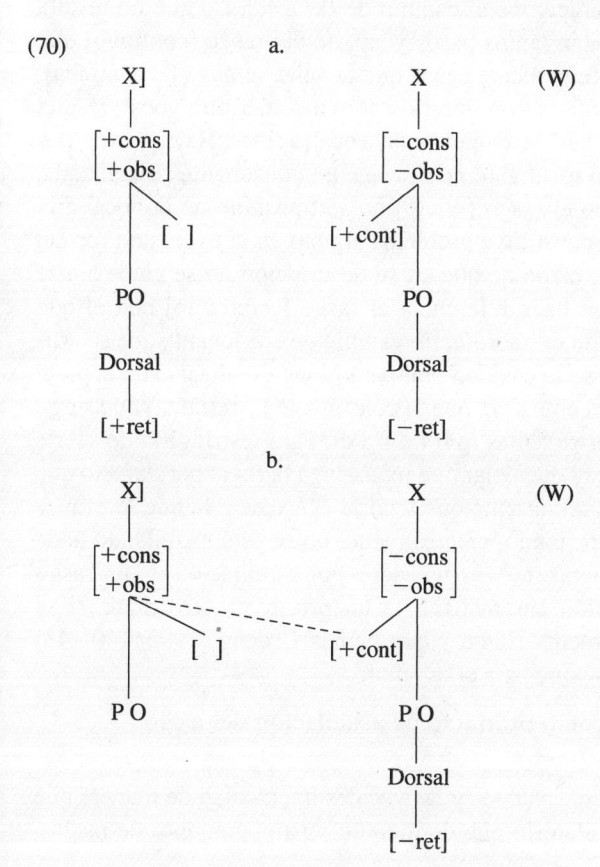

(70)   a.

$$
\begin{array}{ccc}
\text{X]} & \text{X} & \text{(W)} \\
\begin{bmatrix}+\text{cons}\\+\text{obs}\end{bmatrix} & \begin{bmatrix}-\text{cons}\\-\text{obs}\end{bmatrix} & \\
[\ ] & [+\text{cont}] & \\
\text{PO} & \text{PO} & \\
\text{Dorsal} & \text{Dorsal} & \\
[+\text{ret}] & [-\text{ret}] &
\end{array}
$$

b.

$$
\begin{array}{ccc}
\text{X]} & \text{X} & \text{(W)} \\
\begin{bmatrix}+\text{cons}\\+\text{obs}\end{bmatrix} & \begin{bmatrix}-\text{cons}\\-\text{obs}\end{bmatrix} & \\
[\ ] & [+\text{cont}] & \\
\text{P O} & \text{P O} & \\
 & \text{Dorsal} & \\
 & [-\text{ret}] &
\end{array}
$$

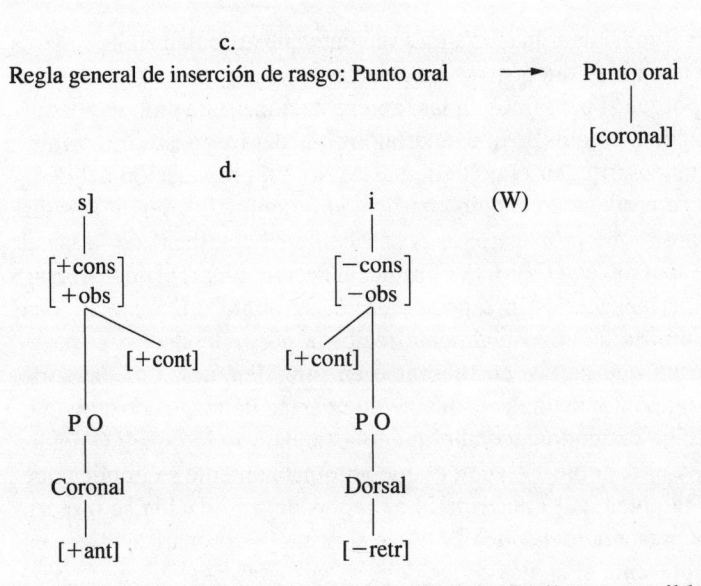

c.
Regla general de inserción de rasgo: Punto oral ⟶ Punto oral
　　　　　　　　　　　　　　　　　　　　　　　　　|
　　　　　　　　　　　　　　　　　　　　　　　　[coronal]

d.

```
        s]                    i           (W)
        |                     |
    ⎡+cons⎤              ⎡−cons⎤
    ⎣+obs ⎦              ⎣−obs ⎦
        |                     |
     [+cont]              [+cont]
        |                     |
       P O                   P O
        |                     |
     Coronal               Dorsal
        |                     |
      [+ant]               [−retr]
```

Por lo que se ve en las reglas ofrecidas arriba, es posible proveer una maquinaria formal que caracterice el cambio de /k/ a [s]. Lo que no resulta claro es por qué se necesitan tantos pasos y, aparte del rasgo [continuo] que ofrece la vocal y que aparentemente causa que la velar se haga [+continua], adición que también le pudiera ser conferida por cualquier otra vocal, resulta inexplicable el papel real que desempeñan las vocales /i, e/. Hay que ver, por ejemplo, que el segmento resultante no deviene en consonante palatalizada, con lo cual se sugiere que el rasgo [+alto] no se transmite de la vocal a la consonante. Pero esto no constituye problema alguno en la expresión formal de la regla por la sencilla razón de que en su descripción no se alude a este rasgo. Por el contrario, se hace referencia al rasgo [−retraído] con el que supuestamente se induce un extraordinario cambio de consonante que se articula en la parte posterior de la cavidad oral para pasar a realizarse en la parte anterior. Ello significa, sin embargo, que la consonante [−retraída] que surge pudiera ser una de las obstruyentes /p b t d b f č/. Para restringirla de suerte que no salga /f/ sino /s/ hay que dejar que intervenga la regla por defecto que llena el vacío del punto oral ausente que tendría /k/, o sea, la que le provee coronalidad. Dicho de otro modo, efectivamente no se está asimilando nada porque la coronalidad que asume /k/ no viene por asimilación de un rasgo principal sino por inserción automática. La historia toma otro matiz si se considera el modelo Clements-Hume y que Núñez Cedeño (1993:140–43) adopta parcialmente y propone para el español.

3.7.3 Coronalización como producto de asimilación del rasgo [coronal]

Si se piensa que las consonantes y las vocales interactúan de manera que comparten un nodo articulatorio que domina un mismo conjunto de rasgos, según vimos en (67), el proceso de coronalización de /k/ comienza a revelarse con naturalidad sorprendente.

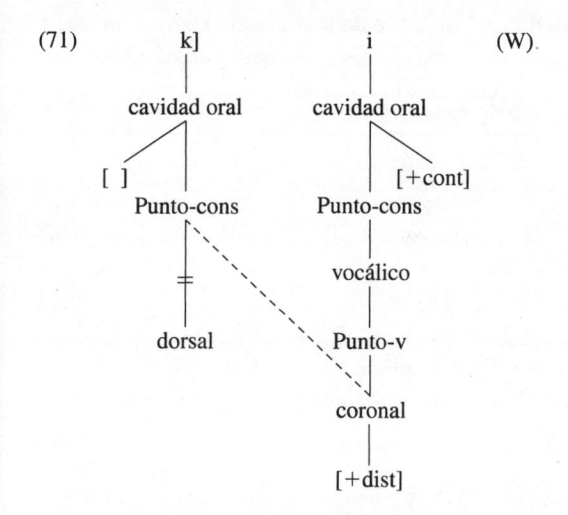

(71)

```
         k]              i            (W)
         |               |
    cavidad oral    cavidad oral
       / |             / |
     [ ] |        [+cont]|
      Punto-cons      Punto-cons
         ⸽⸽ ⸝⸝           |
          ⸝⸝           vocálico
        dorsal           |
                     ⸝ Punto-v
                         |
                      coronal
                         |
                      [+dist]
```

Primeramente se desune el rasgo dorsal del punto-cons de la /k/, con lo que se contribuye a su consiguiente pérdida. En segundo lugar, el punto-v de la /i/ pasa a asociar su rasgo [coronal] al punto-cons que ya ha sido desligado. Al asociarse el nodo coronal, su rasgo dependiente [+distribuido] también emigra con él. Al realizarse la asimilación del nodo coronal se habla entonces de un proceso de coronalización, ya que se está transmitiendo dicho punto articulatorio durante el proceso de asimilación. Semejante asociación con concomitante desasociación produce, pues, un sonido coronal.

Obsérvese que en este modelo la /i/ se define por ser [coronal] en vez de [−retraída], con lo cual se caracteriza el hecho de que es un sonido que se articula entre el (ante)dorso y el ápice de la lengua. Pero a nivel intermedio de derivación todavía no se ha logrado cuajar necesariamente [s] por dos motivos. Primero, la entrada no especifica que /k/ sea [+continua]; es lo opuesto, y de hecho, como este rasgo no resulta distintivo no viene consignado en el léxico sino que recibe el rasgo [−continuo] por defecto. Segundo, las vocales son redundantemente [+continua], con lo cual tampoco hay que asignarles ese rasgo a nivel subyacente. Y aún si estuviera consignado como lo sugiere el modelo Clements-Hume, la regla (71) no capta esta asimilación porque sólo se está asimilando la localización de la vocal y no su constricción [+continua], la cual depende directamente del nodo cavidad oral.

Sin embargo, al producirse un sonido coronal que se caracteriza por ser [+distribuido, +anterior], en la lengua española el único que contiene estas características fonéticas es precisamente la [s] (Harris 1969:12). Como se sabe que [coronal] implica, por defecto, [+anterior], se deduce entonces que una regla por defecto le atribuye a la salida el rasgo [+continuo] a la /s/. La regla por defecto luce así:

(72) $\begin{bmatrix} +\text{anterior} \\ +\text{distribuido} \end{bmatrix} \rightarrow [+\text{continuo}]$

En (73b) se ilustra el resultado de la aplicación de la regla (71) para la entrada léxica /opakidad/, que ofrecemos en (73a), presumiéndose, por supuesto que la regla de redundancia (72) ya se ha aplicado en (73b).

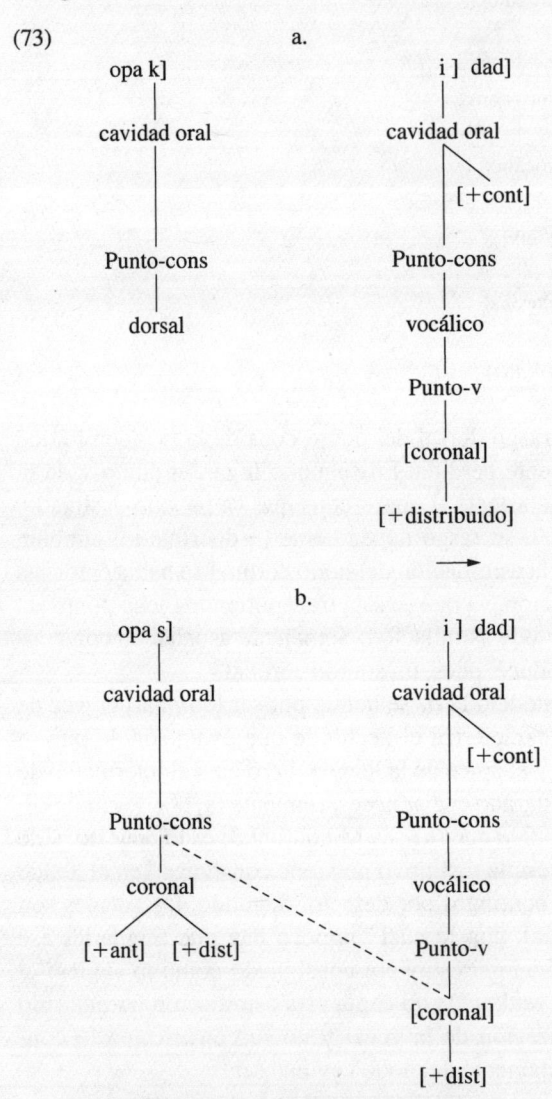

(73) a.

```
opa k]                    i ] dad]
 |                          |
cavidad oral              cavidad oral
                            |
                          [+cont]
 |                          |
Punto-cons                Punto-cons
 |                          |
dorsal                    vocálico
                            |
                          Punto-v
                            |
                          [coronal]
                            |
                          [+distribuido]
```

→

b.

```
opa s]                    i ] dad]
 |                          |
cavidad oral              cavidad oral
                            |
                          [+cont]
 |                          |
Punto-cons                Punto-cons
 |                          |
coronal                   vocálico
 / \                        |
[+ant] [+dist]            Punto-v
                            |
                          [coronal]
                            |
                          [+dist]
```

Para explicar la asimilación de /k/ ante /e/, la cual, por ejemplo, de /élik+e/, produjera [élis+e], se procedería exactamente como se vio en (73), pero con una pequeña complicación. Como se recordará, la /e/ es la vocal preferencial por defecto en la lengua, con lo que se presume que no viene con sus rasgos especificados. Con el modelo Clements-Hume se predice lo mismo, ya que ellos mantienen que a la /e/ no se le debe otorgar especificación alguna en su punto-v, pues como se desprende de (68), esta vocal no se ajusta a ninguna de las tres definiciones.

Pues bien, hay dos posibilidades de realizar la asimilación con la vocal subespecificada. La primera sería la de efectuar la desasociación de la /k/ y propagar el Punto-v no especificado de la /e/ al punto-c de la /k/ ya desarticulada de su punto articulatorio. Al crearse entonces un segmento que no posee especificación de rasgos de punto articulatorio, por convención universal la regla de (70c) le suple por defecto el rasgo [coronal] que falta. La segunda alternativa sería esperar hasta que /e/ reciba su coronalidad por defecto y luego se proceda a la asimilación. Ambas soluciones son factibles y habría entonces que aducir motivos empíricos que ayuden a seleccionar solamente una, tarea que no habremos de asumir en este libro.

En fin, el cambio de /k/ a [s] resulta revelador si se conforma a la teoría de Clements-Hume, porque con ella las vocales no retraídas se tienen por [coronal] y es justamente este rasgo el que le confiere a la consonante /k/ su eventual transformación en segmento coronal al momento de realizarse el proceso de asimilación. Con el modelo de Halle-Sagey semejante proceso permanece en el ámbito de lo misterioso porque al nodo dorsal que define a /i,e/, en particular el rasgo [−retraído], tendría que hacérsele la acrobacia fonológica que bosquejamos arriba para atribuirle a la /k/ su carácter [+coronal]. El cómo lograrlo nos remitiría necesariamente al ámbito de la arbitrariedad.

3.8 Teoría de la Adyacencia

En la sección 3.4 argüimos que en arábigo no se permite la secuencia de dos consonantes coronales, aun cuando entre éstas pudiera intervenir otra. Por ejemplo */tbd/ está mal. Pudimos comprobar, en efecto, que la restricción se cumple a través de ciertos rasgos, cosa que se explica porque arquitectónicamente los rasgos de la consonante /b/ están en un plano diferente al de las consonantes /t,d/. También vimos en el capítulo II que en Granada el proceso de armonía vocálica se hace a través de consonantes, con lo que se sugiere que los rasgos de las consonantes parecen no estar presentes, o si lo están, se encuentran en otro nivel de representación en su arquitectura geométrica. Si se cumple una u otra posibilidad, la asimilación del rasgo vocálico procede como si las vocales estuvieran juntas, al igual que el proceso de asimilación de nasal al punto articulatorio de las obstruyentes siguientes. Este tipo de proceso no es nada controversial, dada la proximidad de los elementos que lo afectan y de los que son afectados. Lo que resulta de especial interés es la asimilación a larga distancia, fenómeno que se debe restringir formalmente, pues es preciso establecer condiciones que limiten la distancia que puede existir entre un segmento que activa un cambio y otro que lo recibe.

Veamos el desarrollo de la formalización de semejante restricción según la esboza Odden (1994).

3.8.1. Breve bosquejo histórico de la adyacencia

En la teoría lineal, representada por el trabajo de Chomsky y Halle (1968), se trató el proceso de asimilación de segmentos cuando no se encontraban contiguos. El mecanismo formal que utilizaban era indicar con subíndice de cero la no presencia de un segmento que interviniera entre el segmento que incentivaba el proceso y su diana. De suerte que en el caso del relajamiento vocálico en *momɛntǫ*, en el dialecto granadino, bastaba con postular la regla (74) en donde C₀ significaba que podía o no haber consonantes.

(74)   V
       V → [−tensa] ____ C₀ [−tensa]

C₀ tenía posibilidades infinitas: representaba igual ninguna que un sinnúmero de consonantes.

Posteriormente se limitó la capacidad expresiva de reglas como la (74) al especificarse que la asimilación a larga distancia podría ocurrir sólo en aquellos casos en que no hubiera coincidencia de rasgos entre el foco mismo de la regla y el segmento afectado (Odden 1994:291). Ello significa, por ejemplo, que una regla que nasalice una vocal baja inicial ante la secuencia ____([+alt][+son][+res])₀[+nasal] no debe aludir a vocal baja en este contexto. Así, dicha regla no se aplicaría a /akawn/ porque ésta no se ciñe a su descripción estructural.

Sin embargo, nada impide que la regla de nasalización se aplique a /akewn/, lo cual produciría la inexistente [ãkewn]. Era obvio que la teoría no estaba lo suficientemente restringida porque permitía que surgieran formas inexistentes. La meta teórica era, pues, evitar y eliminar las expresiones de tipo (C₀V₀)₀.

3.8.2 Adyacencia en la teoría no lineal

La fonología no-lineal va definiéndose de modo tal que se eviten las reglas que aiudan a subíndices con ceros. Llega a refinarse con mayor articulación en los trabajos de Archangeli y Pulleyblank (1987b), quienes sugieren que los procesos deben respetar la *Condición de Localidad*. Dicha condición sencillamente establece que tanto el receptor de los efectos de una regla fonológica como su respectivo activador deben estar adyacentes. Aunque no la vamos a explicar, conviene señalar que, pese a su aporte significativo al tema y a la teoría fonológica, se le vienen encima una buena cantidad de problemas que no puede resolver. Más exitosa parece ser la que articula Odden en el artículo antes citado.

La teoría de Odden se basa en la estructura geométrica de Clements-Hume. Como se recordará en la arquitectura geométrica del punto de articulación que defienden estos autores se dice que hay una equivalencia funcional entre los rasgos de las vocales y los de las consonantes. Se vio, por ejemplo que hay una estrecha interacción entre la vocal /i/ y la obstruyente coronal /t/. Además hay lenguas en que el prefijo vocálico de cierto morfema es una copia fiel de la vocal de la raíz. Si la consonante inicial es una consonante coronal, el prefijo vocálico resulta ser la vocal [i]. Por otra parte, aunque se arguye que hay semejante equivalencia, los nodos del punto articulatorio de las vocales y las consonantes están en diferentes estratos. Por eso se justifica el que las consonantes sean transparentes cuando ocurre la armonía vocálica, como en el caso del granadino antes mencionado. Brevemente bosquejado, el punto articulatorio de las consonantes se distingue del de las vocales, según se ilustra en (75).

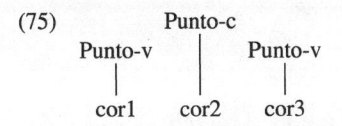

(75)   Punto-c
      Punto-v | Punto-v
        | | |
       cor1   cor2   cor3

De ahí se explica que el Punto-v de cor3 pueda propagar su rasgo al de cor1, pasando por cor2. Y aunque parece que se crucen líneas de asociación, de hecho, no ocurre así porque el cruce no se realiza en un mismo plano sino en planos diferentes. Visto de otro modo, debajo del Punto-c no interviene un Punto-v; por lo tanto no puede haber cruce de líneas.

3.8.3 Definición de localidad

Si se acepta la teoría de Clements-Hume de acuerdo con (75), podemos ver que de hecho tanto el punto articulatorio de la Cor1 y el de Cor3 están contiguos, puesto que nada interviene en ese plano (el plano Punto-c no contiene debajo un Punto-v). La adyacencia se da a partir de la presencia de rasgos que estén en diferentes niveles. Por lo tanto, la adyacencia se efectúa siempre que se respete la interacción de proximidad entre los elementos que se afectan. De manera más técnica, las relaciones fonológicas deben respetar la Condición de Localidad.

(76) Condición de Localidad
      En una relación en que se involucran A y B y los respectivos nodos α y β que ambos dominan, nada puede separar a α y β, a no ser que lo que les separe esté en otro estrato.

La condición (76) sencillamente dice que en (77a) y (77b), α y β están adyacentes aun cuando en (77b) aparece una C que se presume está en un estrato diferente.

(77) a. A B   b. A C B
          | | | |
          α β   α   β

Sin embargo, en (78a) y en (78b) & y b no están adyacentes porque interviene en el mismo estrato otro material cualquiera, en este caso @. El símbolo @ en (78b) corresponde a un elemento flotante que interviene en ese estrato.

(78) a. A C B   b. A   B
         | | | | |
         α @ β   α @ β

Si aplicamos la Condición de Localidad al pasiego, a /momento/, vemos lo siguiente (Punt = Punto-c).

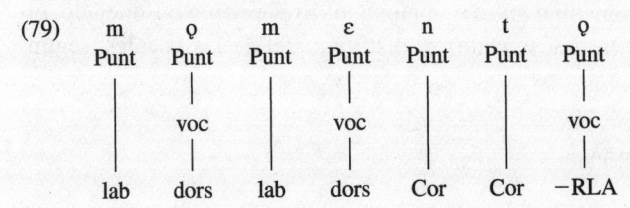

(79) m   o   m   ε   n   t   o
     Punt Punt Punt Punt Punt Punt Punt
           | | |
          voc   voc   voc
           | | |
     lab dors lab dors Cor Cor −RLA

El rasgo [−RLA] del sufijo /o/ se propaga a /ε/ porque las consonantes /n/ y /t/ no contienen un nodo voc(álico), con lo que las vocales /o/ y /ε/ quedan efectivamente adyacentes, de acuerdo con la Condición de Localidad. Luego, por repetición de la misma regla, se relajan las demás vocales debido al mismo motivo de localidad. Presumimos que las vocales tensas no poseen el rasgo [+RLA]. El hecho de poder recibir el rasgo [−RLA] de la vocal vecina le da sustento a esta presunción. O sea que para caracterizar los datos habría una regla algo parecida a la (80).

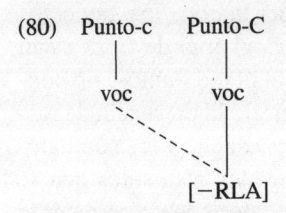

(80) Punto-c Punto-C
         | |
        voc   voc
           \\   /
           [−RLA]

Otro ejemplo de la restricción que impone la Condición de Localidad lo ilustra el mencionado caso de disimilación de líquida en latín. Según veremos en el cap. IV, la /l/ del sufijo *-a:lis* se cambia a [r] cuando le precede /l/, salvo si interviene una /r/ en cuyo caso no se da la disimilación. Aquí la presencia del rasgo [−lateral] bloquearía el proceso de disimilación. Algo muy parecido ocurre en bukusu, una lengua bantú que se habla en Kenia. En esta lengua, la /l/ de un sufijo se convierte en [r] después de /r/, según se ve en (81).

(81) teex-ela 'cocinar para alguien'
      lim-ila   'cultiva para alguien'
      iil-ila   'enviar algo'
      kar-ira   'torcer'
      rum-ira   'enviar a alguien'
      reeb-era 'pedir'
      resy-era 'recuperar'

Obsérvese que en las tres primeras palabras el sufijo -*ila* (o -*ela*) no cambia aun cuando le precede la lateral /l/. En cambio en las demás sí hay mutación, cuando la base posee la vibrante /r/. Por lo visto, en bukusu se da el anverso del latín: la presencia del rasgo [+lateral] impide la disimilación.

3.8.4 Particularidades de otras lenguas

La Condición de Localidad resulta ser el caso general, que abarca la asimilación a larga distancia sin que se tenga que especificar límite alguno, excepto el de que se respete la condición misma de adyacencia, como vimos en el dialecto granadino. Además, en kikongo, lengua bantú de Zaire, se ejecuta la asimilación de nasal pasando por alto cualquier número de consonantes que intervengan. De modo que se da el caso de que una /l/ se convierta en [n] cuando le precede en la base una consonante nasal. La forma subyacente /ku-kinis-il-a/ se convierte en [kukinisina] 'hacer bailar para alguien'. Esencialmente lo que ocurre es una asimilación sin límite, como lo muestra (82).

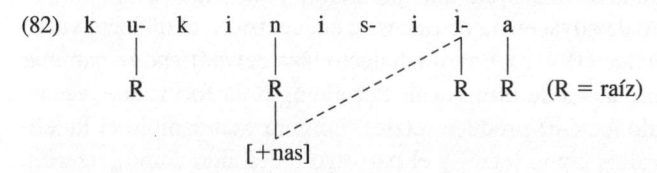

(82)   k   u-   k   i   n   i   s-   i   l-   a
       | | | |
       R   R   R   R   R   (R = raíz)
               |
            [+nas]

En este ejemplo en el estrato nasal no hay nada más que un segmento que contiene ese rasgo y por tanto la /l/ final se convertiría en [n].

Por el contrario en chukchi, una lengua paleo-asiática que se habla en Siberia, la asimilación de nasal sólo se produce si la consonante asimilante y la que asimila están separadas por no más de una consonante o vocal. La asimilación de obstruyente de esta lengua es bastante restringida, pues sólo se ejecuta inmediatamente ante una consonante nasal. La subyacente /repn-et/ se torna en [remnet] 'carne de un flanco'; pero si interviene una vocal entre la obstruyente y la nasal, la asimilación sencillamente no se cumple. Así, /repen/ se realiza como [repen] 'carne de flancos'. En (83) se muestra la configuración de ambos casos.

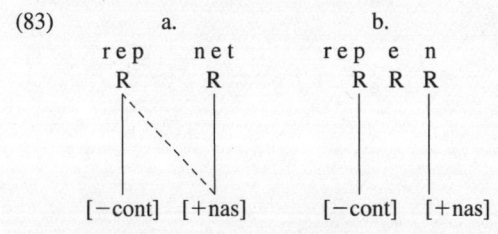

(83)   a.   b.
          r e p   n e t   r e p   e   n
              R   R   R   R   R
              | | | |
              | | | |
           [−cont] [+nas]   [−cont] [+nas]

La Condición de Localidad se podría aplicar potencialmente en ambos casos de (83), pero lo cierto es que sólo se cumple en el primero y no en el segundo. Tal como se plantea, pues, la condición exige que se atenúe, de modo tal que pueda responder a los retos que se le presentan. El reto, sin embargo, no se contrapone de manera radical a la Condición de Localidad, porque si bien ésta tiene en cuenta adyacencia de estratos a nivel de punto articulatorio, los ejemplos contrarios que surgen muestran que todavía hay adyacencia a un nivel más alto: o a nivel de la raíz, como en chukchi, o a nivel de sílaba, como mostraremos en otras lenguas.

Por lo tanto, hay que agregarle a la Condición de Localidad otros parámetros limitantes, que presentamos en (84).

(84) Parámetros de adyacencia
    a. Adyacencia de raíz: los nodos radicales del blanco y el activador deben estar adyacentes.
    b. Adyacencia de sílaba: el blanco y el activador deben estar en sílabas adyacentes.

Para (84a) dimos el ejemplo (83a). Añadamos también [tem-ek] 'matar' y [ga-nme-len] 'el mató', proveniente de la subyacente /ga-tmek-len/. Este último muestra nuevamente que la asimilación de obstruyente a nasal tiene que suceder en proximidad de raíces, sin que intervenga vocal alguna.

Otro caso típico de adyacencia de raíces se encuentra en el dialecto vasco gernicán, según Hualde (1991b). En este dialecto la vocal /e/ tiende a cambiar a /i/ inmediatamente antes de otra vocal. Por ejemplo, la forma subyacente del singular absoluto /etzé-e/ produce [etzié] 'hombre'; en cambio el indefinido absoluto se realiza como [etzé] y el partitivo indefinido como [etzérík]. En estos dos últimos ejemplos se ve que las /e/ que no están inmediatamente adyacentes a otra vocal no cambian a [i].

Un ejemplo de la restricción producida por intervención de la sílaba nos lo provee el chimwiini, lengua bantú que se habla en Somalía. El sufijo perfectivo de esta lengua es -i:ɬe o -e:ɬe.

(85)   tov-e:ɬe   'zambulló'
       jib-i:ɬe   'él contestó'
       had-i:ɬe   'dijo'
       som-e:ɬe 'leyó'

Ahora bien, cuando a /ɬe/ le precede inmediatamente una sílaba que contiene /l,r,ɬe/, tiende a cambiarse en la alveolar [l], como se detalla en los ejemplos en (86).

(86)   sul-i:le   'quiso'
       komel-e:le 'cerró'
       fadil-i:le   'prefirió'
       gir-i:le   'se mudó'
       mer-e:le   'giró'

Pero si entre la /ɬe/ del sufijo y las líquidas que le preceden interviene otra sílaba, el cambio no se produce.

(87)   reb-e:ɬe   'paró'
       gorom-e:ɬe 'rugió'
       ɬum-i:ɬe   'mordió'

En (87) se ve que entre las líquidas de la base intervienen las sílabas *-be, -me,* y *-mi.* De invocarse la Condición de Localidad no habría manera de impedir el cambio porque aquélla no posee otra restricción que no sea la que se expresa en la condición misma. Parece, pues, que en esta lengua hay que limitar el poder expresivo de la condición, pero siempre sujeto a que las sílabas deben estar contiguas. De lo contrario el cambio a larga distancia sencillamente no se produce. Hay muchas otras lenguas que poseen semejante restricción, con lo que se quiere decir que la Condición de Localidad viene a ser la regla universal y que, en su defecto, funcionan las particulares que militan en algunos dialectos y lenguas.

CAPÍTULO IV

Teoría de la Subespecificación

4. Introducción

Luego de considerar la arquitectura fonológica de los segmentos, convendría ahora inquirir en torno a la naturaleza de la representación de los mismos en el léxico. En efecto, en páginas anteriores hemos dado por sentado el pilar principal que sostenía hasta hace poco a la fonología generativa: el hecho de que los sonidos del habla se representan como haces de propiedades fonéticas, cuyos elementos individuales se relacionan entre sí partiendo desde el nivel de la representación fonética hacia el de la representación subyacente. Dicho de otro modo, la representación fonética de una elocución tanto a nivel fonético como fonológico se representa mediante un conjunto de segmentos discretos, en el que cada segmento consiste en una matriz de rasgos que corresponden, como ya sabemos, a las diferentes actividades que se realizan en la cavidad bucal para articular ese sonido. Tal correspondencia no se describe como totalmente simétrica, pues a lo largo de la historia de la fonología se ha detectado una vasta cantidad de rasgos que no desempeñan un papel crucial en la fonología de una lengua dada y que de hecho pueden ser predecibles según se efectúen derivaciones.

En efecto, hace tiempo se sabe que las lenguas difieren en cuanto a sus rasgos redundantes. Tomemos por ejemplo la pronunciación de /p/ en inglés y tailandés. En ambas lenguas se manifiesta de dos maneras: como la oclusiva inaspirada [p] o como la oclusiva aspirada [p^h]. En inglés la [p^h] prevocálica siempre aparece al principio de palabra; así, *pot* 'olla' se pronuncia [p^{h}ot], mientras *spot* 'sitio' generalmente se realiza como [spot]. Si *pot* se produjera sin aspiración los hablantes la sentirían extraña pero no por ello dejarían de percibir su significado. En cambio en tailandés estos dos tipos de sonidos pueden aparecer al principio de palabra y por lo tanto transmiten significados diferentes. No es lo mismo [p^{h}aa] que significa 'bosque' que [paa] que se traduce como 'dividir'. La diferencia en significado la determina la aspiración, que por lo tanto es importante en tailandés. Como no hay manera de predecir su aparición, debe estar codificada a nivel léxico. En inglés la aspiración no es contrastiva, por lo cual no se la especifica léxicamente sino que se deriva mediante una regla contextual de implicación que dice que si es [−sonora] al principio de palabra, entonces debe ser [−glotis dilatada], o sea, aspirada. Si dichos rasgos son enteramente predecibles, no hay necesidad alguna de citarlos como parte de los rasgos de un fonema.

4.1 Redundancia léxica

La representación fonológica de una palabra habrá de contener sólo aquellos rasgos impredecibles, dejándose aparte los predecibles o redundantes. Al principio del generativismo estos rasgos redundantes se expresaban formalmente mediante reglas fonológicas que suministraban a la larga el contenido fonético de un segmento en cuestión. Estas reglas, denominadas reglas de redundancia léxica o reglas de estructura morfémica, eran el mecanismo por medio del cual se añadían los rasgos que faltaban. Formaban parte de la gramática universal que asignaba los valores no marcados de los rasgos, como el valor implicacional citado anteriormente o, en el caso de las consonantes resonantes [r,l,m,n], se dejaba aparte el rasgo [sonoro] debido a que universalmente tienden a ser [+sonoras]. La gramática universal rendía su valor a nivel fonético mediante la implicación de que si era [+resonante] debía ser [+sonora]. Semejantes implicaciones darían lugar al surgimiento de la teoría de la marcadez, que repasaremos brevemente en las secciones siguientes.

El consenso general en la evolución de la teoría fonológica ha sido, pues, que no es indispensable especificar la información redundante o no distintiva de los segmentos. En la historia de la representación fonológica se ha empleado la noción de la "subespecificación" de rasgos, concepto ampliamente elaborado y articulado en lo que hoy día se denomina *Teoría de la subespecificación* (Archangeli 1988), con la cual se intenta determinar qué tipo de información se necesita en la representación fonológica y cuáles son los mecanismos que se necesitan para rescatar y hacer constatar a nivel fonético la información que falta.

4.1.1 Teoría de la marcadez

Antes de analizar los detalles de la teoría de la subespecificación, no vendría mal examinar brevemente dos teorías que la precedieron, hacer notar las características que las definen y cómo resultan ser limitadas en su poder expresivo al compararlas con la nueva teoría.

4.1.2 La marcadez en el estructuralismo

La redundancia fonológica está íntimamente ligada a la noción de "marcadez" que desarrollaron los fonólogos de la escuela de Praga, en particular su máximo apologista, Trubetzkoy (1969). En su *Principios de fonología*, Trubetzkoy distinguía las oposiciones constantes de las neutralizables. Con respecto a las neutralizables, se decía que cuando dos fonemas se encontraban en posición de neutralización sólo se realizaba fonéticamente el segmento "no marcado". El alemán posee, por ejemplo, la serie de obstruyentes /p,b,t,d,k,g,f,v,s,z/, pero de éstas sólo aparecen al final de sílaba las sordas [p,t,k,f,s] (v.g., *Ra.*[d]*er* 'wheels' vs. *ra*[t]. 'wheel') que se dicen que son no marcadas en alemán. Al no contrastar en posición final, se propuso que estas consonantes se deberían representar como archifonemas o unidades no especificadas en cuanto al rasgo [sonoro], pero que poseían los demás rasgos característicos de las obstruyentes. El segmento no marcado se encontraría, entonces, únicamente en posición de neutralización, en un entorno bien específico. Sin embargo, aun cuando los archifonemas pueden ser no marcados al final de sílaba, en otro contexto llegan a ser marcados.

La marcadez para Trubetzkoy era una propiedad específica de una lengua particular. No revestía carácter universal. Así, si bien la [t] podía ser no marcada en alemán, en francés se tenía como marcada (Martinet 1936:52). En ambos casos, cuando se determinaba la marcadez, siempre se le confería el mismo coeficiente: para la primera situación siempre sería marcada con "−" y para la segunda, con "+".

4.1.3 La marcadez en el generativismo

La marcadez estructuralista encontró eco tentativo en la teoría fonológica de Chomsky y Halle (1968), que se distinguía de aquélla en lo relativo a la proyección: mientras la marcadez estructuralista se ubicaba en función de las fonologías de lenguas particulares, la marcadez generativa partía de lo universal y de la hipótesis de lo innato. El sostén de semejante presunción provenía de los universales que se observan en la tipología lingüística, en la adquisición de sonidos por los niños, y en los cambios fonológicos que experimentan las lenguas del mundo.

La noción de la marcadez se desarrolla, pues, para evaluar el carácter intrínseco de los rasgos. Cuando un rasgo es normal (por ejemplo, el [+sonoro] de las vocales, pues éstas son normalmente sonoras) o se predice para un segmento (v.g., si la vocal es [+baja] se espera que posea el valor [+retraído]), se dice que ese rasgo es no marcado para dicho segmento. El valor no marcado se identifica con el estadio neutral de los articuladores que podrían intervenir al producirse un sonido. Así que para el rasgo [nasal], la posición neutral de la úvula es no estar adherida a la pared faríngea, de manera que su valor no marcado es [−nasal]. Por el contrario, los menos normales o los que no se esperan son *Marcados* (Por ejemplo, la [ü] francesa es [+redonda, −retraída] y lo que se esperaría es que al ser [−retraída] entonces sea [−redonda]). Los rasgos en la fonología generativa se tenían como simétricos, o de valor positivo o negativo. La fonología generativa se diferenciaba del estructuralismo al aceptar el valor "+" en casos de no marcadez. Lo cierto es que uno de estos dos valores debía aparecer en el nivel subyacente. Como no había manera de caracterizar la naturalidad de los rasgos que surgirían a la superficie, se propuso reemplazar en las representaciones subyacentes los respectivos valores de más (+) y de menos (−) con N (para los no marcados), y M (para los marcados). Los tres casos que favorecen un segmento y no otro se recogen formal y parcialmente mediante la convención de marcadez (1).

(1) a. [N sonoro] → [+sonoro]/ [+resonante]
    b. [N retraída] → [+retraída]/ [+baja]
    c. [N redonda] → [α redonda]/ $\begin{bmatrix} \alpha \text{ retraída} \\ -\text{baja} \end{bmatrix}$

En (1) se observa que la entrada contiene el valor no marcado, representado con N, y la salida fonética los valores usuales de + o −; mientras que las variables griegas pueden representar uno u otro valor. Un motivo para sustituir en la entrada las enes (en inglés se representaban con *u* para el término *unmarked* 'no marcado') obedecía a que, por ejemplo, el conteo de rasgos no siempre definía claramente lo que se quería decir por "clase natural" (Hyman 1975:147). Al comparar mediante las variables griegas a las vocales /i, e, u, o/ con /e, o, u, w/, vemos que se caracterizan por poseer exactamente los mismos valores, [αretraída, αredonda, −baja]. En términos de naturalidad los dos conjuntos son iguales, pero ya se sabe que es mucho más factible encontrarse con el primer conjunto que con el segundo. La lengua española y la inglesa, que tienen una /i/ cuyos rasgos son [−retraído, −redondo], se evaluarían más altamente que la francesa o la turca, que acusan la presencia de /ü/ pero cuyos rasgos son [−retraído, +redondo]. La teoría de la marcadez sirve, pues, para resolver y evaluar el contenido intrínseco de los rasgos.

La codificación de rasgos con enes y emes se convierte en parte integral de la estructura del léxico, asumiendo de por sí un carácter universal, que se cumple en todas las lenguas. Se inaugura entonces una serie tentativa de 39 reglas o convenciones universales que reemplazaría las emes y las enes intrínsecas, o derivadas contextualmente, con valores binarios (Chomsky y Halle 1968:404−407). Aunque el valor *N* de un rasgo significa algo predecible y el *M* algo impredecible, la complejidad de un segmento se consigue con sólo contar emes: mientras más emes posea, más complejo será el segmento y, por lo tanto, más impredecible. En realidad, no se habían descartado los valores binarios sino que se habían cambiado por enes y emes (para una aplicación de la marcadez al cubano, véase Guitart (1976)).

En resumen, la teoría de "marcadez" según los fonólogos de la escuela de Praga obedecía a principios elementales de lenguas particulares que eran determinados por fenómenos de neutralización en contextos bien específicos. El valor que no aparece en entorno de neutralización muy bien puede realizarse en contexto distinto no neutralizable. En cambio, la marcadez, según los fonólogos generativistas, obedecía a principios universales que caracterizaban a todos los segmentos como no marcados o marcados para uno que otro rasgo fonológico. Según ellos, la marcadez bien puede ser inherente a un segmento o derivarse de acuerdo al contexto. Con todo, esta teoría no logró calar y quedó a nivel tentativo. En general se siguió aplicando la tradicional representación de los segmentos subyacentes con sus valores binarios.

4.2 Teoría de la subespecificación

En su tesis doctoral escrita para el MIT en 1984 y publicada en 1988, Archangeli, beneficiándose ya de un trabajo escrito por Kiparsky (1982b) dos años antes, introduce la teoría de la subespecificación, la cual se diferencia sustancialmente de las anteriores. En primer lugar, las teorías anteriores fundamentaban la (no)marcadez tanto en la distribución intralingüística como en las alternancias segmentales; la nueva teoría, en cambio, se basa exclusivamente en la distribución segmental.

En segundo lugar, con las otras dos teorías se presumía que los segmentos subyacentes se caracterizaban por tener los valores "+" y "−". Con la nueva teoría se propone explorar más profundamente la idea de que todo segmento fonológico sólo tendrá una especificación mínima de rasgos, y con ello se adelantará la hipótesis de que si hay especificación sólo habrá "+" o "−" si se trata de un rasgo que hace contraste o distingue. Teniendo semejante propiedad distintiva, se supone que el rasgo especificado debe contar a nivel subyacente, ya que no se puede predecir cuándo aparecerán o no en la superficie. De lo contrario, si se pudiera predecir el rasgo mediante reglas contextuales o libres, o sea, si no existiese contraste, se emplearía "0". Así, [d] y [t] se distinguen porque la primera contrasta con el rasgo subyacente [+sonoro], mientras que la segunda sería [0sonoro], es decir, no especificada en cuanto a su valor "−". (En la práctica, en vez de emplear ceros, se suele indicar la ausencia de rasgos dejándose un corchete vacío: [ ]). Esta valencia se le suple a [t] por una regla de redundancia que posee carácter universal. Con ello se quiere decir que una obstruyente sorda como [t] por lo general recibe su valencia negativa (el hecho de ser sorda) mediante una regla de redundancia.

En tercer lugar, como acabamos de apuntar con respecto a [t], los rasgos ausentes habrán de insertarse en el segmento mediante reglas de redundancia que suelen serle específicas a una lengua o pueden revestir carácter universal. Con esta doble posibilidad, la teoría de la subespecificación se acopla con las que la precedieron. Por último, la especificación mínima de un fonema y la especificación de los rasgos que contiene cualquier fonema se basan primordialmente en las alternancias fonológicas que experimenta una lengua en particular. Dichos valores se pueden predecir si existen en la lengua reglas contextuales o libres que sean capaces de introducir los valores que faltan. La mencionada teoría difiere de modo sensible de la de Chomsky y Halle (1968) en la medida en que no se decide la especificación de los fonemas únicamente mediante hechos de distribución intralingüística universal sino también mediante las alternancias que se registran en una lengua en particular.

Para resumir, en esta teoría el rasgo fundamental que establece contrastes entre segmentos aparece en su forma subyacente; en cambio, el que no contrasta, el que es predecible, le es conferido al segmento mediante regla de redundancia. Así que como en español se sabe que toda consonante resonante es automáticamente [+sonora], este rasgo no se debe especificar en la forma léxica sino que deviene mediante regla que lo inserta. Este tipo de subespecificación se conoce hoy día con el nombre de Subespecificación Radical. Por tanto, lo especial de la teoría radical es que incluso valores que contrastan aparecen sin especificar, v.g., las consonantes /t/ y /d/ contrastan con el rasgo [sonoro], pero sólo una se especifica con este rasgo. Como bastantes fonólogos han aportado numerosas pruebas que sostienen esta teoría (sirvan de ejemplos los trabajos que se recogen en el volumen 5 de *Phonology* 1988), habremos de destacar su aplicación en lo que concierne a la lengua española. Sin embargo, en la sección 4.8 presentaremos un breve bosquejo de una teoría alterna, la llamada Subespecificación Constrastiva o Restringida, con la que se ha intentado resolver algunos casos que, según sus apólogos, han resultado problemáticos a la teoría de subespecificación radical (Steriade 1987).

4.2.1 Subespecificación en general

Pasaremos ahora a ampliar al bosquejo introducido en párrafos anteriores y luego centraremos nuestra atención en las vocales españolas y en alguna que otra consonante.

Las lenguas por lo general tienden a dar muestra de asimetrías en la distribución de sus rasgos fonológicos y en sus reglas fonológicas. En español hay varias reglas epentéticas que usualmente tienden a insertar un tipo de vocal, la /e/. Lo curioso es que teniendo el español cinco vocales, se escoja sólo ésta y no la /i/ ni la /u/. Esto le confiere un carácter idiosincrásico a la inserción de esa vocal, puesto que se sabe que por lo general la vocal epentética tiende a ser diferente en las lenguas del mundo. Un ejemplo típico de tal variabilidad se da en igbo que escoge insertar la /i/.

La opción de escoger la /e/ en vez de otra vocal causa una singular asimetría en el inventario de vocales. Semejante asimetría hace predecibles todos los rasgos que la conforman y que por lo tanto no deben aparecer en la subyacencia. Claro está que la total no especificación de /e/ no significa que las demás se comporten de la misma manera; dicho de otro modo, las otras vocales tendrán cierta especificación, aunque no toda la especificación sino la necesaria para distinguir a una de otra. La /u/, para citar un caso, sólo requiere la presencia de los rasgos [+alto, +retraído], los cuales la distinguen de las demás vocales. Lo que se implica con la presencia de estos rasgos a nivel subyacente es que sólo habrán de consignarse en ese nivel de representación los rasgos que sirvan para distinguir fonemas.

4.2.2 Subespecificación definida

Lo que presupone la teoría, entonces, es que debe haber ciertos principios que rijan la representación subyacente. Por lo tanto, nos interesa formular y conocer el principio de la Subespecificación, el cual regirá las representaciones fonológicas y que se resume de este modo.

Subespecificación
No existe rasgo de tal suerte que se tenga que
especificar un valor para dicho rasgo en cada fonema
(Sagey 1976:20, T.A.)

Esta definición se basa en las suposiciones de Chomsky y Halle respecto a que el léxico debe tener la menor cantidad posible de rasgos que sirvan para distinguir piezas léxicas. ¿Ahora bien, qué significa la definición anterior? En primer lugar, que el hablante tendrá menos que aprender y memorizar porque la representación mínima de los rasgos es mucho más simple que la representación donde hay especificación total o parcial de rasgos. Por ejemplo, compárese a (2) con (3), teniendo presente que las columnas representan fonemas y las filas los valores de los rasgos.

(2)   A   B   C
   F   +
   G   +
   H

(3)   A   B   C
   F   +   −   −
   G   −   +   +
   H   +   +   +

Evidentemente, si se compara a (2) con (3) cabría concluir que el hablante se vería menos forzado en el aprendizaje del primero, al contener éste una cantidad mucho menor de valencias que el segundo. En otras palabras, (2) es mucho más simple que (3). La representación parcial de (2) juega por lo tanto un papel crucial en la fonología, ya que con ella se propone que a nivel subyacente aparecerán únicamente los rasgos mínimamente necesarios para distinguir un sonido de otro. Los que no cuentan para efectuar tal distinción se habrán de rellenar con reglas de redundancia.

4.2.3 Inventario alfabético

La matriz completa con todos sus rasgos forma parte de un inventario fonológico, o sea que corresponde al alfabeto de sonidos que posee una lengua. Si bien la aplicación de las reglas de redundancia genera a la sazón una matriz fonológica completamente especificada, las reglas fonológicas de la lengua también pueden interactuar con la representación fonológica, de suerte que se obtenga en última instancia la representación fonética. Lo que queremos decir es que la matriz de un fonema no surge a la superficie debidamente rellenada hasta tanto no se hayan aplicado las reglas fonológicas de la lengua, las que muy bien pudieran cambiar los rasgos del fonema. Esto último es muy importante porque las reglas de redundancia pueden o no insertar rasgos que falten, pero nunca cambiarlos.

Hay tres tipos de reglas de redundancia, de las cuales las dos primeras tienen mayor importancia en el sistema. En primer lugar, las llamadas *reglas por defecto* (ing. "default rules") son de carácter universal y no añaden costo a la gramática. Se supone, por ejemplo, que el rasgo [+sonoro] le es propio a todo sonido inobstruyente, ya que su producción siempre requiere vibración de las cuerdas vocales, por lo cual no se anota en la representación léxica de este tipo de sonido. En segundo lugar, figuran las *reglas complementarias,* las cuales responden a la particularidad de una lengua y tampoco son costosas. En tercer lugar, las *reglas aprendidas,* que también son particulares, pero con la desventaja de que les son costosas a la gramática precisamente porque tienen que ser aprendidas por los hablantes.

Para ilustrar la función de estas reglas tomemos en primer lugar las vocales españolas.

4.3 *Reglas de redundancia: por defecto y de complemento*

Vamos a suponer por ahora que, por motivos que presentaremos más adelante, se tiene a la /e/ como la vocal no marcada, asimétrica, de la lengua. Con este supuesto establecemos, entonces, un algoritmo que nos provee las representaciones léxicas subespecificadas. Tomemos el modelo que resume Roca (1994:64 y ss.) del trabajo original de Archangeli (1984:27 y ss.)

(4) Algoritmo de la subespecificación radical
    a. identifique el segmento asimétrico
    b. provéale a dicho segmento todos sus rasgos
    c. para cada rasgo identificado, escriba una regla que supla el rasgo en cuestión
    d. elimine del léxico los rasgos que supla la regla anterior
    e. fije el resto de los rasgos con reglas por defecto

Con los pasos (4a) y (4b) se producen los rasgos de la vocal /e/;

(5)   /e/
    alto   –
    bajo   –
    retraído   –
    redondo   –

A continuación, con el paso (4c) se elaboran *reglas complementarias* que insertan los valores de los rasgos observados en (6).

(6) Reglas complementarias
    a. [ ] → [–alto]
    b. [ ] → [–bajo]
    c. [ ] → [–retraído]
    d. [ ] → [–redondo]

Una vez se aplican las reglas complementarias, los valores de los rasgos que con ellas se identifican se eliminan del léxico no sólo para la /e/ misma sino para todos los valores de los otros rasgos. Esto se hace mediante el paso (4d), que convierte la matriz (7a) en (7b):

(7)
```
              a                              b
        i   e   a   o   u              i   e   a   o   u
  alt   +   −   −   −   +              +           +
  baj   +   −   +   −   −       →              +
  ret   −   −   +   +   +   (R.4d)             +   +   +
  red   −   −   −   +   +                          +   +
```

La matriz (7b) todavía contiene redundancias que son predecibles por marcadez universal. Obsérvese que tanto la /o/ como la /u/ coinciden en ser retraídas y redondas. Lo típico en las lenguas del mundo es que si la vocal es [+retraída] es también [+redonda], por lo que no hay necesidad de especificar el rasgo [redondo]. Además, como es común que la /a/ se caracterice por [+baj, +retr] (aunque también es usual encontrar una vocal [+baja, −retraída], como la [æ] del inglés), por generalidad se puede predecir que si el segmento es [+bajo] también es [+retraído], con lo que se puede eliminar del léxico este último rasgo. Presumiendo estas reglas implicacionales de marcadez universal, ofrecemos las reglas por defecto que introducen los valores en (4e).

(8) Reglas por defecto
 a. $\begin{bmatrix} +\text{retr} \\ -\text{baj} \end{bmatrix} \rightarrow [+\text{red}]$
 b. $[+\text{baj}] \rightarrow [+\text{retr}]$

Dando por sentada la existencia de las dos reglas en (8), que suplirían los rasgos ausentes, la matriz final luciría de la siguiente forma:

(9)
```
              i   e   a   o   u
  alto        +           +
  baj             +
  ret                     +   +
  red
```

En una lengua, todo lo que tenga funciones de redundancia y se deduzca empleando reglas por defecto y de complementos no tiene que aprenderse. Lo único que el hablante tiene que aprender es la representación subyacente, que es la misma que se presenta en (9) para las vocales españolas.

4.3.1 Reglas aprendidas

Las últimas reglas de redundancia que habremos de considerar son las que es obligatorio aprender. Algunas de estas reglas funcionan al igual que las reseñadas arriba. Ejemplo de esto sería la lengua amerindia Nez Perce que contiene dos tipos de áes: [æ, a]. Dado que los valores de /a/ se pueden predecir con la regla de redundancia universal (8b), no ocurre lo mismo con [æ] y por tanto habría que añadirle a esa lengua una regla adicional para especificar que si es positiva para el rasgo [bajo] entonces debe ser [−redonda]. Esta es una condición compleja y por tanto debe ser aprendida por el hablante. Entre las reglas aprendidas también hay reglas fonológicas como las de armonía vocálica, tema que estudiaremos más adelante, cuando tratemos acerca del pasiego.

4.4 *Epéntesis de /e/*

Ya hemos sugerido que /e/ es la vocal epentética por excelencia y que por tanto se la debe tener como asimétrica, sin especificarle ninguno de sus rasgos a nivel subyacente. Pasemos revista a los varios argumentos que se han aducido para motivar la representación de la subespecificación vocálica de esta vocal, primero respecto al español en general y luego con relación al dialecto pasiego.

Hay en español por lo menos cinco procesos de vocal epéntetica. El primero tiene que ver con la pluralización. Recuérdese que el morfema de formación de plural es /-s/, el cual aparece normalmente en palabras que terminan en vocales no acentuadas. Si se presume que existe un esqueleto de formación de plural -VC, en que C se identifica con dicho morfema, hay dos posibilidades para la realización del esqueleto V. Una en la que V se identifica con aquellas palabras que terminan a nivel fonético en vocal—v.g., a grosso modo, el caso de

$$muchach + VC \rightarrow muchach + VC \quad \text{y otra}$$
$$ | \; |$$
$$ o \; s$$

en la que V se asocia con *-e* cuando la raíz de la palabra termina en consonante—v.g.

$$hotel + VC \rightarrow hotel + VC.$$
$$ | \; |$$
$$ e \; s$$

O sea que cuando se forma el plural y no hay asociación entre el esqueleto V y una de las vocales, dicha V surge incontrovertiblemente como [e]. Es justamente ésta vocal la que surge en los denominados plurales dobles del dominicano (Núñez Cedeño 1980; Harris 1980). Por ejemplo, el plural de *mujer* para algunos hablantes es *mujér*[e]*s*[e].

Un segundo ejemplo de inserción de /e/ ocurre al principio de palabra, ante los grupos consonánticos /-sC/. Recordemos, por ejemplo, que los respectivos morfemas *-sperma, -sclerosis, -sfera, -slavo* pueden aparecer sin *e-* en posición interna de palabra, v.g., *zoo*[sp]*erma, arterio*[sk]*lerosis, hemi*[sf]*erio, yugo*[sl]*avo*, pero tal vocal es imprescindible si estos grupos inician palabra, por ejemplo, [es]*permatozoo*, [es]*klerosis*, [es]*fera*, [es]*lavo*.

Un fenómeno parecido se da en la adaptación de préstamos que se inician con el susodicho grupo consonántico. Por ejemplo, la palabra *stress* del inglés nos llega con una *e* inicial insertada, *estrés*.

Un tercer ejemplo de inserción de /e/ es el proceso de formación de diminutivos (Jaeggli 1980). Si se presume el morfema -(s)itV para derivar todos los diminutivos, v.g., *joven → joven+cito*, podemos comprobar que hay ciertos contextos en que debe aparecer la vocal [e] ante dicho morfema, por ejemplo, *pan* y *novio* dan los respectivos *pan+e+cito, novi+e+cito*.

Un cuarto ejemplo de inserción de /e/ se da al final de palabra. Si tomamos cualquier diccionario de la lengua española llegamos a la obvia conclusión de que cuando una palabra termina en vocal, lo usual es que sean /a/ y /o/, sin que importe el tipo de consonante que las preceden. Ejemplos de estas son *ti*[p]*o, pi*[t]*o, ma*[k]*o, tu*[β]*o, ma*[γ]*o, tu*[f]*o, ha*[δ]*a, pa*[l]*a, tu*[n]*a, ce*[r]*o, ca*[s]*o, cie*[rθ]*o, ma*[x]*a*. Sin embargo, también podemos constatar que si la palabra termina en *-e*, generalmente las consonantes que la preceden no son del grupo /d l n r s θ/, y sí del grupo /p t k b g f x/, por ejemplo, *gri*[p]*e, ma*[t]*e, ja*[k]*e, nu*[β]*e, alber*[γ]*e, na*[f]*e, chin*[č]*e, enca*[x]*e*. Harris (1985b) propone, como ya hemos visto en páginas anteriores, que la ausencia de estas consonantes finales o núcleos consonánticos de este tipo, está sujeta a ciertas reglas de construcción de sílaba, con las que se presume la inserción automática de /e/ si la palabra a nivel subyacente termina en cualquiera de estas consonantes. También está ligada a la estructura silábica la derivación del sustantivo *abertura*, proveniente del verbo *abrir* (Harris 1983). Con este sustantivo se sugiere que hay una base /abr-/ a la que se le agrega el sufijo /-tura/. Como la secuencia /-br+t-/ es inaceptable en español, ya que no existe una palabra *abrtura*, semejante anomalía se resuelve con la inserción de /e/.

Por último, un quinto ejemplo de inserción de /e/ proviene de la diptongación española. En particular nos referimos al fenómeno que presentan las alternancias [o] ~ [we]. [u] ~ [we], [e] ~ [je] e [i] ~ [je] en los siguientes ejemplos: *c*[o]*ntó ~ c*[we]*nto; j*[u]*gó ~ j*[we]*go; c*[e]*gó ~ c*[je]*ga; adqu*[i]*rió ~ adq*[je]*re*. En Harris (1985a) se presume que el proceso parece estar regido por la carga acentual, ya que sólo se diptongan las vocales acentuadas, y únicamente si a nivel de léxico vienen marcadas diferencialmente con un diacrítico que las distingue de aquéllas que no se diptongan, como la /e/ de *meto*.

Independientemente de si Harris (1985a) tiene razón en sus detalles (cómparese, por ejemplo este trabajo con el de Carreira (1991)) parece haber común acuerdo en que los mencionados diptongos a nivel subyacente presentan la subestructura

e,o.
|
X X
|
Rima

Es decir, en la subyacencia de los diptongos existe una posición vacía que mediante regla de silabificación pasa a unirse con la rima de la vocal precedente. Como dicha X no tiene asociado ningún rasgo, la regla por defecto automáticamente le supliría los rasgos de /e/. Naturalmente se presume que hay una regla motivada que eleva las primeras vocales medias convirtiéndolas así en vocales [+altas].

Si bien es cierto que la epéntesis a principio o final de palabra se da en contextos diferentes en los primeros cuatro procesos, lo que le imparte coherencia y unidad a todos es el simple hecho de que la vocal que aparece en cada uno de ellos es, sin lugar a dudas, la /e/. Es por ello, entonces, que como en todas estas situaciones es enteramente predecible lo que va a aparecer, no hay razón alguna para que la /e/ tenga que surgir completamente especificada. Todo lo contrario, se teoriza que a nivel subyacente carece de especificación de rasgos. Entonces, sus valores le serán suministrados por las reglas que ofrecimos anteriormente.

El hecho de que en la lengua española se tome la /e/ y no otra vocal, lo determinan las reglas contextuales o libres que le suplen sus valores ausentes. Algo muy similar ocurre en las lenguas africanas gengbe (Abaglo y Archangeli 1991) y tiv (Pulleyblank 1988), cuya vocal epentética es siempre la /e/. Para otras lenguas la vocal predecible puede ser diferente: en japonés, en la lengua amerindia yawelmani, y en la africana igbo, la vocal epentética es la /i/ mientras que en telugu, de Filipinas, es la /u/ (Archangeli 1988).

4.5 La armonía vocálica en pasiego

El pasiego es un dialecto del español que se habla en las montañas cantábricas, al sur de la provincia de Santander. El vocalismo pasiego manifiesta un par de procesos de armonía vocálica, uno de los cuales se refiere a la distinción que se produce entre vocales tensas y relajadas (Penny 1969), y el otro tiene que ver con la armonía del rasgo [+alto]. Estudiados ambos por McCarthy en 1984, centraremos nuestra atención en el primero.

El pasiego posee el sistema vocálico fonético que aparece en (10) (las letras mayúsculas denotan vocales laxas).

(10)

	no retraídas	centrales	retraídas
alta	i		u
	I		U
media	e		o
			ɔ
baja		a	
		ä	

Lo más significativo de (10) es que todas las vocales, con excepción de *e,* se distinguen particularmente mediante los rasgos [+RLA]/[−RLA], ya presentados en capítulos previos. Semejante distinción parece estar sujeta al sistema morfofonológico del dialecto, ya que las alternancias se producen únicamente cuando aparece el sufijo masculino contable +U, según lo ilustra (11).

(11)   [+RLA]   [−RLA]
  a. soldáus   'soldados'   sɔldä́U   'soldado'
      kastáñus   'castaños'   kästäñU   'castaño'
      kántarus   'cántaros'   kä́ntärU   'cántaro'
  b. pustíya   'postilla'   pUstIyU   'postillita'
      trípa   'tripa'   trIpU   'tripita'
      kanástra   'canastro'   känästrU   'kanastrito'
  c. fem. sing   sing. masa   sing. contable
      mála   málu   málU   'malo'
      susja   súsiu   sÚsjU   'sucio'
      gulundrina   gUlUndrInU   'golondrina (macho)'

La *e*, como ya advertimos, no alterna, sino que aparece siempre en su forma tensa.

(12)   [+RLA]   [−RLA]
       ermánus   ermä́nU   'hermano'
       peñáskus   peñäskU   'peñasco'
       komfesonárjus   kɔmfesɔnä́rjU   'confesionario'

Sucede entonces que la vocal *e* del pasiego se comporta igual que su homóloga del dialecto castellano, es decir, que resulta ser la vocal neutra porque no participa ni cohíbe la diseminación del rasgo [−RLA]. Además se sugiere que si la armonía ocurre aun cuando las vocales tensas ([+RLA]) están presentes, ello obedece a que no poseen ese rasgo. Por lo tanto, es posible teorizar que las vocales laxas y tensas se caracterizan por la ausencia del rasgo [RLA]. Nos explayamos más sobre la *e* tensa en la sección 4.5.2.

Ahora bien, ¿cómo lograr entonces las alternancias fonéticas que hemos visto más arriba, dado que tanto los nombres contables como los no-contables se supone que carecen del rasgo [RLA] en lo subyacente? Habíamos sugerido que el morfema +U propicia las alternancias, lo cual se comprueba nítidamente con (11). Lo que se teoriza, entonces, es que dicho morfema se liga a nivel fonológico con el rasgo [−RLA], únicamente en el contexto restringido de final de palabra y no en los demás, proceso que se formula con la regla (13).

(13)   Morfología del masculino singular contable (McCarthy 1984:303; él emplea el rasgo [−tenso])

[−RLA]
   |
+U#

Una vez insertado dicho rasgo, entra en acción la regla iterativa de armonía vocálica (14), cuyo propósito es extender dicho rasgo a todas las posiciones V

defecto y de complemento que suplen los rasgos que le faltan a V. Mostramos una derivación en (15).

(14) Armonía vocálica

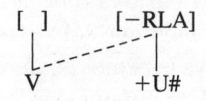

[ ]   [−RLA]
| |
V   +U#

(15) sVmpVtVkV
            U   R. 13
      [−RLA]
        |
    sVmpVtVkU
    sImpätIkU   R. 14

Las piezas léxicas no contables aparecen con vocales tensas y obviamente deben surgir de esta manera a nivel fonético. Entonces podríamos presumir que para este dialecto se necesita una regla adicional complementaria que supla el rasgo [+RLA], la cual ofrecemos en (16).

(16) [ ] → [+RLA]

¿Cómo interactúa la regla de redundancia (13) con la fonológica (14)? ¿Y cómo se relacionan estas dos con la (16)? Estas preguntas son de crucial importancia porque sugieren que de hecho se establece un orden en el modo de aplicación de las reglas fonológicas con las reglas de redundancia. En respuesta a la primera pregunta, cuando se encuentra este tipo de relación, la presunción natural es que las reglas de redundancia se aplican tardíamente, al final de la derivación, salvo si una regla fonológica menciona un rasgo que deba suplir la regla de redundancia. En este caso, la regla de redundancia debe preceder para que la regla fonológica encuentre su blanco de aplicación. Esta interacción está regimentada por la restricción universal que nos suministra Archangeli (1984:85) y que modificamos levemente.

Restricción al orden de reglas de redundancia
Una regla de redundancia que supla los valores de ciertos rasgos debe aplicarse antes de cualquier regla en que se mencionen dichos rasgos en su descripción estructural.

La mencionada restricción garantiza que en cualquier lengua en que interactúen reglas como la (13) y la (14), la primera precede en orden de aplicación.

Por otra parte, como la regla (16) no entra en conflicto ni con (13) ni con (14), procede aplicarla como siempre: al final. En (17) se ofrece un ejemplo de la interacción de estas reglas.

(17) sVmpVtVkVs   sVmpVtVkV
      ———   U   R. 13
      ———   sImpätIkU R. 14
    simpatikus   sImpätIkU R. 16 (y demás reglas de redundancia)
    (=simpátikus) (=sImpätIkU)

4.5.1 Ventajas de la no especificación en pasiego

¿Qué ventajas nos ofrece caracterizar a las vocales sin especificación para el rasgo [−RLA], en vez de consignarles valencia positiva o negativa? Miremos las cosas desde la primera perspectiva, teorizando que sólo existen vocales tensas y que el sufijo especial tiene el valor que ya le hemos conferido. Si se hiciera el análisis aplicando el modelo tradicional, tendríamos que postular también una regla iterativa de armonía vocálica, con funciones parecidas a las de (14). Dicha regla daría cuenta de los hechos tanto en lo observable como en lo descriptivo. Pero no podemos penetrar en la naturaleza misma del fenómeno porque nos tendríamos que conformar con sustituir una valencia por otra, empleando, de hecho, una regla de cambios de rasgos, sin que con ello se nos revele lo que está ocurriendo, o sea, el que los rasgos se están asimilando. Peor solución sería si propusiésemos en cambio que las vocales se caracterizan por ser [−RLA] a nivel subyacente; esto es así porque la enorme cantidad de piezas léxicas de tipo no contables del pasiego invalida semejante presunción.

Pero, ¿qué tal si suponemos que el rasgo [+RLA] es un autosegmento que se desune de su base vocálica mediante la aplicación de una regla y que después entra en acción la regla (14)? Esta opción es perfectamente factible pero parecida en sus efectos a la tradicional expuesta más arriba, porque en vez de ser una regla de asimilación o propagación de rasgos, los cambia, puesto que, en efecto, se está causando la desunión de un rasgo preexistente. Lo preferible por excelencia es, pues, la no especificación del rasgo [RLA], con lo cual resulta claro por qué aparecen las vocales tensas en las vocales no asimiladas. Ello se debe a la intervención de un principio que suple automáticamente el rasgo [+RLA].

4.5.2 La e tensa del pasiego

Habíamos indicado más arriba que la /e/ es neutral y que nunca participa en el proceso de relajamiento vocálico, siendo tensa su manifestación fonética. Evidentemente, la descripción que hemos ofrecido tendría consecuencias inaceptables en palabras como [ermänU] la cual, siguiendo la lógica de nuestra presentación con V no especificada, se produciría erróneamente como *[ermänU].

Hoy día se han ofrecido dos descripciones que aparentemente dan en el blanco, pero una tiene mayor peso teórico que la otra. La más tradicional es la de McCarthy (1984:307–312), quien propone que la /e/ se comporta subyacentemente como las demás vocales. Cuando se da la armonía vocálica, la *e* queda afectada con el rasgo [−RLA]. La ε laxa no aparece jamás en la superficie; de ahí que se proponga entonces una regla que desligue dicho autosegmento, el cual se pierde, y después, al final de la derivación, la regla complementaria (16) se encargaría de suministrarle el rasgo [+RLA]. McCarthy arguye que el hecho de que la ɔ suba a U en ciertos contextos sugiere que debe haber un paso intermedio para la *e,* ya que también tiende a subir un grado, convirtiéndose así en I, v.g., las respectivas [konéxus] ('conejos') vs. [kUnIxU] ('conejo') y [el pélu] vs. [il pIlU] ('el pelo'). La simetría que establece McCarthy parece ser congruente con los hechos. Lo que no luce tan deseable es tener que asimilar un rasgo para luego eliminarlo y posteriormente hacerlo entrar de nuevo, pero con valencia opuesta. Son numerosos los pasos que implica semejante solución. No obstante, la descripción es coherente, en el sentido de que todas las vocales vienen uniformemente no especificadas para el rasgo [+RLA]. Además, es certera en lo observacional y en lo descriptivo.

Tal vez se podría sugerir un análisis diferente, en el que se condicionen los rasgos asimilantes, proponiéndose, por ejemplo, que cuando se asimile un rasgo no esté presente su homólogo en el lugar que lo habrá de recibir. Esta interesante propuesta, articulada por Rice y Avery (1989), adolece por un lado de no haber resistido el implacable escrutinio de la crítica; por el otro lado, habría que presumir que sólo *e* contaría con la especificación [+RLA], lo que evitaría entonces la aplicación de la regla (16), pues según los autores mencionados la presencia de dicho rasgo cohibiría el desplazamiento de su homólogo negativo. El tener que especificar a la *e* con el rasgo [+RLA], y no las demás vocales, no sólo produce una indeseable asimetría de constatación de rasgos subyacentes, sino que no se compagina con los hechos: la *e* es neutra, la única, como dijimos, que no participa ni incentiva el proceso de relajamiento vocálico.

4.6 *Subespecificación consonántica*

En los casos de las vocales estudiadas anteriormente, hemos podido comprobar que a nivel fonológico hay rasgos que son innecesarios, necesitándose únicamente aquéllos que sirven para distinguir a un segmento de otro. Lo mismo ocurre con las consonantes. En este renglón, sin embargo, vamos a presentar un bosquejo general de la subespecificación consonántica y daremos ejemplos del español y otras lenguas que servirán de sustento empírico a nuestra formulación.

4.6.1 Inventario consonántico general

Al igual que las vocales, para caracterizar las consonantes no se necesita consignar todos sus rasgos a nivel subyacente. Primeramente habría que emplear el algoritmo (4), con el que se establecen las representaciones fonológicas que se generan mediante reglas de redundancia; y en segundo lugar, es necesario proveer las reglas por defecto que suplan los valores de los rasgos distintivos. Pero, contrario a lo que ocurre con las vocales, en español no se ha comprobado que existan consonantes asimétricas en cuanto a la presencia de rasgos articulatorios a partir de los cuales se puedan crear los demás rasgos. La subespecificación de las consonantes españolas no ha gozado de la misma atención que la de las vocales, excepto en lo que respecta a la subespecificación del rasgo [coronal]. No obstante, hay algunos principios de implicación de rasgos distintivos que se aplican universalmente a todas las lenguas, como el que alude a la interacción de las consonantes resonantes con el rasgo de sonoridad y la relación de esta última con las cuerdas vocales.

Comencemos por caracterizar el rasgo [obstruyente]. Las vocales ya estudiadas tienen que diferenciarse de los demás segmentos mediante la presencia del rasgo [−obstruyente], entendiéndose este rasgo como todo sonido que tienda a producir sonoridad espontánea en la cavidad bucal (Chomsky y Halle 1968:302). Semejante rasgo se reportaría para las vocales a nivel subyacente. El mismo fenómeno de espontaneidad sonora le ocurre a las nasales, vibrantes, laterales y deslizadas. Sin embargo, esta propiedad no se necesita para caracterizar a las consonantes obstruyentes porque si bien se sabe que no existe sonoridad espontánea, también se sabe que el segmento debe ser [+obstruyente]. Dado que las resonantes están identificadas en el léxico, se hace redundante asignarles valor a las obstruyentes, hecho que se debe reflejar mediante una regla complementaria. En el léxico es prácticamente imposible saber si una consonante obstruyente será o no sonora. Para hacerlo sería necesario identificar sólo aquellas consonantes que sean distintivas léxicamente en cuanto a rasgo [+sonoro], y añadirles el rasgo [−sonoro] a las demás obstruyentes mediante reglas universales por defecto.

También se puede predecir con relativa sencillez que cualquier segmento caracterizado por ser [−obstruyente] es universalmente [+sonoro] cuando se refiere a las inobstruyentes [m,n,ñ,ŋ,l,λ,r,j,w], tema que volveremos a abordar con ejemplos del japonés. La misma predicción ocurre en cuanto al grado de constricción glotal, pues toda consonante sonora requiere, por anatomía articulatoria, el cierre de las cuerdas vocales para producir sonoridad. Esta última predicción la efectuaría una regla por defecto. (Un breve aparte: con la aplicación del algoritmo (4) podemos establecer la representación subyacente para estas consonantes. Pero debemos reducir el alcance de (4a) porque no existen consonantes totalmente asimétricas con respecto a todos los rasgos, sino con respecto a algunos de ellos. Por ejemplo, el hecho de que /n/ se caracterice por ser [−labial] no implicaría que /m/ también lo sea). Siguiendo el tema de la predicción de rasgos, tendremos la matriz completa para los siguientes rasgos.

(18)   m n ñ λ r j w f p t k b d g s θ č y
       obs   − − − − − − − + + + + + + + + + + +
       son   + + + + + + + − − − − + + + − − − +
       Gl. dil. − − − − − − − + + + + − − − + + + −

Presumiendo, entonces, una asimetría parcial de rasgos, se aplica el conjunto de reglas complementarias que crea (4c), con las que se proveerán los rasgos especificados arriba; luego se eliminan con (4d) los rasgos que suplen dichas reglas, y a continuación entran en juego las reglas por defecto de (4e).

(19) Regla complementaria
    a. [ ] → [+obs]
    Reglas por defecto
    b. [−obst] → [+sonora]
    c. [ ] → [−sonora]
    d. [+sonora] → [−Gl. dil.]

Entonces, la aplicación de las reglas de redundancia que se ofrecen en (19), producen la matriz subespecificada:

(20)   m n ñ l λ r j w f p t k b d g s θ č y̌
  obs   − − − − − − − −
  son   + + +   +
  Gl. dil.   + + + +   + + +

Esta matriz no resulta controversial porque refleja propiedades anatómicas que se cumplen universalmente en todas las lenguas. Igualmente universal es la relación de orden que debe existir entre un par de reglas, como se observa entre las reglas (19b) y (19c). Como se dijo, esta última predice que el rasgo no marcado para las inobstruyentes es [+sonoro], mientras que la primera introduce el valor [+sonoro] a todas las demás consonantes. El problema de interacción entre estas dos reglas es que se supone que la (19c) es más general en su aplicación porque no alude a ningún contexto y que, por lo tanto, debe aplicarse primero. Esto naturalmente sería contraproducente, puesto que haría a las resonantes [−sonoras]. La subespecificación radical contempla una solución a semejante dilema apelando al principio universal de *Principio del Resto* de Kiparski (1982). En su acepción más amplia, lo que esta condición estipula es que cuando hay un par de reglas que producen resultados contradictorios y una de ellas incluye a la otra potencialmente en su descripción estructural, ésta tiene precedencia de aplicación. Dicho de modo más informal, la condición exige que se aplique la regla más específica, en cuyo caso (19b) debe preceder siempre a la (19c).

4.6.2 El rasgo [sonoro] en japonés

Volviendo a la interacción que se realiza entre la resonancia y la sonoridad, un buen ejemplo que sirve de sostén a esta aseveración nos viene del japonés (Mester e Ito 1989:277). La consonante inicial del segundo miembro de un compuesto se hace sonora mediante una regla que se llama *rendaku*, de manera que los dos compuestos subyacentes con sus obstruyentes sordas iniciales, dadas en negritas, en /maki+**s**uši/ y /ko+**t**anuki/ son respectivamente [maki**z**uši] 'sushi enrollado' y [ko**d**anuki] 'bebé mapache'. Ahora bien, si en el segundo miembro hay una obstruyente sonora, la regla rendaku no se aplica. La inaplicabilidad obedece a lo que se denomina *Ley de Lyman*, con la que se prohíbe la aparición de una obstruyente sonora si en el morfema ya hay otra. De acuerdo con esta prohibición, la /k/ y la /t/ inicial subyacentes de /kami+kaze/ y /doku+tokage/ se mantienen respectivamente en [kamikaze] 'viento divino' y [dokutokage] 'lagarto venenoso', porque la ley de Lyman impide que salgan *[kamigaze] o [dokudotage]. Evidentemente, la presencia del rasgo [+sonoro] de la obstruyente subyacente en el segundo miembro evita que la consonante inicial se haga sonora.

En cambio, si el segundo miembro contiene una consonante inobstruyente, la regla rendaku se cumple. Las formas fonéticas de /ori+kami/ y /onna+kokoro/ son [origami] 'doblador de papel' y [onnagokoro] 'sentimientos femeninos'. El que en las obstruyentes la consonante sonora bloquee la regla rendaku pero no así las consonantes inobstruyentes, sugiere que el rasgo [+sonoro] que universalmente define a estas últimas a nivel fonético no debe estar especificado a nivel subyacente. Esto es así porque de lo contrario su presencia bloquearía la aparición de [g] en [origami] y [onnagokoro], lo cual no sucede. Es por este motivo, apoyado por muchos otros ejemplos de diferentes lenguas, que no se especificará en el léxico la sonoridad de las inobstruyentes.

4.6.3 Subespecificación en nasales y líquidas

Además de las implicaciones estudiadas arriba, hay otras que muy bien nos podrían forzar a abandonar la presencia del rasgo [−obstruyente] en el caso de las consonantes. Pensemos en los rasgos que caracterizan a las nasales y a las laterales. Al considerar los respectivos rasgos [+nasal] y [+lateral], observamos que quizás habría que consignarlos a nivel subyacente para diferenciar a [l λ m n ñ] de las obstruyentes. La configuración que adopta la cavidad bucal para producir dichos rasgos exige necesariamente que se produzca un sonido con sonoridad, característica notablemente ausente en las obstruyentes. Por ende, si se sabe que este grupo de sonidos está especificado positivamente a nivel subyacente con los rasgos en cuestión, por implicación se deduce que son [−obstruyente] y que por tanto no se les debe especificar este rasgo a nivel subyacente. Se necesitarían las reglas que se presentan en (21), las cuales les otorgarían posteriormente los valores positivos a las nasales y laterales no especificadas, según se ilustra en la matriz (22).

(21) a. [+nas] → [−obs]
b. [+lat] → [−obs]

(22) p b m f t d s θ n r l λ č y̌ ñ k g x w j
obs   −   −   − −
nas   +   +   +
lat   + +

Hay que notar en (22) que /r/, pese a que se caracteriza por ser [−obstruyente], rasgo que no debe indicarse a nivel subyacente por las razones ya expuestas, aparece con este rasgo diferenciador. Esto ocurre porque a partir de la no especificación de los rasgos [lateral] y [nasal] (o aun si vinieran marcados negativamente) para /r/ no se puede predecir su carácter inobstruyente. Este mismo análisis se les aplica a las deslizadas /w,j/: su carácter no obstruyente no se puede deducir ni del rasgo [lateral] ni del [nasal]. Por lo tanto, se las especifica a nivel básico como [−obstruyente].

En resumidas cuentas, si se distinguen las laterales y las nasales de las demás consonantes mediante los rasgos [+lateral] y [+nasal], obviamente las obstruyentes vienen no especificadas para estos rasgos, en cuyo caso las reglas complementarias (23a) y (23b) se encargarían de suministrales los rasgos que faltan, según consta en (22). Lo mismo sucede con la regla (24) que les consignaría valores positivos a las consonantes obstruyentes. Por ser complementarias, estas reglas siguen en orden de aplicación a las reglas por defecto listadas en (21).

(23) a. [ ] → [−nas]
     b. [ ] → [−lat]

(24) [ ] → [+obs]

De reducir la información redundante, obtendríamos la matriz (25) para los rasgos ya tratados.

(25)   p b m f t d s θ n r l λ č y̌ ñ k g x w j
     obs
     son
     gl. d.
     nas   +   +   +
     lat   + +

La matriz (25) no es controversial en cuanto a su aceptación general y su alcance universal. Ella refleja las implicaciones de rasgos que nos vienen de la tradición fonológica y la marcadez del SPE. No se puede afirmar lo mismo para los demás rasgos, cuya ausencia léxica está sujeta a lenguas particulares, tema que abordamos a continuación.

4.6.4 Particularidades de lengua

Hay especificaciones que son estrictamente particulares a la lengua española y que a nivel subyacente sobrarían. Tomemos por caso los rasgos [coronal] y [anterior], aunque debemos adelantar que sobre el primer rasgo se han ofrecido datos que parecen confirmar su subespecificación (véase la sección 4.8).

Ya sabemos que en español existen consonantes coronales. Lo interesante es que en esta lengua ello implica que toda consonante que es [+coronal] también suele ser [+anterior], mientras que lo opuesto no ocurre. Atendiendo a lo primero, con la excepción de /n/, según veremos más adelante, el articulador [coronal] distingue a las alveolares, las alveopalatales y la interdental de todas las otras y por tanto estará presente a nivel léxico para aquéllas pero no para estas últimas. La regla por defecto (26) predice los valores del rasgo [anterior] para las coronales, y lo hace de manera correcta ya que, contrario a la lengua hindú, en español general no hay coronales retroflejas.

(26)   [coronal] → [+anterior]

Naturalmente que [č,ў] son excpetiones a (26) porque siendo coronales, se esperaría que también fueran [+anterior]. Lo cierto es que son [−anterior] y por tanto deben estar marcadas léxicamente con este rasgo.

Si eliminamos [coronal] para la /n/, que pasamos a analizar de inmediato, la matriz (25) luciría como la (27). Téngase presente que los paréntesis vacíos significan que los articuladores ([coronal], [dorsal] y [labial], por ejemplo) de la izquierda no se activan para los segmentos en cuestión. Las valencias positivas significan que dichos articuladores se activan.

(27)

	p	b	m	f	t	d	s	θ	n	r	l	λ	č	ў	ñ	k	g	x	w	j
obs									−										−	−
son			+						+		+				+					
cor	()	()	()	()	+	+	+	+		+	+		+	+		()	()	()	()	+
ant	()	()	()	()									−	−						
nas			+						+						+					
lat											+	+								

4.7 *El caso especial de las nasales* /m n ñ/

Como habíamos señalado en párrafos anteriores, una de las diferencias entre el sistema de marcadez del SPE y la teoría de la subespecificación que hemos venido desarrollando hasta ahora es que en aquélla la distinción de rasgos para un segmento está sujeta exclusivamente a un sistema de abstracción universal, mientras que esta última combina tanto un sistema universal abstracto como un sistema específico de una lengua particular. El caso de las nasales es bastante aleccionador como para ilustrar la particularidad del sistema. Lo que se ha demostrado muy convincentemente es que a la /n/ no hay necesidad de distinguirla a nivel subyacente con los rasgos [coronal, anterior]. De ser esto así, cabe plantearse dos preguntas. En primer lugar, ¿cómo podemos llegar a semejante conclusión? En segundo lugar, ¿cómo podemos distinguirla de la bilabial /m/ o de la palatal /ñ/?

Si se estudian la distribución y los procesos de las nasales en los diferentes dialectos españoles, se encontrará la respuesta a las dos preguntas anteriores (Harris 1984). Considerando todos los dialectos, presumamos que existen tres nasales distintivas.

(28) /m/: [m]oda co[m]a
/n/: [n]ada sa[n]a
/ñ/: [ñ]oño mo[ñ]o

Para abarcar la distinción de estas nasales, se establece en (29) una matriz, al estilo SPE, que en efecto debe lucir sospechosa porque posiblemente en ella se pueda prescindir de algunos rasgos, como vimos con las obstruyentes.

(29)
	m	n	ñ
cor	−	+	−
ant	+	+	−
nas	+	+	+

Si observamos el comportamiento de las nasales en su totalidad, tanto en su distribución como en los procesos en que intervienen, podemos reducir considerablemente los valores binarios en la matriz (29). Consideremos primeramente la distribución.

Ya sabemos que las nasales surgen articuladas según el tipo de consonante que las siga y que tales variantes provienen de la /n/. De modo que se obtiene la labiodental [ɱ], la dental [n̪], la alveolopalatal [n], y la velar [ŋ] sin contrastar jamás en dicha posición. Lo usual hace que obligatoriamente se pronuncien como se muestra en (30).

(30) co[m]pota co[ɱ]fianza mo[n̪]tura ca[n]sada ma[ń]char

Considerando una gama más amplia de la distribución de las variantes nasales ante obstruyente, podemos encontrar que hay secuencia de nasales tanto en posición interna de morfema como entre morfemas. Así tenemos *hi*[mn]*o*, *colu*[mn]*a*, *alu*[mn]*o*, *i*[n+m]*oral*, i[n+n]oble, entre otras. Lo más revelador de las secuencias de nasales es que la /n/ puede aparecer antes o después de /m/ en pronunciación estándar: *i*[nm]*oral*, *ó*[mn]*ibus*. Aunque es posible documentar [nn], como en *pere*[nn]*e*, la secuencia dentro de palabra de [mm] es poco frecuente.

Remitiéndonos al dialecto dominicano (Núñez Cedeño 1980), hallamos que generalmente la [m] es lo que aparece ante otra nasal, siguiendo el modelo estándar. Sin embargo, en la secuencia [nn], la primera nasal aparece incontrovertiblemente velarizada como [ŋn]. Por lo visto, aquí no hay fenómeno de asimilación sino de neutralización, hecho que se le escaparía a cualquier regla de asimilación que se proponga, pues no hay manera de predecir las manifestaciones generales ni las dialectales. Evidentemente tenemos que considerar una amplia generalización, ya que en la secuencia de Nasal(+)Nasal la primera debe ser únicamente [m], y para los que velarizan, será [ŋ]. De modo que, según el dialecto, es posible predecir por el contexto el punto de articulación de una de las consonantes nasales cuando éstas se hallan agrupadas (Harris 1984a).

Efectivamente, la gramática necesitará las reglas (31), (32) y (33), cuya descripción estructural nos muestra lo innecesario que se hace incluir el rasgo [coronal] a nivel subyacente.

(31) [+nas] → [cor]/[+nas]____

(32) [+nas] → [lab]/____[+nas]

(33) [+nas] → [dor]/____[+nas]

Estas tres son reglas típicas de constreñimiento a la estructura morfémica y por tanto no se debe presumir que en la entrada se da el valor contrario al de la salida; o sea, la salida corresponde a la inserción de un rasgo que no estaba especificado.

El caso ya estudiado de asimilación de nasal corrobora con más vigor la subespecificación del rasgo [coronal] para la /n/. Se recordará que esta nasal asume el punto de articulación de la obstruyente siguiente en interior y linde de palabra. En el capítulo II habíamos propuesto un análisis en el que /n/ venía especificado con sus valores articulatorios, los cuales desaparecerían mediante regla de desasociación. Luego, los rasgos articulatorios de la obstruyente siguiente se extendían de forma tal que pasaban a ocupar el vacío dejado en las nasales, produciéndose por consiguiente la asimilación que se muestra en (32). Este proceso representa el caso más general de asimilación de nasal y se puede simplificar mucho más con la subespecificación de la /n/. ¿Por qué? Por la simple razón de que al no tener que desligarse rasgo alguno se simplifica la descripción del fenómeno (se evita la asignación de rasgos) y se explica por qué la /n/ adopta configuraciones articulatorias tan diferentes: porque ella misma carece, por lo general, de articulación propia, no porta su rasgo [coronal].

Por lo visto será necesario distinguir las nasales de las obstruyentes, lo cual se logra con la especificación positiva del rasgo [nasal] que le confiere a aquéllas la regla (24a). Sin embargo, como hemos argüido que /n/ no aparece especificada con el rasgo [coronal], hay que distinguirla tanto de la /m/ como de la /ñ/, pues, según se muestra en (28), son obviamente contrastivas. Al llegar a este momento debemos establecer un claro contraste entre /m/ y /ñ/. Son justamente las respectivas especificaciones [labial] y [dorsal] que las distinguen de la /n/. El rasgo [anterior], entonces, no estaría especificado para la /n/, en cuyo caso obtendríamos la matriz modificada que aparece en (34).

(34)

	m	n	ñ
cor	()		()
ant	()		()
lab	+	()	()
dor	()	()	+
nas	+	+	+

Con esta matriz se rellena la /n/ con el punto de articulación [coronal], mediante la regla (35).

(35) [+nas] → [cor]

Con (35) se completa el cuadro de los rasgos para las tres nasales en cuestión. Si bien justificamos la subespecificación de /n/, no vendría mal presentar datos adicionales que nos ofrezcan razones más poderosas que prueben que /m/ y /ñ/ se producen con mayor especificación distintiva que /n/.

Un primer caso a considerar es el contraste fonético que revela la nasal de la palabra *desdén*. Esta nasal en algunos dialectos hispánicos suele aparecer como la velar [ŋ] al final de palabra, v.g. *desdé*[ŋ]; en plural, sin embargo, siempre aparece como la alveolar [n], v.g., *desde*[n]*es,* e invariablemente como [ñ], en derivadas como *desde*[ñ]*oso*.

Harris (1983, 1984a) ha sugerido que a estas alternantes las subyace la /ñ/, la cual, por motivo de silabificación (esta nasal nunca sale como palatal al final de palabra o sílaba) se produce como [n] en posición final de sílaba. Lo significativo de estas alternantes es que su descripción y explicación exigen que se postule la /ñ/ como segmento subyacente, con lo cual se llega a la inevitable conclusión de tener que distinguirla de la /m/ y la /n/, lo que obliga a añadirle, por consiguiente, un mayor número de rasgos distintivos.

Un razonamiento análogo se le aplica al tratamiento de la bilabial /m/, la cual surge ya como [ŋ] en *Adá*[ŋ], ya como [n] en *Ada*[n]*es,* o como [m] en *adá*[m]*ico*. Nuevamente, la explicación de tan variables alternativas fonéticas se basa en postular una /m/ en la subyacencia para todas y, como en el caso anterior, surge como velar en algunos dialectos o como alveolar en lo general, pero casi nunca como [m] al final de palabra. La fonología requiere que se la distinga no sólo de /n/ sino de /ñ/ mediante un listado mayor de rasgos.

Finalmente, al proceso de asimilación de nasal subespecificada ante obstruyente le podemos agregar el de bilabial subyacente que también se asimila. En la fonología se documenta, por ejemplo, el contraste entre la [m] y la dental [n̪], o la alveolar [n]: *presu*[m]*ir* ~ *presu*[m]*o* ~ *presu*[n̪]*to* ~ *presu*[n]*ción*. El análisis de los datos nuevamente nos lleva a la necesidad de aceptar la /m/ como fonema para todas (Harris 1969, 1984a), con lo que se hace obligatorio distinguirla de las otras dos nasales. Claro está que semejante conclusión le acarrea a la gramática un costo descriptivo más complejo, pues contrario a la subyacente /n/, en el caso de la /m/ se requiere una regla en la que se le desligue el articulador [labial] antes del paso de la extensión de los rasgos de la obstruyente, mientras que con la /n/ subespecificada tal acción es innecesaria. Sin embargo, aunque en principio parecería que se requieren dos reglas que den cuenta de los hechos, se han ofrecido pruebas que motivan la presencia de una sola regla general que abarca ambos casos, según Harris (1984a).

La subespecificación de /n/ con respecto a las obstruyentes es aleccionadora en el sentido de que no sólo se les confieren rasgos a los fonemas a base

158   Teoría de la Subespecificación

de un sistema universal, sino que entran en juego las características propias—v.g., los procesos fonológicos y la distribución de los segmentos—de una lengua particular: la española. Con esto presente, incluyamos las nasales en el inventario fonémico subespecificado de la lengua.

(36)

	p	b	m	f	t	d	s	θ	r	l	n	λ	č	y̌	ñ	k	g	x	w	j
obs				−														−	−	
son	+		+						+		+									
cor			+	+	+	+	+		()	+	+	()	()	()	()	()			+
ant	()	()	()	()					()	−	−	()	()	()	()	()				
nas			+								+				+					
lat										+	+									

4.8 *Más en cuanto a la subespecificación del rasgo [coronal]*

En la sección previa pudimos advertir que /n/ debe estar subespecificada con respecto al rasgo [coronal]. Esta falta de especificación del rasgo [coronal] en español parece mucho más extendida de lo que se piensa. En otras lenguas se ha argumentado que dicho rasgo no existe a nivel subyacente para las consonantes alveolares. En efecto, Paradis y Prunet (1989) llegaron a la conclusión de que hay vocales que están separadas por consonantes coronales y que no obstante se comportan como si estuvieran juntas. La hipótesis de estas autoras es que si se da, por ejemplo, la armonía de dos vocales en medio de las cuales intervienen consonantes coronales es porque dichas consonantes se deben considerar transparentes, pues de lo contrario la armonía no se ejecutaría.

Paradis y Prunet presentan datos de varias lenguas africanas que muestran que la asimilación de rasgos vocálicos se produce aun cuando intervienen las consonantes /t, l, r, s/ y la implosiva /ɗ/. Tomamos como muestra el futankoore, dialecto del fula que se habla en Mauritania y Senegal. En este dialecto hay numerosos marcadores de clase nominales que se sufijan obligatoriamente a raíces adjetivales y nominales. Entre estos escojamos los marcadores *-ru, -re,* y *-ri* que alternan con *-uru, -ere,* y *-iri*. Estos últimos muestran dos vocales idénticas, en las que la primera se teoriza que proviene por extensión de rasgos de la última. En tal caso, según estas autoras, el sufijo básico es /-rV/. Veamos los datos siguientes.

(37)   a
    con -rV   am-re   'tortuga'
               sof-ru   'polluelo'
               caak-ri   'cuscu'
           b
    con -VrV   woj-ere   'liebre'
               woot-uru   'único'
               kes-iri   'nuevo'

Parece ser que en (37b) la aparición de la primera vocal del sufijo responde a la base morfológica y al tipo de segmento consonántico que la precede, pues nótese que en (37a) la extensión de la vocal final no se produce. Si aceptamos los argumentos de Paradis y Prunet, tendremos entonces que la primera vocal se consigue por propagación de los rasgos de la última vocal, haciéndose dicha propagación de derecha a izquierda. Omitiendo algunos detalles, esencialmente la derivación del sufijo -iri, de kesiri 'nuevo' se da así:

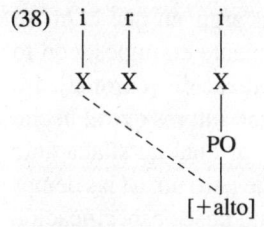

(38)   i   r   i
       | | |
       X   X   X
                    |
                    PO
                    |
                 [+alto]

En (38) se puede extender el rasgo [alto] de la /i/ a través de la /r/ justamente porque ésta carece del rasgo [coronal]. Dicho en lenguaje técnico, el rasgo [coronal] es transparente en la /r/.

Sin embargo, cuando se construye el plural de palabras, se le añade a la base el sufijo /-b'e/ al cual le precede una vocal epentética que no es la misma del sufijo. Por ejemplo, si al singular *bayl-o* (*d'o*) 'herrero', que proviene de la base subyacente /wayl/, se le añade el marcador de plural, se consigue [waylub'e] y no *[wayleb'e], todo lo cual sugiere que esta última no ocurre sin especificar en su punto de articulación.

A partir del comportamiento de las consonantes coronales en esta lengua, y en otras que documentan Avery y Rice (1989), se ha llegado a la conclusión de que las consonantes coronales, cuando no funcionan distintivamente, se producen no especificadas en el nodo [coronal]. Es por ello que Paradis y Prunet (1989:319) proponen que las coronales carecen universalmente de punto oral y reciben por tanto aquel rasgo mediante la regla de redundancia que se ofrece en (39).

(39)   [Punto Oral] → [coronal]

Pudimos presentar pruebas del español que sustentan parcialmente semejante hipótesis. Por ejemplo, la asimilación de la /n/ al punto de articulación de la obstruyente siguiente. Sin embargo, todavía no se han presentado pruebas que muestren de modo incontrovertible que las demás coronales carezcan de especificación para el nodo coronal.

Lo mismo ocurre con respecto a esta nasal en catalán. El catalán también da muestra de asimilación de la lateral /l/ a la obstruyente siguiente.

(40)   e[l]   'el' (artículo con lateral alveolar no asimilada)
       e[l] pa   'el pan'
       e[l] foc   'el fuego'
       e[ ] dia   'el día'

160   Teoría de la Subespecificación

>e[l̪] sol   'el sol'
>e[l̪] ric   'el rico'
>e[ĺ] germá   'el hermano'
>e[l] gos   'el perro'

>(los símbolos [l̪] = consonante dental, [ĺ] = consonante laminopalatal)

El hecho de que la /l/ se asimile a las obstruyentes muestra un paralelismo en su comportamiento con la nasal /n/, lo cual sugiere que viene no especificada para [coronal]. Avery y Rice (1989:191) además arguyen que la /n/ se asimila al punto de articulación de la obstruyente siguiente en inglés, con lo cual se demuestra que esta alveolar carece de especificación [coronal]. Lo mismo le atañe a la /t/ del inglés americano. Dicen estos autores que el hecho de que la /t/ aparezca producida con un golpe glotal al final de sílaba ante consonante nasal, y en linde de palabra ante obstruyente pero no así las demás obstruyentes en el mismo contexto, prueba que la /t/ no posee especificación [coronal]. En el dialecto de los autores, que es el inglés de Toronto, la /t/ aparece como [ʔ].

(41) bu[ʔ]n   'botón'
      ba[ʔ]n   'molido'
      co[ʔ]n   'algodón'
      hi[ʔ] [d]e   'golpear el'
      cu[ʔ] [f]lowers 'cortar flores'

Si bien la teoría de la subespecificación general para las alveolares goza de bastante aceptación entre muchos generativistas, por los numerosos procesos que parecen avalarla, el dialecto pasiego parece que pone en entredicho el poder de generalización que le atribuyen Prunet y Paradis. Volviendo a los ejemplos del pasiego que ofrecimos en (11), pudimos ver que en efecto la asimilación del rasgo /−RLA/ del sufijo /-U/ se da a través de cualquier consonante o grupo de consonantes, como en /simpatik+U/ que produce [sImpátIkU]. Dicho contexto es bastante paralelo al que ofrece la lengua futankoore, antes mencionada, con el atenuante en pasiego de que el rasgo [−RLA] de /-U/ cruza no sólo la /t/ sino la /-k-/ y el grupo /-np-/. También existe en este dialecto un proceso de elevación vocálica en el que la vocal sufijal acentuada /-í/, marcadora de pretérito, tiende a elevar en grado las vocales de la raíz. Veamos algunos ejemplos que recoge Penny (1969), con el verbo *coger* [koxér].

(42) Pretérito   Futuro   Condicional
      kux-í   koxer-é   kuxir-ía
      kux-íste   koxer-ás   kuxir-ías
      kux-yó   koxer-á   kuxir-ía
      kux-ímus   koxer-émus   kuxir-íamus
      kuxí-istes   kuxirí-is   kuxir-íeis
      kux-yéin   koxer-án   kuxir-ían

Se puede observar que el futuro muestra vocales medias en su base verbal cuando a ésta le sigue un sufijo que no se inicia con /-í/ ; de lo contrario, si a la base le sigue /-í/ la vocal /o/ sube a [u] y la /e/ a [i], claramente por influencia de la /-í/. Por lo visto, se despliega nuevamente un rasgo a través de consonantes coronales, en este caso la /r/, y de no coronales, como la /x/. De seguir el razonamiento de Paradis y Prunet, habría que presumir que también todas las consonantes obstruyentes son transparentes para los rasgos articulatorios que las definen, puesto que la armonía vocálica se ejecuta a través de ellas. Vimos, sin embargo, que en futankoore las otras obstruyentes vienen especificadas para sus rasgos, como se muestra con la consonante /b/, que impide la armonía vocálica.

¿Habría, entonces, que abandonar la teoría de estos autores y los innumerables ejemplos que sugieren que las alveolares y alveopalatales deben venir usualmente no especificadas para el rasgo [coronal]? Sí, siempre y cuando se siga al pie de la letra el análisis de Paradis y Prunet. No, si se piensa que el defecto no radica en la teoría sino más bien en la representación de los segmentos en sí. En efecto, volvamos al capítulo III, donde tratamos sobre la arquitectura de los rasgos. Si se piensa que los rasgos que definen a las vocales parten del nodo vocálico, nodo que no poseen las consonantes, se concluirá que cuando las vocales propaguen sus rasgos no se van a topar con los rasgos articulatorios de las consonantes; por lo tanto, se producirá la armonía no sólo a través de las coronales sino también a través de las demás obstruyentes. De esta manera la arquitectura de /koxí/ se representará de la siguiente manera (cf. Clements y Hume 1994).

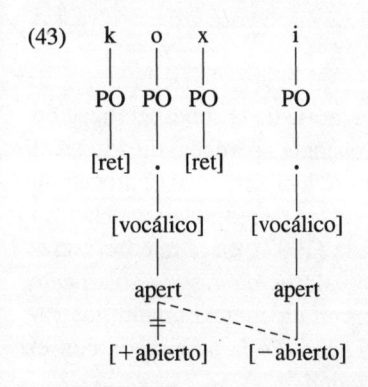

(43)
```
   k    o    x     i
   |    |    |     |
   PO   PO   PO    PO
   |    |    |     |
  [ret] .  [ret]   .
              |     |
         [vocálico] [vocálico]
              |     |
            apert  apert
            ┌------┘
            |
        [+abierto] [−abierto]
```

Hay que consignar que la arquitectura geométrica que ofrecen Clements y Hume le sirve de zapata a la teoría de la subespecificación restringida (véase la próxima sección) que ellos defienden, puesto que con la configuración (45) no importa si el segmento [x] viene o no especificado en cuanto a su nodo dorsal: la asimilación se dará de todos modos, porque el plano vocálico no coincide con el punto oral de la consonante.

Siendo, pues, la arquitectura de las vocales diferente de la de las consonantes, se explica por qué puede producirse la armonía vocálica a través de éstas. Ello se debe a que las consonantes no poseen un nodo vocálico en su representación interna. Al parecer, sin embargo, la armonía se realiza al azar, aunque intuitivamente hemos presumido que no es así. Se ha supuesto, por ejemplo, que en estos casos el segmento que afecta al otro, a manera de larga distancia, queda justamente al lado del otro, lo que generalmente se requiere en los casos típicos de asimilación, según vimos en el capítulo III.

Volviendo a la subespecificación, dijimos más arriba que las alveolares usualmente no vienen especificadas para el rasgo [coronal] y como ejemplo citamos casos de asimilación en varias lenguas. Decíamos "usualmente" porque hay lenguas que muestran que el rasgo [coronal] debe venir especificado a nivel subyacente. El sánscrito, por ejemplo, incluye las consonantes dentales /t d/ y las palatoalveolares /č ǰ/ que alternan respectivamente con las dentales retroflejas /ṭ ḍ/ y la palatoalveolares retroflejas [č̣ ǰ̣]. En esta lengua, por tanto, las dentales y la palatoalveolares están todas marcadas con [coronal], sirviendo el rasgo [retroflejo] para distinguirlas entre sí. Parece que los segmentos coronales, que se distinguen entre sí únicamente por su articulación secundaria, en este caso la de ser [retroflejo], son los que deben venir consignados como [coronal] a nivel subyacente (Avery y Rice 1989). De lo contrario, el catalán, el español y el inglés, que no poseen la articulación secundaria retrofleja para las alveolares y palatoalveolares, no vendrían marcados con el rasgo [coronal], hecho que supondría la consiguiente eliminación de ese rasgo a nivel subyacente y que luego se habría de suplir, como siempre, mediante reglas de redundancia.

4.9 *La subespecificación restringida*

Hasta ahora hemos venido desarrollando la teoría de la subespecificación radical en la que se presume que el rasgo contrastante aparece indicado en el léxico, mientras que los que no contrastan son redundantes, no aparecen en el léxico, y reciben su valor fonético mediante reglas de redundancia. Hay, no obstante, otra teoría alterna que articula Steriade (1987), en la que las reglas de redundancia tienen la función de asignar valores de rasgos solamente cuando el rasgo sirve para distinguir segmentos en un contexto dado; los valores que no contrastan se dejan en blanco. Dicha teoría se conoce con el nombre de *subespecificación contrastiva o restringida*.

Para ir dilucidando los aspectos más significativos de esta teoría, enfoquemos primeramente en la distinción entre valores de rasgos predecibles que no están en la forma subyacente y los que sirven para distinguir, pudiéndose hallar o no en la subyacencia.

Consideremos, por ejemplo, las vocales de la lengua española y sus rasgos, incluyendo también el [sonoro].

(44)   representación   rasgos   especificación
                 completa   contrastativos   contrastiva
                 i   e   a   o   u   i   e   a   o   u
     alto   +   −   −   −   +   {i,e}; {o,u}   +   −   −   +
     bajo   −   −   +   −   −   {a,o}   +   −
     ret   −   −   +   +   +   {i,u}; {e,o}   −   −   +   +
     son   +   +   +   +   +

Para llegar a postular (44) se requiere un algoritmo que determine la subespecificación de cada segmento. Es decir primero es necesario tener presente una especificación completa a partir de la cual se dejan los blancos que se muestran en (44), a la derecha (Archangeli 1988).

(45) a. especifique completamente todos los segmentos
      b. aísle pares de segmentos
      c. determine cuáles pares difieren en un rasgo
      d. designe dicho rasgo como 'contrastivo' para los miembros del par
      e. una vez que se hayan examinado los pares y se hayan determinado los rasgos contrastantes, elimine las especificaciones del rasgo no marcado para cada segmento

En el algoritmo (45) los valores [alto] y [retraído] de la /a/ están ausentes porque no contrastan en el contexto de [+bajo]. Es decir que a la /a/ no se le opone un valor [−retraído] ni tampoco [+alto]. Se necesitan los valores del rasgo [bajo] porque es este rasgo el que distingue a la /a/ de la /o/.

La sonoridad es enteramente predecible en (46). Es predecible para las vocales, puesto que todas ellas son sonoras, y habíamos visto una regla en párrafos anteriores que predice este estado de cosas. Dicho de otro modo, si la vocal es resonante de modo automático se sabe y, por ende, se puede predecir que debe ser [+sonora]. Semejante predicción se interpretó con la regla (19b), la cual reproducimos en (46) con fines ilustrativos.

(46) [−obst] → [+sonora]

A este tipo de reglas, las cuales se pueden predecir por implicación de universales lingüísticos, Steriade las llama reglas que introducen *valores redundantes*. El valor nunca aparece en la forma subyacente; se produce totalmente sin especificación en cuanto al rasgo en cuestión. Cuando se introduce mediante regla no sirve para efectuar distinción, pues, como dijéramos, si se sabe que el segmento es resonante, debe ser, en última instancia, [+sonoro].

Aunque (46) introduce valores ausentes, hay que cuidarse de interpretarlas de modo diferente en ambas teorías. En la subespecificación radical, las reglas de redundancia son mayormente de dos tipos: 1) las reglas por defecto, con las que se expresan restricciones universales del tipo si es [+bajo], entonces debe ser [−alto], o se caracteriza la no-marcadez universal de rasgos donde se introduce el valor [+alto], por ejemplo, para el rasgo [alto]; y 2) las de complemento, que le son específicas a una lengua dada y además introducen los valores opuestos que no introdujeran las reglas por defecto. En cambio, con las reglas de la subespecificación restringida se tiende a asignar valores a los rasgos, funcionen estos distintivamente o no, sin que importe su carácter particular (Steriade 1987:342). En la próxima sección ilustramos con el ejemplo del latín las predicciones que se cumplen con el empleo de la subespecificación restringida.

4.9.1 El latín y la subespecificación restringida

En español, al igual que en inglés, no existe oposición distintiva para las inobstruyentes con respecto al rasgo [lateral]. Este rasgo usualmente define la clase de consonantes resonantes, en particular las nasales que universalmente se caracterizan por ser [−lateral]. Sin embargo, el rasgo [lateral] caracteriza a las consonantes líquidas, de suerte que /l/ se distingue de /r/ por ser la primera [+lateral] y la segunda [−lateral]. La presunción natural que generalmente se ha seguido con la teoría radical es que las líquidas laterales vienen consignadas positivamente con el rasgo [+lateral], mientras que las demás resonantes son redundantemente no marcadas para dicho rasgo. Si se presume esta caracterización para el latín, nos enfrentaremos a un problema que la teoría restringida resuelve con cierta facilidad.

En latín hay un conocido proceso de disimilación de líquida en donde la /l/ del sufijo /-alis/ se convierte en /-aris/ cuando en la base le precede una /l/. De suerte que las respectivas /sol-alis/ 'solar' y /milit-alis/ 'militar' producen /sol-aris/ y /milit-aris/. Sin embargo, cuando la base contiene /r/, la disimilación no se cumple: /flor-alis/ 'floral', /litor-alis/ 'litoral', /sepulchar-alis/ 'sepulcro'. Ninguna otra no lateral impide la disimilación. Pues bien, si se presume la teoría de la subespecificación restringida, el fenómeno se explica por el hecho de que la /r/ es la única que impide la disimilación, con lo cual se sugiere que debe poseer el rasgo [−lateral] en la subyacencia y que efectivamente bloquea la propagación de la regla disimilante (47).

(47) [+lateral] → [−lateral]/[+lateral]]$_{raíz}$──

Ilustremos con *floralis:*

(48) f   l   o   r   +   a   l   i   s
          | | |
        [+lat] [−lat]   [+lat]

La regla (47) no se puede aplicar porque para encontrar su blanco tiene que cruzar la /r/ de *flor,* con lo que se quebranta el principio de cruce de líneas, y, además, porque la presencia del rasgo [−lateral] de la /r/, impide que la regla se cumpla, pues es necesario que los dos rasgos estén adyacentes, y al intervenir la /r/, se rompe semejante adyacencia. Esto no ocurre cuando se trata de otros segmentos. Tomemos por caso *militaris*.

(49) m i l i t + a l i s
         | |
       [+lat]   [ ]   [+lat]

En (49) las dos líquidas laterales se encuentran adyacentes, y por lo tanto la regla (47) se aplicaría para conseguir la salida correcta.

Ahora bien, si se sigue la subespecificación radical tendríamos que presumir que la /r/ no tiene especificación [lateral], con lo que la regla (47) entraría en acción, afectando, como resultado, la forma (48) que devendría en la forma equivocada **floraris*.

Los defensores de la teoría radical podrían argüir que en el fondo esta objeción no le es tan dañina si se ordena la regla de inserción del rasgo redundante [−lateral] mucho antes de que se efectúe la regla de disimilación (Archangeli 1988:199). Una vez insertado este rasgo, bloquearía la disimilación.

Posiblemente le sea más problemática a la teoría radical el proceso de inserción de vocal que se realiza en el vasco. Veamos algunos detalles.

4.9.2 El vasco y la subespecificación restringida

En el dialecto vasco de Arbizu, que se habla en Navarra, se realiza un proceso interesante de inserción de vocal. Hualde (1991a) había observado que en este dialecto hay una serie de sufijos que producen la creación de una regla de asimilación total de vocal. Esta regla se cumple si se presume la inserción de un esqueleto V, sin rasgos, que luego recibe los rasgos de la vocal de la base por propagación, y en su defecto, recibe los de la vocal no marcada, o sea, los de /e/, al igual que en español. Los ejemplos (50) reflejan esta situación.

(50) | Base | Genitivo indefinido | glosa |
|---|---|---|
| alaba | alabaan | 'hija' |
| paate | paateen | 'pared' |
| asto | astoon | 'burro' |
| mendi | mendiin | 'montaña' |
| čakuR | čakuRen | 'perro' |
| gison | gisonen | 'hombre' |

En los primeros cuatro ejemplos podemos ver que la vocal de la base se alarga cuando se le agrega un sufijo que comienza con vocal. Sin embargo, cuando la base termina en consonante, como en los dos últimos ejemplos, el sufijo contiene la vocal /e/, con lo que se sugiere que esta vocal es la no marcada. Para dar cuenta de estas representaciones habría que postular primeramente la regla (51), la cual propaga los rasgos de la vocal de la base. Como se propagan todos los rasgos, evidentemente entonces hay que propagar la raíz. En ausencia de vocal, entra a funcionar por defecto la regla (52).

(51)   Asimilación total de vocal

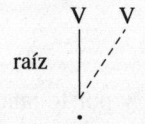

$$\text{raíz} \underset{\bullet}{\overset{V \quad V}{\Big|{}}}$$

(52)   Asignación de rasgos por defecto
       V → [e]

Veamos cómo interactúan estas reglas en (53).

(53)   /asto-Vn/   /gison-Vn/
       astoon   ———   R. (51)
       ———   gisonen   R. (52)
       [astoon]   [gisonen]   Rep. fonética

Hasta aquí no hay problemas con la teoría radical, ya que la vocal /e/, por no contrastar, no necesita especificación alguna sino que surge, como dijimos, por defecto. Sin embargo, Hualde pudo determinar que además de obtenerse esta /e/ no marcada, también hay sufijos que contienen /e/, pero cuyos rasgos deben aparecer a nivel subyacente. Ocurre, entonces, que no siempre esta /e/ sufijal tiene que aparecer no especificada. En el plural del genitivo, por ejemplo, hay un sufijo /-en/ que contrasta con el sufijo no marcado /-Vn/. Nótese que en ambos casos la representación fonética es la misma, [-en], pero a nivel subyacente la [e] de ambos sufijos no se puede representar con Ves no especificadas. Prueba de lo anterior se ofrece en los datos en (54). Obsérvese esta vez que la vocal de la base se modifica: si es baja, desaparece; si es media, sube un grado, y si es alta, se consonantiza. Esto ocurre también con otros sufijos del dialecto en cuestión.

(54)   Base   Genitivo plural   Glosa
       alaba   alaben   'hijas'
       paate   paatien   'paredes'
       asto   astuen   'burros'
       mendi   mendijen   'montañas'
       cakuR   cakuRen   'perros'
       gison   gisonen   'hombres'

Nótese que en las dos últimas formas aparece nuevamente la /e/. Se produce, pues, un paralelismo entre el genitivo plural y el indefinido: en ambas la vocal no marcada resulta ser /e/. Pero hay más. El ergativo indefinido se forma con el sufijo /-k/ cuando la base termina en vocal, de lo contrario se tiene que insertar /-e/. De las respectivas bases *alaba, mendi* y *gison* se producen los ergativos *alabak, mendik,* y *gisonek*. De nuevo, esta última aparece con /-e/, con lo cual se presume la inserción de un esqueleto V al que luego se le agrega la regla (52). Las conclusiones son claras: para distinguir la vocal plural genitiva de *gisonen* de la vocal no especificada del genitivo y del ergativo de *gisonen* hay que hacer constar a nivel subyacente los rasgos contrastivos [−baja, −alta] de aquélla.

Queda claro que en el dialecto de arbizu hay una vocal no marcada y otra que se inserta por defecto, siendo ambas la misma /e/. Sin embargo, hay que distinguir a estas vocales de su congénere subyacente de los plurales genitivos. Se ve, entonces, que no en todos los casos se tiene que identificar el esqueleto V con la vocal no marcada. Este dialecto demuestra que dicha vocal debe especificarse a nivel subyacente, pues de lo contrario no hay manera de hacer distinciones entre diversas formas léxicas. Por lo visto, la teoría de la subespecificación restringida puede bregar con casos que le son controversiales a la teoría de la subespecificación radical.

4.9.3 Diferencias entre los dos modelos de subespecificación

Por lo que se puede inferir de las secciones anteriores, la teoría de la subespecificación contrastiva puede resolver problemas empíricos en casos donde la teoría radical sencillamente falla. Vamos a cerrar la discusión en torno a estas dos teorías considerando las diferencias teóricas y empíricas entre ambas. El debate de la subespecificación continúa y hasta el momento no se puede asegurar con certeza que la teoría radical sea la preferida, aunque Archangeli estima que ese es el caso (1988). Contra ella pesan los reparos antes señalados y otros que habremos de señalar, producto de la crítica de Steriade (1995).

En términos teóricos consideremos la marcadez y el sistema vocálico de dos lenguas, el swahili, que se habla en Tanzanía y Kenia, y el auca, lengua indígena que se habla en Ecuador. El swahili posee el sistema vocálico /i e a o u/, mientras que el auca manifiesta las vocales /i e æ a o/. La diferencia radica en que el auca muestra dos vocales bajas y carece de la /u/. Pese a que ambos sistemas requieren de un mismo conjunto de rasgos para caracterizarlos (los rasgos [alto, bajo, retraído]), resulta interesante que sea mucho más factible encontrar un sistema como el swahili, que se documenta en 100 lenguas diferentes, que el auca, que sólo se registra en un sistema, según Maddieson (1984). Si el inventario de rasgos es el mismo, es necesario hacer dos estipulaciones: una que permita en auca la presencia de la [æ] y otra que excluya la [u]. Esto significa que la regla por defecto [+baja] → [+retraída] no se aplica, con lo cual aparecen las dos vocales bajas. Por otro lado debe existir en esta lengua una regla de redundancia en la que toda vocal [+retraída] deba estar marcada [−baja]. En última instancia, con las estipulaciones a partir de la marcadez del sistema de rasgos se establecen las diferencias entre las dos lenguas en cuestión.

Por el contrario, apunta Archangeli (1988) que la teoría restringida exige la especificación de una teoría de marcadez independiente del inventario de segmentos. Esto es así porque si los dos sistemas vocálicos requieren de un mismo conjunto de reglas de redundancia y de un mismo conjunto de rasgos para especificar el segmento, no se puede acceder a éstos sino a algo independiente del segmento mismo, con marcadez estipulada, para establecer las diferencias.

Se desprende de lo antedicho que ambas teorías también difieren en su concepción de los *primitivos fonológicos,* los cuales son las unidades básicas que conforman léxicamente a toda palabra. La teoría radical sostiene que el primitivo básico es el *rasgo* fonológico, mientras que la restringida reconoce el *segmento* mismo.

Como sugerimos arriba, las pruebas empíricas también favorecen la teoría radical. Pensemos primero en las vocales asimétricas. La concepción de éstas resulta en la consignación léxica de un segmento totalmente subespecificado en sus rasgos, como es el caso de la /e/ en español y gengbe, la /i/ en el yoruba de Nigeria, o la /u/ del japonés. El hecho de que todas estas difieran en la vocal seleccionada sugiere que la aparición de una u otra obedezca al carácter propio de estas lenguas particulares. En la teoría restringida ningún segmento puede aparecer totalmente subespecificado. Las vocales difieren por lo menos en un rasgo que debe estar presente en la subyacencia. Eso por un lado. Por el otro, para referirse a la vocal asimétrica, la teoría restringida tiene que referirse al segmento en cada regla. Sin embargo le resulta problemático explicar por qué el mismo segmento resulta ser el blanco de cada regla (Archangeli 1988:201), o sea, por qué se escoge ese segmento y no otro.

Si la teoría radical se abandera con la asimetría segmental para deducir la impredeciblidad de rasgos, ese mismo argumento le puede ser contraproducente. La hipótesis central es que debe haber un segmento que no posea punto articulatorio, lo cual dijimos se cumple con ciertas vocales y el rasgo [coronal] que se puede omitir. Semejante presunción es problemática primero en lo que respecta a las vocales porque ya se sabe que el schwa [ə] no posee ningún rasgo articulatorio (Steriade 1995, Jacobson 1938). Siendo así la situación, en hebreo tiberiano se da el caso de que la vocal asimétrica tiende a ser [i], pero en esa lengua también hay schwa. Cabe preguntarse entonces cómo se impediría que las reglas de redundancia [ ] → [alto], y [ ] → [retr] no se apliquen a ese segmento reducido. Por otro lado, también se ha demostrado que la laríngea [h] carece de lugar articulatorio, a nivel fonológico y aún después en el fonético (véase Steriade 1995:135 y la bibliografía que cita). Uno se pregunta por igual cómo se evitaría asignarle la regla universal [ ] → [coronal]. La teoría radical tendría que recurrir a un filtro que impidiera la aplicación de estas reglas de redundancia en ambos casos, un recurso este que naturalmente debilitaría sus reclamos universalistas.

La última prueba empírica que le da cierta ventaja a la radical proviene de la lengua maranungku, hablada por los indígenas de Australia. Esta lengua tiene el sistema vocálico marcado /i a e ə æ ʊ/. Con la subespecifcación radical se le atribuye a cada vocal la subespecificación para los rasgos [−alto], [+bajo] y [+retraído]. Si se bloquea la regla universal que inserta el rasgo [+retraído] para las vocales bajas, entonces permite la presencia de /æ/. También tendría que crearse una regla que introdujera la schwa, que se caracteriza por ser [−redonda, +retraída]. Ambas estipulaciones denotan la marcadez de esta lengua. Peor le va a la teoría restringida porque simplemente no puede hacer la distinción sin añadir otras estipulaciones. Para ilustrar, considérese el inventario siguiente con sus especificaciones contrastivas.

(55)

	Representación completa					Contrastes	Especificaciones contrastivas				
	i	a	e	æ	ə		i	a	e	æ	ə
alto	+	−	−	−	+	{e,ə}		−			+
bajo	−	+	−	+	−	{a,e}		+	−		
retr	−	+	−	−	+	{i,ə};{a,æ}	−		+		−	+

La /i/ y la /ə/ contrastan en cuanto al rasgo [−retraído], pero no hay contrastes pareados para los rasgos de la /i/. Las vocales bajas se distinguen entre sí por el rasgo [−retraído], pero para la /æ/ no lleva pares de rasgos contrastantes. Ahora bien, si nos remitimos al algoritmo (45), notamos que allí no se distingue entre la [i] y la [æ]. Para hacerlo habría que inventarle al algoritmo una estipulación adicional que permita dar cuenta de las desviaciones de esta lengua. por ejemplo, de entre los rasgos [alto], [bajo] y [retraído] se tendría que determinar cuál de ellos se emplearía para las demás especificaciones de la [i] y de la [æ]. Evidentemente esto le resulta muy controversial a la teoría restringida.

En resumidas cuentas, muchos fonólogos prefieren la teoría de la subespecificación radical porque 1) las informaciones predecibles se deducen por reglas; 2) es más coherente desde el punto de vista conceptual y teórico; 3) da cuenta de las asimetrías vocálicas; y 4) explica los inventarios vocálicos raros de varias lenguas. Sin embargo, son muchos los atenuantes que le restan tanto a ésta teoría como a la teoría restringida, con lo cual se sugiere que ambas podrían pugnar por sobrevivir. En cualquier caso, lo inapelable es que a nivel léxico no se necesitan todos los rasgos para caracterizar fonemas.

CAPÍTULO V

La Silabificación en Español

5. Introducción a la sílaba

Fonológicamente los segmentos (consonantes y vocales) se agrupan en sílabas. La sílaba se puede definir como un conjunto de segmentos agrupados en torno a un núcleo (la vocal). El concepto de sílaba tiene gran importancia para la fonología, aunque fonéticamente la naturaleza de la sílaba dista de ser clara (no encontramos fronteras silábicas en un espectrograma). La sílaba es, pues, una entidad fonológica y no necesariamente fonética (cf. Hooper 1976: 198, Ladefoged 1990). El hecho de que los hablantes generalmente estén de acuerdo en cuanto al número de sílabas de una palabra o frase demuestra que el concepto de sílaba tiene realidad psicológica. En español suele haber acuerdo entre los hablantes no sólo respecto al número de sílabas, sino también sobre la posición exacta del límite entre dos sílabas. Por esto no suele haber ninguna indecisión al dividir una palabra en la frontera entre dos sílabas al final de una línea. En otras lenguas, como el inglés, sin embargo, la división en sílabas resulta más problemática (véase, por ejemplo, Giegerich 1992).

Dentro de la sílaba, los segmentos se organizan de acuerdo con una escala universal de sonoridad, que presentamos en (1) (cf. Clements 1990), de tal modo que el segmento con mayor sonoridad ocupa el lugar central en la sílaba (el núcleo) y otros segmentos a su izquierda o su derecha han de descender progresivamente en sonoridad[1]:

(1) vocales (V)
    deslizadas (D)
    líquidas (L)
    nasales (N)
    obstruyentes (O)

Los ejemplos en (2) muestran esta distribución dentro de la sílaba:

(2) m u e s - t r a n   p e r s - p e k - t i - b a
    N D V O   O L V N   O V L O   O V O   O V   O V

Si asignamos un número a los diferentes segmentos según su posición en la escala de sonoridad, podemos observar cómo el valor de los segmentos en esta escala disminuye progresivamente según nos alejamos del núcleo:

---

1. La noción de escala de sonoridad tiene una larga tradición. Así, se encuentran propuestas en este sentido en la obra de Saussure y Jespersen (cf. Hooper 1976: 196–198, Clements 1990). Sobre los aspectos universales de la organización silábica y las excepciones que se encuentran, véase Bell y Hooper (1978).

(3) a. V = 5, D = 4, L = 3, N = 2, O = 1

b. mues - tran   pers - pek - ti - ba
   NDVO OLVN   OVLO OVO OV OV
   2451 1352   1531 151 15 15

Así, pues, la sílaba consiste en un conjunto de segmentos agrupados alrededor de una cumbre o pico de sonoridad, de tal modo que los segmentos más cercanos al núcleo tienen un índice de sonoridad que nunca es menor que el de los más alejados. Debemos, sin embargo, notar que dos segmentos contiguos en la sílaba pueden tener el mismo índice de sonoridad, aunque esto raramente ocurra en español. Esto lo vemos en una secuencia de dos obstruyentes como la que encontramos en la segunda sílaba de *bíceps*. Dos segmentos de máxima sonoridad (dos vocales) también pueden ser adyacentes, constituyendo sílabas diferentes, como en *poeta*.

Para referirse a posiciones o grupos de segmentos dentro de la sílaba se utilizan los términos núcleo, ataque (o arranque), coda y rima. El *núcleo*, como hemos indicado, es el centro de la sílaba y el elemento de mayor sonoridad dentro de ella. En español todas las vocales constituyen núcleos silábicos y todos los núcleos silábicos contienen una vocal. Tal identidad no se da en lenguas como el inglés, que tienen consonantes silábicas. La única dificultad en establecer el número de sílabas en español la encontramos en la silabificación de secuencias de vocoides[2] como *ai, iu, ue*, en las que los dos vocoides pueden realizarse como vocales, en dos sílabas separadas, [a.i], [i.u], [e.u], o uno de ellos puede ser una deslizada y la secuencia pertenecer por tanto a una sola sílaba, [aj], [ju], [ew]. Examinaremos este tema en la sección 5.4.

El ataque es la consonante o grupo de consonantes que preceden al núcleo dentro de la sílabas. En español los únicos grupos de ataque permitidos son los que consisten en una oclusiva o /f/ seguida de líquida (como en *primo, grupo, broma, blanco, claro, flecha, freno*), excepto /dl/ y, según el dialecto, /tl/. Entre los dos miembros de un grupo de arranque ha de haber una cierta distancia en sonoridad, lo que excluye grupos de obstruyente más nasal como /pn/ que sólo difieren en un grado en la escala dada en (1). Además de esto, no puede haber una semejanza excesiva en la articulación de los dos segmentos. Es evidente que lo que imposibilita tener /dl/ como grupo tautosilábico es la coincidencia en una serie de rasgos fonológicos entre los dos segmentos: ambos son coronales, sonoros y no-continuantes (cf. Hooper 1976: 212, Harris 1983: 31–34). En /tl/ la coincidencia es menor dado que el primer segmento es sordo y el segundo sonoro y esto se refleja en la mayor aceptabilidad del grupo (que es perfectamente posible en el español de México, aunque resulte excluido en el de Madrid). Una palabra como *atlas* se pronuncia [á.tlas] en casi toda Latinoamérica y áreas del oeste peninsular, mientras que en el centro y este de la península se pronuncia [át.las] ~ [áð.las] (indi-

---

2. Vocales y deslizadas forman la clase de los vocoides.

camos la división en sílabas con un punto). En español mexicano el grupo /tl/ ocurre incluso en principio de palabra, en topónimos y préstamos del nahuatl como *Tlaxcala, tlapalería*, etc.

La *coda* es lo que sigue al núcleo en la sílaba. Tras el núcleo podemos encontrar una deslizada como en *boi.na, flau.ta* o una consonante como en *pren.sa, ac.to*. Podemos tener también una deslizada seguida por consonante, como en *claus.tro, vein.te*, o un grupo de dos consonantes, como en *trans.por.te, pers.pec.ti.va*. No todas las consonantes son igualmente comunes en posición de coda.

Debemos distinguir entre codas finales y codas interiores. En final de palabra podemos encontrar en principio sólo consonantes coronales: las resonantes /-l/, /-n/, /-r/ (*papel, camión, amor*), y las obstruyentes /-s/, /-θ/ (en dialectos con este fonema, *mes, pez*) y /d/ (*virtud*). Excepcionalmente podemos tener /-x/ (*reloj*) y /-t/ (*cénit*). Otras consonantes finales aparecen únicamente en préstamos no completamente asimilados como *club, frac, bulldog, álbum, chef*. Según el dialecto, podemos tener diferencias en la realización fonética de las consonantes finales. Así, /-d/ puede pronunciarse como [ð], como [θ], como [t] o elidirse; /-n/ puede realizarse, en vez de como nasal coronal, como velar [ŋ] (creándose alternancias del tipo *canció*[ŋ]/*cancio*[n]*es*) o como nasalización de la vocal precedente, etc.

En cuanto a las consonantes que son posibles en coda interior de palabra, podemos tener una nasal con el mismo punto de articulación que la consonante siguiente, como en la primera sílaba de *campo, canto* o *tengo*, una liquida /l/, /r/, como en *palco, parco* (neutralizadas en dialectos caribeños y andaluces) o una sibilante /s/ o /θ/ (en dialectos con esta distinción), como en *asco, juzga*. Otras obstruyentes son menos comunes. En nuestra literatura clásica encontramos formas como *dino* por *digno*, *lición* por *lección*, *afeto* por *afecto*, etc., que nos indican que las oclusivas preconsonánticas habían dejado de pronunciarse. Por influjo académico estas consonantes han sido repuestas no sólo ortográficamente sino también en pronunciación cuidada en la mayoría de los casos (aunque no siempre ha habido reposición y se han creado pares como *respeto* y *respecto*). Sin embargo, en el habla no suelen hacerse tantas distinciones como las indicadas ortográficamente ni siquiera en pronunciación cuidada. Aunque se pronuncie la obstruyente postvocálica es común que no haya distinción alguna entre sordas y sonoras en esta posición. Lo normal es que la *p* de, por ejemplo, *concepción* y la *b* de *obsesión* tengan idéntica realización fonética y esto es también cierto para la *t* y la *d* de *étnico* y *administrar*, por ejemplo, o la *c* y la *g* de *técnica* y *dogmático* (véase Navarro Tomás 1977, A. Alonso 1945). Es decir, *apto* y *abto*, por dar un ejemplo hipotético, no pueden constituir un par mínimo en español. En cuanto a las fricativas /x/ y /f/ y la africada /ĉ/, la /f/ ocurre sólo en un par de palabras como *afgano*, la africada nunca ocurre ante otra consonante y la velar /x/ no se distingue de /g/ en esta posición; es decir [sixno], por ejemplo, puede ser una realización de *signo*, pero no una palabra diferente de ésta.

Dialectalmente encontramos otras varias neutralizaciones entre consonantes en posición de coda. Ya hemos mencionado la neutralización de las líquidas en caribeño y andaluz y varias neutralizaciones en final de palabra. Quizás el proceso más extendido sea la aspiración y elisión de /s/ y otras fricativas sordas, como en *este* [ehte]. Guitart (1976) menciona una tendencia a neutralizar las obstruyentes preconsonánticas en /k/ en cubano, como en *su*[k]*terráneo* por *subterráneo*. En partes del norte de España /d/ y /θ/ se neutralizan en final de palabra. Como resultado, *red* y *pez* riman en [-eθ] en esta región (pero la diferencia aparece en los plurales *peces* y *redes*). En ciertos sociolectos de la misma área, la *c* preconsonántica ortográfica, además de la *d*, es también pronunciada como interdental: *dictado* [diθtáðo], *director* [direθtór].

Las codas de dos segmentos son poco frecuentes. En estos casos podemos encontrar una deslizada seguida por consonante (*au*[k.s]*ilio*, *vei*[n.t]*e*, *au*[n.k]*e*) o una consonante seguida de /s/ (*abstracto, biceps, vals, adscrito, transporte, experiencia, perspectiva*). En el léxico común las codas de dos consonantes tienen siempre /s/ como segundo elemento.[3]

Cualquier consonante puede aparecer como coda (al menos en el habla cuidada), excepto las palatales /č, ñ, λ/. Las nasales y laterales están sujetas, por supuesto, a restricciones más generales que determinan su neutralización y asimilación en posición de coda. Otras neutralizaciones, como la pérdida de la distinción entre sordas y sonoras, afectan también a otras consonantes (con diferencias entre dialectos), lo que hace que el número efectivo de oposiciones entre consonantes que encontramos en posición de coda sea bastante menor que el que tenemos en posición de ataque (Alonso 1945).

Finalmente, núcleo y coda se agrupan en una unidad superior denominada rima. Los términos ataque, núcleo, coda y rima definen, pues, estructuras como la ilustrada en la siguiente representación de la sílaba *plan:*

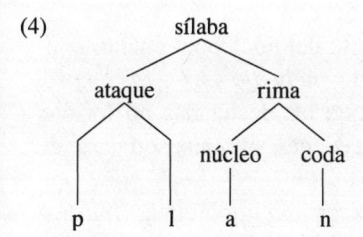

(4)
```
           sílaba
          /      \
       ataque   rima
        / \     /  \
             núcleo coda
         |    |    |
         p  l  a    n
```

Las deslizadas en posición prevocálica (semiconsonantes) presentan un problema especial. ¿Son parte del ataque o de la rima? Si aceptamos que son parte del ataque, debemos concluir que /pwe/, /pje/ tienen la misma estructura

---

3. Podemos encontrar casos más complejos en apellidos como *Sáinz*.

interna que /ple/, /pre/. Desde el punto de vista contrario, por otra parte, estas serían secuencias con estructuras muy diferentes: en /pwe/, /pje/ la división interna principal sería entre consonante y deslizada /p-we/, /p-je/, mientras que en /pl-e/, /pr-e/ los dos primeros segmentos forman un grupo de ataque. Hay cierta evidencia de que los hablantes adoptan este segundo análisis. Existe un juego de niños en varias partes del mundo hispánico que consiste en insertar la consonante /k/ (u otra consonante según la región) detrás de cada vocal repitiendo la vocal precedente. En este juego *pasa* se transforma en *pa-ka-sa-ka* y *están* en *e-kes-ta-kan*. Los grupos de ataque como /pr/, /pl/ nunca se dividen en este juego: *proclama* es *pro-ko-cla-ka-ma-ka*. Por el contrario, vemos que *puente* es *pu-ku-e-ken-te-ke* y *tiene* es *ti-ki-e-ke-ne-ke*. Igual tratamiento reciben los diptongos decrecientes: *peine* es *pe-ke-i-ki-ne-ke*. Lo que demuestra este juego (*ju-ku-e-ke-go-ko*) es que en la intuición de los hablantes /pwe/ y /pre/, por ejemplo, tienen estructuras radicalmente diferentes. Las deslizadas (incluyendo las llamadas semiconsonantes) claramente se relacionan con las vocales más estrechamente que con las líquidas. El juego a que hemos aludido puede resumirse como inserción de *kV* detrás de cada vocoide (vocal o deslizada) donde *V* es una copia del vocoide precedente [4].

A este respecto podemos señalar también que el proceso de abreviación familiar que nos permite formar *Fede* a partir de *Federico* o *profe* a partir de *profesor,* produce *Dani* de *Dan*[je]*l* mientras que una forma familiar de *Petronio* puede ser *Petro,* pero obviamente no *Petr (véase Prieto 1992).

Un argumento adicional que menciona Harris (1983) tiene que ver la complejidad posible de la rima. Parece que en español la rima no puede contener más de tres segmentos en total. No tenemos palabras como **auns.tral,* cuya primera sílaba contendría una rima de cuatro segmentos. Pues, bien, en esta computación de tres segmentos en la rima debemos incluir también las semivocales prevocálicas, dado que tampoco podemos tener palabras como **muens.tra.*[5]

También podemos notar que en un dialecto (o co-dialecto) del español como el hablado en el Valle de Pas (Cantabria), con armonía vocálica, las deslizadas prevocálicas se comportan como parte del núcleo en cuanto condicionan el proceso de armonía (cf. Hualde 1991): *mi lu djó* vs. *me lo compró,* por ejemplo. Todo esto nos lleva a concluir que las deslizadas no forman grupo de ataque silábico con la consonante precedente, sino que son parte de la rima.

Ahora bien, esta generalización tiene una excepción importante. Una deslizada puede ser inicial en la sílaba, sin que le preceda un segmento consonántico, como en *hielo, hueso*. En este caso especial, las deslizadas ocupan el ataque de la sílaba, como se advierte en su frecuente consonatización

---

4. Este juego se conoce con el nombre de jerigonza en varios países hispánicos y tiene algunas variaciones según la región.

5. Dejando a un lado apellidos y topónimos de origen vasco como *Beriain.*

[yélo], [wéso]. Estos segmentos se comportan de hecho como consonantes con respecto a la regla de asimilación de nasales: [uñýélo], [uŋgwéso] (y no *[u.njé.lo], *[u.nwé.so]). La consonantización de las deslizadas ocurre no sólo al principio de palabra en sentido estricto sino también tras prefijos productivos como *des-*, compárense *des.hie.lo* y *de.sier.to* o *re.sue.na* y *des.hue.sa*.

Una restricción conocida acerca de la distribución de las deslizadas en español es que estas no coinciden nunca en la misma sílaba con la correspondiente vocal alta. Esto es, las siguientes secuencias son todas imposibles: *[wu], *[uw], *[ji], *[ij] (Alarcos 1965:153, Harris 1983:34).[6]

5.1 *Principales generalizaciones acerca de la silabificación en español*

El español es una lengua de estructura silábica relativamente sencilla. Cuando consideramos cómo se distribuyen en sílabas los segmentos en español, una primera observación que podemos hacer es que una consonante intervocálica se silabifica siempre con la vocal siguiente. Así *copa* es [ko.pa] y no *[kop.a], aunque esta segunda silabificación produciría también sílabas que, tomadas aisladamente, estarían bien formadas, como se ve si comparamos las sílabas obtenidas con la primera de las palabras [kop.to] y [a.to]. El principio de que una consonante se silabifica siempre con la vocal siguiente se aplica incluso cuando entre vocal y consonante media un limite de palabra, como en *las alas* [la.sa.las] (igual a *la salas* 'le pones sal'). Esta silabificación a través de fronteras morfológicas o sintácticas no ocurre sin embargo en casos como *un hueso* [uŋ.gwé.so] o *deshielo* [dez.ŷé.lo] porque, como hemos visto, las deslizadas en posición inicial de palabra (o raíz) se realizan como consonantes. No tenemos, pues, una secuencia C.V en estos ejemplos, sino una secuencia de dos consonantes.

Otra generalización que podemos observar es que en la silabificación de grupos de consonantes, aquellas secuencias que pueden dar lugar a grupos de ataque legítimos (los constituidos por oclusiva o /f/ seguida de liquida, excepto /dl/ y dialectalmente /tl/) se silabifican como ataque, aunque, de nuevo, otras silabificaciones produjeran estructuras bien formadas desde el punto de vista de los tipos de sílaba permitidos en español. Así, por ejemplo, tenemos *soplo* [so.plo] y no *[sop.lo]. Nos referiremos a este fenómeno como maximización de ataques silábicos. Sin embargo, al contrario de la generalización anterior, la maximización de ataques silábicos no es un principio que se aplique entre palabras, *chef loco* no puede ser *[če.flo.ko] sino [čef.lo.ko] y *club latino* no puede silabificarse como [klu.βla.ti.no] sino que la única silabificación posible es [kluβ. la.ti.no] donde las fronteras silábicas coinciden con los límites de palabra. Los mismos efectos se observan incluso en

---

6. Como nos señalara Jorge Guitart, en posición inicial de sílaba encontramos la secuencia [yi] en préstamos como *jeep*, apellidos de origen catalán como *Llinás* y *Lliteras* (en la pronunciación yeísta hoy en día imperante en la mayor parte del mundo hispánico) y algunos nombres como *Gina*.

interior de palabra con ciertos prefijos, como en *sublingual* [suβ.liŋ.gwal] (no *[su.βliŋ.gwal]), donde el grupo /bl/ que puede formar ataque silábico, aparece sin embargo dividido por una frontera silábica que corresponde a la morfológica.

Dentro de un modelo teórico como el generativo, que postula formas fonológicas subyacentes relacionadas con las correspondientes formas superficiales mediante la aplicación de reglas ordenadas, este mecanismo sirve también para dar cuenta de la silibificación correcta de las diferentes secuencias de segmentos. Así, la maximización de ataques silábicos se obtiene ordenando la formación de ataques antes de la formación de codas. Veamos un análisis posible de la silabificación en español utilizando reglas ordenadas (para otros análisis, véanse Harris 1983, 1989, 1993, Núñez Cedeño 1986, Hualde 1991).

El primer paso ha de ser la identificación de los núcleos silábicos. El núcleo es el único elemento obligatorio de la sílaba. Puede haber sílabas sin arranque ni coda, como la primera sílaba de *ala;* pero no sílabas sin núcleo. En español encontramos el caso, bastante sencillo, de que los únicos segmentos que actúan como núcleos de sílaba son las vocales. Esto es, al contrario que en otras lenguas, en español una consonante no puede constituir el núcleo de una sílaba. Indicamos el núcleo como N:

(5) Identificación de núcleos silábicos

```
ka pa    ap to    so plo
 |  |     |  |     |  |
 N  N     N  N     N  N
```

La siguiente operación es la aplicación de la llamada regla CV, que silabifica una consonante como ataque (bajo el nodo A) con una vocal inmediatamente a su derecha:

(6) Regla CV (incorporación de consonantes prevocálicas)

```
k  a    p  a      a    p  t  o      s  o    p  l  o
|  |    |  |      |    |  |  |      |  |    |  |  |
A  N    A  N      N    A  N  |      A  N    A  N  |
 \/      \/       |     \/           \/      \/
 σ       σ        σ      σ           σ       σ
```

La aplicación de la regla CV como primera regla de adjunción produce el resultado de que en una secuencia VCV la consonante intervocálica se agrupe con la vocal siguiente, y no con la precedente (i.e. *[os.o] es imposible de generar).

La maximización de ataques silábicos (i.e. [ko.pla] y no *[kop.la]) se consigue aplicando acto seguido una segunda regla de adjunción bajo el nodo N‴ que silabifica una segunda consonante en el ataque siempre que el resultado sea un grupo de ataque admisible. Entre los ejemplos dados, esta regla sólo tiene aplicación en *soplo,* adjuntando, la /p/ al ataque de la segunda sílaba. En *apto,* sin embargo, la regla de formación de grupos de ataque no tiene efecto porque su aplicación crearía un grupo /pt/, que no constituiría un ataque aceptable en español:

(7) Formación de grupos de ataque

$$
\begin{array}{cccccc}
k\ a & p\ a & a & p\ o & s\ o & p\ l\ o \\
| | & | | & | & | | & | | & | \backslash | \\
A\ N & A\ N & N & A\ N & A\ N & A\ N \\
\lor & \lor & | & \lor & \lor & \lor \\
\sigma & \sigma & \sigma & \sigma & \sigma & \sigma
\end{array}
$$

La aplicación de esta segunda regla de adjunción bajo el nodo A requiere, pues, la definición independiente de los grupos de ataque admisibles en la lengua (oclusiva o /f/ más líquida, excepto /dl/ y dialectalmente /tl/).

Sólo una vez que estas dos operaciones de adjunción en posición de ataque se hayan aplicado, se aplicarán otras reglas, adjuntando otros segmentos en posición de coda (bajo el nodo C; añadimos también el nodo R(ima) a la representación):

(8) Adjunción de codas

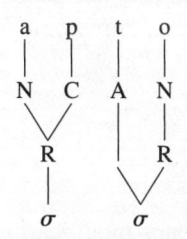

$$
\begin{array}{ccc}
a & p & t\ o \\
| & | & | | \\
N & C & A\ N \\
\lor & | & | \\
R & & R \\
| & & \lor \\
\sigma & & \sigma
\end{array}
$$

Dado este orden de reglas, silabificaciones incorrectas como *[kap.a] y *[sop.lo] son imposibles de generar. Para que esto sea así, resulta crucial aplicar las reglas en el orden indicado. Un cambio en el orden de operaciones produciría resultados no deseados. De modo que (ignorando por el momento estructuras más complejas que nos llevarían a postular algunas reglas adicionales), hemos reconocido cuatro operaciones ordenadas de silabificación:

(9) Reglas ordenadas de silabificación
Identificación de núcleos
Regla CV
Regla de Formación de Grupos de Ataque
Reglas de Adjunción de Codas

Como indicamos antes, mientras que un grupo CV es siempre tautosilábico en español, incluso a través de fronteras de palabras, la maximización de ataques silábicos (la aplicación de la regla de Formación de Grupos de Ataque en el análisis que estamos considerando), sólo tiene lugar dentro de ciertos dominios morfológicos. Esto lo podemos observar cuando consideramos la silabificacion en ejemplos como *chef argentino* [če.far.xen.ti.no] frente a *chef latino* [čef. la.ti.no] o *subordinado* [su.bor.di.na.do] frente a *sublingual* [sub.lin.gual]. Estos ejemplos muestran que en ciertos casos las fronteras morfémicas o de palabra se ignoran para efectos de la silabificación pero en otros casos se toman en cuenta. La solución dada en Hualde (1991) (cf. también Morgan 1984) es que la silabificacion se produce inicialmente en el mismo dominio morfológico en todos los ejemplos dados. El dominio inicial de silabificación es la palabra fonológica, la cual excluye prefijos productivos como *sub-:*

(10) [čef] [ar.xen.ti.no]   [čef] [la.ti.no]
      [sub [or.di.na.do]]   [sub[lin.gwal]]
                             [su.bli.me]

Postléxicamente, sin embargo, habría una segunda aplicación de la regla CV, pero no de otras reglas de silabificación (en particular, no de la Regla de Formación de Grupos de Ataque). La aplicación de la regla CV a nivel postléxico tendría lugar en ejemplos como *chef argentino,* produciendo [če.far.xen.ti.no] y en *subordinando,* modificando la silabificación inicial y produciendo [su.bor.di.na.do]; pero no en ejemplos como *chef latino* o *sublingual,* donde la frontera silábica inicial no separa un grupo CV:

(11) Resilabificación de grupos CV
      [čef] [ar.xen.ti.no] → [če.far.xen.ti.no]
      [sub [or.di.na.do] → [su.bor.di.na.do]

Así, pues, el orden de reglas dado arriba en (5) debemos modificarlo de la manera siguiente:

(12) Nivel léxico. Dominio: palabra fonológica
      Regla CV
      Regla de Formación de Grupos de Ataque
      Regla de Formación de Codas
      Nivel postléxico. Dominio: frase fonológica
      Regla CV

Es decir, la regla CV se aplica tanto léxica como postléxicamente. En este análisis el orden de las operaciones es tan crucial como las operaciones mismas.

En el modelo de la Teoría de la Optimidad (véase el capítulo IX) los mismos resultados se obtienen estableciendo una jerarquía de principios aplicados a la silabificación. La regla CV vista como principio universal requiere dotar a toda vocal de un ataque. Este principio es suficientemente importante en español como para provocar una violación de otro principio de respeto a las fronteras de palabra en la silabificación, que llamaremos alineamiento. Sin embargo, el Principio de Alineamiento superaría en la jerarquía al Principio de Maximización de Ataques. Tendríamos, pues, la siguiente jerarquía entre estos tres principios (donde '>>' significa 'domina a' o 'es más importante que'):

(13) Jerarquía de principios de silabificación
CV >> Alineamiento >> Maximización de ataques

Esta jerarquía nos indica que *a.zu.los.cu.ro* es la mejor silabificación de este ejemplo, aunque no se respeten los límites de palabra para la formación de sílabas, dado que CV domina a Alineamiento. Por otra parte *chef.la.ti.no* es mejor que **che.fla.ti.no* porque esta segunda silabificación maximiza el ataque a costa de violar el principio superior del Alineamiento.

5.2 Estructura moraica

En latín el acento recaía sobre la penúltima sílaba si ésta estaba cerrada por consonante (como en per.féc.tum) o contenía una vocal larga (como en *for.mí:.ca*). En caso contrario, el acento se situaba sobre la antepenúltima (como en *tá.bu.la*). La regla de asignación del acento en latín supone, pues la existencia de una distinción entre dos tipos de sílabas: ligeras y pesadas. Esta distinción tiene también una gran importancia en el sistema rítmico del latín y constituye la base de la versificación en esta lengua. Este tipo de distinción no es algo peculiar del latín sino que se encuentra también en muchas otras lenguas (Hayes 1995). La oposición no es exactamente igual en todas las lenguas que distinguen entre sílabas ligeras y pesadas. Una sílaba del tipo CV siempre cuenta como ligera y una sílaba con vocal larga CV: cuenta como pesada. El tipo CVC, por otra parte puede contar como sílaba pesada o como ligera según la lengua. Un hecho importante es que esa clasificación hace referencia, en cualquier caso, a la estructura de la rima silábica. El tipo de arranque es generalmente irrelevante en esta computación. Así, una sílaba V:, con vocal larga y sin arranque y vocal breve, cuenta como ligera. Para reflejar el peso silábico se utiliza el concepto de "mora," representada por la letra griega μ. Diremos que una sílaba ligera como [ta] contiene una mora asociada con la vocal y una sílaba pesada como [ta:] contiene dos moras[7]:

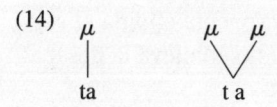

(14)   μ   μ   μ
       | \ /
       ta   t a

---

[7]. Una aplicación del modelo moraico a varios aspectos de la estructura fonológica del español se encuentra en Dunlap (1991).

180 La Silabificación en Español

Si en una lengua determinada una sílaba como [tan] cuenta como pesada, asignaremos una mora a la consonante en posición de coda, como en (15a). Si, por el contrario, tal sílaba se computa como ligera en cuanto a la asignación del acento u otros procesos fonológicos, la consonante final carecerá de mora asociada, como en (15b):

(15) a.   μ μ   b.   μ
           │ │   │
           t a n   t a n

Algunos autores (Hayes 1989) han propuesto reemplazar la estructura silábica dada en (4) o en (8) por otra que represente directamente la estructura moraica. En una representación de este tipo, los segmentos sin peso silábico se representan asociados directamente al nodo σ. Así, las estructuras posibles para [plan], dependiendo de si tal sílaba cuenta como ligera o como pesada, son las siguientes:

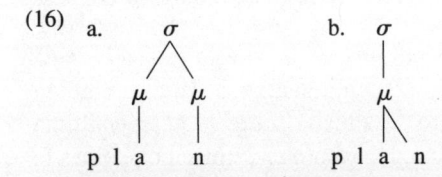

(16) a.   σ   b.   σ
           ╱╲   │
          μ   μ   μ
          │   │   ╱╲
         p l a n   p l a n

Podemos notar que los conceptos de ataque, núcleo, rima y coda son también derivables de esta representación. El núcleo es el primer elemento asociado con una mora. La rima está constituida por todos los segmentos asociados a una mora. El núcleo es el primer o único elemento moraico de la sílaba. El ataque está formado por los segmentos asociados directamente al nodo o a la izquierda del núcleo.

Una ventaja de la representación moraica de la sílaba, además de la transparencia con que permite representar la estructura rítmica y acentual de lenguas como el latín, es que ofrece una manera sencilla de dar cuenta de numerosos fenómenos de alargamiento compensatorio (Hayes 1989). Para dar un ejemplo de un dialecto del español, Hammond (1989) mantiene que en cubano al perderse la /s/ en una sílaba no final se produce un alargamiento de la vocal precedente, de modo que busque se pronuncia como [bú:ke], distinguiéndose de la palabra *buque* [búke] por la duración de la vocal tónica. Una manera de dar cuenta de este alargamiento de la vocal contigua a la /s/ es presumiendo que este es el resultado de reasociar la mora de la consonante elidida al segmento precedente; esto es, la pérdida del segmento /s/ no conlleva la desaparición de su mora:

(17)   μ μ μ   μ μ μ
       │ │ │   →   ╲╱   │
       bu s k e   bu k e

Una predicción de este modelo silábico es que la elisión de segmentos en posición de ataque no dará nunca lugar a procesos de alargamiento compensatorio, dado que tales segmentos no son moraicos en ninguna lengua.

5.3 Hiatos y diptongos

Hasta ahora hemos omitido casi completamente toda discusión sobre la silabificación de las deslizadas, y más generalmente sobre diptongos e hiatos. Esto es porque estas secuencias presentan problemas especiales en español, que examinaremos en esta sección.[8]

Para dar cuenta de la silabificación de secuencias vocálicas necesitamos modificar la escala de sonoridad dada en (1) asignando valores diferentes a distintas vocales según su grado de apertura:

(18)   vocales bajas: a = 6
       vocales medias: e, o = 5
       vocoides altos: i, u (incluyendo semivocales/semiconsonantes: j, w) = 4
       líquidas: r, R, l, (λ) = 3
       nasales: m, n, ñ = 2
       obstruyentes: p, t, k, b, d, g, č, f, (θ), s, x, y = 1

Dos vocoides seguidos pueden pronunciarse juntos en una sola sílaba (formando diptongo), como *io* en *Mario,* o en sílabas separadas (en hiato), como *ia* en María.

En español tenemos tanto diptongos de sonoridad creciente, [ja], [we], como diptongos decrecientes, [aj], [ew]. Asimismo podemos tener hiatos de sonoridad creciente (como [i.a], [u.e]) y de sonoridad decreciente (como [a.i], [e.u]).

Cuando ninguna de las dos vocales en la secuencia es alta, tenemos siempre un hiato, al menos a nivel léxico o en pronunciación cuidada: *poeta* [po.é.ta], *maestro* [ma.és.tro], *teatro* [te.á.tro]. Como veremos después, en el habla rápida, sin embargo, estas secuencias pueden reducirse también a diptongo.

Las secuencias que, a nivel léxico, pueden formar diptongo en español son las que ejemplificamos a continuación:

(19)   Los diptongos del español

       Diptongos crecientes
       [ja]   Santiago   [wa]   cuando
       [je]   pierna   [we]   puedo
       [jo]   idioma   [wo]   ventrílocuo, monstruo, cuota*
       [ju]   viuda   [wi]   cuida

---

8. Este es un tema que recibió bastante atención dentro del marco teórico del estructuralismo, tanto americano (Bowen y Stockwell 1955, 1956, Saporta 1956, Stockwell, Bowen y Silva-Fuenzalida 1956), como europeo (Alarcos 1965:145–160). Para una consideración más reciente del tema con un enfoque generativo puede consultarse Morgan (1984). Véase también Hara (1973).

182 La Silabificación en Español

Diptongos decrecientes
[aj]	**aire**	[aw]	**jau**la
[ej]	**pei**ne	[ew]	**deu**da
[oj]	**boi**na	[ow]	**Sou**sa, bou*
[uj]	——	[iw]	——

Los diptongos que hemos marcado con un asterisco detrás de los ejemplos correspondientes son raros en español: [wo] ocurre en muy pocas palabras y [ow] ocurre sólo en nombres de origen gallego-portugués como *Sousa*, en siglas como *COU* y en algún préstamo del catalán como *bou*.

Observemos también que las secuencias *iu, ui*, de dos vocales altas pronunciadas en diptongo las hemos clasificado como diptongos crecientes [ju], [wi] en vez de diptongos decrecientes. En realidad estas dos realizaciones son difícilmente distinguibles y parece haber preferencias diferentes en algunos dialectos. Lo general, sin embargo, es que *viuda* rime con *suda* y no con *vida*, lo que nos lleva a concluir que en el diptongo *iu* la vocal es [u], mientras que *cuida* rima con *vida*, lo que indica que en *ui* la vocal es [i].

Las mismas secuencias que pueden formar diptongo aparecen también en hiato en otras palabras:

(20) Hiatos
[i.a]	María	[u.a]	púa
[i.e]	ríe	[u.e]	adecúe
[i.o]	navío	[u.o]	adecúo
[i.u]	diurno	[u.i]	huída
[a.i]	caída	[a.u]	aúlla
[e.i]	leímos	[e.u]	reúne
[o.i]	oímos	[o.u]	

Los hiatos se marcan ortográficamente con un acento cuando la vocal alta lleva el acento prosódico y como en *María, navío, oído*, etc. Sin embargo, el acento no suele escribirse en 'pseudo-monosílabos' como *(él) rio* [Ri.ó] que en realidad es bisílabo y contrasta con los monosílabos *dio* [djó], *vio* [bjó], donde el acento ortográfico no es necesario según las reglas de la Academia precisamente por tratarse de monosílabos. El acento tampoco se distingue ortográficamente del diptongo cuando las dos vocales son altas como en *huida, huimos,* que, sin embargo, (al menos para muchos hablantes), tienen una secuencia con hiato que contrasta fonológicamente con el diptongo de *cuida, fuimos*. Esto es, *huida*, por ejemplo, tiene tres sílabas, exactamente como *oído*, mientras que *cuida* tiene sólo dos. Para muchos hablantes hay también un contraste entre, por dar otro ejemplo, *riendo*, con hiato, y *siendo*, con diptongo, ambos con acento prosódico en la vocal [e]: [Ri.én.do], [sjén.do] (que tampoco se marca ortográficamente al no ser la vocal alta la que tiene acento prosódico).

Las secuencias de sonoridad creciente con acento prosódico sobre la vocal no alta como /iá/, /ié/, /ió/, /uá/, etc., se silabifican generalmente como rentes. La raíz de *cambio* podría pues pertenecer al mismo grupo acentual que la raíz de *próspero*. En *el cambio, yo cambio* el acento no necesita moverse en la forma verbal porque ya está sobre la penúltima sílaba. Los argumentos que derivan la silabicidad de los vocoides de la posición del acento dependen, pues, crucialmente, de presumir que la posición de las entradas léxicas no contiene marcas acentuales. Pero cualquiera que sea la postura que adoptemos con respecto a estos hechos, la existencia de contrastes como los dados arriba en (21) es suficiente para que reconozcamos el carácter fonológico de las deslizadas en español (aunque no todas las deslizadas sean subyacentes, como veremos).

En el modelo moraico tanto las vocales altas /i/, /u/, como las deslizadas /j/, /w/ tienen los mismos rasgos segmentales y difieren en que /i/, /u/ tienen una mora asociada, mientras que /j/, /w/ no la tienen. Por ejemplo *d*[je]*nte* y *cl*[ie]*nte* tienen diferente estructura moraica (y, consecuentemente, silábica) para hablantes con este contraste léxico:

(22) Segmentos moraicos y no moraicos

```
     μ   μ        μ μ   μ
     |   |        | |   |
     d i e n t e  k l i e n t e
```

Como hemos dicho, la situación general o no marcada es que un vocoide alto no acentuado en contacto con otra vocal no sea moraico (es decir, que sea una deslizada). Casos como [kli.én.te] son excepcionales. La tendencia a evitar los hiatos es una manifestacion del principio de arranque obligatorio, dado que una secuencia en hiato supone la existencia de una sílaba sin arranque. Esta tendencia ha operado diacrónicamente en español reduciendo a diptongo muchas secuencias que anteriormente se pronunciaban en hiato, muchas veces con cambio en la posición del acento, como en *r*[e.í]*na* > *r*[éj]*na,* etc.

Un factor de complicación es que las vocales altas pueden realizarse como deslizadas a nivel postléxico. Así, mientras que en *Jua.n* [i]. *Ma.rí.a* tenemos una vocal, en *Pe.dro*[j]. *Ma.rí.a* tenemos una semivocal. Compárense también por ejemplo, *t*[u].*pa.dre* y *t*[w] *a. bue.lo.* Es decir, una vocal puede perder su mora asociada en ciertos contextos. Este es un tema que consideraremos en la próxima sección.

5.4 *Resilabificación de grupos vocálicos: sinalefa y sinéresis*

Una característica del español es la existencia de procesos de resilabificación a través de fronteras de palabras. Ya hemos visto que una consonante final de palabra suele resilabificarse como un ataque cuando va seguida por otra palabra que empieza por vocal. Además de este proceso de resilabificación de secuencias CV, tenemos también resilabificación en secuencias vocálicas en el discurso seguido. Este fenómeno se conoce como *sinalefa* y podemos observarlo en ejemplos como los siguientes:

(23) Sinalefa
    a. mi amigo [ja]   tu amigo [wa]
        perla italiana [aj]   mucha unidad [aw]
        perla espantosa [ae] perla horrorosa [ao]
        te acomoda [ea]   lo aguardaba [oa]
    b. bici usada [ju]   espíritu insaciable [wi]
        este osito [eo]   lo esperaba [oe]
    c. estaba hablando [a]   otro osito [o]
        te esperamos [e]   mi idea [i]

Como se muestra en los ejemplos anteriores, dos vocales seguidas pueden formar una sola sílaba aunque se encuentren en palabras diferentes. La sinalefa es especialmente frecuente cuando ninguna de las dos vocales afectadas lleva acento. Si las vocales tienen diferente altura, la más alta de las dos se convierte en semivocal, como en (23a). A nivel postléxico tenemos tanto semivocales altas como medias. Si las dos vocales son de la misma altura, la primera de las dos es la que pierde su silabicidad, como se ilustra en (23b). Finalmente, si las dos vocales son idénticas pueden reducirse a la duración de una sola vocal, como en (23c).

En el habla rápida los mismos fenómenos pueden producirse también en secuencias interiores de palabra, en cuyo caso el fenómeno se denomina *sinéresis*. Así, aunque a nivel léxico tenemos, por ejemplo, *em.pe.o.ra.ba, to.a.lla, le.e.re.mos, pelear*, con vocales adyacentes pronunciadas en hiato, en el habla rápida podemos pronunciar *em.peo.ra.ba, toa.lla, le.re.mos, pe.lear*. En muchos dialectos la semivocal media puede hacerse alta creando un diptongo más común, como en *t*[ja]*tro, p*[we]*ta, emp*[jo]*raba, pel*[j]*ar*. La sinalefa (entre palabras) y sinéresis (reducción de hiatos dentro de la palabra) se pueden conceptualizar como un único proceso de elisión de moras: una vocal pierde su mora asociada en contacto con otra vocal en las condiciones que hemos especificado:

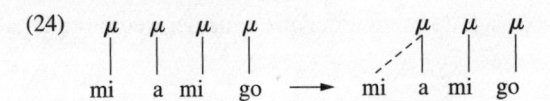

(24) μ μ μ μ μ μ μ
          | | | | → | | |
        mi a mi go   mi a mi go

Obviamente no hay sinalefa si interviene una consonante entre las dos vocales. Un hecho interesante es que en andaluz oriental, donde la /s/ final de palabra generalmente se elide completamente, encontramos contrastes como el siguiente: *la entrada* [laen.trá], *las entradas* [la.en.trá]. Es decir la /s/ final subyacente bloquea el proceso de sinalefa, aunque no se pronuncie, de modo que el contraste entre singular y plural se mantiene por medio de una diferencia en la silabificación (cf. Hualde 1994, Galindo 1997).

De acuerdo con Navarro Tomás (1974:71-72) secuencias de tres y más vocales pueden reducirse también a una sola sílaba. Mejor dicho, algunos de estos grupos pueden juntarse en una sola sílaba y otros no. Considérense los ejemplos siguientes, que tomamos de Navarro Tomás:

(25) Secuencias vocálicas
   a. grupos reducibles a una sola sílaba (Navarro Tomás 1974:71-72)
      aea   culta europa   aea   áurea espada
      eai   muerte airada   eau   frente augusta
      iou   sitio umbroso   uou   monstruo humano
   b. grupos irreducibles a una sóla sílaba (Navarro Tomás 1977:151)
      aoa   esta o aquella   aea   ya he hablado
      aie   apaga y enciende   euo   siete u ocho

Los grupos que pueden pronunciarse como tautosilábicos son aquellos que contienen una única cima de sonoridad, mientras que los grupos irreductibles a una sola sílaba contienen dos cimas de sonoridad:

(26) Curvas de sonoridad en secuencias vocálicas reductibles e irreductibles

a.

6   a   a
5   e   e e   o
4   u   i u
culta_europa   aurea_espada   sitio_umbroso

b.

6   a a   a
5   o   e   e o
4   i   u
esta o aquella apaga y enciende siete u ocho

Como vimos, en una sílaba el grado de sonoridad asciende hasta el núcleo y desciende a partir de él. Los ejemplos en (26a) constituyen secuencias agrupables en torno a un solo núcleo. Por el contrario los ejemplos en (26b) tienen perfiles de sonoridad que no son compatibles con una sola sílaba.

Aunque con menos frecuencia, la contracción silábica puede ocasionar incluso el deslizamiento de una vocal alta o media acentuada, sobre todo si la palabra está en posición media en la frase y no lleva relieve tonal como en *ser*[já] *José* por *sería José:* Esta contracción es común en nombres compuestos: *María Rosa* → *Màr*[ja] *Rósa, José Antonio* → *Jòs*[ea]*ntónio*.

5.5 Contacto silábico

Si bien la mayor parte de las generalizaciones posibles acerca de las secuencias de segmentos que podemos encontrar en una palabra son las que derivan de la estructura silábica de la lengua (una palabra ha de consistir en un conjunto de sílabas bien formadas), hay también ciertas restricciones que se refieren a las secuencias heterosilábicas. Una restricción importante en español es que en general no encontramos secuencias de dos consonantes idénticas dentro del dominio de silabificación. Por ejemplo, no encontramos palabras como *[es.so], *[at.to], *[al.la], etc. Las excepciones a esta regla son escasas: *perenne, obvio* y otras que no contrastan.

Además de esta restricción contra las geminadas, en secuencias de dos oclusivas heterosilábicas encontramos otra restricción que hace referencia al punto de articulación. En concreto, en secuencias de dos oclusivas en una palabra, la segunda sólo puede ser coronal y la primera no puede serlo. Encontramos, pues, [ákto], [ápto] pero no *[atpo], *[atko], *[apko] ni *[akpo]. La únicas excepciones a esta regla son extranjerismos como *fútbol, rugby* y *básquetbol* y palabras con prefijos como *adposición, subcomisión* y *subcultura*, pero como hemos visto, estas últimas contienen dos dominios de silabificación independientes. Casos como *adquirir, adverbio* y *advertir* pueden interpretarse también como palabras con prefijos formales. No hay ninguna otra excepción.

Encontramos una situación semejante en secuencias de nasales. La labial [m] puede preceder a la coronal [n] como en *himno, alumno,* pero no ocurre la secuencia inversa *[nm]. La secuencia se produce entre prefijo y raíz en palabras como *inmortal, inmaculada, inmenso,* etc, pero en este caso la primera nasal se asimila a la segunda según la regla general de asimilación de nasales (cf. Harris 1984).

Un repaso del diccionario muestra que tampoco hay palabras con *ñ* o *ll* en posición postconsonántica, con excepción de alguna palabra con prefijo, como *conllevar.* Hay algunas palabras con *y* en esta posición, tales como *cónyuge* e *inyectar* que entrarían en la categoría de palabras con prefijos formales. Esta restricción en contra de las consonantes palatales postconsonánticas no afecta, sin embargo a la prepalatal *ch* (*concha, hinchar,* etc).

De cualquier forma, la ausencia de una cierta secuencia heterosilábica puede deberse a un simple accidente y no a una restricción fonológica. Así, Saporta y Contreras (1962:24–25) advierten que la secuencia de tres segmentos /sbl/ no se encuentra en ninguna palabra en español pero consideran que ésta es una ausencia accidental.

CAPÍTULO VI

La Fonología Léxica

6. Introducción

Lingüistas como Sapir, Bloomfield y Trubetzkoy notaron que a menudo las alternancias fonológicas requieren información léxica y/o morfológica, y viceversa. Aparte de las reglas fonológicas que son exclusivamente dependientes del contexto segmental, se encuentran reglas como la fricativización de deslizadas en español (j → ž, como en el español argentino) que muestran una clara dependencia de las fronteras morfémicas. En principio, esa regla se aplica sobre deslizadas en posición inicial de sílaba, como lo demuestra la pronunciación de *hielo* /ielo/. El conocido contraste entre *desierto* /desierto/ y *deshielo* /des+ielo/ (pronunciados [desjérto] y [dežjélo]) demuestra que la aplicación de la regla depende de la estructura morfológica. La regla de fricativización mantiene la separación entre los dominios morfológicos de prefijo (*des*) y raíz (*hielo*), de forma que el fonema afectado /i/ se encuentre en el ataque silábico. Si la regla se aplicara sin tener en cuenta que el prefijo constituye un dominio independiente de la raíz, la palabra *deshielo* se pronunciaría *[desjélo] (cf. Bowen y Stockwell 1956, Alarcos 1965). Más adelante en el capítulo veremos cómo se formaliza esta regla dentro del modelo de la Fonología Léxica.

Disciplinas como la morfofonología en el marco del estructuralismo europeo y la morfofonémica en el marco del estructuralismo americano ya se ocuparon de describir la relación e interacciones observadas entre procesos morfológicos y fonológicos. También en el marco de la fonología generativa, ejemplos como el anterior dieron lugar a una serie de hipótesis que intentaban formalizar y predecir la interacción entre los componentes fonológico y morfológico (léxico). En sus inicios, la fonología generativa (Chomsky y Halle 1968) se planteó cuáles debían ser los principios generales que rigen el funcionamiento de los principales componentes de la gramática. Como hemos visto en la introducción ("La Fonología"), Chomsky y Halle (1968:60) conciben la derivación fonológica como una secuencia ordenada de reglas que transforman una representación abstracta inicial en su representación fonética (FF, o forma fonética). Como se observa en (1), esa representación abstracta inicial, o entrada al componente fonológico, representa la salida del componente sintáctico (de la Estructura Superficial o ES). De ello se deduce que todas las reglas fonológicas se aplican después de la sintaxis, cuando las palabras ya vienen formadas. Es decir, que el modelo inicial de *Sound Pattern of English* no preveía que las reglas fonológicas pudieran acceder a la información léxica y morfológica hasta llegado el nivel post-sintáctico y, de hecho, la morfología no se consideraba como un componente separado de la sintaxis o del léxico:

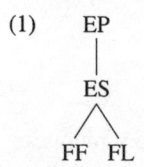

(1)   EP
       |
       ES
      / \
    FF   FL

Durante los años setenta surgieron algunos estudios que planteaban el desarrollo de un componente morfológico independiente que contuviera las reglas de formación de palabras (Siegel 1974, Aronoff 1976). Se empezaron a describir numerosos tipos de interacciones entre esas reglas de formación de palabras y las reglas fonológicas. De esas observaciones nació la necesidad de dividir el componente fonológico en una parte léxica (que se aplica antes del componente sintáctico e interactúa con el componente morfológico) y una parte postléxica (que se aplica después). Kiparsky (1982) y Mohanan (1982) desarrollaron la teoría de la *fonología léxica,* una propuesta que explicitó muchas de las generalizaciones observadas en años anteriores a través de un modelo de organización gramatical que daba cuenta de las interacciones observadas entre los componentes morfológicos y fonológicos. Las secciones siguientes revisan los mecanismos formales de SPE que ya intentaban dar cuenta de esa interacción fonología/morfología, y presentan datos lingüísticos importantes que condujeron a la teoría de la fonología léxica y de sus diferentes versiones.

6.1 SPE: Reglas cíclicas y no-cíclicas

Partiendo del análisis del proceso de asignación del acento primario en inglés, Chomsky y Halle (1968: 60) propusieron una división de las reglas fonológicas en *cíclicas* y *no-cíclicas.* Las reglas cíclicas se aplican tantas veces como el componente sintáctico añade un nuevo constituyente o morfema y aparece el contexto fonológico adecuado; las no-cíclicas tienen un modo de aplicación más restringido y suelen producirse en un dominio determinado (por ejemplo, sólo en el interior de límite de palabra). Normalmente, la aplicación cíclica de las reglas produce en la mayoría de los casos el mismo resultado que la aplicación no-cíclica. No obstante, hay casos en que el resultado de ambas aplicaciones se puede distinguir. Por ejemplo, en inglés, Chomsky y Halle (1968), atribuyen las diferentes pronunciaciones de las palabras *comp*[ə]*nsátion* y *cond*[ɛ]*nsátion* a la aplicación cíclica de la regla de Asignación de Acento Primario. La no-reducción de la [ε] en la palabra *condensation* se explica por la presencia de un acento primario sobre esta vocal, asignado en el primer ciclo de la palabra (cf. *condénse*); en cambio, *compensation* sufre reducción vocálica porque la regla de Asignación Acento Primario (que también se aplica en el primer ciclo) acentúa la sílaba *cóm* (cf. *cómpensàte*). Así, el acento proveniente del primer ciclo de esta aplicación cíclica bloquea la reducción vocálica sólo en el caso de *condensation*. Así, la aplicación cíclica de la regla de asignación de acento primario en inglés no se podría motivar la diferencia existente entre las formas *comp*[ə]*nsátion* y *cond*[ε]*nsátion*.

Tanto en español como en catalán, la regla de deslizamiento de vocales altas (i → j, u → w) puede ser bloqueada por la presencia de un acento primario que proceda de un ciclo anterior. En (2) podemos observar una primera columna que contiene una serie de palabras con hiato y una segunda columna que lista una palabra del mismo grupo morfológico cuya vocal alta recibe acento primario. Como en inglés, el hecho de que las vocales altas de la primera columna no se conviertan en deslizadas se puede atribuir a la presencia bloqueante del acento (columna 2). Algunos de esos ejemplos (que marcamos con la división hiática y el acento fonético) ya se mencionaron en el capítulo 5, dedicado a la sílaba:

(2) flu.ír, a.flu.énte, conflu.éncia, in.flu.ír, flu.i.déz, flu.í.do flúye
fi.ár, fi.án.za, a.fi.an.zár.se, a.fi.an.zá.do, fía

En catalán, la diferencia entre *feineta* [fəj.nε.tə] 'trabajillo' y *ruïnós* [Ru.i.nós] 'ruinoso' también se puede explicar por la presencia bloqueante del acento (asignado en el primer ciclo) sobre la regla de deslizamiento.[1] La derivación fonológica de (3) muestra el funcionamiento de las siguientes reglas del catalán: 1) la Regla de Desacentuación o Eliminación de Acento Primario, la cual elide todo acento primario anterior a cualquier otro acento en la palabra y asegura que cualquier palabra derivada tenga solamente un acento (/nɔbil + ít + át/ → [nuβilitát] 'nobleza'); 2) la Regla de Reducción Vocálica, que transforma los fonemas [e, ε, a] y [o, ɔ] en posición inacentuada en las vocales [ə] y [u] respectivamente (cf. [pεrə] 'pera' vs. [pərεtə] 'perita'; [bɔlə] 'bola' vs. [bulεtə] 'bolita'); y 3) la Regla de Deslizamiento de Vocales Altas, que afecta a /i, u/ en sílaba inacentuada y después de vocal baja (cf. [sál i pá] 'sal y pan' vs. [pá j sál] 'pan y sal'). La derivación de (3)—primer ciclo— muestra cómo la regla de deslizamiento de [i] no se puede aplicar en el caso de *ruïnós*—(R u í n) ó s—porque la vocal [i] del radical tiene acento subyacente ([Ruínə] 'ruina'). En cambio, en el caso de *feineta*—(f ε i n) ε t) a—,

---

1. Mascaró (1976) presume que el acento en catalán es subyacente y no se obtiene a través de regla.

la regla de deslizamiento puede aplicarse porque en este caso la vocal [ɛ] es la vocal acentuada. Finalmente, hacemos notar que el orden de aplicación de reglas es crucial para la obtención de las formas fonéticas correspondientes (Mascaró 1976):

(3)   (R u í n) ó s   ((f έ i n) έ t) a
                          Primer ciclo
      —   j   Deslizamiento de [i]
      i   ɛ   Desacentuación
      i   ɛ   Reducción vocálica
      [Ru.i.nós]   [fəj.nɛ.tə]

6.2 El Principio de Ciclicidad Estricta (Mascaró 1976)

Mascaró (1976) observó una propiedad de opacidad en algunas reglas fonológicas del catalán, y propuso que esa propiedad se explicaba asumiendo que las reglas cíclicas cumplen la propiedad de la *ciclicidad estricta*. Como se observa en la derivación de (3), la aplicación de la Regla de Eliminación de Acento debe ser anterior a la aplicación de la Regla de Reducción Vocálica, puesto que la raíz de una palabra como /báin + ɛt + a/ debe perder su acento para que la Regla de Reducción se pueda aplicar y producir [bəjnétɛ]. Por otra parte, la Regla de Deslizamiento ha de preceder a la Regla de Eliminación de Acento, ya que, como hemos visto, una vocal alta con acento subyacente no se convierte en deslizada aunque en la superficie ya haya perdido este acento (cf. [Rɛím], [Rɛimɛt], *[Rjmɛt]; [Ruína], [Ru.i.nós], *[Ruj.nós]). No obstante, no siempre sucede así: encontramos algunos casos en que una vocal alta con acento subyacente sí puede transformarse en deslizada (cf. [ínsta] 'insta' vs. [nojnstá] 'no instar'). En el ejemplo anterior, la Regla de Deslizamiento parecería aplicarse después de la eliminación de acento, y no antes, como ocurriría en los ejemplos anteriores.

Mascaró (1976) propone una explicación para ese paradójico comportamiento, que consiste en la propiedad de las reglas de aplicarse estrictamente en su ciclo. Esa propiedad, que Mascaró llama el *Principio de Ciclicidad Estricta*, se expresa en (4). El primer principio (A) exige que las reglas cíclicas mantengan una ordenación estricta en los diferentes ciclos: es decir, se deben de aplicar primero sobre el dominio $(_j \ldots)_j$, luego sobre el $(_{j-1} \ldots)_{j-1}$, etc. El segundo principio (B) se refiere a la opacidad que muestran las reglas cíclicas, las cuales solamente tienen acceso a información que les llega de la salida de las reglas que se aplican en un mismo ciclo. Ello evita que reglas posteriores deshagan lo que otro ciclo anterior ha creado.

(4) *Principio de Ciclicidad Estricta*
     Dada una expresión parentetizada $(_n \ldots (_{n-1} \ldots, (_1 \ldots)_1, \ldots)_{n-1})_n$ y un conjunto (parcialmente ordenado) de reglas cíclicas C,

A. C se aplica al dominio ($_j$...)$_j$ después de haberse aplicado al dominio ($_{j-1}$...)$_{j-1}$, y cada regla de C se aplica en el orden dado siempre que se pueda aplicar propiamente en j.

B. *Aplicación propia de las reglas cíclicas.* Para que una regla sea cíclica y se aplique propiamente en cualquier ciclo dado j, dicha regla ha de hacer uso específico de información propia del ciclo j, es decir, introducida en el mismo ciclo j.

Volvamos al ejemplo del principio de la sección. El paradójico ejemplo de [no jnstá] se explicaría en virtud de la propiedad B del Principio de Ciclicidad Estricta. La Regla de Deslizamiento de [i] se podrá aplicar en [no jnstá] porque esa vocal ha perdido su acento en un ciclo anterior. Y, en cambio, no se podrá aplicar en el caso de [R#u.i.nós] porque esa vocal está acentuada en el ciclo correspondiente (y la Regla de Desacentuación es posterior). Finalmente, ¿cuál será el comportamiento de estas reglas cuando la palabra consta de un número mayor de sufijos, como en el caso de la palabra [R#uín+óz+ísim]? La Regla de Deslizamiento debe ser bloqueada, puesto que la palabra en cuestión se pronuncia con hiato [R#u.i.nu.zí.sim], y no con diptongo *[ruj.nu.zí.sim]. ¿Cómo se puede evitar, pues, que la Regla de Deslizamiento se aplique en este caso y no en el caso de *no instar*? La diferencia crucial entre los dos casos es que en el caso de *ruinosíssim* la información pertenece exclusivamente a la salida de un ciclo inmediatamente anterior, mientras que en el ejemplo de *no instar* ese no es el caso.

6.3 Los sufijos del inglés y los estratos morfológicos (Siegel 1974)

El reconocimiento de la división del componente morfológico en diferentes niveles surgió de la observación de que los sufijos del inglés podían ser clasificados en dos clases, según los efectos que tuvieran sobre la longitud vocálica y el emplazamiento del acento en la raíz (Siegel 1974, Aronoff 1976). En inglés hay sufijos que preservan el acento de la raíz (*-ity, -al, -ous*) y sufijos que son neutrales respecto al acento (*-ness, -hood, -ly*) (Clase I y Clase II). En (5) se muestran ejemplos del efecto de esos sufijos (Clase I y Clase II) sobre el acento del radical.

(5) Clase I (*-ity*)   Clase II (*-ness*)
    cúrious   'curioso'
    curiósity   'curiosidad'   *cúriousness*   'calidad de curioso'
    lúcid   'lúcido'
    lucídity   'lucidez'   *lúcidness*   'calidad de lúcido'

Siegel (1974) descubrió que algunas reglas fonológicas del inglés, como la Elisión de /-g/ o el llamado Trisyllabic Shortening (siglas TSS, esp. 'reducción trisilábica'), se aplicaban teniendo en cuenta si los sufijos son de la Clase I o de la Clase II. De modo que los sufijos de la Clase I provocan un acortamiento y laxitud de la vocal acentuada del radical (*n[ej]tion, n[a]tiona*l), mientras que los de la Clase II no afectan la calidad de dicha vocal. Curiosamente, además, el orden de aparición de los morfemas del inglés aparece relacionado con la pertenencia de esos morfemas a una de las dos clases anteriores, de forma que los sufijos de la Clase I se adjuntan a la raíz antes que los sufijos de la Clase II. De tal modo, un sufijo como *-ness* se puede añadir a una forma que ya contenga el sufijo *-al,* pero no al revés (cf. las palabras *[[parent]al]ness* y **[[happy]ness]al*).

Consecuentemente, Siegel planteó la posibilidad de que el componente léxico del inglés se dividiera en dos niveles ordenados (Nivel 1 y Nivel 2), caracterizados por ser el dominio de reglas fonológicas y morfológicas diferentes y con propiedades distintas. En (6) se ejemplifica el tipo de operaciones fonológicas y morfológicas correspondientes.

(6)   Operaciones morfológicas   Operaciones fonológicas
   Nivel 1 inflexión y derivación   Acento, TSS, etc.
   Nivel 2 inflexión y derivación   Elisión de -g

6.4 La fonología léxica

Paul Kiparsky (1982, 1985) y Mohanan (1982) sintetizaron varias de las ideas anteriores y desarrollaron la teoría que se dio en llamar *fonología léxica.* Propuestas como las de Mascaró y Siegel sobre la ordenación morfológica en estratos y la noción de la fonología cíclica, entre otras, sirvieron de base para sentar los fundamentos de la fonología léxica. La mayoría de las variantes de la fonología léxica proponen la división de la fonología en dos componentes: la fonología léxica y la fonología de la frase (o postléxica). Mientras que en el primer componente las reglas sólo se aplican dentro de los límites de palabra y son dependientes de la información morfológica, en el segundo las reglas se aplican siempre (o casi siempre) a nivel de frase, una vez superado el componente sintáctico.

El modelo de la fonología léxica y la mayor parte de sus variantes, esquematizado en el gráfico siguiente, propone la división del componente fonológico en dos partes autónomas: la *fonología léxica* y la *fonología postléxica* (o fonología de la frase). Así, el componente fonológico reparte sus operaciones en dos partes de la gramática: las reglas fonológicas *léxicas* que se aplican en el léxico, y las reglas fonológicas *postléxicas,* que se aplican sobre la salida del componente sintáctico. Como vemos en el esquema, las reglas léxicas se aplican en el interior del límite de palabra e interaccionan con las reglas de formación de palabra, y las postléxicas se aplican casi siempre a nivel de frase, una vez superado el componente sintáctico. Es evidente, pues, que en el modelo de la fonología léxica la morfología constituye un módulo gramatical independiente de la fonología y de la sintaxis.

```
┌─────────────────────────────────────────┐
│         Lista de palabras/morfemas      │
│   ┌───────────┐        ┌───────────┐    │
│   │ reg. morf.│◄──────►│ reg. fon. │    │
│   └───────────┘        └───────────┘    │
└─────────────────────────────────────────┘
                    │
        ┌───────────────────────┐
        │  Componente sintáctico│
        └───────────────────────┘
                    │
        ┌───────────────────────┐
        │  Componente fonológico│
        │   (reglas postléxicas)│
        └───────────────────────┘
```

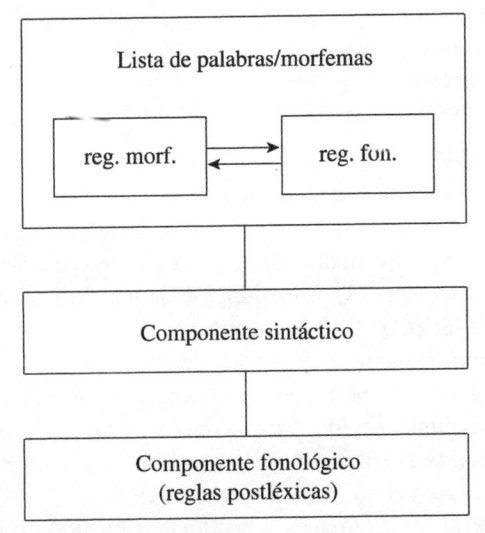

El modelo anterior contrasta con la propuesta de *Sound Pattern of English* (véase (1)), en la que todas las reglas fonológicas se aplicaban una vez superado el componente sintáctico. Una de las razones que condujeron a incluir las reglas fonológicas a nivel léxico fue el problema que creaba la eliminación de las fronteras morfológicas. Propuestas anteriores, incluida la de SPE, suponían que a medida que se iban añadiendo niveles morfológicos también se iban eliminando los corchetes de división morfemática. Tal y como apuntó Pesetsky (1979), uno de los problemas originados por la eliminación de corchetes era la consecuente desaparición de las fronteras sobre las cuales debían de aplicarse las reglas fonológicas. Con el fin de resolver este problema, Pesetsky propuso que las reglas cíclicas se aplicaran en el componente léxico, ordenadas con las reglas fonológicas. Partiendo de esta hipótesis, la fonología léxica asume que la salida de cada operación morfológica representa una entrada para la aplicación de las reglas fonológicas. De ese mecanismo se deduce que toda regla léxica será cíclica (puesto que interacciona con las reglas de formación de palabras) y que toda regla postléxica será no-cíclica.

Como apuntan Booij y Rubach (1984), uno de los argumentos más claros a favor de la interacción entre procesos fonológicos y morfológicos radica en una clase de procesos morfológicos que parecen depender de la previa aplicación de un proceso fonológico. Uno de los ejemplos conocidos es el proceso de adjunción de los dos sufijos nominales *-isch* y *-ief* en holandés. La decisión entre uno u otro alomorfo depende del patrón acentual de los nombres de base: los nombres que terminan en una sílaba acentuada toman el sufijo *-isch* y los nombres que terminan en una sílaba inacentuada toman el sufijo *-ief*, como se puede observar en (7):

(7) psychologíe   'psicología'   psychologisch 'psicológico'
     hysteríe   'histeria'   hysterisch   'histérico'

196   La Fonología Léxica

analogíe	'analogía'	analogisch	'analógico'
agréssie	'agresión'	agressief	'agresivo'
invéntie	'invención'	inventief	'inventivo'
áctie	'acción'	actief	'activo'

El sufijo *-al* del inglés se comporta de forma parecida a los dos sufijos del holandés, ya que se adjunta solamente a verbos cuya sílaba acentuada final se forma por una vocal seguida de una consonante resonante opcional y seguida de una consonante anterior opcional (*rehéarsal* 'ensayo', *refúsal* 'rechazo', **órganizal;* véase Siegel 1974). La adjunción de los alomorfos de diminutivo en español peninsular (/it/ o /sit/) constituye otro caso parecido. La adjunción de esos alomorfos parece depender de las características fonológicas y prosódicas de la raíz. Generalmente, si la palabra termina en /a/ o /o/ el morfema que se adjunta es /it/ (*casa—cas+it+a*); si la palabra termina en /e/ o en consonante el sufijo es /sit/ (*corazón—corazon+cit+o, clase—clas+e+cit+a*) (véase Prieto 1992, Crowhurst 1992).

La división entre reglas léxicas y postléxicas ha sido corroborada por el hecho de que ambos grupos de reglas se diferencian sistemáticamente por una serie de propiedades. Es decir, las reglas que se aplican en el componente léxico tienen características distintas de las que se aplican en el componente postléxico. A continuación citamos algunas de las características típicas que diferencian las reglas léxicas de las postléxicas (véase Kiparsky 1982, 1985, Kaisse y Shaw 1985)

Reglas léxicas	*Reglas postléxicas*
Aplicación interior palabras	Aplicación entre palabras
Excepciones	No hay excepciones
Ciclicidad estricta	No-ciclicidad
Preservación de estructura	Creación de fonemas nuevos
Preceden a reglas postléxicas	Siguen a reglas léxicas

Una de las propiedades típicas de las reglas léxicas es la llamada *Condición de Preservación de Estructura*, mencionada en capítulos anteriores. Esta condición estipula que las representaciones léxicas sólo pueden contener elementos que se encuentren en el inventario fonológico de la lengua, y, por consiguiente, cualquier regla que introduzca sonidos no distintivos debe ser postléxica. Las formas de (8) muestran cómo [n] y [s] en posición de coda silábica se transforman en [ŋ] y en [h] en muchos dialectos caribeños del español. Así, las reglas de velarización y aspiración introducen alófonos no contrastivos (e.g. [ŋ] y en [h]), indicando que esas reglas deben aplicarse en el componente postléxico:

(8)   Ortografía   Dialectos velarizantes y que aspiran
      sientan   sie[ŋ]ta[ŋ]
      siestas   sie[h]ta[h]

La Condición de Preservación de Estructura permite deducir las propiedades que deberá tener una regla que se aplique léxica o postléxicamente. Las reglas de Velarización y Aspiración se deben aplicar a nivel postléxico, puesto que introducen elementos fonémicos no contrastivos (cf. Kenstowicz 1994:224)[2]. Efectivamente, estas reglas no se aplican antes del sufijo de plural (antes de la resilabificación entre dominios), como puede apreciarse en los ejemplos siguientes:

(9) Ortografía Dialectos velarizantes
    pan   pa[ŋ]
    pan+es   pa[n]+e[h], *pa[ŋ]+e[h]
    mes   me[h]
    mes+es   me[s]+e[h], *me[h]+e[h]

En inglés se han distinguido dos tipos de reglas de asimilación de nasales (Kiparsky 1985). Una Regla de Asimilación de Nasales léxica, de carácter obligatorio y en el que las nasales sólo adquieren los puntos de articulación que coinciden con los puntos de articulación distintivos (de acuerdo con la Condición de Preservación de Estructura). Y una Regla de Asimilación Postléxica opcional que transfiere todos los puntos de articulación a la nasal precedente, creando alófonos como [ŋ] que no pertenecen al inventario fonológico del inglés. En catalán, la Regla de Asimilación de Nasales tiene características similares a las del inglés (Kiparsky 1985). En principio, cuando se aplica esa regla (ya sea en el interior de límites de palabra como entre fronteras de palabras) cualquier nasal parece adoptar el punto de articulación de la consonante siguiente, como se puede observar en los ejemplos de (10):

(10)   Interior palabras   Entre palabras
    no asimilada —   so[n] amics
    labial   e[m]viar   so[m] pocs
    labiodental   e[ɱ]fadar-se   so[ɱ] feliços
    dental   e[n̪]tranyable   so[n̪] dos
    alveolar   e[n]sumar   so[n] sincers
    laminopalatal e[ń][ŷ]egar   so[ń] [ŷ]ermans
    palatal   e[ñ]llumenar   so[ñ] [λ]iures
    velar   e[ŋ]gatar   so[ŋ] grans

Sin embargo, las nasales que forman parte de un grupo de consonantes homorgánicas de final de palabra (constituido por la nasal seguida de una consonante oclusiva, por ejemplo) no adoptan siempre el punto de articulación de la consonante siguiente. Como observamos en (11), una nasal es bilabial y/o

---

2. Como veremos más adelante en el capítulo (ver la sección 6.6), las reglas de velarización y aspiración del español se consideran reglas léxicas *postcíclicas* (Harris 1983, Hualde 1989). Las llamadas *reglas postcíclicas,* introducidas por Kiparsky (1985), Rubach (1984) y Booij y Rubach (1984), son reglas léxicas que se aplican de forma no-cíclica y que pueden violar la Condición de Preservación de Estructura.

velar cuando se encuentra ante una oclusiva bilabial y velar, respectivamente (cf. [kám] y [báŋ]). Sin embargo, en el caso de /puNt/, la /N/ (nasal subyacente sin punto de articulación) no se asimila a la especificación dental de la oclusiva /t/ del catalán (*[púṇ]), sino que se realiza como una nasal alveolar ([pún]). La presencia fonológica de las oclusivas finales (/p, t, k/) se demuestra con las formas de diminutivo:

(11) Ortografía   Forma fonológica   Forma fonética   Diminutivo
     camp   /káNp/   [kám]   [kəmpɛt]
     punt   /púNt/   [pún], *[púṇ]   [puntɛt]
     banc   /báNk/   [báŋ]   [bəŋkɛt]

Kiparsky (1985) propone que una posible solución a esta situación supone que el catalán posee, como el inglés, dos reglas de asimilación de nasales: la una léxica, que solamente adopta los puntos de articulación mayores (ver (11)), y la otra postléxica, que transfiere los puntos de articulación mayores y menores, una vez éstos han sido especificados (ver (10)). Por consiguiente, el modelo de la fonología léxica es capaz de motivar las propiedades de las reglas de asimilación punto de articulación de nasales en catalán; estas características se derivan directamente de la propuesta de división del componente fonológico en dos componentes separados, con un funcionamiento autónomo y con unas propiedades que los caracterizan.

6.5 Los estratos léxicos y las reglas postcíclicas

La fonología léxica adoptó la concepción de Siegel (1974) acerca de un componente morfológico estratificado y dividido en varios niveles. Kiparsky (1982), partiendo de los datos del inglés, propuso que el componente léxico de la gramática podía ser dividido en *estratos léxicos*. Cada uno de los estratos léxicos se asocia con determinadas operaciones morfológicas y fonológicas (y estas últimas se aplican cíclicamente). En general, la condición de ciclicidad de las reglas fonológicas y las propiedades de los estratos léxicos han sido dos de los temas más discutidos en el marco de la fonología léxica, sobre todo utilizando datos del inglés Kiparsky (1985), Rubach (1984), Booij y Rubach (1984, 1987), Halle y Mohanan (1985), Halle y Vergnaud (1987a), Borowsky (1986).

Kiparsky (1985), Rubach (1984) y Booij y Rubach (1984, 1987) refinaron el modelo para incorporar las reglas que se aplican solamente a nivel de palabra y no cíclicamente, proponiendo la existencia de un estrato léxico que contiene las reglas *postcíclicas*. Los dos gráficos siguientes comparan la organización léxica que proponen Kiparsky (1982) vs. Kiparsky (1985) y Booij y Rubach (1987). Por un lado, la distinción entre los procesos fonológicos léxicos y los postléxicos continúa siendo una característica común a ambos modelos. Por otro lado, observamos la introducción de la distinción entre reglas cíclicas y postcíclicas: mientras que las reglas cíclicas interactúan con los procesos morfológicos, las reglas postcíclicas se aplican después del componente morfológico y antes del componente sintáctico:

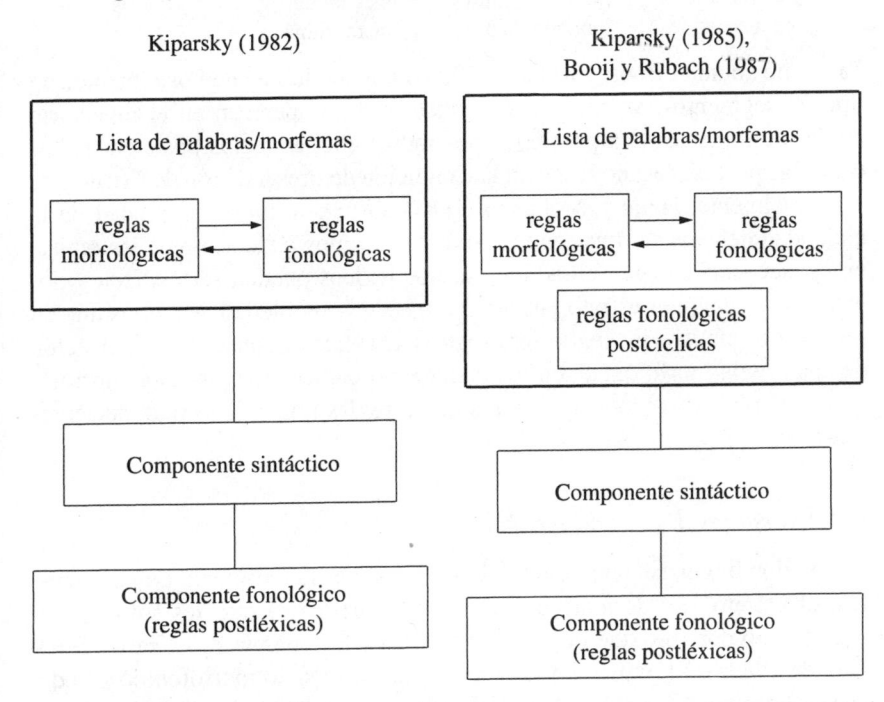

Kiparsky (1982)

```
┌─────────────────────────────────┐
│     Lista de palabras/morfemas  │
│                                 │
│   ┌──────────┐    ┌──────────┐  │
│   │ reglas   │──▶ │ reglas   │  │
│   │morfológicas│◀─│fonológicas│ │
│   └──────────┘    └──────────┘  │
└─────────────────────────────────┘
              │
              ▼
    ┌──────────────────────┐
    │ Componente sintáctico│
    └──────────────────────┘
              │
              ▼
    ┌──────────────────────┐
    │ Componente fonológico│
    │  (reglas postléxicas)│
    └──────────────────────┘
```

Kiparsky (1985),
Booij y Rubach (1987)

```
┌─────────────────────────────────┐
│     Lista de palabras/morfemas  │
│                                 │
│   ┌──────────┐    ┌──────────┐  │
│   │ reglas   │──▶ │ reglas   │  │
│   │morfológicas│◀─│fonológicas│ │
│   └──────────┘    └──────────┘  │
│                                 │
│        ┌──────────────┐         │
│        │reglas fonológicas│     │
│        │  postcíclicas │         │
│        └──────────────┘         │
└─────────────────────────────────┘
              │
              ▼
    ┌──────────────────────┐
    │ Componente sintáctico│
    └──────────────────────┘
              │
              ▼
    ┌──────────────────────┐
    │ Componente fonológico│
    │  (reglas postléxicas)│
    └──────────────────────┘
```

Uno de los procesos fonológicos que ejemplifica el comportamiento de las reglas postcíclicas es la llamada *Ley de Posición* (en francés "Loi de Position", Booij y Rubach 1987). La Ley de Posición convierte las vocales medias /e ö o/ en sílaba cerrada (o en sílaba abierta seguida de una vocal neutra) en /ɛ ä ɔ/, respectivamente.

(12) je cède   [sɛdɛ]   nous cédons   [sedɔ̃]   'yo/nosotros cedemos'
      je cueille   [käjɛ]   nous cueillons   [köjɔ̃]   'yo/nosotros recogemos'
      je donne   [dɔnɛ]   nous donnons   [dɔnɔ̃]   'yo/nosotros damosc
      mauvais/mauvaise   [mové]/[movɛzɛ] 'malo/mala'
      hereux/hereuse   [öχö]/[öχäzɛ]   'alegre' (masc/f)
      sot/sotte   [só]/[sɔtɛ]   'loco/loca'

La Ley de Posición se aplica en el dominio de palabra y antes de la aplicación de la resilabificación postléxica, como demuestran los ejemplos de (13). Las palabras *chose*, *cette* y *bonne* evidencian que debe aplicarse en un nivel postcíclico (y no postléxico), puesto que la aplicación de esa regla debe ser anterior a la regla de resilabificación postléxica. Una aplicación anterior a la resilabificación desharía el contexto de la Ley de posición (o sea, que el segmento forme parte de una sílaba cerrada) y no permitiría su aplicación:

(13) chose intéressante [ʃɔ.zɛ.te.χe.sã.tɛ] 'cosa interesante'
cette amie [sɛ.ta.mí] 'esta amiga'
bonne amie [bɔ.na.mí] 'buena amiga'
premier ami [prɛ.mié.χa.mí] 'primer amigo'
première amie [prɛ.miɛ.χa.mí] 'primera amiga'

Tal como apuntan Booij y Rubach (1984) apuntan, la Ley de Posición crea un tipo de segmentos, vocales laxas y altas, que no aparecen en el inventario inicial de fonemas. Esa propiedad nos indica que las reglas postcíclicas, así como las postléxicas, no respetan la Condición de Preservación de Estructura.

Finalmente, Halle y Mohanan (1985) sostienen que la propiedad de la ciclicidad debe de ser una propiedad de los estratos léxicos, no de las reglas; en consecuencia, según ellos, los estratos léxicos pueden ser cíclicos y no-cíclicos, y cualquier estrato puede o no tener esa propiedad. Mientras que en los estratos cíclicos las reglas fonológicas se aplican después de la aplicación de cada regla morfológica, en los estratos no-cíclicos los procesos morfológicos se aplican en bloque, seguidos de las reglas fonológicas pertenecientes a ese estrato.

6.6 Los estratos léxicos del español

Varios lingüistas han coincidido en proponer la existencia de dos estratos: el Estrato 1, o dominio que incluye la raíz léxica más los sufijos, y el Estrato 2, o dominio que incluye los prefijos y los compuestos (Harris 1983, Hualde 1989a). El gráfico en (14) reproduce el modelo morfofonológico del español propuesto por Hualde (1989a): una vez realizada la adjunción de sufijos (Estrato 1), se aplican reglas fonológicas como la silabificación, la fricativización de deslizadas, la velarización de nasales y la aspiración. Después de la adjunción de prefijos y compuestos se aplican las reglas de Resilabificación de Consonante (C) final y la Resilabificación de Grupos Vocálicos.

(14) Morfología Fonología
Estrato 1 Sufijación → Silabificación
 Fricativización de deslizadas
 Velarización de nasales
 Aspiración
Estrato 2 Prefijación y Composición → Resilabificación de C final
 Resilabificación de grupos vocálicos

El cuadro (15) ejemplifica las reglas fonológicas del español citadas en el cuadro anterior en dos de los posibles estratos: el estrato 1 (o el dominio de la raíz más los posibles sufijos) y el estrato 2 (o el dominio de la raíz más los prefijos o compuestos). Los ejemplos muestran cómo la mayoría de las reglas (con excepción de la resilabificación) se aplican en el estrato 1, es decir, antes de la adjunción de prefijos y compuestos. En (15a) se ejemplifica la Regla de Fricativización de Deslizadas, la cual se aplica sobre /i, u/ en posición inicial de sílaba y se debe aplicar en el estrato 1. En dicho estrato todavía se mantienen separados los dominios de prefijo y de raíz, y por tanto la deslizada se encuentra aún en posición de ataque silábico *des+hielo* /des+ielo/. En (15b) y (15c) se ilustran las reglas de velarización de nasales y aspiración, que transforman /n, s/ en posición de coda silábica en [ŋ, h] respectivamente. Esas reglas se aplican en el estrato 1, puesto que en dicho estrato las consonantes finales de los prefijos *in-* y *des-* (e.g. *in+humano* y *des+armar*) todavía se encuentran en posición de coda silábica (antes del proceso de resilabificación).

Como vimos en el capítulo V, uno de los principios generales de la silabificación en diferentes lenguas, y en particular en el español, es la de dar preferencia a la posición de ataque silábico en el proceso de agrupación de fonemas en sílabas. Posibles ataques silábicos complejos son /fr/, /pr/, /gr/, /br/, /bl/, etc ... (e.g., *afrontar* [a.fron.tár], *apretar* [a.pre.tár], *agrietar* [a.γrje.tár], *abrir* [a.βrír], *hablar* [a.βlár]). Esos mismos principios de silabificación se aplican entre sufijos (estrato 1), pero no entre prefijos y raíces, como indican los ejemplos de (15d). Aunque la Regla de Silabificación forma ataques complejos en radicales como *sublimar*, no los forma entre fronteras de prefijo y radical (como en la palabra *sub+lingual*).

(15) a. Fricativización de deslizadas
Radical   Prefijación
desierto   [de.sjér.to]   des-hielo   [dez.jé.lo]
b. Velarización de nasales
Radical   Prefijación
bienes   [bjé.nes]   in-humano   [i.Nu.má.no]
c. Aspiración
Radical   Prefijación
casa   [ká.sa]   des-armar   [de.sar.már]
d. Silabificación y resilabificación
Radical   Prefijación
sublimar   [su.βli.már]   sub-lingual [sub.liŋ.gwál]

6.7 Propuestas recientes

Aunque el modelo de la fonología léxica ha sido reconocido como un modelo predictivo, capaz de explicar muchas de las propiedades de la estructura de las palabras en inglés y otras lenguas (véase, por ejemplo, Kenstowicz 1994:215), se han cuestionado repetidamente varias de sus propuestas. Uno de los temas más debatidos en el marco de la interacción fonología-morfología ha sido la cuestión de la precedencia de esos dos componentes. Mientras que Kiparsky (1982, 1985) propone una interacción entre procesos morfológicos y fonológicos, trabajos recientes de Halle y Vergnaud (1987a) y Odden (1993) defienden la posición de que se puede obtener una misma adecuación descriptiva a través de una aplicación previa de todos los procesos morfológicos. Asimismo, estos autores han argüido que muchos de los casos mencionados como argumentos a favor de la interacción morfología-fonología pueden ser reanalizados en un modelo en que todas operaciones morfológicas precedan a las operaciones fonológicas.

Otra de las áreas quizás descuidadas en el campo de la fonología léxica ha sido la relación sintaxis-fonología. Observaciones como el que ciertas reglas léxicas parecen tener acceso a la sintaxis (Odden 1993) y que pueden existir varios tipos de reglas postléxicas (Kaisse 1985) han puesto en tela de juicio la división clásica de la fonología léxica (fonología léxica → sintaxis → fonología postléxica). En parte, la hipótesis de la fonología prosódica (Nespor y Vogel 1986, McCarthy y Prince 1993) se desarrolló para poder dar cuenta de las interacciones entre dominios postléxicos y reglas fonológicas. Esa teoría defiende la existencia de una jerarquía de unidades definidas prosódicamente (sílaba, pie, palabra fonológica, frase fonológica, frase entonativa, etc.), que son utilizadas como dominios por los procesos fonológicos.

Finalmente, la propiedad de la ciclicidad de las reglas léxicas ha sido uno de los temas que más se han discutido desde la introducción de esa propiedad en *The Sound Pattern of English*. Las principales objeciones a la propuesta del ciclo fonológico han sido la arbitrariedad con que se producían los ciclos y el excesivo poder que representa un mecanismo como ése (véase, por ejemplo, Aronoff 1976). Propuestas recientes como la teoría declarativa (Scobbie 1991, 1992, entre otros) y la teoría de la optimidad (Prince y Smolensky 1993, McCarthy y Prince 1993) proponen eliminar totalmente el concepto de ordenación extrínseca de las reglas y derivar las formas fonéticas de la aplicación simultánea de principios universales. Véase el en el capítulo IX un tratamiento más detallado de estas teorías.

CAPÍTULO VII

El acento

7. Introducción

El tema de la acentuación ha sido sin duda el más debatido y el que más ha llamado la atención de los investigadores de la fonología generativa del español en la última déacada. Las razones de ese interés son variadas. En este capítulo intentaremos dar una idea general de cada uno de los puntos que han catalizado la discusión. En la primera parte ofrecemos una introducción en la que nos planteamos qué es el acento y cómo se formaliza en el contexto de una teoría generativa. Seguidamente ofrecemos una revisión de los aspectos centrales en torno a los cuales gira el debate, desde una perspectiva teórica neutra. El objetivo es ofrecer una idea general de cuáles son los datos relevantes, los puntos de controversia, y cuáles son algunas de las avenidas de análisis que se han explorado. Serán precisamente estos los datos, puntos problemáticos y posibilidades de análisis que debería tener en cuenta cualquier nueva propuesta que intente superar posiciones previas.

7.1 *El acento en un modelo generativo*

Desde el punto de vista de la fonética articulatoria, la acentuación podría verse como el grado de esfuerzo articulatorio con que se emite una sílaba determinada. La idea de que una sílaba tónica requiere mayor esfuerzo articulatorio que una sílaba átona es un lugar común en los estudios clásicos sobre el acento. Acústicamente, volumen, duración, o tono se han tomado como correlatos físicos del acento. Parece incuestionable que las sílabas acentuadas se correlacionan con un mayor volumen, una mayor duración y un tono más alto. Sin embargo, ninguno de dichos correlatos es absoluto. Lo que se desprende de la mayor parte de los estudios de fonética experimental (véanse Lahiste 1970 y Beckman 1986 para una revisión general del tema), es que *normalmente* una sílaba tónica requiere mayor esfuerzo articulatorio y presenta una mayor longitud y amplitud de onda. No obstante, no es cierto que *toda sílaba tónica* presente *siempre* un valor más alto para todos estos correlatos que una sílaba átona cualquiera. En realidad, es posible que una sílaba final tenga una duración mayor que la sílaba acentuada. Obviamente, el valor númerico que encontraríamos al medir el volumen, el tono o la duración de la sílaba tónica en *pariente,* por ejemplo, no tiene por qué coincidir con los valores que encontraríamos al medir la sílaba tónica del adjetivo *lejano.* No puede, pues, tratarse de valores absolutos. De todas formas, tampoco con valores relativos respecto a las otras sílabas de la misma palabra puede mantenerse que el volumen sea un correlato constante del acento, ya que en pronunciación enfática pueden encontrarse valores más altos en la primera sílaba de *pariente* que en la sílaba tónica, sin que por ello percibamos que la sílaba acentuada es la primera. De hecho, en análisis experimentales se ha constatado que estas pronunciaciones no son en absoluto anómalas y que incluso si se distorsionan estos presuntos correlatos físicos del acento la percepción de la posición del acento no cambia automáticamente. Podemos pues dejar como premisa bien sentada que el acento no tiene un correlato físico constante y que por tanto su estudio no corresponde exclusivamente al dominio de la fonética acústica o articulatoria (véase Hayes 1995).

Desde un punto de vista fonológico, el acento se interpretó inicialmente como un rasgo contrastivo. Esta es la posición que encontramos en estudios tempranos ubicados dentro del modelo generativo. El contraste entre *canto* y *cantó* sólo puede atribuirse al contraste acentual. En este ejemplo, en el que se distingue un sólo acento, el contraste podría formalizarse usando el rasgo [±acento]. En el caso de *canto*, la primera sílaba sería portadora de la especificación [+acento] indicando un nivel de prominencia mayor que la segunda (especificada [−acento]). Sin embargo, en palabras con más de dos sílabas deberíamos marcar la existencia de acentos secundarios (acentos que aparecen en sílabas alternas a la izquierda del acento primario y que tienen un nivel de prominencia menor que el del acento primario). El acento secundario no puede ser [−acento] porque la sílaba tiene un grado de prominencia acentual. Sin embargo, tampoco puede ser simplemente [+acento] porque el nivel de prominencia es menor que el de la sílaba en la que recae el acento primario. Teniendo también en cuenta que la acentuación a nivel de frase tiene un nivel de prominencia mayor que el del acento primario, es fácil ver que el rasgo [±acento] es insuficiente a la hora de captar todos los grados de prominencia necesarios.

Siguiendo la práctica de los estructuralistas americanos, en el SPE el acento se marcaba con índices numéricos. Para ilustrar el funcionamiento de este sistema usaremos el típico topónimo americano *Apalachicola*. En esta palabra hay un acento primario en la penúltima sílaba, un acento secundario en la sílaba inicial y un acento terciario en la tercera sílaba.[1] Esto se marcaba en el SPE con números encima de las vocales correspondientes:

(1) 2   3   1
   A p a l a c h i c o l a

---

[1] En el terreno de la fonología dejó de distinguirse entre acentos secundarios y terciarios a los pocos años de la publicación del SPE.

Tras estas representaciones se sostenía aún la hipótesis de que el acento es un rasgo más dentro de la matriz segmental. Sin embargo, dicho rasgo resultaba un tanto anómalo, ya que tenía una serie de características peculiares:

- A diferencia de otros rasgos, el acento no es binario, pues se necesitarían múltiples especificaciones: [1acento], [2acento], [3acento].[2]
- También a diferencia de otros rasgos, su especificación no sería inherente, ya que es normalmente predecible por el contexto. Por ejemplo, si una sílaba es tónica, las sílabas adyacentes no lo son.
- Dentro del domino acentual de la palabra, sólo una sílaba puede llevar acento primario. Esto no pasa con los demás rasgos fonológicos.
- Finalmente, de nuevo en contraste con los demás rasgos, se trata de un rasgo que nunca se ve involucrado en procesos de asimilación.

La teoría métrica fue una respuesta a estos y otros aspectos anómalos en el tratamiento del acento en SPE. La teoría métrica (Liberman 1975, Liberman y Prince 1977) asume que el acento no es un rasgo distintivo sino una estructura rítmica. Una manifestación lingüística del ritmo equivalente a la que se manifiesta en la música o el verso. Esta identificación del acento como manifestación rítmica explica bastante bien por qué no hay un correlato fonético único del acento. El ritmo es una abstracción mental, y como tal, una entidad fonológica antes que fonética. El acento rítmico explica también por qué la acentuación no depende normalmente de características inherentes a los segmentos sino de su posición dentro de una secuencia.

7.2 Formalización

En la teoría métrica las alternancias acentuales se representan con pies métricos: estructuras binarias o ilimitadas construidas sobre secuencias de sílabas o moras. En cada pie binario los constituyentes inmediatos son uno fuerte y el otro débil. El elemento fuerte se considera el núcleo de la estructura. Las dos principales propuestas de formalización para el ritmo, formado por una secuencia de pies, son la parrilla métrica (Liberman 1975, Prince 1983, Selkirk 1984) y el árbol métrico (Liberman y Prince 1977, Hayes 1980, Hammond 1984).

En la parrilla métrica cada sílaba (la unidad portadora del acento) tiene una serie de proyecciones en tiras que marcan el nivel de prominencia. El ejemplo anterior expresado ahora en términos de la parrilla métrica sería:

---

2. Obviamente, sería posible dar un tratamiento de la gradación acentual similar al de la gradación en altura vocálica donde un grado medio de altura se representa como la combinación de [−alto] y [−bajo]. En el caso del acento podríamos aceptar que hay dos rasgos [tónico] y [átono] y que la combinación de estos rasgos describe tres grados de altura. Sin embargo, esto seguiría sin captar la esencia rítmica de las secuencias de acentos.

(2)
```
                    *           línea 2
    *       *       *           línea 1
    *   *   *   *   *   *       línea 0
    A   pa  la  chi co  la
```

Los asteriscos en cada nivel marcan una proyección de cada sílaba en un nivel de prominencia fonológica. En este ejemplo, la penúltima sílaba es la más prominente porque ha sido proyectada en tres niveles. Esta nueva formulación de la prominencia acentual tiene la ventaja adicional de poder captar de una forma visual el fenómeno de acentos que se repelen. Esta aversión entre acentos tiende a ocurrir cuando dos sílabas adyacentes tienen un mismo nivel de prominencia en la línea 1. A este nivel dos cimas adyacentes son arrítmicas porque rompen la sucesión armónica de cimas y valles de prominencia. La forma de solucionar esta distribución problemática de acentos adyacentes es moviendo asteriscos a posiciones donde no entren en conflicto, tal y como se ejemplifica en (3):

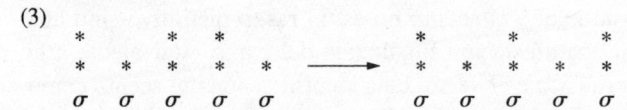

(3)
```
        *   *   *                   *       *       *
    *   *   *   *   *      ⟶       *   *   *   *   *
    σ   σ   σ   σ   σ               σ   σ   σ   σ   σ
```

Lo que hemos visto hasta aquí de la parrilla métrica, no sólo nos permite captar niveles de prominencia, sino que también nos sirve para expresar la melodía rítmica (entendida como subidas y bajadas de prominencia). Sin embargo, dejamos fuera de la representación los constituyentes inmediatos que forman esa secuencia rítmica. La representación arbórea es una propuesta que intenta incluir en la representación la existencia de constituyentes métricos dispuestos en estructuras jerárquicas (éste es el tipo de árbol que encontramos en Harris 1983, por ejemplo). Arbóreamente, *Apalachicola* se representaría como ilustramos en (4):

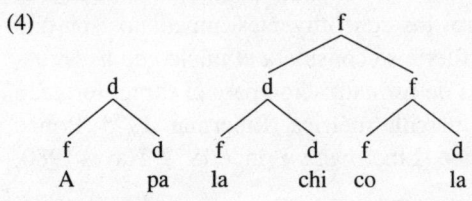

(4)
```
                    f
         ┌──────────┼──────────┐
         d          d          f
        ┌┴┐        ┌┴┐        ┌┴┐
        f d        f d        f d
        A pa       la chi     co la
```

El aspecto a destacar en esta notación es la presencia de constituyentes binarios que pueden ser fuertes (f) o débiles (d). El grado de prominencia también puede calcularse a base de comparar el número de nodos fuertes que un determinado nodo domina. Cuantos más nodos fuertes se domine mayor es el grado de prominencia. Este tipo de formalismo es muy conveniente para el análisis de procesos que usan de forma directa los constituyentes métricos (ej. la armonía vocálica). Una desventaja, sin embargo, es que resulta más difícil expresar la incompatibilidad de prominencias adyacentes y su correspondiente movimiento. Dado que en la parrilla esto es una ventaja, la propuesta en Hammond (1984) y Halle y Vergnaud (1987) de combinar las dos formalizaciones ha sido ampliamente aceptada. En este sistema de representación, Apalachicola se representa con en (5).

(5)
```
     .    .    .    .    *    .       línea 2
    (*    .    *    .    *)   .       línea 1
    (*   *)   (*   *)   (*   *)       línea 0
     A   pa   la   chi  co   la
```

En cada línea de la parrilla, los paréntesis representan constituyentes y su núcleo se representa como un asterisco en el nivel de prominencia siguiente. En la línea 0 se marcan todos los elementos que pueden llevar acento. En la línea 1 se marcan los núcleos de cada constituyente en la línea 0 (los pies). En la línea 2 se marcan los núcleos de los constituyentes en la línea 1.

Universalmente, el tipo de pie más común es el troqueo silábico: un pie bisilábico con el núcleo a la izquierda.

(6)   Troqueo   (*   ·)
                     σ   σ

Si analizamos una secuencia de sílabas en troqueos, derivamos una alternancia rítmica:

(7) (* ·) (* ·) (* ·) (* ·) (* ·) (* ·)
      σ σ   σ σ   σ σ   σ σ   σ σ   σ σ

En trabajos recientes (Hayes 1985, McCarthy y Prince 1986), se ha tratado de establecer una tipología de pies métricos y se ha llegado a la conclusión de que los pies binarios son básicamente de tres tipos:

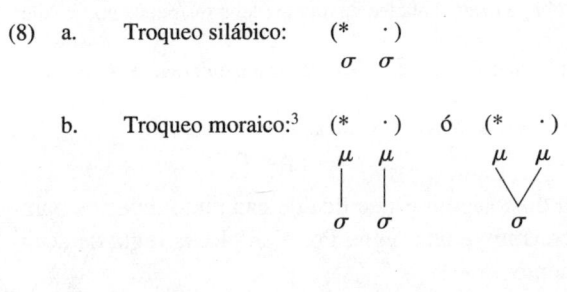

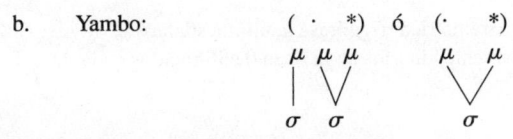

(8) a.   Troqueo silábico: (*   ·)
                                σ   σ

     b.   Troqueo moraico:[3] (*   ·)   ó   (*   ·)
                                μ   μ   μ μ
                                | | \ /
                                σ   σ   σ

     b.   Yambo: (· *)   ó   (·   *)
                                μ μ μ   μ   μ
                                | \ /   \ /
                                σ   σ   σ

---

3. El troqueo moraico es equivalente al troqueo silábico con la sola diferencia de que cuenta moras en lugar de sílabas. Según vimos en el capítulo V, las moras son unidades de peso que sirven para distinguir sílabas pesadas de sílabas ligeras. El núcleo de una sílaba es siempre moraico. Las consonantes en una coda pueden serlo o no, dependiendo de la lengua (es un parámetro). Las consonantes en un ataque nunca contribuyen al peso silábico y eso indica que no pueden ser moraicas.

Hayes (1995) y Kager (1992) consideran la posibilidad de fusionar los dos primeros tipos en lo que se denomina un 'troqueo generalizado'. Este tipo de troqueo se caracteriza por tener dos constituyentes inmediatos (sílabas o moras) con prominencia inicial. Otro tipo de pie que aparece en muchos trabajos de fonología métrica es el pie ilimitado. En (5) tenemos un ejemplo de pie ilimitado en la línea 1. Este tipo de pie tiene un número ilimitado de sílabas y el núcleo puede también estar en uno de sus dos extremos. Finalmente encontramos pies que dominan una sola sílaba o una sola mora. Esto sucede cuando una lengua posee monosílabos que no son clíticos, o en casos en que la palabra tiene un número impar de moras o sílabas y todas están obligatoriamente dominadas por pies métricos. Se trata, pues, de pies unarios. Dado que estos pies aparecen sólo como último recurso cuando es imposible analizar una secuencia en pies binarios, también se les llama pies degenerados.

7.2.1 Parametrización del acento

Otra importante aportación de la teoría métrica es la constatación de que los sistemas acentuales de las lenguas naturales pueden derivarse de una forma paramétrica. La lista de parámetros que presentamos aquí la tomamos de Hayes (1995), quien a su vez hace una recopilación de aportaciones de procedencia diversa.

(9) a. Tipo de pie:
    (i.) Tamaño del pie: (binario/ilimitado).
    (ii.) Sensibilidad al peso silábico: una sílaba pesada (puede/no puede) aparecer en la posición débil en un pie.
    (iii.) Núcleo: el núcleo se encuentra a la (izquierda/derecha) del pie.
    (iv.) Ramificación obligatoria: el núcleo de un pie (debe ser/puede no ser) una sílaba pesada.
  b. Direccionalidad en la formación de pies: (de derecha a izquierda/de izquierda a derecha).
  c. Iteratividad: la construcción de pies es (iterativa/sólo una vez).
  d. etc.

Cada lengua tiene una disposición específica de cada uno de estos parámetros y esa disposición constituye una regla. Por ejemplo, la regla de acentuación del latín es la siguiente:

(10) a. La última sílaba es extramétrica[4] (ignórese la última sílaba).
    b. Los pies son máximamente binarios en la línea 0 e ilimitados en la línea 1.

---

4. El concepto de *extrametricalidad* se propuso por primera vez en Liberman y Prince (1977) y fue desarrollado seguidamente en Hayes (1981). La extrametricalidad permite que ciertas sílabas estén exentas en el momento de construir pies métricos. Obviamente, si cualquier sílaba o cualquier número de sílabas pudieran ser extramétricas, se permitiría la generación de casi cualquier tipo de estructura y la teoría métrica sería claramente inapropiada. El estudio de los sistemas acentuales de muchas lenguas ha permitido que se llegue a constatar que tales sílabas "invisibles" para el algoritmo métrico aparecen invariablemente en un extremo del dominio acentual. Esta observación se formaliza en la

c. El núcleo se encuentra a la izquierda en los pies de la línea 0 y a la derecha en los pies de la línea 1.
d. Una sílaba pesada no puede aparecer en la posición débil en un pie.
e. El núcleo de un pie puede no ser una sílaba pesada.

Variando estos parámetros obtenemos los distintos sistemas acentuales rítmicos que existen en las lenguas naturales. Hayes (1985, 1987, 1995) cuestiona la validez de estos parámetros porque predicen la existencia de alternancias de pies que no se dan, o al menos que son extremadamente marcados. Los parámetros permiten por ejemplo la formación de pies con el núcleo a la derecha en un sistema no sensitivo al peso silábico. Sin embargo lo que se encuentra es que los sistemas de pies con núcleo a la derecha son en su inmensa mayoría sensibles al peso silábico. Basándose en esta sobregeneración tipológica, Hayes propone reemplazar la construcción paramétrica de pies por el reducido inventario de pies que presentamos arriba en (8).

7.3. Aspectos problemáticos de la acentuación en español

7.3.1 El patrón no marcado

Los problemas que surgen al analizar la acentuación del español empiezan con la determinación de qué patrones son marcados y cuáles no lo son. El tipo más frecuente de acentuación a nivel de palabra es el que sitúa la prominencia en la penúltima sílaba. Es fácil comprobar que esta generalización se mantiene sea cual sea el número de sílabas de la palabra, a menos que se trate de monosílabos en cuyo caso el acento recae en la única sílaba disponible.

(11)   *fa*   [fá]
      libro   [lí.βro]
      espero   [es.pé.ro]
      Pirineos   [pi.ri.né.os]
      recibimiento   [r̃e.θi.βi.mjén̪.to]
      equivocaciones   [e.ki.βo.ka.θjó.nes]
      Nabucodonosorcito   [na.βu.ko.δo.no.sor.θí.to]
      externocleidomastoideo   [eks.ter.no.klej.δo.mas.toj.dé.o]

Si bien el número de sílabas no cuenta, su estructura silábica sí parece ser relevante. Con la misma frecuencia con que una palabra aparece como llana

---

Condición de la Perifericidad. Según esta condición un elemento extramétrico sólo puede serlo si es periférico en su dominio.

En otros trabajos no relacionados con la acentuación se ha demostrado que es apropiado extender el concepto de elementos periféricos exentos a la hora de construir estructura prosódica (Itô 1986, Inkelas 1989, Kiparsky 1985). Por eso motivo se ha acuñado el término de elementos extraprosódicos. Pulleyblank (1983), estudia casos de extratonalidad. Poser (1984), habla de moras invisibles. Hayes (1981) y Harris (1983) proponen que las posiciones consonánticas del esqueleto o las rimas silábicas pueden ser extramétricas. Para Selkirk (1984) toda una sílaba puede ser extramétrica. Incluso morfemas completos y tonos flotantes pueden estar marcados léxicamente como extramétricos (Inkelas 1989).

si la última sílaba es abierta, encontramos acentuación aguda cuando la última sílaba es cerrada.[5]

(12) *papel*   [pa.pél]
      soledad   [so.le.ðáð]
      canturrear   [kan̪.tu.r̄e.ár]
      Nabucodonosor [na.βu.ko.ðo.no.sór]

Está fuera de toda discusión que el patrón en (11) debe considerarse no marcado. Sin embargo, la afirmación de que el resto de los patrones son marcados es más debatible. Hay propuestas que sugieren la adición de otros patrones. En Hooper y Terrel (1976), Otero (1986), Roca (1988), Harris (1989, 1991, 1992, 1995) y Morales-Front (1994) se considera que las agudas terminadas en consonante en (12) y las agudas terminadas en vocal en (13) son también manifestación de la acentuación no marcada:

(13) *café*   [ka.fé]   (*cafe-ter-o*)
      sofá   [so.fá]   (*sofa-cit-o*)
      Perú   [pe.rú]   (*Peru-an-o*)
      colibrí [ko.li.βrí] (*colibri-cit-o*)

El punto de debate aquí es el papel que juega la estructura morfológica en la asignación del acento. Según los citados análisis, los ejemplos en (13) demuestran que no es la estructura silábica lo que es relevante, sino la estructura morfológica. Todas las palabras en (12) y (13) se caracterizan por no tener un Elemento Terminal (ET).[6] La generalización básica compartida por los trabajos citados es que el acento se encuentra en la última sílaba de la palabra sin que se pueda acentuar el ET. Consecuentemente, se proponen mecanismos o reglas que asignen un acento a la última unidad métrica acentuable. Bajo este supuesto, todos los ejemplos en las figuras (11–13) caen dentro del manto de lo que podemos considerar acentuación no marcada.

En otros trabajos (ej. Harris 1983, Dunlap 1991, etc.) se supone que la acentuación no marcada es el resultado de construir un pie trocaico (silábico o moraico, según la propuesta) sobre el margen derecho de la palabra prosódica. En estos análisis, la acentuación en la última sílaba (tanto si la palabra termina en consonante como si termina en vocal) es marcada y tiene que derivarse con reglas específicas.

Más allá de consideraciones teóricas, la determinación de qué es, o no es, marcado puede establecerse también a base de cálculos de frecuencias. En

---

5. Por supuesto, esta frecuencia es relativa. La afirmación es que el porcentaje de palabras agudas entre las palabras terminadas en consonante es similar al porcentaje de palabras llanas entre las palabras terminadas en vocal.

6. Elemento Terminal es el término acuñado por Harris para referirse a los morfemas nominales que aparecen al final de la palabra. También se les puede llamar marcadores de palabra (véase Harris 1985) o desinencias. Se caracterizan por no tener un contenido semántico fijo y por ordenarse a la derecha de los otros sufijos. Normalmente se trata de sufijos flexionales.

cálculos absolutos basados sobre un listado electrónico de 91.000 palabras[7] podemos observar un rango:

(14)
llanas terminadas en vocal:	57.911	63,60%
agudas terminadas en consonante:	24.642	27,00%
esdrújulas terminadas en vocal:	7.327	8,05%
agudas terminadas en vocal:	573	0,63%
llanas terminadas en consonante:	512	0,56%
esdrújulas terminadas en consonante:	35	0,04%
TOTAL	91.000	100 %

El margen de frecuencia que separa al primer patrón del resto es significativo. Según este rango absoluto parece viable considerar todos los patrones, excepto el primero, como marcados. Esto confirmaría la posición teórica de que el troqueo es el pie no marcado. Un inconveniente es que esta posición nos deja con un 46.4% de casos que tienen que derivarse con reglas especiales.

Estos datos absolutos deben tomarse con cierta cautela, pues no tienen en cuenta la desproporción que hay en el léxico entre palabras terminadas en vocal y palabras terminadas en consonante. Si tomamos este aspecto en consideración, encontramos que los índices de frecuencia relativos favorecen la acentuación de la última unidad métrica como caso no marcado. De esta forma se deriva el resultado positivo de incluir las agudas terminadas en consonante en el patrón no marcado:

(15)
TERMINADAS EN VOCAL			TERMINADAS EN CONSONANTE		
llanas:	57.911	88,00%	agudas:	24.642	97,80%
esdrújulas:	7.327	11,10%	llanas:	512	2,03%
agudas:	573	0,87%	esdrújulas:	35	0,05%
TOTAL	65.811	100 %		25.189	100 %

Si la última unidad métrica se acentúa por defecto, también se predice que las agudas terminadas en vocal caben bajo el manto general del patrón no marcado. Claramente, esto no es lo que los datos de frecuencias en (14) y (15) indican. Las agudas terminadas en vocal son menos de un 1% ¿Cómo puede explicarse que un patrón no marcado tenga tan escasa incidencia en el léxico? Para esclarecer esta aparente contradicción hay que tener presente que en latín la última sílaba era extramétrica. Si tenemos en cuenta que la inmensa mayoría del vocabulario del español actual deriva del latín y que en el paso del latín al español la posición del acento ha sufrido escasas modificaciones, la contradicción deja de serlo. Incluso si queremos explicar la escasez de ejemplos de palabras terminadas en vocales tónicas con argumentos estrictamente sincrónicos nos bastará con observar que la gran mayoría de las palabras terminadas en vocal tienen un ET. Los elementos terminales

---

7. Esta lista se puede conseguir via FTP del servidor de la Universidad de Michigan. La dirección es linguist.archive.umich.edu.

son sufijos flexionales que aparecen sólo en posición final en la palabra y que invariablemente son átonos. Esta atonicidad puede atribuirse a una característica inherente de estos sufijos o al hecho de que estén fuera del domino acentual. Sea como fuera, los ETs son los principales responsables de que la mayoría de las palabras terminadas en vocal sean llanas. No es necesario, pues, asumir que estas palabras se forman construyendo troqueos sobre el margen derecho de la palabra.

7.3.2 Excepciones a la generalización básica: cómo formalizarlas

Esta generalización básica que acabamos de discutir (acentuación de la última unidad métrica por defecto), presenta una serie de patrones de excepcionalidad bien conocidos. Los diferentes mecanismos a los que se ha apelado para formalizar estos parámetros excepcionales son de lo más variado. Intentaremos aquí ofrecer una muestra sin pretensiones de exhaustividad de las posibilidades que se han explorado.

7.3.2.1 Acentuación esdrújula en palabras con un ET

Las palabras que se ilustran en el siguiente ejemplo no pueden derivarse de ninguna de las opciones que nos hemos planteado hasta aquí (para derivar la acentuación no marcada, troqueos construidos sobre el margen derecho o acentuación de la última unidad métrica).

(16) *cámara   préstamo   topónimo   parábola*
     sábana   cuévano   sépalo   sacrílega
     mítico   pájaro   mágico   Séneca
     fábrica   sémola   sátira   tálamo

La excepcionalidad de este patrón se considera normalmente léxica y por tanto tiene que marcarse como una particularidad en la especificación subyacente de estas palabras. Siguiendo el modelo de Harris, aportamos el par mínimo *saban-a* vs. *sában-a* como típico ejemplo que no deja dudas acerca de la posibilidad de que el acento aparezca marcado léxicamente en español. No hay criterio morfológico o fonológico que pueda motivar la divergencia acentual de este par mínimo. Por tanto, se supone sin controversia que la acentuación preparoxítona del segundo ejemplo viene especificada en la entrada léxica, mientras que la acentuación del primer ejemplo es el resultado del proceso regular de acentuación. Donde no hay consenso es en cómo especificar la excepcionalidad de estos patrones en la entrada léxica. En los párrafos siguientes consideramos algunas de las alternativas viables.

La primera opción es el uso de **diacríticos**. Un diacrítico es una marca convencional que se introduce en la entrada léxica, a la que las reglas o las restricciones de la gramática son sensibles. Por ejemplo, podemos estipular que las palabras esdrújulas llevan la marca [+excep]. Sobre esta base, podemos derivar las esdrújulas introduciendo en la gramática una regla que retraiga el acento (penúltimo por defecto) en las entradas léxicas portadoras de la marca [+excep]. Este tipo de solución es el que se propone en Hooper y Terrell (1976). El problema es que a pesar de expresarse entre corchetes y con valencia positiva, [+ excep] no es ni un rasgo fonológico ni tipo alguno de entidad gramatical. Es un diacrítico y los diacríticos que no se corresponden con unidades lingüísticas son bastante problemáticos como entidades léxicas.[8]

En Harris (1989, 1991, 1992), se presupone que el español forma pies silábicos. El siguiente orden de reglas es crucial para el análisis:

(17) 1. El último elemento acentuable es extramétrico.
2. Acentúese en la línea 0 de la parrilla la última sílaba métrica.
3. Fórmense pies trocaicos de derecha a izquierda en la línea 0 empezando por la última sílaba métrica.
4. Fórmese un pie ilimitado con núcleo a la derecha en la línea 1 sobre los núcleos de la línea 0.

Si la regla 2 aplica, la acentuación es penúltima. Si la regla 2 no aplica, entonces la regla 3 genera acentuación esdrújula (un troqueo, más una sílaba extramétrica). La solución está en hacer que las esdrújulas sean excepciones a la regla 2. La propuesta de Harris es que hay entradas léxicas (algunos sufijos y raíces excepcionales) que vienen especificadas como excepciones a la regla 2. Es decir, que vienen marcadas con el diacrítico [−regla 2]. Esta marca léxica no condiciona la aplicación de una regla—como en el caso anterior con [+excep]—sino que bloquea la aplicación de la regla 2. Se trata de un tipo distinto de diacrítico, pero es al fin y al cabo un diacrítico.

En Harris (1995) se presume que los sufijos y raíces excepcionales desencadenan la proyección del margen derecho de un pie ")" en el margen derecho del correspondiente morfema. En virtud de esta regla, al sufijo -ic se le asigna el margen derecho de un pie. Si damos por sentado: i. que esta proyección no puede alterarse como resultado de la aplicación de otras reglas y ii. que los pies son trocaicos, obtenemos acentuación esdrújula en palabras que tienen este sufijo. Otras esdrújulas que no contienen el sufijo -ic, se derivan de modo semejante. A pesar de no indicar de forma explícita el uso de diacríticos, esta propuesta de nuevo tiene que suponer la existencia de diacríticos en el léxico. Es decir, sin una formulación más explícita de en qué consiste la excepcionalidad de esos sufijos y raíces, tenemos que interpretar que contienen un diacrítico del tipo [+irregular] y que por eso proyectan un margen específico.

En Morales-Front, (1994) aunque ello tampoco se indica de forma explícita, las esdrújulas tienen que tener una marca diacrítica a la que es sensible una restricción que hace que la última sílaba de esos morfemas no pueda acentuarse.

---

8. El problema estriba en que si un diacrítico no es una unidad lingüística, entonces puede ser cualquier cosa. Esta indeterminación hace que cualquier tipo de información sea susceptible de aparecer en el léxico. Obviamente es mejor mantener una posición más restrictiva sobre qué puede aparecer en el léxico. El presupuesto de que el léxico está constituido sólo por unidades lingüísticas (rasgos, segmentos, morfemas, etc.) es una forma de evitar este problema.

En general, las propuestas con diacríticos derivan los resultados satisfactoriamente pero adolecen del problema de no estar respaldadas por una teoría suficientemente restrictiva del uso de los diacríticos. Tal teoría debería dar cuenta de por qué muchas predicciones teóricas que el uso de diacríticos implica no se dan en los datos provinientes de las lengua naturales.

Una forma bastante más restrictiva de abordar el problema de la especificación inherente de las esdrújulas es recurrir a la teoría de la **extrametricalidad.** Recordemos que la extrametricalidad permite que el último elemento fonológico de un dominio sea invisible para los procesos que construyen estructuras prosódicas. Los elementos extramétricos son normalmente moras o sílabas, pero pueden también ser segmentos o pies. Si la última sílaba de una palabra esdrújula viene especificada en el léxico como extramétrica, las reglas o principios que construyen la parrilla métrica ignoran esa sílaba. El resultado obvio es la retracción del acento de una sílaba sin necesidad de una regla *ad hoc*. El problema de este planteamiento para los datos del español es que en la inmensa mayoría de las esdrújulas no es la última sílaba la que tiene que especificarse en el léxico, sino la penúltima. Por ejemplo, en la palabra *sában-a* no puede ser la vocal del ET la que aporta la marca especial, ya que en ese caso todas las palabras con ET deberían ser esdrújulas. Claramente, la sílaba especial es la penúltima. El dilema está en que la penúltima sílaba no puede ser extramétrica porque no es periférica y la perifericidad es una condición crucial para la teoría de la extrametricalidad. Harris (1983) evita este problema presumiendo que el dominio sobre el que se determina la perifericidad de la marca extramétrica es la raíz derivacional (la palabra sin sufijos flexionales); mientras que el dominio de la acentuación es la palabra. De esa forma se salva el requisito de la perifericidad (ya que el elemento extramétrico es periférico en el dominio de la raíz derivacional) y se obtienen los resultados deseados. Sin embargo, como se nota en den Os y Kager (1986) y en Roca (1988) entre otros, se salva el principio de la perifericidad a costa de sacrificar el isomorfismo del dominio. La teoría de la extrametricalidad puede hacer ciertas predicciones restrictivas siempre que el dominio donde el elemento es extramétrico y el dominio donde hay reglas sensibles a su extrametricalidad sean coextensivos. Si aceptamos que podrían no serlo, introducimos una relajación en la teoría de proporciones semejante a la relajación del requisito de la perifericidad.

Hay varios trabajos en los que se proponen alternativas cuyo principal objetivo es superar este problema con el uso de la extrametricalidad aplicada a los datos del español. La primera consiste en equiparar la extrametricalidad con un diacrítico para poder desplazarla a base de reglas. En la propuesta de den Os and Kager (1986), las esdrújulas vienen marcadas con el diacrítico [+E] (versión corta de [+Extramétrico]). En la derivación se propone una regla que asigna ese diacrítico al último segmento de la raíz derivacional cuando la palabra no tiene ET, o a los segmentos inmediatamente adyacentes a la raíz, en otro caso. En el caso de *sábana*, sí hay ET y la raíz tiene la marca [+E]. Por tanto, la regla en cuestión asigna la extrametricalidad al segmento inmediatamente adyacente a la raíz derivacional (el ET). Harris (1987) también opta por desplazar la extrametricalidad. Dunlap (1991) presume algo semejante, pero sin especificar cómo es que la última mora llega a hacerse extramétrica. El principal problema de estas soluciones es que si se permite que las reglas desplacen la marca de extrametricalidad léxica desde una posición interior, la condición de la perifericidad deja de ser empíricamente falsificable.

La otra alternativa es la que se encuentra en Hooper y Terrell (1986), Otero (1986) y Roca (1988). Estos autores presuponen que el dominio de la acentuación es la raíz derivacional, no la palabra. Por tanto, pueden respetarse tanto la perifericidad como el isomorfismo, pues en los dos casos el dominio pertinente es la raíz derivacional. Esta posición simplifica considerablemente la generación del acento del español. Sin embargo, tiene un aspecto problemático, porque desde un punto de vista universal las demás lenguas parecen asignar el acento primario en el dominio de la palabra. Por otra parte cuesta concebir cómo el dominio de la silabificación puede ser la palabra y el dominio de acentuación la raíz derivacional. El acento se forma sobre secuencias de sílabas. Lo lógico sería que el domino de la acentuación comprendiera el domino de la silabificación. Este problema no se presenta si los dos dominios son coextensivos. Es decir, si en los dos casos el dominio es la RD o la palabra. La posibilidad de que el domino de la silabificación sea la raíz derivacional tendría que sortear un buen número de escollos obvios que no vamos a pormenorizar aquí. La presuposición de que en los dos casos el dominio es la palabra parece, pues, una opción más viable.

Finalmente, otra posibilidad es la **preespecificación** de elementos prosódicos. El termino preespecificación se usa en Morales-Front (1994) para referirse a la especificación excepcional en la entrada léxica de rasgos, unidades prosódicas, o estructura, que normalmente son generados por la gramática. Se trata de información que normalmente no es parte del léxico porque es predecible y la gramática puede proporcionarla sistemáticamente. Sin embargo, para los casos particulares en que esta sistematicidad se rompe, se puede presumir que la preespecificación en el léxico es lo que distorsiona la derivación esperada. Para una consideración más detallada del tratamiento de excepciones como preespecificación en la Teoría de la Optimidad véase la mencionada referencia. La idea es que si preespecificamos una unidad prosódica en una entrada léxica (el acento por ejemplo), esta unidad no puede destruirse por los mecanismos que generan estructura.[9] Esta opción es equivalente a la introducción de un diacrítico pero es más restrictiva, ya que las

---

9. En una aproximación basada en reglas esto se deriva del principio de la Alteración Mínima (*Minimal Tampering*, Kiparsky 1979).

posibilidades de inserción son limitadas. Los elementos que se preespecifican en el léxico sólo pueden ser unidades fonológicas (segmentales, métricas, prosódicas, etc.).

El acento es el núcleo de la palabra prosódica. Mantener que es el acento primario mismo lo que se preespecifica es una opción que sobregenera. Si lo que se especificara en español fuera el acento primario, esperaríamos encontrar el acento en cualquier posición de la palabra. Además, tenemos que suponer que la preespecificación en la gramática tiende a ser mínima. Es decir, si un resultado α se obtiene tanto cuando especificamos una unidad β de la jerarquía prosódica como cuando especificamos una unidad γ, entonces la especificación de la unidad más básica es preferible. Así pues, la especificación de una mora sería preferible a la especificación de una prominencia en la línea 1, lo que a su vez sería preferible a la especificación de una prominencia en la línea 2, que a su vez sería preferible a la especificación de toda la palabra prosódica, etc.

Roca (1991) usa un mecanismo compatible con la idea de la preespecificación para derivar algunos patrones de la acentuación verbal. Por ejemplo, para derivar la acentuación esdrújula en *cantábamos,* presupone que para la antepenúltima vocal un nivel de prominencia acentual (un asterisco) es parte de la entrada léxica. A partir de ahí, el mismo mecanismo que genera la acentuación no marcada es capaz de derivar casos marcados léxicamente. Dado que lo que se preespecifica en este análisis no es todo el acento (toda la parrilla), sino un nivel extra de prominencia preasociado con una vocal específica, el mecanismo normal de acentuación es capaz de anular el efecto de esta preespecificación si la sílaba preespecificada se encuentra a más de tres sílabas del margen derecho. Este tipo de análisis parece bastante sólido y es el que vamos a explorar en el capítulo IX.

7.3.2.2 Acentuación llana en palabras terminadas en consonante, sin ET

(18) *túnel*
 hábil
 cráter

Vimos la excepcionalidad de este patrón acentual en las tablas de frecuencias en (15). El tratamiento que se aplica a estos datos es normalmente el mismo que se da a las esdrújulas. Para Hooper y Terrell por ejemplo, las esdrújulas se generan cuando la raíz es portadora de un diacrítico que pone en funcionamiento una regla de retracción de acento. El acento en *túnel* resulta de esta misma regla si presuponemos que esta raíz es portadora del diacrítico. Para Harris (1983) y Dunlap (1991), las palabras en (18)—lo mismo que las esdrújulas—vienen marcadas con extrametricalidad léxica del último elemento métrico (un segmento en la rima para Harris y una mora para Dunlap). En la siguiente ilustración vemos la distinta especificación de dos ejemplos que a pesar de tener la misma estructura silábica presentan distinta acentuación (el último segmento de la primera palabra es extramétrico):

(19) a.ní.ba⟨l⟩   a.ni.mál

En Roca (1998) y en Harris (1991, 1992, 1995) se presume que hay una regla específica que acentúa el último elemento métrico en el dominio. Los ejemplos excepcionales se derivan con una regla general que forma troqueos silábicos. Estos ejemplos, pues, lo mismo que las esdrújulas, vienen marcados con la especificación [−regla específica]. El análisis paralelo de las proparoxítonas terminadas en vocal y las paroxítonas terminadas en consonante tiene bastante sentido si consideramos que históricamente las llanas terminadas en vocal derivan normalmente de esdrújulas apocopadas.

7.3.2.3 Esdrújulas terminadas en consonante

Un patrón especial, tanto en frecuencia como en compatibilidad con el resto de los patrones, es el que percibimos en palabras que terminan en consonante y presentan acentuación esdrújula. Dado que el número de ejemplos que pueden aportarse es bastante reducido, ofrecemos en (20) un listado prácticamente exhaustivo (si exceptuamos los plurales y algunas terminaciones verbales).

(20) *Arquímedes   ángelus   asíndeton   atlántidas   déficit*
      Demóstenes   épsilon   efemérides espécimen   exégesis
      hipérbaton   ínterim   intríngulis isósceles   Júpiter
      lejísimos   Leónidas   máximum   mínimum   miércoles
      ómicron   ómnibus   pléyades   régimen   Sócrates

Es evidente que la gran mayoría de estas palabras son cultismos tomados directamente del latín o del griego. Dado su reducido número y su carácter culto, hay una gran tendencia a descartar estos ejemplos bajo la etiqueta de excepciones, o a postular reglas ad hoc—lo que puede resolver los problemas pero es claramente insatisfactorio. Nótese que no todas las palabras bajo este patrón pueden considerarse cultismos. Palabras como *régimen, déficit,* o *miércoles* no están en absoluto restringidas al dominio del vocabulario culto donde sería más plausible la conservación de una acentuación exótica.

Roca (1988) propone que en estos ejemplos la última sílaba es extramétrica y además que vienen especificados como [−regla específica]. Recordemos que la regla específica es la que asigna el acento al último elemento métrico de la palabra. Por tanto, la regla general que produce troqueos va a determinar la acentuación esdrújula. De nuevo, lo que resulta cuestionable aquí es el uso de diacríticos del tipo [−regla específica].

En Hooper y Terrell (1976) se sugiere que en estas palabras la última sílaba es un sufijo fuera del dominio acentual. Siendo así, estas palabras pueden derivarse como el resto de las esdrújulas—suponiendo que el último elemento de la raíz derivacional sea extramétrico. La cuestión es encontrar argumentos sólidos que justifiquen el especial estatus morfológico de la última sílaba.

7.3.3 El límite de las tres sílabas

Como hemos venido señalando, en español, el acento (marcado o nomarcado) no se encuentra más allá de la tercera sílaba. Los ejemplos típicos que se aportan para respaldar esta afirmación son los siguientes:

(21)   SING   PLU
     régimen regímen-es
     ómicron omicrón-es

Al añadir el morfema flexional de plural a la raíz se observa un cambio automático en la posición del acento. Esto es relevante, puesto que en otros ejemplos, la adición del morfema de plural no hace que el acento cambie su posición.

(22)   SING   PLU
     péra   péra-s
     tabú   tabú-es
     camión camión-es

Comparando el comportamiento del morfema flexional de plural con el de los sufijos derivacionales notamos un contraste, ya que sólo estos últimos siempre afectan la posición del acento:

(23)   péra   per-ál
     camión camion-ér-o

En el caso de los sufijos derivacionales, el acento se mantiene a una distancia fija del final de la palabra. Sin embargo, con los plurales en (22) no es así. Lo que es pues inesperado en (21) es que el plural, sólo en estos ejemplos, tenga el mismo efecto para la acentuación que un sufijo derivacional. ¿A qué puede deberse esto? La respuesta típica es que hay una restricción que impide que el acento pueda encontrarse a más de tres sílabas del margen derecho de la palabra. Sin embargo, en la mayoría de los análisis, esto no se ha formalizado como una restricción independiente sino que se ha planteado como el resultado del funcionamiento de la maquinaria métrica. Es decir, si los elementos extramétricos tienen que ser periféricos y el acento primario es el del último pie, se deriva automáticamente que el acento no puede encontrarse más allá de la tercera sílaba.

(24)   tatatata(ta ta)⟨ta⟩

La parte más positiva de esta interpretación de la ventana trisilábica es que tanto la posibilidad de ignorar el último, o el primer elemento de una secuencia, como la tendencia del acento primario a identificarse con el primer o el último pie son universales. Por tanto, se puede derivar una restricción capital de la acentuación del español simplemente manipulando parámetros universales.

7.3.4 Peso silábico

La sensibilidad al peso silábico puede verse como un parámetro universal. Es decir, las lenguas se dividen en dos grupos con respecto a este parámetro: sensibles al peso silábico (latín, odawa, lardil, menominí, turco, etc.) o no sensibles (japonés, islandés, warao, checo, etc.). Sensibilidad al peso silábico significa que la acentuación discrimina las sílabas ligeras de las pesadas. Normalmente, el acento posicional (no morfológico o léxico) se asigna a una determinada sílaba contando desde la derecha o la izquierda de la palabra. En las lenguas no sensibles, lo único que importa es el número de sílabas desde uno de los márgenes. En las lenguas sensibles al peso silábico se tiene en cuenta también la cantidad de las sílabas. Es decir, si son ligeras o pesadas.

Los elementos que pueden contribuir al peso de una sílaba son: una vocal larga o diptongo en el núcleo, o una consonante en la coda. Esta disyunción no es absoluta, pues hay lenguas en las que tanto el núcleo como la coda pueden contribuir al peso silábico. El ejemplo arquetípico de este caso es el latín. En latín, como apuntábamos arriba, la acentuación es proparoxítona a menos que la penúltima sílaba sea pesada (la última es extramétrica). En los siguientes ejemplos puede verse que en la penúltima sílaba, tanto una vocal larga como una consonante en la coda contribuyen al peso silábico:

(25) *a.mí:.cus* 'amigo'   pero   *fé.mi.na* 'hembra'
     pe.pér.ci 'perdoné'   *ín.te.ger* 'entero'

El peso silábico se ha formalizado en la teoría generativa de dos modos distintos. En la primera se tienen en cuenta los constituyentes silábicos y se observa que una sílaba pesada es la que tiene una rima ramificada en algún nivel (R = rima, A = ataque, N = núcleo):

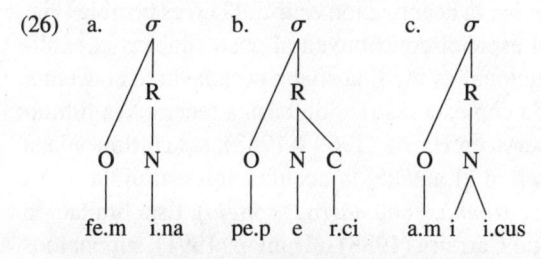

(26) a. σ   b. σ   c. σ
        | | |
        R   R   R
       / | / \   / |
      O N   O N C   O N
      | | | | | | /\
     fe.m i.na   pe.p e r.ci   a.m i i.cus

En el sistema acentual del latín todas las estructuras en (26), excepto la primera, cuentan como pesadas. En cambio en lardil, por ejemplo, sólo c. es pesada.

Otra posibilidad de formalizar el peso silábico es usar unidades explícitas de peso (moras), de forma que a cada segmento que contribuye al peso silábico se le asigna una unidad de peso.

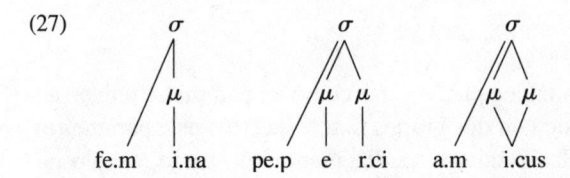

(27)

```
      σ           σ              σ
     /|          /|\            /|\
      μ          μ μ            μ μ
      |          | |            | |
   fe.m  i.na  pe.p e r.ci   a.m  i.cus
```

Lardil es una lengua sensitiva al peso silábico a pesar de tener un sistema en el que no se le puede asignar una mora a una consonante. Tolera, sin embargo, doble asociación de una vocal a la tira moraica (vocales largas). Una lengua no sensitiva al peso silábico es una en la que se asignan moras sólo a las vocales y la asociación es máximamente biyectiva.

Que el español es sensible al peso silábico se puede argumentar con la observación de que sin excepción no hay esdrújulas con un diptongo creciente en la penúltima o la última (*dúl.zai.na, *a.mó.nia.co). Sin embargo, esta generalización lo que demuestra es que el núcleo complejo es bimoraico (la tercera de las figuras en (27). De ahí que los diptongos crecientes atraigan el acento. El aspecto realmente coflictivo para el español es determinar si las consonantes en la coda contribuyen al peso silábico o no (la segunda figura en (27)). En principio, tal y como pasa en otras lenguas, los datos deberían aportar evidencia contundente a favor o en contra. Sin embargo, para el español, la resolución es mucho más difícil de lo que se esperaría a priori. Vamos a considerar aquí, sin entrar en mucho detalle, algunos puntos aportados a favor de las codas moraicas. Seguidamente argumentaremos, con mayor detenimiento, que la validez de esa evidencia es al menos cuestionable, y tiene que tomarse con cierta cautela.

El argumento más fuerte para interpretar que las codas son moraicas es la observación de que si la penúltima sílaba es cerrada (por consonante o semiconsonante) como en *a.ta.pam.ba,* la acentuación esdrújula no es posible (viz. Harris 1983). Si las codas del español contribuyen al peso silábico la explicación para este vacío distribucional es fácil: la sílaba pesada atrae al acento.

Estrechamente relacionada con esta restricción básica tenemos la limitación distribucional que se observa en Harris (1969 y 1983): si la última sílaba contiene una palatal, [R] o [χ] en el ataque, la acentuación esdrújula no es posible (*éstaño, *pélayo, *cucáracha, *chámarra, *cónejo). Esta limitación se explica bastante bien si como Carreira (1988) o Dunlap (1991), suponemos que estos segmentos son complejos y se silabifican con una parte en la coda y la otra en el ataque.

Otro argumento similar que parece corroborar la restricción central se encuentra en Núñez-Cedeño (1988). Los datos del español dominicano muestran que en los ejemplos en los que se inserta una /s/ por ultracorrección para compensar la tendencia a eliminar eses finales, los hablantes nunca insertan una /s/ en la sílaba penúltima de palabras esdrújulas. Es decir, en una palabra como *típico,* pueden insertar la /s/ en la primera sílaba y pronunciar *tíspico* pero nunca **típisco*. Teniendo en cuenta que en palabras llanas de estructura similar la /s/ puede insertarse al final de cualquier sílaba, llegamos a concluir que la clave para explicar por qué **típisco* no es posible se encuentra en la imposibilidad de 'saltar' una sílaba pesada. Una explicación que refuerza la idea de que las codas son relevantes para la posición del acento.

Finalmente, el estudio experimental llevado a cabo con niños entre 3 y 5 años, sobre la adquisición del acento español en Hochberg (1988) suele citarse como respaldo a la posición de que las codas aportan peso silábico. En realidad el estudio de Hochberg sólo se propone demostrar que los niños hacen generalizaciones respecto a la posición del acento que corresponden de forma bastante fiel a las hipótesis de los teóricos con respecto a la gramática del adulto. La relevancia de este estudio con respecto al peso silábico deriva de la observación de que la repetición de palabras del tipo *sósenga* (equivalente a *atápanba o típisco*) por parte de los niños dió lugar a más errores (77%) que las palabras del tipo *bochaca* (20%). Una forma de interpretar esta diferencia es que los niños han internalizado la importancia del peso silábico y tienen más dificultad con las palabras en las que el acento no coincide con la sílaba pesada.

Ser sensitivo al peso silábico significa que hay una correlación entre la posición del acento y la estructura silábica. Por tanto, el único argumento necesario para sostener que las codas no aportan peso silábico es demostrar que la evidencia a favor de la correlación no es suficiente. En otras palabras, si no se puede demostrar que hay una correlación entre acento y sílaba cerrada debemos inclinarnos a pensar que las codas no contribuyen al peso. Consecuentemente, la posición en contra se limita a demostrar que los argumentos en favor son debatibles.

El primer argumento puede cuestionarse en los siguientes términos: si bien es cierto que las esdrújulas con una penúltima cerrada son escasísimas esto no es necesariamente porque en el sistema acentual sincrónico las codas aporten una mora. La restricción que prohíbe la acentuación esdrújula con una penúltima cerrada parece no respetarse ya en préstamos de incorporación reciente en los que se tiende a mantener la posición original del acento (*Wáshington, Róbinson, Mánchester, Ámsterdam,* etc.). A estos préstamos hay que añadir el topónimo nativo Frómista. Si suponemos que las codas aportan peso, estas palabras tienen que considerarse extrañas al patrón acentual del español. Una forma de explicar estos casos sin comprometer la tesis del peso silábico es presumir que para estas palabras la posición del acento se aprende y no se genera. Esto es equivalente a decir que el acento viene ya totalmente especificado en la entrada léxica. El problema evidente de dicha posición es que estos préstamos parecen respetar otras restricciones acentuales. Roca (1996) cita el caso de ciudades holandesas, suecas o alemanas con nombres polisilábicos en los cuales el acento se halla más allá de la tercera sílaba. Lo que se observa en estos datos es que sistemáticamente la posición del acento se altera para adaptarse a las restricciones de la lengua. La cuestión es: ¿Si se respeta en los préstamos el límite de la ventana trisilábica por qué no se respeta la necesidad de no saltar una sílaba pesada? Si estas palabras son aprendidas y no se generan entonces es difícil explicar tal diferencia. Suponiendo que la coda no aporta peso, estos ejemplos son un indicio de que el patrón acentual de *Wáshington* no es ya ofensivo para el sistema.

Otro problema que se plantea al suponer que la coda aporta peso silábico es la anticipación lógica de que palabras del tipo *Frómista* sean menos marcadas, y por tanto más frecuentes, que palabras del tipo *Róbinson* (esta última palabra tiene dos sílabas cerradas que siguen al acento). Sin embargo, la abundancia de palabras como Mánchester, Rémington, Ámsterdam, etc. parecen indicar que el número de sílabas cerradas no es crucial.

Lo cierto es que hasta hace unos años (antes de que los sistemas de comunicación de masas invadieran todas y cada una de las comunidades lingüísticas de habla hispana) podía escucharse la pronunciación [wasintón]. Sin embargo, a base de escuchar esta palabra cientos de veces en las noticias con acentuación esdrújula, la versión aguda prácticamente ha desaparecido del léxico colectivo. Si esto sucediera sólo con *Wáshington,* y otros casos aislados, podría argumentarse convincentemente que se trata de excepciones. Sin embargo, lo cierto es que todos los préstamos de este tipo están incorporándose al español sin alteración alguna. Es decir, ya casi nadie dice Manchest[é]r, Robins[ó]n, etc. De hecho si un joven usara tal acentuación aguda para referirse al famoso jugador de baloncesto *Róbinson,* a buen seguro causaría la burla de sus compañeros.

Suponiendo que la coda del español no es moraica, los prestamos como *Wáshington* y *Róbinson* son generables por el sistema y pertenecen al mismo grupo que *régimen* y *ómicron*. Esta posibilidad se sugiere en Roca (1988). Lo que hay que explicar desde esta posición es por qué este patrón sólo se encuentra en préstamos y cultismos y por qué hay tan pocos ejemplos.

Para Roca (1988), el caracter excepcional de estos ejemplos se debe explicar teniendo en cuenta el sistema acentual del latín, del cual deriva el sistema actual. El latín, como vimos, tenía un sistema acentual sensitivo al peso silábico en el cual la coda era moraica y se acentuaba la sílaba penúltima si era pesada o la antepenúltima si la penúltima era ligera. Esto implica que una palabra de origen latino no puede tener acento en la antepenúltima si la penúltima es cerrada, a menos que en la evolución haya habido retracciones en la posición del acento. Estas alteraciones se dieron sólo esporádicamente. Como han observado los investigadores de la evolución histórica de la lengua, el acento latino se ha preservado intacto en la inmensa mayoría de los casos. Lo que es importante notar es que lo que se ha preservado no es el sistema acentual del latín, sino la posición del acento en latín. Es decir, si una sílaba se acentuaba en latín, esa misma sílaba se acentúa en español sin importar que se hayan perdido segmentos o incluso sílabas al final de la palabra. El sistema del latín nunca podría derivar palabras agudas; ya que en ese sistema la última sílaba era automáticamente extramétrica ni tampoco esdrújulas cuando la penúltima es pesada. Si además tenemos en cuenta que cuando se acuñan nuevos términos lo normal es que se atengan a las restricciones vigentes del sistema, podemos comprender que 1) los patrones excepcionales en el sistema presente reflejen estados previos del sistema, y 2) los patrones imposibles en estadios previos del sistema se manifiesten en el presente como vacíos distribucionales.

Es importante puntualizar que el argumento expuesto en este apartado no es que un número reducido de excepciones pueda invalidar la generalización de que el acento antepenúltimo no es posible cuando la penúltima es cerrada (en realidad lo normal es que las generalizaciones tengan excepciones). No es la existencia de excepciones en sí misma lo que permite poner en entredicho el valor de la generalización, sino el hecho de que esas excepciones puedan explicarse igualmente desde la perspectiva de análisis e interpretaciones alternativas.

El mismo tipo de argumentación puede usarse para poner en tela de juicio el segundo argumento de la tesis de moraicidad de las codas. La motivación para sostener que las palatales, [ʀ] y [χ] son segmentos compuestos es la observación de que la acentuación esdrújula no es posible si estos segmentos aparecen en el ataque de la última sílaba. Estas limitaciones acentuales pueden explicarse, una vez más, como el resultado de residuos de un sistema previo que sí era sensible al peso silábico. Es bien sabido que las palatales, [ʀ] y [χ] no eran parte del inventario de consonantes del latín y tienen su origen en secuencias de dos segmentos. Estas secuencias de dos segmentos se silabificaban en latín de forma que la primera formaba parte de la coda. En el sistema acentual del latín esto hacía que la sílaba previa atrajera el acento. Teniendo esto en cuenta y recordando que la posición del acento se ha preservado en la evolución del latín al español se predice en el español moderno que el acento va a aparecer inmediatamente delante de uno de esos segmentos. Sin embargo, nótense excepciones como *Chávarri, cónyuge*.

Consideremos ahora los datos del español dominicano. En este caso no hay duda de que se trata de un fenómeno sincrónico. Sin embargo, hay que tener presente que la ultracorrección no es necesariamente parte del proceso generativo normal. Se trata de un fenómeno sociolingüístico, variable, en el que el hablante de forma consciente inserta un segmento que no es parte de la representación subyacente. ¿Cuál es el mecanismo de inserción en este caso y a qué nivel ocurre? ¿En la base? ¿En la derivación? ¿Se forma primero la palabra de forma normal y después se inserta la /s/? Esta última opción si bien plausible, descalificaría la relevancia de estos datos para la moraicidad de la coda, porque en el momento de acentuar, la /s/ no formaría parte aún de la penúltima sílaba. Para que sean relevantes la /s/ tiene que insertarse antes de la asignación del acento. Incluso suponiendo esto, la interpretación de que *típisco no es posible porque el acento no puede 'saltar' una sílaba cerrada no es la única posible. Una explicación alternativa es que *típico* tiene estructura prosódica preespecificada (una anticima) en la penúltima sílaba y eso es lo que determina que sea esdrújula. Dado que el acento se construye sobre sílabas, para poder preespecificar el acento es necesario que las unidades inferiores en la jerarquía prosódica, las sílabas, también estén preespecificadas. Si esto es así, la /s/ no puede añadirse a la segunda sílaba porque esto significaría alterar estructuras presentes en la entrada léxica. Otra posibilidad sería que el hablante estuviera consciente de que *típisco* es un patrón más marcado (menos frecuente) que *tíspico*. Como lo que el hablante está intentando con la ultracorrección es adivinar cual podría ser la posición de la /s/ en la variedad estandard, se entiende que se incline por el patrón menos marcado. De nuevo, el argumento que empleamos aquí no es que una de esas alternativas sea la forma correcta de interpretar la ultracorrección, sino, simplemente, que puesto que existen explicaciones alternativas, los datos del dominicano no deberían, por sí sólos, tomarse como prueba irrefutable de que en español las codas contribuyen al peso silábico.

Finalmente, nos quedan las conclusiones del estudio de Hochberg (1988). En (28) presentamos la tabla con los errores de los niños cuando se les pidió que repitieran palabras con distintos patrones acentuales (p. 695):

(28)

Tipo de estímulo (ejemplo)	Pre-ante-penúltimo	Ante-penúltimo	Penúltimo	Final	N
CVCV (gaga)	—	—	7 (r)	23 (i)	115
CVCVCV (bochaca)	—	20 (i)	13 (r)	32 (i)	245
CVCVCCV (sosenga)	—	77 (p)	42 (r)	75 (i)	245
CVCVCVCV (catapana)	56 (p)	33 (i)	14 (r)	54 (i)	130
CVCVC (guifor)	—	—	37 (i)	18 (r)	115
CVCVCVC (cabadon)	—	—	52 (i)	22 (r)	245
CVCVCVC (panaquil)	—	34 (p)	47 (i)	21 (r)	245

Clave: (r) = regular, (i) = irregular, (p) = prohibido. El número al final de cada línea representa el número de imitaciones de cada tipo de variante acentual.

En efecto, el procentaje de errores con el patrón *sósenga* (77%) es significativamente mayor que con el patrón *bóchaca* (20%). Tomadas aisladamente, estas cifras parecen indicar que el patrón acentual de *sósenga* es mucho más marcado que el de *bóchaca*. Algo que se explica bien si la coda contribuye al peso silábico. Sin embargo, cuando comprobamos los porcentajes de los otros patrones acentuales sobre el mismo tipo de sílaba (*sosénga* 42%, *sosengá* 75%) y los comparamos con los porcentajes de otros estímulos, constatamos que quizas lo que es marcado es la estructura silábica y no necesariamente el patrón acentual. En realidad, la marcadez (reflejada en número de errorres) de *sósenga* (77%) respecto a *sosénga* (42%) es proporcional a la de *catápana* (33%) respecto a *catapána* (14%) o a la de *bóchaca* (20%) respecto a *bocháca* (13%). La relación de cada uno de estos pares refleja la marcadez de una esdrújula respecto a una llana. Lo que no puede compararse es *sósenga* con *bocháca*, ya que la marcadez de *sósenga* es producto del patrón acentual y de la estructura silábica. Es bien sabido que universalmente el patrón silábico CVC es más marcado que el patrón CV. No es, pues, sorprendente que para niños entre 3 y 5 años *sósenga* sea mas difícil de imitar que *bóchaca* pero no necesariamente sólo porque el acento del primero viola la generalización de que las sílabas pesadas atraen el acento.

En conclusión, hay evidencia clara para sostener que el español es sensible al peso silábico cuando el núcleo es complejo (diptongos). A la hora de determinar si las codas también contribuyen al peso silábico, los datos del español no son en absoluto claros y los argumentos que pueden aportarse no son irrefutables. Ante un estado semejante de la cuestión es de suponer que el tema seguirá provocando discusión y cabe sólo esperar que en estudios futuros se aporten nuevos aspectos capaces de clarificar el asunto.

7.3.5 Acento secundario

Como se discute en Halle y Vergnaud (1987), la relación entre acentuación primaria y secundaria puede variar de unas lenguas a otras. En la mayoría de los casos, el acento secundario lo marcan las cimas tónicas (asteriscos) y los pies que se representan en la línea 1 de la parrilla. El acento primario se representa encima de los secundarios y se marca con un nivel de prominencia adicional en la línea 2. En estos casos, la relación entre acento primario y secundario es transparente, uno parece formarse a partir del otro. En otros casos, el acento primario y secundario parecen generarse independientemente. Roca (1986) demuestra que el español pertenece al segundo tipo. Mientras que el acento primario se asigna a nivel de palabra, el acento secundario es una manifestación del ritmo métrico a nivel de frase. Los argumentos en que se basa demuestran que el acento primario tiene que ordenarse antes de reglas claramente léxicas mientras que el acento secundario tiene que ordenarse detrás de reglas claramente postléxicas. A partir de esta argumentación en los trabajos sucesivos se suele presumir que los acentos secundarios asignados léxicamente se eliminan antes de entrar en el componente postléxico. Asimismo, gran parte de los investigadores coinciden en admitir que, a pesar de que la acentuación primaria posiblemente sea sensible al peso silábico, la acentuación secundaria no lo es. Los pies a nivel de frase son silábicos.

En realidad, hay sólo dos temas de debate en torno a la acentuación secundaria. Uno tiene que ver con la existencia misma de los acentos secundarios en español. Prieto y van Santen (1996) tras llevar a cabo estudios experimentales, encuentran evidencia de la existencia de acento secundario sólo en la sílaba inicial pero no en otras posiciones. El otro punto en el que hay desacuerdo, entre los que admiten la realidad fonológica de los acentos secundarios, tiene que ver con la posición del núcleo en los pies que albergan el acento secundario. Roca (1986) y Halle y Vergnaud (1987) suponen que los pies secundarios se forman de izquierda a derecha y tienen el núcleo a la derecha. Harris (1989), por su parte, defiende la posición de que los pies secundarios tienen que tener el núcleo a la izquierda. Los argumentos a favor de cada una de estas posiciones no son concluyentes, ya que es posible derivar resultados semejantes de ambas formas.

7.3.6 Acentuación verbal

Tradicionalmente la acentuación nominal se ha estudiado independientemente de la acentuación verbal. Esta práctica se basaba en la observación de que la aplicación de la maquinaria métrica necesaria para derivar las formas nominales producía resultados inadecuados cuando se aplicaba a formas verbales.

En años recientes han aparecido una serie de propuestas en las que la acentuación se asigna de modo general a todas las entradas léxicas sin discriminación de categoría léxica. Entre estos trabajos hay que mencionar las aportaciones de Núñez Cedeño (1985), Otero (1986), Harris (1989), Roca (1990), Dunlap (1991) y Morales-Front (1994). Cada uno de estos estudios tiene sus ventajas y desventajas que no vamos a revisar aquí de modo sistemático. Lo que sí haremos es revisar la validez de los argumentos que tradicionalmente se han usado para considerar las formas verbales por separado.

Un argumento se basa en la afirmación de que a diferencia de lo que hemos visto en las formas nominales, las formas verbales no se muestran nunca sensibles al peso silábico (ni sincrónicamente, ni recientemente). Esta posición se basa en ejemplos como *cantábamos* que a pesar de tener la última sílaba pesada presenta el acento en la antepenúltima. Nótese que esto también lo observamos en las formas nominales. El nombre *álamos,* como tantos otros en los que participa el morfema de plural, también tiene acentuación esdrújula con una sílaba final cerrada. Casos como *régimen* nos indican que la estructura es posible sin el morfema de plural. Suponiendo que las formas nominales sí son sensibles al peso silábico, la generalización correcta, tanto para formas nominales como verbales, sería que la sílaba final no cuenta como pesada.[10] Por tanto, la afirmación de que los verbos no son sensibles al peso silábico sería más válida si se tuviera en cuenta la sílaba penúltima en lugar de la última—puesto que esa es la posición en que el peso silábico parece ser relevante para los nombres. Si encontráramos formas verbales esdrújulas con una penúltima pesada tendríamos evidencia de que a diferencia de las formas nominales, las verbales no son sensibles al peso silábico. Lo cierto es que entre los verbos no hay tampoco formas del tipo *cantábanmos* o *cantábiamos*. Sin embargo, esto tampoco puede tomarse como evidencia de que las formas verbales sí son sensibles al peso silábico porque, debido a las restricciones que determinan cómo se concatenan los morfemas verbales, no puede darse el contexto. La única conclusión posible es que no tenemos evidencia que indique que las formas verbales son diferentes de las formas nominales con respecto a su sensibilidad al peso silábico.

Otro argumento a favor de considerarlos distintos es la afirmación de que el acento verbal es morfológico mientras que el nominal es métrico. De hecho, como se nota en Roca (1992:276), esta observación es un lugar común en estudios sobre el tema. La encontramos en Alcoba (1989:23, n.7), Harris (1969, 1983:84) y Otero (1986:313), entre otros. La noción de acento morfológico o acentuación morfologizada que utilizamos aquí está basada en la tipología acentual que se presenta en Roca (1992). Este autor identifica el acento morfológico con el que se asigna a una forma por su posición en un paradigma con independencia de criterios métricos. Un ejemplo ayudará a clarificar el concepto. Dado que el acento por defecto es penúltimo, no esperaríamos que la forma verbal *cantábamos* fuese esdrújula. Una explicación de esta acentuación "anómala" podría ser que esta forma verbal pertenece a un paradigma y que por tanto su acentuación no depende de la estructura métrica. Esta explicación, si bien parece sencilla en el ejemplo, es problemática porque universalmente la existencia de datos que indiscutiblemente requieran que la acentuación se asigne paradigmáticamente es cuestionable. Otras explicaciones menos problemáticas son: la vocal temática tiene acento léxico (Roca 1992); el sufijo *-ba* es un retractor (Harris 1987–95, Morales-Front 1994 etc.). Cualquiera de estas posiciones evita la necesidad de suponer la existencia de acentuación paradigmática. Otro ejemplo de posible acentuación paradigmática lo tenemos en el presente de subjuntivo. Compárense los dos paradigmas siguientes:

---

10. Suponemos que la marcadez de *lápiz* frente al caracter no marcado de *camión* resulta de la tendencia del acento a aparecer lo más cerca posible del margen derecho del dominio acentual (la palabra prosódica) y no del caracter pesado de la última rima.

(29)

		Presente Indicativo			Presente Subjuntivo		
	Raíz	VT	TAM	PN	Raíz	VT	TAM	PN
1ª pers. sing.	cánt béb vív		-o -o -o		cánt béb vív		-e -a -a	
2ª pers. sing.	cánt béb vív		-a -e -e	-s -s -s	cánt béb vív		-e -a -a	-s -s -s
3ª pers. sing.	cánt béb vív		-a -e -e		cánt béb vív		-e -a -a	
1ª pers. plu.	cant beb viv	**-á** **-é** **-í**		-mos -mos -mos	cant beb viv		-é -á -á	-mos -mos -mos
2ª pers. plu.	cant beb viv	**-á** **-é** **-í**		-is -is -is	cant beb viv		-é -á -á	-is -is -is
3ª pers. plu.	cánt béb vív		-a -e -e	-n -n -n	cánt béb vív		-e -a -a	-n -n -n

En el indicativo, el acento recae sistemáticamente en la raíz con la excepción de la 1ª y 2ª pers. del plural. Esta excepcionalidad correlaciona claramente con la presencia de una vocal temática. Nótese que en el indicativo solamente en la 1ª y 2ª pers. del plural las vocales entre la raíz y el PN se corresponden con la vocal temática adecuada (-a en la primera, -e en la segunda e -i en la tercera). Así pues, puede llegarse a la generalización de que en este tiempo verbal el acento recae en la última sílaba de la raíz en aquellas formas que no tienen una vocal temática y en la vocal temática en las otras dos. Esta generalización es coherente con la posición que supone que la vocal temática está léxicamente acentuada. Sin embargo, cuando consideramos el presente de subjuntivo en la segunda columna, observamos que la distribución acentual es exactamente la misma, aunque aquí no hay ni una vocal temática, ni un TAM diferente, para la 1ª y 2ª pers. del plural. La acentuación paradigmática se nos ofrece de nuevo como una forma simple de interpretar los datos. Sin embargo, también hay otras opciones que considerar: Roca (1992) propone derivar el presente con un filtro que prohíbe la acentuación en la última sílaba. Esto deriva los datos sin recurrir a la acentuación paradigmática. Un posible inconveniente es que la forma *cantáis* tiene acentuación aguda a pesar del filtro. De todas formas, en una aproximación que suponga una derivación en etapas, se puede establecer que en el momento de la acentuación la vocal alta forma una sílaba independiente. Para este y otros ejemplos, la existencia de explicaciones alternativas y la escasez de evidencia relativa a la acentuación morfológica en otros sistemas acentuales hace que cuestionemos el lugar común de que la acentuación verbal del español es morfológica. De todas formas, lo que nos importa resaltar es que la acentuación verbal y la nominal no se distinguen tampoco en este punto.

Un último aspecto que impide la aplicación generalizada del acento nominal a las formas verbales es la observación de que estas últimas no admiten que la raíz tenga excepciones léxicas. En la acentuación nominal vimos contrastes del tipo *sábana/sabana* que sólo pueden atribuirse a información léxica específica de la raíz. En la acentuación verbal no se registran ejemplos semejantes. La primera persona del presente de indicativo, por ejemplo, tiene siempre acentuación penúltima (ej. [en.tré.γo]). No existe ningún verbo irregular que acentúe la 1ª pers. sing. del presente de indicativo en la antepenúltima o última sílaba. Aunque una raíz sea portadora de una excepción léxica, esta excepción se pierde en la forma verbal. Consideremos por ejemplo la palabra *oxígeno*. Como vimos más arriba, todos los análisis de la acentuación nominal coinciden en que las esdrújulas son excepciones léxicas. El debate radica en cómo marcar esta excepcionalidad: con diacríticos, extrametricalidad o preespecificación. En cualquier opción que escojamos, la vocal penúltima es la que viene marcada como excepcional. La forma verbal correspondiente para la primera persona singular del presente de indicativo es *oxigeno*. La marca excepcional no tiene aquí un efecto. Esto crea los peculiares contrastes del tipo:

(30) Nombre/adjetivo   Verbo Pres.   Verbo Pret.
    oxígeno   *oxigeno*   *oxigenó*
    solícito   *solicito*   *solicitó*
    rótulo   *rotulo*   *rotuló*
    estímulo   *estimulo*   *estimuló*
    ámplia   *amplía*   *amplió*
    líquido   *liquido*   *liquidó*
    página   *pagina*   *paginó*
    péndulo   *pendulo*   *penduló*

En todos estos ejemplos, la raíz lleva una marca de excepcionalidad que se manifiesta en las formas nominales pero se ignora en las formas verbales.

A estas alturas de la discusión, el sagaz lector habrá concluido ya por su cuenta, que éste es también un obstáculo superable y que esta observación no es suficiente para concluir que los verbos requieren un sistema acentual diferente. Veamos, de entre las propuestas previas, al menos una forma de explicar en qué consiste el contraste *oxígeno / oxigeno*:

Según Harris (1989) la diferencia estriba en la composición morfológica de cada miembro del par (VT = Vocal Temática, PN = Persona/Número):

(31) nombre: verbo:
       oxígen + ⟨o⟩   oxigen + a + ⟨o⟩
       raíz   + ET   raíz   + VT + PN

La diferencia estriba en que el verbo tiene una VT. En el análisis de Harris los sufijos flexionales (en este caso el ET y el morfema de PN) son extramétricos. La regla general forma pies ilimitados con núcleo a la derecha. Si una forma viene marcada como excepción a esta regla, aplica una segunda regla que forma pies binarios con núcleo a la izquierda, de derecha a izquierda. En este análisis es crucial dar por sentado que la vocal temática del verbo a pesar de no aparecer en la superficie está presente en el momento en que se asigna el acento. En los dos ejemplos en (31) la segunda regla genera el resultado deseado.

Podemos pues cerrar esta revisión de los contrastes entre acentuación verbal y nominal con el balance de que las diferencias son salvables. Lo que hemos visto hasta aquí nos debe servir para concluir que la aplicación de un solo sistema acentual extensible a todas las palabras sin distinciones de categoría léxica, es deseable y posible. Toda propuesta de análisis unificado debe poder generar la totalidad de los datos del español y simultáneamente explicar las peculiaridades de la flexión verbal discutidas en esta sección.

7.4 Conclusión

En este capítulo nos hemos ocupado de la acentuación. Hemos presentado una descripción de los datos del español y hemos visto que teórica y descriptivamente plantean problemas que no es fácil resolver. Cabe esperar que en un futuro inmediato el tema de la sensibilidad al peso silábico siga despertando vivo interés entre los investigadores. Es posible que una vía de solución se encuentre en estudios que de forma rigurosa y sistemática se propongan investigar la evolución de los sistemas acentuales desde el latín hasta el presente. Si es cierto que el sistema presente no es sensible al peso silábico, deberíamos encontrar evidencia de que en algún momento se produjo el cambio. Es difícil concebir que un reajuste de esa magnitud no deje huellas en otros aspectos del sistema. Es muy posible que nos encontremos en un momento sincrónico, en el que actualmente se está produciendo el cambio y carezcamos de la perspectiva necesaria para observarlo adecuadamente. Estudiosos como Lipski (1996), Roca (1996) y Saltarelli (1996) se adentran en esta avenida de investigación, de la que esperamos se desprendan conclusiones que afiancen las bases para futuras exploraciones del tema.

En este capítulo hemos intentado mantenernos al margen de perspectivas teóricas. En el capítulo IX presentamos una interpretación basada en la Teoría de la Optimidad de los problemas clásicos de la acentuación española.

CAPÍTULO VIII

Teoría de la Optimidad

8. Introducción

El objetivo de este capítulo es ofrecer una introducción orientadora en torno a las más recientes innovaciones teóricas dentro del marco de la fonología generativa. La publicación del SPE, la incepción de la fonología autosegmental y la fonología léxica, cada una por su parte, revolucionaron el pensamiento fonológico de su momento. A la hora de escribir este capítulo, la Teoría de la Optimidad (TOp) es una de las innovaciones dinamizadoras del pensamiento fonológico.

La Teoría de la Optimidad, a pesar de estar sólo en sus pasos iniciales, ha generado ya una importante bibliografía. La mayor parte de los estudios destacan avances en la capacidad de explicar los datos. Sin embargo, el entusiasmo presente que despierta la TOp se explica no sólo por sus características propias, sino también por la manifiesta crisis interna en que ha entrado el modelo basado en reglas.

A pesar de que para muchos será apuntar lo obvio, hay que recordar en esta introducción que el cambio de orientación no implica que ahora una gran parte de los investigadores piense que la Teoría de la Optimidad es "LA TEORIA," ni que la aproximación basada en restricciones es la única aproximación válida ni que, por supuesto, haya que abandonar enfoques previos. Como otras teorías y aproximaciones precedentes, se trata de una nueva alternativa de investigación, un nuevo enfoque, un nuevo dominio que explorar. Hemos aprendido mucho sobre fonología explorando las posibilidades de la aproximación basada en reglas. Al hacerlo, sin embargo, se han descuidado aspectos importantes que ahora pasan a ser más prominentes bajo el prisma de la nueva aproximación.

En este capítulo nos encargamos de esbozar las líneas de demarcación de la nueva aproximación/teoría. Empezamos por contrastar las características básicas de la aproximación basada en reglas con los puntos centrales de la aproximación basada en restricciones. Para ello abordaremos aspectos claves del cambio: en qué consiste la nueva aproximación, de dónde deriva, cómo se motiva y qué alternativas teóricas contempla. Seguidamente, nos centramos exclusivamente en la Teoría de la Optimidad para precisar cuáles son los principios elementales en los que se basa, cómo está articulada, y cómo presenta y analiza los datos.

8.1 La nueva aproximación puesta en perspectiva

8.1.1 La aproximación basada en reglas

El presupuesto teórico central de la aproximación basada en reglas es que media entre la forma subyacente y la forma de superficie un conjunto de reglas de reescritura ordenadas extrínsecamente. Es decir, que para relacionar una representación subyacente como /sfera/ con su correspondiente representación de superficie [esféra], tenemos que presuponer la existencia de una regla transformacional en el componente derivacional de la gramática. En (1) vemos una Regla de Epéntesis capaz de transformar la representación subyacente en el resultado apropiado.

(1) $\emptyset \rightarrow e\ /\ \#\_\_sC$

Este tipo de regla se considera de reescritura, porque su función es reescribir la secuencia {#sC} como {#esC}. A diferencia de lo que este simple ejemplo muestra, lo normal es que entre la base y la superficie intervengan múltiples reglas. Por tanto, las posibilidades teóricas de derivación de una representación subyacente son múltiples. Lo que sigue es una enumeración de algunas de las posibilidades.

i) Ninguna regla del componente derivacional afecta a la representación subyacente. En este caso base y superficie son idénticas.

ii) La descripción estructural de una sola regla coincide con un elemento o una secuencia de elementos en la representación subyacente La regla aplica y el elemento o secuencia se reescriben. A partir de ese momento tenemos una representación intermedia.

iii) Más de una descripción estructural en el conjunto de reglas que componen la derivación coincide con una secuencia de la base. Teóricamente, todas las reglas pueden aplicarse si no hay interacción conflictiva entre ellas. Para los casos de conflicto se necesita un principio universal que permita predecir, dadas dos reglas que cumplan todos los requisitos para su aplicación, cuál tiene preferencia. El Principio del Resto (Kiparsky 1973), o principio de Panini, determina que la regla con una definición estructural más específica es la que tiene preferencia.

iv) Un elemento, o secuencia de elementos, en el resultado de una regla (una representación intermedia), coincide con una descripción estructural. Es esta opción la que introduce la derivación en la teoría y con ella la necesidad de ordenar las reglas. Si las reglas fueran sensibles sólo a elementos o secuencias estructurales de la representación subyacente y su resultado fuera siempre la representación de superficie, el orden temporal de las reglas sería irrelevante, lo único relevante sería el Principio del Resto. La posibilidad de retransformar el resultado de una regla, es lo que introduce una gran complejidad en el modelo. Dada esta premisa se permiten derivaciones recurrentes infinitas. Para demostrar este punto supónganse las reglas $A \rightarrow B\ /\ \_\_C$ y

B → A / __ C. Si la base contiene la secuencia AC, la primera regla aplica para reescribirla como BC. Entonces, la segunda regla transforma la nueva secuencia de nuevo en AC, con lo que el ciclo empieza de nuevo y continúa infinitamente. Una forma de evitar este fenómeno recurrente es estipulando que las dos reglas están ordenadas de forma que primero aplica una y después la otra, y que después de aplicar la segunda no puede aplicarse de nuevo la primera.

Ejemplos de reglas crucialmente ordenadas parecen abundar en todas las gramáticas. Por ejemplo, en catalán, la forma de superficie [bimpans] *vint pans* 'veinte panes' deriva de la forma subyacente /bint pans/ por efecto de una regla que reescribe /nt#/ como [n#]. Si nada o una vocal sigue, 'vint' se pronuncia [bin], pero si lo que sigue es una consonante, la nasal se asimila en punto de articulación a la consonante. Eso quiere decir que [n#p] se reescribe como [m#p] en virtud de una Regla de Asimilación de Nasales. Crucialmente, la regla de simplificación de la 't' tiene que preceder a la regla de asimilación, porque de otro modo, esta última regla no aplicaría en este ejemplo.

Más allá de un conjunto de entradas léxicas, reglas ordenadas, y principios, como el Principio del Resto, la aproximación basada en reglas tiene que complementarse con restricciones. Las restricciones han sido introducidas básicamente para controlar la excesiva capacidad generativa de la teoría. Una teoría generativa es inapropiada tanto si no puede derivar todos los datos de todas la lenguas, como si genera resultados que no se documentan en lengua alguna. Las restricciones son las que se encargan de ajustar la capacidad generativa a base de filtrar los resultados no deseados. En una aproximación basada en reglas, las restricciones y reglas se distribuyen como en (2).

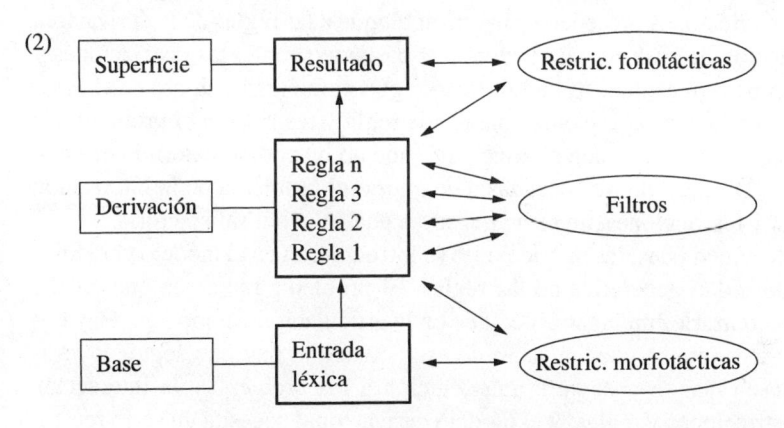

(2)

Como se desprende de esta figura, la interacción de reglas y restricciones no es simple y ha sido problemática desde el principio. El debate empezó con la argumentación por parte de Postal (1968) de que en una fonología con restricciones morfotácticas y reglas derivacionales, las restricciones fonotácticas son redundantes. Sin embargo, pronto aparecieron datos como los del yawelmani (aportados por Kisseberth 1970) en los que un número de reglas inconexas en la derivación respetan una restricción morfotáctica de la lengua que prohibe secuencias de vocales. Es decir, las reglas de la derivación 'conspiran' (en terminología del propio Kisseberth) para salvaguardar los requisitos impuestos por una restricción a nivel de morfemas. En un modelo con reglas ordenadas en el que el estadio derivacional A precede temporalmente al estadio derivacional B, las restricciones morfotácticas preceden al bloque de reglas en la derivación. La paradoja que presentan esa clase de datos es que resulta difícil entender cómo las reglas en cuestión tienen la habilidad de "mirar hacia atrás" a un momento que precede a la derivación.

Una forma de evitar este problema es presumir que todas las restricciones se dan a nivel de superficie al final de la derivación. Es decir, que todas las restricciones son fonotácticas. Esta distribución daría cuenta con más facilidad de los casos de conspiración de reglas, pero se toparía con problemas a la hora de explicar por qué, por ejemplo, secuencias de elementos que no se dan en morfemas independientes sí pueden aparecer entre morfemas.

Si tomamos otra alternativa y postulamos que las restricciones fonotácticas y morfotácticas coexisten en la derivación, entonces surge la difícil tarea de deslindar qué restricciones corresponden al nivel morfemático y cuáles a la superficie. La experiencia demuestra que ésta es una distinción problemática (véase Hooper 1976).

Otra posición contemplaría la posibilidad de que las restricciones estén en la base, la superficie, y también en la derivación. Esta posición es evidentemente la más compleja y se desvía del modelo ideal en el que la derivación sería, simplemente, un conjunto de reglas transformacionales. Si suponemos que las restricciones preceden o siguen en bloque a las reglas de la derivación, la interacción de reglas y restricciones es bastante simple: las restricciones y las reglas no se mezclan. Al incluir tanto reglas como restricciones en el componente derivacional, se plantea para cada regla y restricción el problema de determinar cuál es su orden relativo, algo que no ha podido determinarse con exactitud. Después de tres décadas de explorar el problema de la interacción de reglas y restricciones, no se ha llegado a una solución satisfactoria.

En resumen pues, las restricciones se introdujeron en el modelo para limitar la capacidad generativa de las reglas. El problema radica en que resulta difícil encontrarles un lugar específico en la articulación del modelo. Hay dos conclusiones que se pueden sacar de esta situación: hay que seguir investigando hasta que se encuentre una solución a los problemas de interacción entre restricciones y reglas; y el modelo derivacional necesita un serio replanteamiento. La nueva aproximación que presentamos en este capítulo se inclina por la segunda opción.

Para terminar con esta exposición esquemática de la aproximación basada en reglas, ofrecemos una lista con algunas de las características relevantes que contrastan con las posiciones que toma la nueva aproximación:

Es una fonología de procesos. Se trata de una fonología dinámica que manipula de forma activa unidades fonológicas. Las reglas son instrucciones de cómo operar con unidades o secuencias de unidades, sea eliminando, insertando, extendiendo, asociando o desasociando. Puesto que la teoría gira en torno a las reglas, el foco de atención está en el proceso de cambio en sí mismo. En la regla A → B / __ C, el foco se pone sobre la transformación de A en B. La información de que esta regla indirectamente implica que la secuencia AC no es lícita, es relevante pero no crucial en el sistema.

Es derivacional. Lo que conecta la **en**trada léxica con el **re**sultado es un conjunto de pares ordenados ((en$_i$, re$_j$), (en$_j$, re$_k$), (en$_k$, re$_x$) ...) enlazados de forma que el resultado de una regla es la entrada para la siguiente regla. Hay por tanto un proceso de derivación que empieza con la entrada léxica y produce una serie de representaciones intermedias en etapas hasta llegar a un estadio final.

Es no-monotónica. Las reglas pueden eliminar y transformar información presente en la entrada léxica.

Las unidades fonológicas y morfológicas no primitivas se derivan por regla. Además de reescribir secuencias, las reglas se usan también para construir estructuras. Es decir, para concatenar y establecer relaciones de dependencia entre los elementos morfológicos y fonológicos.

Las reglas están ordenadas extrínsecamente. El hecho de que la *regla$_i$* precede a la *regla$_j$* no se deriva de propiedades intrínsecas de la gramática.

8.1.2 La aproximación basada en restricciones

El presupuesto básico de esta aproximación es que la relación entre base y superficie se deriva por medio de restricciones que delimitan lo mejor y lo peor de un conjunto de posibilidades. Es decir, la base está conectada a la superficie a través de condiciones sobre la representación de superficie en lugar de transformaciones mecánicas sobre la base. En (2) vimos un diagrama para la aproximación basada en reglas. El equivalente en esta aproximación es el que se reproduce en (3):

(3) | ENTRADA → Condiciones sobre el resultado → RESULTADO |

Nótese que entrada y resultado se representan en una misma línea. La distribución vertical era adecuada para representar la relación temporal entre representación subyacente y superficial. En la nueva aproximación, entrada y resultado se pueden considerar simultáneos. Desde este punto de vista, el par /sfera/, [esféra] es el resultado de, al menos, una condición. Supongamos, con finalidad ilustrativa, que la condición pudiera formalizarse como sigue[1]:

(4)   * #sC

---

[1]. En realidad en la TOp no se formularía una restricción semejante, ya que difícilmente podría considerarse universal. El proceso de epéntesis que estamos ilustrando deriva de la interacción de una serie de restricciones universales que determinan la silabificación (véase el capítulo V).

Esta restricción declara que la secuencia {#sC} no es lícita. Lo que tenemos que preguntarnos es qué pasa cuando /sfera/ forma parte del conjunto de entradas léxicas de una lengua. En la aproximación basada en reglas no había ninguna duda sobre qué pasa cuando la entrada se confronta con una regla. Si la entrada reúne las condiciones estructurales de la regla, la regla la reescribe generando una nueva representación. En el caso de la aproximación basada en restricciones podrían formularse varias hipótesis:

1. No pasa nada ya que /sfera/ no podría ser una forma subyacente. Dado que en la superficie tenemos alternancias del tipo [esfer-a]/[emi-sfer-io], habría que argumentar que /esfer-/ y /sfer-/ son dos entradas léxicas independientes, (obviamente estrechamente relacionadas) y que la selección de una u otra depende del contexto (se trataría de un caso de supleción). Esta opción, que ya era viable en la aproximación basada en reglas, deja muchos aspectos del proceso de epéntesis por explicar. Sin embargo, desde los presupuestos de una fonología basada en restricciones, este tipo de análisis es mucho más viable que en un modelo derivativo (véase Scobbie, 1992).
2. La restricción pone en marcha una regla de reparación. Los hablantes son capaces de ponerse de acuerdo en una transformación mínima sobre la entrada tal que no viole la restricción. En nuestro ejemplo, la inserción de una /e/ crea una secuencia que no coincide con la que la restricción declara como ilícita.
3. La función de la restricción es seleccionar de una lista candidatos generables. Cuando la variante más fiel a la entrada viola una restricción, el sistema escoge la variante más cercana que no viola la restricción. En nuestro ejemplo, la entrada léxica /sfer-/ viola la restricción #sC, por tanto la variante más cercana /esfer-/ sale favorecida y es el resultado de superficie. Por qué es ésa precisamente, y no otra, la opción favorecida, se determina por el conjunto de la gramática, pero nótese de momento que la vocal insertada es la menos marcada.

Detrás de cada una de estas hipótesis figura una de las teorías que se han propuesto para la aproximación basada en restricciones. La primera interpretación es compatible con las premisas de la Fonología Declarativa (Bird, Coleman, Pierrehumbert y Scobbie 1993, Scobbie 1991, 1992). La segunda es la base de la Teoría de las Estrategias de Restricción y Reparación (Paradis 1988a, 1988b, 1993, Paradis y LaCharité 1993, Paradis y Prunet 1993). Finalmente, la tercera hipótesis es el fundamento para la división de la gramática en dos módulos que propone la Teoría de la Optimidad (McCarthy y Prince 1993a, Prince y Smolensky 1993).

Estas tres teorías coinciden en un importante aspecto: el rechazo de la regla de reescritura. Ignorando las diferencias particulares de cada una de estas teorías, podemos caracterizar la aproximación basada en restricciones con los siguientes rasgos:

- *Las restricciones son el eje en torno al cual gira la fonología.* Recuérdese que en la aproximación basada en reglas lo importante es determinar qué conjunto de reglas puede relacionar con mayor sencillez una entrada con su resultado. En ese marco lo fundamental es determinar cómo se relacionan u ordenan unas reglas con otras. En la nueva aproximación, el foco es radicalmente opuesto, ahora lo que importa es la interacción de las restricciones. La interacción de reglas se considera prácticamente nula o inexistente. Esto se debe a que son las restricciones las que cargan con el peso de relacionar una forma subyacente con una forma de superficie.
- *Simultaneidad.* La aproximación basada en reglas funciona a base de derivaciones procesales en las que hay un principio y un final y una serie de estadios intermedios. En la nueva aproximación (exceptuando la teoría de las estrategias de restricción y reparación) el efecto de todas la restricciones se computa simultáneamente.
- *Monostrática.* Una consecuencia inmediata del presupuesto anterior es que no puede haber ni niveles, ni estratos, ni fases intermedias entendidas como momentos de derivación. Sí hay, sin embargo, grupos y subgrupos de restricciones y elementos fonológicos capaces de reproducir el efecto de una derivación clásica.
- *Monotónica.* Una teoría monotónica es la que no permite ningún tipo de destrucción o transformación de la información subyacente. Sólo se pueden añadir unidades y relaciones entre unidades (estructura). En las teorías basadas en restricciones no se permite la eliminación o destrucción de elementos subyacentes. Sin embargo, el equivalente de la eliminación (si bien mucho más controlado) es la no integración (*underparsing*) que consiste en dejar un elemento sin asociación a estructuras superiores de forma que no puede recibir interpretación fonética. En la TOp, esto se resuelve con una restricción que sanciona cualquier falta de fidelidad a la entrada léxica. Una nota común a todas las teorías basadas en restricciones y una característica clara de la aproximación es el deseo de controlar y restringir por principio la posibilidad de destruir información presente en la entrada léxica.
- *Estática.* Esta aproximación no consiste ya en una serie de instrucciones para la reescritura mecánica de secuencias de elementos, se trata más bien de un conjunto de restricciones interrelacionadas que discriminan lo que es posible de lo que no lo es.

La nueva orientación no representa una ruptura total respecto a lo que hemos presentado en capítulos anteriores, sino una culminación de tendencias internas dentro de la fonología generativa. Se trata, de todas formas, de un cambio que supone un replanteamiento de presupuestos básicos. Las investigaciones sobre la jerarquía de los rasgos y en general el énfasis en las representaciones que siguió a la introducción de la fonología autosegmental supone ya un paso firme en la dirección de relegar las reglas a un segundo plano para suplantarlas con medios no operacionales de interpretar la realidad fonológica.

Asimismo, las innovaciones en el tema de la subespecificación que se destacaron en el capítulo IV, conducen a una situación en la cual las alternancias resultan de diferentes formas de completar la información no especificada, en vez de derivarse a través de reglas transformacionales. El estudio de la sílaba, la morfología no lineal, la reduplicación, la palabra mínima, etc.—todos ellos temas candentes en los últimos años—también apuntan en la dirección de que la competencia fonológica no sólo genera a base de reglas sino que usa plantillas que imponen condiciones precisas sobre cómo deben estar formadas las unidades prosódicas en una determinada lengua. Finalmente, en años recientes se detecta también una clara proliferación de principios, condiciones y restricciones de todo tipo que pasan a ocupar el lugar previamente ocupado por conjuntos de reglas. Basta con recordar la importancia de principios introducidos en capítulos anteriores—como el Principio del Contorno Obligatorio, No Cruce de Líneas, Preservación de Estructura, el Principio de la Alternancia Acentual, etc.—que tienen un papel importantísimo en recientes formulaciones de la fonología generativa pero que estaban ausentes en la formulación original de la teoría.

Además de emparejar una base con un resultado correcto de la forma más simple posible, la fonología generativa también aspira a explicar los fenómenos que estudia. Puede establecerse una línea demarcadora en la evolución de la fonología generativa entre lo que llamaríamos un período inicial, que va desde el SPE a los inicios de la fonología autosegmental, y un segundo período, que abarca desde principios de la década de los ochenta hasta la aparición de la aproximación basada en restricciones. El factor que separa estos dos períodos es un cambio sensible en el foco de interés de la disciplina que pasa de girar en torno a los procesos de transformación (tipos de reglas, interacción de reglas, orden de reglas, etc.) a las representaciones (organización jerárquica de unidades fonológicas y morfológicas). En cierto modo, este cambio consiste en dar cuenta de por qué muchos resultados potencialmente generables no ocurren nunca, yendo mas allá de la simple demostración de cómo se genera una forma de superficie a partir de una forma subyacente. La teoría autosegmental y la geometría de los rasgos, tal y como se han presentado en capítulos anteriores, son claros ejemplos del papel que adquieren las representaciones a la hora de explicar procesos.

8.2 *Teoría de la Optimidad*

La Teoría de la Optimidad se basa en 5 presupuestos básicos:

1. **Universalidad.** La Gramática Universal (GU) proporciona un conjunto de restricciones (Res). Por el simple hecho de ser parte de la GU estas restricciones están presentes en todas las gramáticas de lenguas particulares. El hecho de que una restricción no tenga efecto alguno en una lengua determinada no invalida el presupuesto de la universalidad. En esa len-

gua la restricción en cuestión queda "oculta" por otras restricciones dominantes.
2. **Violabilidad.** Las restricciones pueden violarse pero la violación es siempre mínima.
3. **Jerarquización.** Las restricciones de RES están jerarquizadas—según su peso específico—de forma particular en cada lengua.
4. **Inclusividad.** La jerarquía de restricciones evalúa un conjunto de análisis posibles que se admiten por consideraciones muy generales de buena formación estructural.
5. **Paralelismo.** La mejor opción con respecto a la jerarquía de restricciones se computa teniendo en cuenta todas las restricciones al mismo tiempo. No hay derivación serial.

Cada uno de estos cinco puntos introduce un nuevo presupuesto teórico que entra en contradicción con posiciones tradicionales. Dado que cada uno de estos presupuestos marca el inicio de una nueva línea de investigación, vamos a considerarlos con cierta minuciosidad.

El presupuesto de la **universalidad** es a priori el que parece plantear una posición más radical. En la aproximación tradicional basada en reglas categóricas, sólo aquellos principios o reglas observables empíricamente en todas las lenguas pueden adscribirse a la gramática universal. Las demás reglas o restricciones se consideran adiciones particulares de cada gramática. En cierto modo, la gramática universal viene a ser el mínimo común denominador de todas las gramáticas particulares. En el dominio fonológico, el problema con esta concepción de la GU es que casi ningún principio, restricción o regla merece el calificativo de universal según este rasero. Por ejemplo, a mediados de los ochenta, se mantuvo una interesante discusión sobre el tema de la universalidad del Principio de Contorno Obligatorio (PCO). El hecho de que este principio se manifiesta en una mayoría de las lenguas indica que es un fenómeno universal. Sin embargo, la existencia de ejemplos excepcionales pone en cuestión su universalidad. Ya vimos los argumentos y datos excepcionales presentados en Odden (1988), donde se concluye que el PCO no puede ser universal. Para un modelo en el que reglas y restricciones son categóricas esto es problemático, porque si no es universal no se explica cómo puede manifestarse sistemáticamente en la mayoría de las lenguas. Por otra parte, si se concluye que se trata de un universal, el dilema consiste en cómo dar cuenta de las excepciones. Para el fonólogo formado en la aproximación tradicional, resulta evidente que hay mucho más de universal en las fonologías particulares de lo que el modelo tradicional permite suponer. De hecho, la teoría de los principios y parámetros es un intento de articular procesos particulares con principios universales. El problema con esta solución es que de nuevo resulta difícil trazar de forma no arbitraria la línea divisoria entre proceso particular y principio universal.

En la TOp de nuevo encontramos una solución radical al problema de la interacción: simplemente no se supone la existencia de restricciones particulares en una lengua. Teóricamente, si todo es universal, resulta más fácil dar cuenta de problemas clásicos de adquisición y cambio lingüístico. Sin embargo, cabe preguntarse qué papel juega en la gramática universal una restricción que se aplique, por ejemplo, cuando los morfemas del español *sculp-* y *-tor* se concatenan, o la restricción responsable de la diptongación de vocales medias acentuadas. La cuestión, en realidad, es cómo derivar la complejidad y variabilidad de las lenguas naturales sin postular una gramática universal con miles de reglas y restricciones, muchas de las cuales sólo se manifiestan en una lengua.

En la TOp se establece que todas las lenguas y procesos derivan de un sólo conjunto de restricciones. Las posibilidades de interacción entre las restricciones son suficientes como para predecir que en una lengua determinada pueden aflorar alternancias que no ocurren en ninguna otra lengua. Lo que ciertamente es propiedad particular de una lengua son los resultados. Sin embargo, las restricciones tras esos resultados son universales. En muchos casos, lo que se presenta como un problema para la universalidad de todas las restricciones es en realidad la miopía del investigador, que le impide descubrir qué hay de universal detrás del proceso en cuestión. La demostración de qué restricciones universales operan en la producción de resultados particulares ha sido una tarea sistemática en análisis recientes que vienen a suplantar estudios previos basados en reglas particulares y complejas derivaciones. Véanse por ejemplo el análisis de la acentuación del español en el capítulos IX, en el que un conjunto de restricciones universales acomodan las 'particularidades' de los datos del español.

El presupuesto más innovador de la TOp es el de la **violabilidad** de las restricciones. La idea de que las restricciones juegan un papel en la gramática no es nueva. Tampoco lo es la idea de que las restricciones son el centro de la gramática. Lo que sí es nuevo es la propuesta de que las restricciones son violables. Tradicionalmente se ha partido siempre del presupuesto de que si en la gramática hay una restricción es con el fin de que esa restricción se cumpla. Por supuesto, para toda restricción que se haya propuesto ha habido violadores considerados como excepciones anómalas. Lo que la TOp propone es que las violaciones de una restricción no son anómalas, sino que pueden predecirse si determinamos el valor relativo de cada restricción. La idea es que las restricciones de menor valor se violan con un costo menor que el que se incurre en la violación de una restricción de más rango. La terminología restricciones duras y restricciones blandas es idónea para distinguir las restricciones de la TOp de las restricciones de otras teorías como la fonología declarativa o la teoría de las restricciones y reparaciones que postulan restricciones duras. Las restricciones son duras cuando todas tienen el mismo valor y por tanto se espera que todas ofrezcan la misma máxima resistencia a ser transgredidas.

La existencia de restricciones blandas se sustenta, pues, en la hipótesis de que existe una **jerarquía** de restricciones. Nótese que esta jerarquía no puede ser universal porque de ser así todas las lenguas tendrían exactamente los mismos procesos. Si todas las restricciones fueran universales y su peso específico fuera también universal, lo único particular sería el léxico. Eso implicaría que si una lengua tiene simplificación de geminadas, todas deberían tenerla, y si una acentúa la última sílaba todas deberían tener acentuación final. La única forma de obtener geminadas y acentos no finales sería marcándolos en el léxico. Esa es una avenida de investigación poco prometedora. Jerarquizar es, por tanto, no sólo necesario para explicar la violabilidad de las restricciones, sino además para dar cuenta de la variación tanto sincrónica (dialectal y diastrática) como diacrónica.

La hipótesis del **paralelismo** es otro importante *desideratum* teórico. La idea es que las restricciones no se aplican sobre la entrada léxica de una forma serial formando una cadena de entradas y resultados, sino que se aplican todas en forma paralela. Paralela aquí significa simultáneamente. Obviamente este es un paso importante hacia la eliminación de la derivación. Dado que la derivación es el corazón de una fonología tradicional, cabe preguntarse ¿Qué hay de malo con la derivación? La respuesta es simple: la derivación introduce una complejidad excesiva en el modelo generativo. La derivación es la responsable de los problemas de abstracción y sobregeneración que han aquejado aproximaciones previas a la fonología generativa. El grado de abstracción de una derivación es directamente proporcional al número de transformaciones que se requieren para convertir una entrada en su correspondiente resultado. El problema de la sobregeneración se presenta cuando observamos que el sistema postulado es capaz de generar no sólo los datos deseados sino también otros muchos que no se encuentran en las lenguas naturales. La razón por la cual se ha venido postulando que hay derivaciones seriales es porque hay ejemplos en que para pasar de una representación subyacente a una representación de superficie se necesita más de un proceso. Así, vimos que para llegar desde la entrada /bint pans/ 'veinte panes' a su correspondiente resultado en catalán [bimpans] se necesita primero que el grupo de consonantes /nt/ al final de la primera palabra se simplifique en /n/ (nótese la alternancia [bín] 'veinte' [binté] 'vigésimo') y que después, por un típico caso de asimilación de nasales, /n/ se transforme en [m] al tomar el punto de articulación de la consonante inicial en /pans/. Este tipo de ejemplo, que podría ilustrarse en muchas lenguas, demuestra que hay una entrada sobre la que se genera un resultado y que dicho resultado es la entrada para una regla siguiente. Siguiendo esta línea de razonamiento llegaríamos a concluir que las derivaciones, resulten complejas o no, existen y tenemos que implantarlas en el modelo fonológico. La gran ventaja de la TOp es que, como veremos más adelante, ofrece una articulación de los componentes de la gramática que permite analizar casos de procesos aparentemente encadenados sin derivación.

8.2.1 Organización del componente fonológico de la gramática en la TOp

En la TOp se presume que hay un generador encargado de producir un número suficiente de candidatos como para incluir el resultado que se observa en la superficie. Complementando al generador se postula un evaluador que toma los resultados del generador como entrada y selecciona de entre ellos un candidato óptimo. En la TOp la gramática se distribuye, pues, de la forma siguiente:

(5) GEN (en_1) → {$cand_1$, $cand_2$, ... }
     EVAL ({$cand_1$, $cand_2$, ... }) = resultado

La función generadora GEN toma entradas léxicas y produce a partir de ellas una lista de candidatos ($cand_1$, $cand_2$, ...) que son alteraciones generables a partir de la entrada léxica. Para ello, aplica todos los procesos posibles como la extensión de autosegmentos, el cambio de valencia en los rasgos, la inserción de elementos y asociaciones, etc., a una entrada generando un conjunto infinito de variantes. Este conjunto de candidatos es entonces la entrada a la siguiente función evaluadora EVAL que se encarga de discriminar entre el conjunto de candidatos para determinar cuál es la forma óptima. Esta selección se lleva a cabo usando el conjunto de restricciones universales RES. El candidato óptimo es el que presenta una mínima violación del conjunto de restricciones, usando un cómputo que determinaremos más abajo.

El generador de la TOp puede verse como un equivalente a muévase-α en sintaxis. Es el componente donde todos los procesos posibles son pertinentes sin restricciones contextuales y sin orden.

Una de las cuestiones pendientes de dilucidar es la interacción entre GEN y EVAL. La opción que implícitamente se establece en la mayoría de los trabajos pioneros es que GEN simplemente precede a EVAL. Refirámonos a esta opción como *derivación simple*. Sin embargo, otra posibilidad es la que Prince y Smolensky denominan *serialismo armónico*. La diferencia clave entre uno y otro se reduce al dilema de permitir una versión derivacional de la TOp o no. En (6) tenemos dos gráficos que representan las dos posibilidades de interacción:

(6) Entrada   Entrada
      ↓   ↓
     Gen   Gen
      ↓   ↓
     Eval   Eval
      ↓   ↓
   Resultado   Resultado

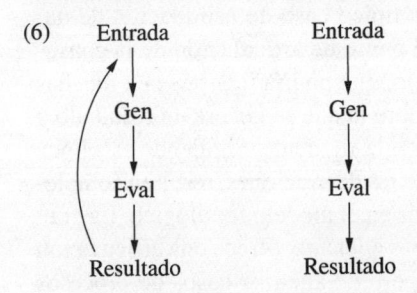

Según la hipótesis de la derivación simple, se pasa de la entrada al resultado en un sólo paso. El serialismo armónico está más en concordancia con los múltiples niveles de la fonología léxica. En una derivación simple, el generador tiene que producir todas las variaciones posibles a partir de una entrada determinada y después pasar ese (posiblemente infinito) conjunto de candidatos al evaluador. Para producir todas las opciones requeridas en todas las lenguas, debemos permitir que todo proceso o regla sea aplicable en cualquier contexto y cuántas veces se requiera. El evaluador por su parte no puede hacer nada más que seleccionar la mejor variante para una lengua específica. En el serialismo armónico el generador está más limitado y puede producir sólo un conjunto de candidatos que se apartan de la entrada léxica en la aplicación de un solo cambio. Este conjunto se pasa al evaluador, que procede a determinar cuál es la mejor variante del conjunto. Entonces el resultado de esa primera ronda se pasa de nuevo al generador, que va a producir otro conjunto de candidatos que será una variación de la nueva forma. El resultado del generador se somete de nuevo al evaluador y así indefinidamente hasta que el evaluador seleccione siempre el mismo candidato como el óptimo. En ese momento, la derivación serial ha llegado a un punto de estabilidad armónica en la que, no importa qué proceso apliquemos, ya no es posible mejorar el resultado.

Evidentemente el serialismo armónico tiene el atractivo de permitir un mayor control de lo que pasa en cada momento de la derivación. También es evidente que toda la tradición de análisis con múltiples niveles podría adaptarse con facilidad a la nueva orientación. Sin embargo, un argumento decisivo para descartar el serialismo armónico como la primera opción a investigar es que adolece de la típica miopía derivacional. Bajo la hipótesis del serialismo articulado corremos el riesgo de descartar en rondas iniciales candidatos que más adelante en la derivación podrían ser mejores que los candidatos generables a esa altura. Dado que la derivación no puede retroceder no hay forma de solucionar este problema. Presentado de forma diferente, el problema es que el conjunto de candidatos evaluados en un serialismo armónico es sólo un subconjunto del conjunto de candidatos que el evaluador considera en una derivación simple. Por tanto los resultados de los dos modelos no son exactamente idénticos siendo el serialismo armónico el que teóricamente podría confrontar problemas, al no considerar suficientes posibilidades. Por otro lado, el serialismo introduce una complejidad innecesaria en el sistema. A pesar de producir un conjunto más reducido de posibilidades el serialismo armónico es un artefacto de implantación más complejo. Entre otros problemas, deja abierta la puerta a un amplio número de posibilidades de interacción entre procesos y restricciones que al parecer las lenguas naturales han preferido no implantar.

El evaluador es la cara estática de la gramática. En este componente no hay procesos de asociación o desasociación, transformaciones o destrucciones: el evaluador no tiene otra función que la de evaluar los candidatos que le pasa GEN. Al igual que GEN, EVAL es también una *función* por cuanto toma una entrada y produce un resultado. En párrafos anteriores hemos insistido en que la evaluación que lleva a cabo esta función consiste en seleccionar la mejor variante de la entrada léxica: la variante óptima. Para determinar qué es óptimo, EVAL usa las restricciones de RES. El objetivo del evaluador es discriminar entre dos candidatos cualesquiera. Por ejemplo, si una restricción en RES fuera No-α, EVAL podría determinar con facilidad cuál de los dos candidatos en (7) es mejor:

(7) a. $\alpha\beta$ b. $\gamma\beta$

Aquí la decisión es clara: (7a) es peor porque viola la restricción No-α, mientras que (7b) no viola restricción alguna ¿Qué pasaría, sin embargo, si en RES además de No-α tuviéramos la restricción No-γ y el generador sólo produjera los dos candidatos en (7)? ¿Serían los dos candidatos igualmente desechables? No, a menos que No-α y No-γ tengan el mismo peso específico. Supongamos, en cambio, que la necesidad de respetar la restricción No-α es más imperativa que la de respetar No-γ. En ese caso, el candidato (7b) es mejor que (7a). Aunque los dos violan restricciones, el grado de violación en la que incurre $\alpha\beta$ es mayor que el grado de violación en la que incurre el candidato $\gamma\beta$. En estas condiciones (si no hubiera otras restricciones en RES ni otros candidatos), $\gamma\beta$ sería el candidato óptimo, dado que no hay uno mejor. Óptimo no implica una valoración absoluta sino relativa. En este ejemplo mínimo hemos introducido dos conceptos básicos: i) el candidato óptimo se determina a base de comparar pares de candidatos con respecto a un conjunto de restricciones ordenadas jerárquicamente y ii) el candidato óptimo no es el que no viola ninguna restricción sino el que representa una violación mínima. La violación mínima se determina atendiendo a la jerarquía (valor relativo) de las restricciones.

Una forma apropiada de representar gráficamente la labor de esta función es la tabla evaluadora. Nuestro ejemplo mínimo se representaría como en (8) en forma de una tabla:

(8)

	No-α	No-γ
☞ $\gamma\beta$		*
$\alpha\beta$	*!	

Convenciones para la interpretación de una tabla de restricciones.

- La disposición ordenada de izquierda a derecha de las restricciones en la primera línea reproduce la jerarquía. Es decir, el valor relativo de cada restricción en un sistema específico (lengua, dialecto, registro etc.). Dado que el número de restricciones es, por el momento, indeterminado, no podemos representar todas las restricciones. Normalmente se presentan tan sólo las restricciones relevantes para la evaluación que se quiere ilustrar.
- En la primera columna se representa el conjunto de candidatos generados por GEN. Aunque ese conjunto es probablemente infinito, se suelen re-

presentar sólo los candidatos más relevantes para el aspecto que se quiere ilustrar.
- Cuando un candidato viola una restricción se marca con un asterisco en la casilla correspondiente a la intersección de la restricción y el candidato. Si no hay desaveniencia entre el candidato y la restricción, la casilla correspondiente se deja en blanco. Eso indica que se satisface la condición de buena formación que la restricción impone.
- El signo de admiración detrás de un asterisco indica que la violación es fatal. Esa es una información que podría deducirse de un análisis cuidadoso de la tabla. Sin embargo, marcando las violaciones que resultan fatales para un candidato facilitamos la interpretación de la ilustración.
- El símbolo ☞ destaca el candidato óptimo. De nuevo se trata de una información que podría deducir el lector comparando los candidatos. Sin embargo, señalando el candidato óptimo facilitamos la interpretación del resultado de la evaluación que representamos en la tabla.

8.2.2 Qué son las restricciones y cómo se articula un análisis basado en restricciones

Empecemos por aclarar que no se conoce aún el número ni la identidad de todas las restricciones en el conjunto RES. Esa es una tarea de investigación que esta llevándose a cabo. Se parte de la hipótesis de que las restricciones con las que se opera son las mismas para todas las lenguas y de que su número es finito; lo único que varia de lengua en lengua es su disposición jerárquica.

Aunque no tengamos la lista cerrada, sí se han identificado ya un buen número de restricciones que son firmes candidatas a pertenecer al conjunto que se define en RES. Algunas restricciones son positivas (ej. ATAQUE) y otras negativas (ej. *CODA). Obviamente, no cualquier formalización positiva o negativa es una restricción posible en RES. Por ejemplo, no deberíamos permitir la posibilidad de formular una restricción como la siguiente:

(9) *Restricción imposible.*
Una coda debe tener un ataque.

Si conocemos la estructura interna de la sílaba es fácil darse cuenta de que esta restricción es un absurdo. Sin embargo, este calificativo se lo podemos asignar sólo si conocemos las posibilidades estructurales de la sílaba. Ahí tenemos un indicativo de un aspecto que limita las posibilidades de una restricción fonológica. Las restricciones sólo pueden formalizarse para estructuras o unidades posibles. Conocemos con cierta precisión cuáles son las unidades fonológicas y cuáles son sus posibilidades estructurales, por tanto podemos saber también qué restricciones son estructuralmente lícitas. Dada una estructura posible o una unidad fonológica, una restricción tiene la función de requerir la presencia o la ausencia de esa unidad o estructura en un grado que depende de la posición de la restricción correspondiente en la jerarquía. Una gran parte de las restricciones propuestas hasta la fecha ponen condiciones en la concurrencia de elementos adyacentes dentro de un determinado dominio, o en su aparición en determinadas posiciones, o en su alineamiento con respecto a los márgenes de otros elementos o dominios. Pero hay sin embargo otros tipos de restricciones que controlan la sonoridad, la fidelidad entre la base y la superficie, la interacción de los diferentes componentes de la gramática etc.

Esta diversidad en los tipos y funciones de las restricciones hace que sea difícil limitar con precisión qué características deben reunir las restricciones en Res y que a base de esta limitación puedan descartarse automáticamente una gran cantidad de posibles restricciones. Por motivos de plausibilidad psicológica, de adquisición y de complejidad teórica es conveniente evitar la proliferación de restricciones en la gramática. Sin embargo, en la actualidad la investigación fonológica está más interesada en identificar todas las restricciones que parecen actuar en las lenguas naturales que en crear taxonomías cerradas. Una razón obvia para no imponer límites antes de tiempo es que no deben dejar de considerarse posibles restricciones a causa de prejuicios teóricos. Es de esperar sin embargo que, a medida que la aproximación basada en restricciones madure, se produzca un esfuerzo por eliminar redundancias entre diferentes restricciones, por eliminar todas aquellas restricciones que puedan derivarse de la interacción de otras restricciones más básicas y por clasificarlas en grupos o familias bien definidos y cerrados.

De momento se trabaja con una idea general de qué restricciones se espera que conformen Res. En el momento en que haya consenso sobre cuáles son las restricciones universales e innatas en Res, tan sólo se necesitará determinar cuál es la jerarquía específica de las restricciones en la lengua que se proponga analizar.

En un análisis basado en restricciones el investigador debe manipular el rango de cada restricción hasta que una disposición sea coherente con los datos que se observan en la superficie. Destaquemos que este proceso de ensayo y error es el mismo que se supone seguiría alguien en el proceso de adquirir una lengua. La adquisición, en la TOp, es por una parte un proceso de internalización de las particularidades léxicas y por otra un descubrimiento del rango de las restricciones universales e innatas.

Los mecanismos cognitivos por medio de los cuales el niño determina cuál es la jerarquía apropiada de las restricciones en su lengua es una cuestión que deberá ser abordada en estudios de adquisición.

Cómo se procede en la TOp para llegar a los resultados similares es bastante fácil de exponer en tres pasos.

Paso 1.   El origen es siempre la observación de los datos. En los datos deben buscarse alternancias fonológicas: elementos que aparecen con una forma distinta en contextos distintos. Estas alternancias deben ser la base para la formulación de generalizaciones.

Paso 2. Una vez se obtienen las generalizaciones hay que identificar qué restricciones o conjunto de restricciones universales puede dar cuenta de esas generalizaciones. En este paso, tal vez el criterio más importante a tener en cuenta es que dado que suponemos que las restricciones son siempre universales, deben ser lo más generales posibles y no estar limitadas a los datos en cuestión.

Paso 3. Teniendo las restricciones relevantes hay que determinar su jerarquía. El rango de las restricciones se determina por pares. Podemos determinar el valor relativo de dos restricciones A y B si son restricciones en conflicto. Dos restricciones están en conflicto cuando para respetar una hay que violar la otra. Si en los datos observamos que A es la que se respeta, entonces tenemos evidencia de que A tiene un rango más elevado. La propiedad distributiva también nos permite hacer deducciones sobre la jerarquía. Ante tres restricciones, si sabemos que A domina a B y que B domina a C también sabemos que A domina C, aunque no sean restricciones en conflicto. Cuando el peso relativo de dos restricciones no puede determinarse se presume que tienen el mismo rango. La jerarquía correcta es la que da cuenta de un mayor porcentaje de los datos. El residuo que no pueda explicarse mediante la interacción de restricciones universales debe cubrirse con particularidades de las entradas léxicas.

En lo que sigue vamos a ofrecer un análisis de las generalizaciones sobre la sílaba presentadas en el capítulo V. Otro ejemplo de análisis basado en restricciones bastante más elaborado es el que se ofrece en el capítulo IX.

Tomemos una forma subyacente como /padal/ y postulemos, para empezar, las siguientes restricciones:

(10) INCORPORAR: toda información presente en la entrada léxica debe incorporarse a estructuras superiores que configuran la forma de superficie (en este caso se trata de incorporación a la estructura silábica).
*EPÉNTESIS: la inserción de unidades no presentes en la entrada se desfavorece.
*CODA: Una sílaba no debe tener una coda.
ATAQUE: Una sílaba debe tener un ataque.

(11)
Candidatos	INCORPORAR	*EPÉNTESIS	ATAQUE	*CODA
pa.da	*!			
pa.da.l☐		*!		
☞ pa.dal				*
pad.al			*!	*

En el primer candidato GEN no ha incorporado la /l/ final. En el segundo se ha insertado un elemento epentético. El tercero maximiza el ataque y el cuarto maximiza la coda. Por supuesto las posibilidades de distribuir los segmentos en la representación subyacente en sílabas son mayores de lo que presentamos en la primera columna en (11). Sin embargo, otros candidatos se caracterizarían por múltiples violaciones de Incorporar o Epéntesis. Dado que el número de violaciones de una misma restricción es relevante sólo en caso de empate, podemos dejar fuera de la representación candidatos con más de un segmento no incorporado a la sílaba o con más de un elemento epentético. De entrada sabemos que esos candidatos van a ser peores que los presentados.

La disposición de las restricciones que se representa en (11), favorece al candidato [pa.dal] que corresponde a la forma en que se haría la división de sílabas en español de la secuencia de segmentos /padal/. Es decir, se maximiza el ataque pero las codas son posibles. Si cambiáramos el orden de las restricciones estaríamos favoreciendo otros candidatos. Por ejemplo, si cambiamos el orden relativo de *Epéntesis y *Coda favorecemos al candidato *pa.da.le:*

(12)

Candidatos	Incorporar	Ataque	*Coda	*Epéntesis
pa.da	*!			
☞ pa.da.l☐				*
pa.dal			*!	
pad.al			*	*!

Estaríamos describiendo una lengua con sílabas del tipo CV en las que cuando una consonante queda suelta se inserta una vocal epentética. Cambiando el orden de Incorporar y *Epéntesis definimos de nuevo una lengua sin codas, pero esta vez el candidato óptimo será uno en el que la consonante final aparezca elidida.

(13)

Candidatos	Ataque	*Coda	*Epéntesis	Incorporar
☞ pa.da				*
pa.da.l☐			*!	
pa.dal		*!		
pad.al	*!	*		

Un punto importante a destacar en favor de este tipo de análisis es que predice exactamente el tipo de variabilidad que encontramos en la silabificación de las distintas lenguas. Nótese, y ello es crucial, que no importa como ordenemos las restricciones, el último candidato [pad.al] nunca puede resultar óptimo. De nuevo, ésta es una asimetría que reproduce perfectamente los datos generados en las lenguas naturales. Recordemos que la maximización del ataque silábico es también la primera generalización acerca de la silabificación en español que se presentó en el capítulo V.

Ocupémonos ahora de interpretar el proceso de silabificación. En una

Teoría de la optimidad 249

aproximación basada en reglas se requiere la postulación de una serie de procesos ordenados:

1. Se identifican los núcleos.
2. Se adjunta una consonante a la izquierda del núcleo.
3. Se forman ataques complejos.
4. Se adjuntan elementos a la coda.

En un análisis derivacional la identificación de núcleos no es un proceso sino un reflejo de las restricciones que estipulan que toda sílaba debe tener una cima de sonoridad y que el nivel mínimo de sonoridad de esa cima (en español) es el de las vocales altas. Además intervienen también otras restricciones de sonoridad que controlan qué otros elementos además de la cima pueden adjuntarse a un núcleo.

La estipulación de primero adjuntar los elementos del ataque y después los de la coda no es necesaria porque, como acabamos de ver, la prioridad del ataque es una consecuencia inmediata de postular las restricciones ATAQUE y *CODA.

La maximización del ataque silábico es un tema algo más complejo (no importa qué aproximación tomemos), ya que intervienen dominios prosódicos y morfológicos. En principio, la maximización del ataque se obtiene si *CODA domina en la jerarquía del español a *GRUPOS DE ATAQUE (la restricción que limita las posibilidades de los grupos consonánticos en el ataque). Así obtenemos [ko.pla] y no *[kop.la] dado que el no tener elementos en la coda es más importante que el carecer de un ataque complejo.

Sin embargo, como notamos más arriba, esta maximización de ataques no se da siempre entre palabras o entre prefijo y raíz. Recordemos ejemplos como *chef argentino* [če.far.xen.ti.no] frente a *chef latino* [čef. la.ti.no] o *subordinado* [su.βor.ði.na.ðo] frente a *sublingual* [suβ.lin.gual]. Para explicar la falta de maximización cuando la palabra siguiente empieza por consonante necesitamos tener en cuenta una restricción de alineamiento que requiere que el principio de la raíz coincida con el principio de una sílaba. Si esta restricción es inferior en rango a ATAQUE entonces las raíces que no tienen un ataque inicial lo tomarán, si pueden, de la palabra precedente (como pasa en [če.far.xen.ti.no]). En cambio, si la palabra ya tiene un ataque no necesita uno (como pasa en [čef.la.ti.no]). Lo único que podría forzar la silabificación *[če.fla.ti.no] es la restricción *Coda. Puesto que esta silabificación no es la que resulta, sabemos que la restricción de alineamiento domina a *Coda. De forma similar, la raíz *ordin-* toma la última consonante del prefijo *sub-* para satisfacer ATAQUE a costa de violar la restricción de alineamiento. La raíz *ling-,* en cambio tiene ya un ataque. Así pues, la falta de maximización en contextos determinados se deriva con facilidad de las restricciones mencionadas, ordenadas como sigue:

(14) Ataque >> Alineamiento >> *Coda

Veámoslo ilustrado en tablas:

/čef argentino/	Ataque	Alineamiento	*Coda
☞ če.f+ar.gen.ti.no		*	
čef.+ar.gen.ti.no	*!		*

/čef+latino/	Ataque	Alineamiento	*Coda
če.f+la.ti.no		*!	
☞ čef.+la.ti.no			*

/sub+ordinado/	Ataque	Alineamiento	*Coda
☞ su.β+or.ði.na.ðo		*	
sub.+or.di.na.do	*!		*

/sub+lingual/	Ataque	Alineamiento	*Coda
su.β+lin.gwal		*!	
☞ suβ.+lin.gwal			*

Hay otras generalizaciones y particularidades de la sílaba en español que deberían incluirse en un análisis completo. Algunos aspectos adicionales como la sinéresis y la sinalefa se derivan de las restricciones ya presentadas; otros como las posibilidades de la coda, procesos de refuerzo iniciales, distribución de róticas, velarización, aspiración etc. requieren de la interacción de otras restricciones cuya motivación y desarrollo nos llevaría más allá de los objetivos del presente capítulo (para un análisis más completo véase Morales-Front 1994).

CAPÍTULO IX

El acento y la optimidad

9. Introducción

En este capítulo ofrecemos un análisis de la acentuación española que plantea los datos y los problemas revisados en el capítulo VII, desde la perspectiva específica de una aproximación basada en restricciones. El resultado es un análisis notablemente simple e intuitivo, a pesar de estar formulado a partir de una teoría que por la rigidez de sus presupuestos básicos puede calificarse como altamente restrictiva.

9.1 *La Teoría de la Optimidad*

Según explicáramos en forma detallada en el capítulo dedicado a introducir la Teoría de la Optimidad, esta teoría se fundamenta en los siguientes presupuestos (véase McCarthy y Prince 1993:5).

(1) (i) *Violabilidad:* las restricciones son violables; pero la violación es mínima.
    (ii) *Rango:* las restricciones tienen un rango específico para cada lengua, la noción de violación mínima se define con respecto a este rango.
    (iii) *Inclusividad:* el generador produce una lista de candidatos suficientemente amplia como para que incluya el resultado óptimo. No hay reglas de reparación ni cambios estructurales en la evaluación.
    (iv) *Paralelismo:* el candidato óptimo se computa considerando todas las restricciones y todos los candidatos en forma paralela. No hay un antes o un después, como ocurriría en una derivación, sino que todo es simultáneo.

El presupuesto de que no hay derivación, sino que todo es simultáneo es sin duda el que más radicalmente se opone a las posiciones de la teoría métrica tradicional. La teoría métrica fue concebida en un marco derivacional, y por tanto se pensó que operaría con reglas que transforman unidades fonológicas y estructuras en el decurso de una derivación espacio-temporal. Por eso en dicha teoría se permiten operaciones de inserción (de acentos o lindes de pies métricos), movimiento (retracciones acentuales) y reestructuración (acentuación cíclica) que no son posibles en la TOp. Sin embargo, como veremos más adelante, es posible derivar los mismos resultados sin recurrir a procesos derivacionales.

La violabilidad es un presupuesto que permite mantener generalizaciones amplias sin que tengan que ser descartadas por la existencia de excepciones. Por ejemplo, podemos mantener que en español hay una restricción que fuerza la aparición del acento lo más cerca posible del margen derecho de la palabra a pesar de que en muchas palabras lo encontramos en la penúltima sílaba. Previamente, efectos similares podían conseguirse con el Principio del Resto o a base de ordenamiento de reglas. A pesar de que aquí hemos empezado por señalar incompatibilidades, hay muchos aspectos de la teoría métrica que son compatibles con la TOp, si bien en esta teoría reciben nuevas interpretaciones.

Es importante apuntar que la TOp no aporta innovaciones relevantes con respecto a la naturaleza rítmica del acento o las unidades que constituyen la acentuación. Sin embargo, se apreciará en la sección final de este capítulo un mayor uso de la tabla evaluadora en detrimento de la parrilla métrica. Esto se debe a que el interés de esa sección está centrado en la demostración de que el acento es una entidad fonológica que, al igual que las otras entidades gramaticales, presenta unos resultados de superficie que son el resultado de una competencia por la optimidad; sólo que en este caso particular se trata de una optimidad rítmica.

9.2 La generación de pies

En la TOp, el análisis de moras y sílabas en pies se lleva a cabo en la función generadora GEN. Esta función produce una lista de candidatos con moras y sílabas agrupadas en pies que el EVAL sanciona de acuerdo con el rango de las restricciones en la gramática. Presumimos que los pies son normalmente binarios. Esto puede derivarse de la siguiente restricción:

(2) PIE-BIN
Los pies son binarios.

Universalmente, el análisis de sílabas y moras en pies tiende a ser exhaustivo, es decir, se incorpora el mayor número posible de sílabas o moras. Basándonos en argumentos expuestos en el capítulo anterior (sec. 7.3.4), suponemos aquí que en español las codas no aportan una mora. Por tanto, con la excepción de los diptongos, una mora es siempre equivalente a una sílaba. Dado que en este capítulo no vamos a considerar los diptongos y a fin de limitar la complejidad de las representaciones en las tablas y la exposición optamos aquí por representar y referirnos a sílabas y no moras. Para extender el presente análisis a ejemplos con diptongos todo lo que hay que hacer es recordar que las sílabas con diptongo cuentan doble.

La tendencia a no dejar sílabas/moras sin incorporar a la estructura inmediatamente superior se formaliza con la siguiente restricción:

(3) INCORPORAR-σ
Las sílabas/moras se analizan en pies exhaustivamente.

Dado que el español tiene palabras prosódicas compuestas por una sola sílaba/mora (ej. *mí, tú, té, dé, vi* etc.), poseemos clara evidencia de que el español admite la formación de pies monomoraicos (también llamados 'pies degenerados'). Esto significa que PIE-BIN admite violaciones porque INCORPORAR-σ es dominante (INCORPORAR ≫ PIE-BIN).

En las siguientes tablas ilustramos cómo estas dos restricciones discriminan entre los posibles candidatos que GEN pasa a EVAL. En la primera tenemos una Palabra Prosódica (PP) con un número par de sílabas.

(4)
	INC-σ	PIE-BIN
☞ (σσ)(σσ)(σσ)		
(σ)(σσ)(σσ)(σ)		**!
(σσ)(σσ)σ(σ)	*!	*
σσ(σσ)(σσ)	**!	
(σσ)σ(σ)(σσ)	*!	*
(σσ)σσσσ	****!	
σ(σ)σσ(σσ)	***!	*
σσ(σσ)σσ	****!	
σσσ(σσ)σ	****!	
σσσσσ(σ)	*****!	*

La evaluación del candidato óptimo no presenta ningún tipo de problema. El mejor candidato es siempre uno en que todas las sílabas se analizan en pies binarios. En la siguiente tabla tenemos el caso de una palabra con un número impar de sílabas:

(5)
	INC-σ	PIE-BIN
☞ (σ)(σσ)(σσ)(σσ)		*
(σσ)(σ)(σ)(σ)(σσ)		***!
σ(σσ)(σσ)(σσ)	*!	
(σσ)(σσ)(σσ)σ	*!	
(σσ)σ(σσ)(σσ)	*!	
σ(σσ)σσ(σσ)	***!	
σσσ(σσ)(σσ)	***!	
σσ(σσ)σ(σσ)	***!	
(σ)σσσσ(σσ)	****!	*
σσσσ(σ)(σσ)	*****!	*

Lo que interesa resaltar de estas dos tablas es que independientemente del número de sílabas, el candidato óptimo que el evaluador selecciona, con las restricciones que hemos introducido hasta aquí, es uno que presenta todas las sílabas analizadas en pies.

9.3 Acentuación no marcada

No todos los pies tienen la misma categoría. Para cada PP hay un pie que es el núcleo. Todos los estudios previos coinciden en mantener que el núcleo de la PP está en el pie que se encuentra más a la derecha. En términos métricos esto equivale a postular que los constituyentes de la línea 2 tienen el núcleo a la derecha. Aquí lo formulamos con la siguiente restricción (Ac = acento):

(6) ACENT-D
Alineamiento (PP, D, Ac, D)
Para toda Palabra Prosódica hay un margen derecho que coincide con el acento.

Con las tres restricciones que hemos introducido derivaríamos sin excepción acentuación final. Para estar en consonancia con los datos del español, se necesita algún mecanismo que impida la acentuación de los sufijos flexionales. Para ello supondremos que estos sufijos vienen especificados léxicamente como átonos. Esta preespecificación puede formalizarse de la forma siguiente:

(7)   • Línea 1
       * Línea 0
     cas-a

En la línea 1 el sufijo del ejemplo viene especificado como un valle rítmico. La restricción que presiona para que cualquier información acentual en la entrada léxica se mantenga en la superficie es INCORPORAR-ACENTO. Esta restricción especifica que si un elemento viene especificado con una cima o un valle acentual en la entrada léxica esta información debe aparecer en el resultado. Suponiendo que el rango de esta restricción es alto, podemos predecir que no tendrá excepciones.

Ahora ya podemos constatar que, si por una parte uno de los rasgos definitorios de un sufijo flexional es su atonicidad y por otra el sistema tiene la tendencia general de acentuar la última rima del dominio, se derivan los patrones no marcados del español. A partir de este punto distinguiremos en los ejemplos los sufijos átonos representándolos ligeramente por debajo de la línea de escritura (ej. *acartonad$_O$*):

(8) La palabra termina en un ET (un sufijo átono)

Candidatos	ACENT-D
☞ acartonád$_O$	*
acartónad$_O$	**!
Acártonad$_O$	***!

(9) La palabra termina en consonante o en vocal que no es un ET

Candidatos	ACENT-D
☞ soledád	
solédad	*!
sóledad	**!

Candidatos	ACENT-D
☞ colibrí	
colíbri	*!
cólibri	**!

Así pues, la derivación del patrón no marcado no puede ser más simple. Esto es un aspecto positivo a la hora de considerar implicaciones psicolingüísticas y de aprendizaje.

9.4 Esdrújulas y llanas terminadas en consonante

Por la discusión presentada en la sección 7.2.1 del capítulo anterior, sabemos que la acentuación esdrújula tiene que marcarse léxicamente. De las opciones disponibles determinamos que la preespecificación es la menos problemática. Presumimos aquí que lo que se preespecifica es una cima tónica en la línea 1. Por tanto, en palabras del tipo *pirámide*, la raíz está preespecificada como sigue.

(10)   *   línea 1
               *   línea 0
     p   i   rᵃ   m   i   d-e

La penúltima vocal del morfema raíz está preasociada a una cima en la línea 1. En adelante, marcaremos las rimas con una cima inherente con una ligera elevación del elemento portador del acento. Recordemos que la restricción INCORPORAR-ACENTO requiere la preservación de esta información léxica. Así pues, si la base tiene que estar contenida en el resultado, es fácil ver que para la base en (10), el resultado óptimo es uno de los que obtenemos en (11):

(11) a.   *   b.   *   línea 2
        (•   *   •   •)   (•   *   •   •)   línea 1
        (*   *) (*   *)   (*) (*   *) (*)   línea 0
         pi rᵃ mi d-e   pi ra mi d-e

(11a) tiene el análisis más natural para la línea 0. Sin embargo, resulta fatalmente en un pie binario sin núcleo—algo que va contra el concepto mismo de pie binario. La forma de salvaguardar la preespecificación acentual y no generar pies binarios sin núcleo es la que mostramos en (11b). Por otra parte, los asteriscos en la línea 1 no se asignan sobre ninguna de las dos 'i' que rodean a la vocal preespecificada porque esto supondría una secuencia de dos prominencias adyacentes. Universalmente los acentos adyacentes tienden a evitarse. Esto es una manifestación del ritmo. Como vimos, el ritmo es una sucesión de cimas y valles de prominencia. Dos cimas adyacentes rompen el ritmo. Implantamos esta observación con la restricción que llamaremos

ALTERNANCIA (ALTERN). Es una restricción que no necesita justificación adicional, ya que no es más que una adaptación del principio de evitar colisión ('clash avoidance') (véase Liberman y Prince 1977). El principio de la alternancia milita contra la siguiente disposición de prominencias:

(12)   * *   línea 1
       (*   *)(*   *)   línea 0

ALTERN puede verse como una manifestación del Principio del Contorno Obligatorio y tiene una posición notablemente dominante en el sistema español.

(13) ALTERN
     Evítense prominencias acentuales adyacentes.

Cuando la raíz *pir^{a}mid-* va seguida de un sufijo derivacional, esta preespecificación deja de determinar el acento primario, puesto que siguiendo el imperativo de ACENT-D, la prominencia en la línea 2 debe localizarse lo más a la derecha posible. Como el sufijo derivacional que se añade no es átono, el acento puede ser final:

(14)   línea 2   *
     *   línea 1   •   *   •   *
     *   línea 0   (*   *) (*   *)
  p i r ^{a} m i d - a l   →   p i r ^{a} m i d á l

Tomemos ahora una entrada léxica hipotética, como *p^{i}ramide,* que tuviera la prominencia asociada con la primera sílaba. Esperaríamos el siguiente resultado:

(15)   línea 2   *
     *   línea 1   *   •   *   •
     *   línea 0   (*   *) (*   *)
  p ^{i} r a m i d - e   →   p ^{i} r a m í d - e

Aquí el ET no puede acentuarse y la '*a*' tampoco puede tener un asterisco en la línea 1 por que incurriría en una costosa violación de ALTERN. Por tanto, el resultado es acentuación llana en una palabra terminada en ET. Dado que en la superficie este patrón no puede distinguirse del patrón no marcado, la preespecificación sería vacua. He aquí, pues, una explicación simple del famoso límite de las tres sílabas: si la preespecificación de la prominencia apareciera más allá de la tercera sílaba, el sistema derivaría el acento en el último pie de todas formas.

En una entrada léxica como *piramid^e* (de nuevo hipotética), que tuviera la prominencia especificada en la última vocal (esto sólo sería posible si no fuera un ET), la preespecificación sería también redundante, dado que es exactamente el mismo resultado que se obtendría sin preespecificación. Lo mismo pasaría con una preespecificación en la segunda sílaba cuando la palabra termina en un ET. Por tanto, no se trata de que la preespecificación no sea posible en ciertas posiciones. En realidad, en la TOp las restricciones sólo operan en la función evaluadora que manipula candidatos procedentes de GEN, y que no pueden, por tanto, afectar directamente a las formas subyacentes. Lo que sucede es que la preespecificación de la prominencia sólo tiene un efecto para el acento primario cuando se encuentra sobre la antepenúltima sílaba si la palabra termina en ET o sobre la penúltima en caso contrario. En los demás casos la preespecificación sería vacua.

Como vimos en el capítulo VII, las llanas terminadas en consonante son bastante similares a las esdrújulas, en su frecuencia y origen. Por tanto, el análisis debe reflejar este paralelismo. Lo que postulamos aquí es que tanto las esdrújulas como las llanas terminadas en consonante son el resultado de la preespecificación de una prominencia en la entrada léxica. En (16) ejemplificamos la generación de una llana terminada en consonante:

(16) 　　　　　　línea 2　　　　*
　　　　*　　　　línea 1　　•　*　•
　　　　*　　　　línea 0　　(*) (*　　*)
　　rev ᵒ l v e r　　⟶　　rev ó l v e r

De nuevo la tendencia a evitar asteriscos adyacentes en el nivel 1 y la necesidad de preservar la especificación subyacente determinan que el acento sólo pueda ser llano.

Consideremos ahora un patrón de excepcionalidad similar a los hasta aquí considerados. En palabras como *mágico*, o *kilómetro* son los morfemas *-ic* y *metr-* los que contienen una marca léxica. Sin embargo, lo que se preespecifica no puede ser una cima, porque estos sufijos no tienen una prominencia. Podría pensarse entonces que se trata de sufijos especificados con una depresión de prominencia en la entrada léxica—como los flexionales que acabamos de considerar. Esta posibilidad es atractiva en el presente sistema porque podría explicar el carácter retractor que tradicionalmente se ha atribuido a estos morfemas. En un sistema en que el acento tiene que estar lo más cerca posible del margen derecho de la palabra, un sufijo especificado como átono tiene automáticamente un efecto retractor. Sin embargo, hay motivos para pensar que en estos casos no se trata de especificaciones léxicas. En primer lugar, considérese qué pasaría si encontráramos una secuencia de tres sufijos átonos adyacentes:

(17)　　　　•　　•　　•
　　　　　　*　　*　　*
　　k i l o m e t r - i c - o

Obviamente, si suponemos que INCORPORAR-ACENTO tiene un rango superior al de ACENT-D entonces se favorece el resultado *kilómetrico*, en cambio si el orden fuera el contrario, se favorecía el resultado *kilometricó*. En resumen, si la especificación léxica de los sufijos flexionales es la misma que la de los sufijos retractores no hay forma de derivar los resultados apropiados.

(18)

Candidatos	Inc-Ac	Acent-d
kilom_etr_i c_ó		*!
kilom_etrí c_o	*!	*
kilom_étr_i c_o	*!	**
☞ kilóm_etr_i c_o		***

Candidatos	Acent-d	Inc-Ac
☞ kilom_etr_i c_ó	*	
kilom_etrí c_o	*!	*
kilom_étr_i c_o	**!	*
kilóm_etr_i c_o	***!	

Este problema no se presenta si planteamos que los sufijos retractores vienen marcados en el léxico de forma diferente a los flexionales. Este no es más que el reflejo de las siguientes diferencias: a) los sufijos retractores siempre tienen el acento a su izquierda mientras que los flexionales no; b) los sufijos flexionales son sin excepción átonos, pero este no es el caso de los retractores. Los ejemplos en (19a) muestran que tanto *-ic* como *-metro* tienden a ser átonos en condiciones normales. De todas formas, en (19b) tenemos la demostración de que bajo la presión de restricciones más prominentes su tendencia a la atonicidad puede verse alterada:

(19) a. pú**blica**   b. pu**blica** (v. pres. ind 3 pers. sing. fem.)
     mé**dico**   me**dico** (v. pres. ind 3 pers. sing. masc.)
     centí**metro**   **metro**, **métrico**
     bolí**grafo**   **gráfico**

A base de estas observaciones presumiremos que el conjunto de los sufijos retractores están sujetos a una restricción de alineamiento que requiere que el acento esté a su izquierda.

(20)   Retrac:
       Alinear(Retrac, I, Σ, R)
       Para todo sufijo perteneciente al grupo *Retrac* hay un margen izquierdo que se
       alinea con el margen derecho del acento primario.

Según esta restricción, el acento debe encontrarse justamente a la izquierda de los sufijos retractores. Ahora pueden derivarse los resultados correctos cuando Retrac domina a Acent-d (a partir de aquí marcamos los sufijos retractores en negrita):

(21)

Candidatos	Retrac	Acent-d
kilometrí c_o	**!	*
☞ kilo**métri** c_o	*	**
kiló**metri** c_o	*	***!

(22)

Candidatos	ACENT-D	RETRAC
☞ kilometrí c$_0$	*	**
kilométri c$_0$	**!	*
kilómetri c$_0$	***!	*

Si ACENT-D dominara a RETRAC los sufijos retractores nunca podrían actuarse como tales. Para que haya sufijos con comportamiento retractor en una lengua es indispensable que RETRAC domine a ACENT-D. Lo que importa destacar de este ejemplo y de esta concepción de los sufijos retractores es que de nuevo la posibilidad de que una acentuación preantepenúltima resulte óptima es nula incluso en casos extremos en los que tenemos múltiples retractores adyacentes.

9.5 El residuo

Un patrón especial es el que observamos en palabras que terminan en consonante y a pesar de ello son esdrújulas. Vimos en el capítulo VII que el siguiente listado es prácticamente exhaustivo (si dejamos de lado las formas del plural y algunas terminaciones verbales).

(23) Arquímedes   ángelus   asíndeton   Atlántidas   déficit
      Demóstenes   épsilon   efemérides   espécimen   exégesis
      hipérbaton   ínterim   intríngulis isósceles   Júpiter
      lejísimos   Leónidas   máximum   mínimum   miércoles
      ómicron   ómnibus   pléyades   régimen   Sócrates

Hemos señalado que las esdrújulas se obtienen cuando se dan dos circunstancias: 1) preespecificación de una cima acentual en la penúltima sílaba y 2) que la última sílaba sea un sufijo átono. El problema con estos ejemplos es que algunos de ellos no parecen tener sufijo alguno y por tanto no se cumple la segunda condición.

Con el siguiente ejemplo se demuestra que si no hay sufijo átono, este patrón no puede derivarse (incluso cuando la penúltima sílaba tiene acento preespecificado) por las mismas razones que garantizan la inviolabilidad de la ventana trisilábica.

(24)   *
       *   * • *
       *   (*) (* *)
       r e g i m e n   ⟶   r e g i m e n

En la mayor parte de los ejemplos en (23) hay una salida fácil del problema, ya que se puede argumentar que en realidad tienen un ET al final—en la línea de lo que se presenta en Harris (1985). En el caso de *miércoles*, al compararlo con los otros días de la semana, notamos que *-es* es una terminación que forma un paradigma (*lun-es, mart-es, juev-es, viern-es*). En las palabras terminadas en -*Vs*, los hablantes tienden a interpretar que se trata de un ET.[1] Esto es fácil de demostrar dando a leer a un hablante nativo palabras sin sentido terminadas en -*Vs*. Invariablemente, la acentuación es llana, contra las estadísticas aportadas en (15) donde mostrábamos que las palabras terminadas en consonante son agudas en un 98% de los casos. Todo esto cuadra con el sistema sólo si los hablantes asocian la secuencia final -*Vs* con un ET. Nótese además que la terminación -*es* desaparece de las palabras *efemérides, Sócrates, exégesis, pléyades* para formar los derivados *efemérico, socrático, exegésico* y *pleyádico*. Si -*Vs* puede interpretarse en general como una ET, 13 de los 24 ejemplos en (23) dejan de ser problemáticos.

De los once que quedan, cuatro terminan en -*on*. Dado que los préstamos del inglés acabados en esa secuencia (*Wímbledon, Wáshington, Rémington, Párkinson, Jóhnson, Hárrelson, Wílkinson, Lípton, Whátson, Bóston, Hílton, Bénson, Mánson, Wínston, Nórton, Órson, Bádmington*, etc.), se aceptan normalmente sin alteración del acento, podemos interpretar que los hablantes han asimilado que hay una secuencia átona al final de estas palabras. Esta terminación no es un ET, ya que al añadir sufijos derivacionales no se pierde (ej. *washingtoniano*).

Otra terminación que se repite en tres ejemplos es -*Vm*. De nuevo se puede interpretar que esta terminación la internaliza el hablante como átona. La existencia de los ejemplos en (25) por una parte corrobora la idea de que -*Vm* es una terminación átona. Por otra parte, la carencia de ejemplos con la terminación -*Vm* con acentuación aguda, como sería normal esperar, refuerza esta posición:

(25) vademécum   ídem   factótum   memorándum
     pássim   quórum   réquiem   referéndum
     súmum   tándem   tántum   maremágnum
     ultimátum   álbum   tótem   pandemónium
     sanctasanctórum

Obviamente el hecho de que estos son cultismos tomados directamente de la forma latina y que en latín la última sílaba no podía acentuarse, está en la base de esta atonicidad. Sin embargo, sincrónicamente, lo único que podemos suponer que saben los hablantes es que la secuencia final -*Vm* es poco común y átona.

La terminación -*it* tiene un comportamiento similar al de -*Vm*. También es átona, y se encuentra en palabras cultas latinas.

(26) accésit   déficit   superávit

Quedan sólo los ejemplos *Júpiter, espécimen* y *régimen*. El caso de -*er* es como el de -*on*. Existe un cuasi homófono tónico mucho más frecuente (en

---

1. Hay algunas palabras terminadas en -*Vs* con acentuación aguda (ej. *anís, Tomás,* Andrés, etc.). Sin embargo, la incidencia de estos ejemplos es reducida comparada con la abrumadora mayoría de casos en que esta secuencia es átona a final de palabra.

este caso la terminación verbal del infinitivo en la segunda conjugación) junto a una terminación átona. La abundancia de ejemplos en (27) con la terminación átona *-er* es indicio de que esta secuencia es átona cuando no se trata del sufijo verbal.

(27) cáncer   cárter   cadáver   carácter   catéter   chéster
      chófer   clíper   cráter   éter   esfínter ínter
      impúber   líder   paternóster   póquer   prócer   púber
      revólver   súper   suéter   uréter

Finalmente, para *régimen* y *espécimen* también será útil comparar estos ejemplos, aparentemente anómalos, con otros en los que la secuencia *-men* aparece en posición final:

(28) abdomen   acumen   albumen   barrilamen   bitumen
      botamen   cacumen   cardumen   Carmen   cerdamen
      certamen   crimen   dictamen   dolmen   examen
      foramen   germen   gravamen   himen   lactumen
      libamen   ligamen   limen   linamen   lumen
      maderamen   numen   pelamen   pujamen   resumen
      semen   vejamen   velamen   volumen

De nuevo constatamos que la terminación *-men* al igual que *-it* y *-Vm* es normalmente átona.

De las observaciones anteriores, podemos inferir que en realidad estos ejemplos no son tan anómalos como se ha venido interpretando. En verdad, forman parte de un patrón bastante generalizado, que resulta de la existencia de terminaciones átonas que no son sufijos.

Hasta ahora hemos visto ejemplos de preespecificación de un valle sólo con sufijos flexionales monosilábicos. Sin embargo, ¿por qué puede este tipo de preespecificación presentarse en cualquier sílaba? En realidad, no hay forma de limitar directamente con restricciones en la gramática las posibilidades de las formas subyacentes.

En la TOp se presume que la forma subyacente no contiene redundancias y es óptima respecto a: 1) las alternancias observables en la superficie y 2) las restricciones en la gramática. Es decir, a partir de una gramática α y un resultado de superficie β, hay toda una serie de candidatos posibles para la forma subyacente (bases desde las cuales se puede derivar β usando α). De esos candidatos, el mejor será el que incurra en menos violaciones en la gramática. Teniendo esto presente, podemos plantearnos las implicaciones para las formas subyacentes de poder marcar cualquier vocal como átona.

Si se marcara la vocal penúltima como átona obtendríamos los siguientes resultados: a) en una palabra sin ET (29a), la acentuación resultante sería la misma que la que se espera del patrón no marcado (29b); b) en una palabra con ET, la acentuación resultaría esdrújula (30a) y no se podría distinguir de las esdrújulas con una cima preespecificada (30b):

262   El Acento y la Optimidad

(29) a)   b)

```
                    *                                           *
  •         *    •  *                                  *    •   *
  *        (*)  (*  *)                                (*)  (*   *)
part e non → part e non          partenon → parteno
```

(30) a)   b)

```
              *                                  *
  •   •    •  *  •                        •   •    •  *  •
  *   *   (*  *) *)                       *   *   (* *) (*)
s a b a n a → s a b a n a         s a b a n a → s a b a n a
```

Si se marcara la sílaba antepenúltima como átona en una palabra sin ET, sería una especificación que sólo podría afectar al acento secundario pero no al primario (31); en una palabra con ET el resultado no se podría distinguir de patrón no marcado y una vez más la especificación sería redundante (32).

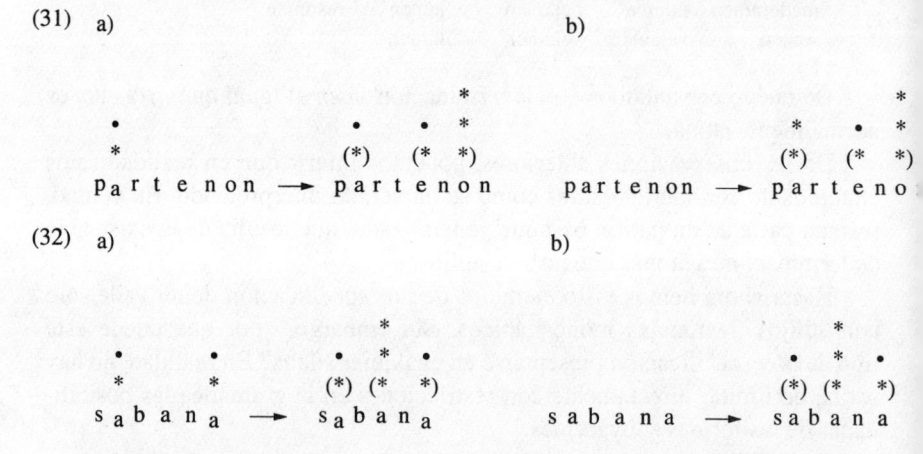

(31) a)   b)

```
                   *                                            *
  •        •   •   *                                   *    •   *
  *       (*)  (*  *)                                 (*)  (*   *)
part e non → part e non          partenon → parteno
```

(32) a)   b)

```
              *                                    *
  •    •    • *  •                          •     * •
  *    *   (*)(* *)                        (*)   (* *)
s a b a n a → s a b a n a         s a b a n a → s a b a n a
```

Dada la dificultad de demostrar empíricamente la presencia de los acentos secundarios en español (véase Prieto y van Santen 1996), es difícil determinar si la especificación léxica en (32) se usa en español. En suma, es fácil darse cuenta de que si la preespecificación apareciera en cualquier sílaba anterior a la antepenúltima, de nuevo no tendría opción de influir en la posición del acento primario.

En realidad, sólo cuando la última sílaba en una palabra sin ET está preespecificada, dicha especificación se refleja en la posición del acento primario:

(33)
```
                              *
  *    •                  *   •   •
  *    *                 (*   *) (*)
r e g i m e n       →    r e g i m e n
```

Una vez consideramos la posibilidad de que la última sílaba de los ejemplos en (23) esté preespecificada como un valle, estos ejemplos se incorporan al patrón de las esdrújulas y dejan de ser un residuo.[2]

9.6 Acentuación verbal

En la sección 7.3.6 del capítulo VII donde presentábamos algunos de los problemas que afectan a la acentuación verbal, rechazamos la idea de que ésta fuera morfológica. Eso no quiere decir, sin embargo, que la información morfológica sea irrelevante. En (34) tenemos la estructura morfológica de nombres y verbos comparada:

(34) NOMBRE: [[Pre+raíz+SD]$_{RD}$+SF]$_{PP}$
     VERBO: [[Pre+raíz+VT+TAM]$_{RD}$+PN];$_{PP}$

Los corchetes en la estructura del nombre indican constituyentes internos. Pre = prefijo; SD = sufijo derivacional; SF = sufijo flexional; PN = persona-número; TAM = tiempo-aspecto-modo; RD = raíz derivacional; PP = palabra prosódica.

Tanto en nombres como en verbos, el último componente (SF o PN) es átono y se ha considerado normalmente extramétrico o fuera del dominio acentual. Como todos los demás componentes, estos sufijos son opcionales. Cuando están presentes, encontramos normalmente acentuación penúltima; cuando no, la acentuación es aguda. Lo mismo que los sufijos derivacionales, el TAM puede estar marcado léxicamente (ser un retractor) y resultar en una esdrújula. Compárese, por ejemplo, el comportamiento retractor del sufijo derivacional en el adjetivo mág-ic]$_{RD}$-o]$_{PP}$ con la forma verbal cant-á-ba]$_{RD}$-mos]$_{PP}$.

Básicamente se trata del mismo tipo de acentuación. Pueden observarse algunas diferencias entre el comportamiento de los verbos con respecto a los nombres y adjetivos, pero como indicáramos en el capítulo VII, estas diferencias no son substanciales. El análisis que presentamos en esta sección responde exactamente a las mismas restricciones y al mismo tipo de preespecificación que el análisis que articulamos en la sección previa para el acento nominal.

2. Dado que cualquier sílaba y cualquier número de sílabas puede tener una cima o un valle preespecificado no pueden descartarse posibilidades que en realidad no parece que se manifiesten en español. Por ejemplo, si las tres últimas sílabas estuvieran preespecificadas con valles, se derivaría acentuación preantepenúltima. Nótese que semejante especificación además de ser extremadamente marcada (tres preespecificaciones) daría lugar a una secuencia de sílabas que no es analizable en pies binarios (dado que todo pie binario debe tener un núcleo). Cuesta imaginar que el hablante se vea presionado a semejante tipo de preespecificación. Por tanto la falta de ejemplos reales para esta posibilidad teórica no es en realidad algo sorprendente.

Nótese, por fin, que si a un hablante se le pide que pronuncie la palabra inventada *pátedico* con acentuación sobreesdrújula, no va a tener ningún problema. Se puede argumentar que estos ejercicios de repetición no requieren más que memorización de la palabra completa. Sin embargo, sería absurdo memorizar aspectos predecibles como la silabificación. Por tanto, es mucho más plausible que lo registrado en este tipo de ejercicio es que hay tres sílabas átonas al final de la palabra. La posibilidad teórica no está pues necesariamente en contradicción con la realidad.

La distribución de morfemas verbales que postulamos coincide en líneas generales con la que se presenta y argumenta en Hooper (1976). Los morfemas de persona y número (PN) se manifiestan en los siguientes morfos:[3]

(35)

	Sing.	Plu.
1ª	-ø	-mos
2ª	-s	-is
3ª	-ø	-n

La vocal temática (VT) aparece adyacente a la raíz y es diferente para cada conjugación: *-a* en la primera, *-e* en la segunda e *-i* en la tercera. Esta vocal se manifiesta cuando el morfema que sigue a la VT empieza por consonante. Tradicionalmente, se ha insistido en que la función de esta vocal es marcar la conjugación a la que pertenece cada verbo. Sin embargo, más allá de su función paradigmática, la vocal temática cumple la función prosódica de permitir el enlace entre la raíz, normalmente terminada en consonante y aquellos morfemas que empiezan también por consonante. Actúa pues de forma reminiscente a la de las vocales epentéticas, con la particularidad de que la vocal adquiere una calidad diferente dependiendo de la conjugación a la que pertenece el verbo.

En el siguiente ejemplo vemos la estructura morfológica del presente de subjuntivo de la primera conjugación, el futuro de indicativo de la segunda y el presente de la tercera (RD se puede sustituir por cualquier raíz verbal, por ejemplo *cant-, beb-* y *viv-* para cada una de las siguientes columnas).

(36) *1ª conj -ar*   *2ª conj -er*   *3ª conj -ir*

	VT	TAM			VT	TAM			VT	TAM	
[cant]$_{RD}$	-ø	-e	-ø	[beb]$_{RD}$	-e	-ré	-ø	[viv]$_{RD}$	-ø	-o	-ø
[...]$_{RD}$	-ø	-e	-s	[...]$_{RD}$	-e	-rá	-s	[...]$_{RD}$	-ø	-e	-s
[...]$_{RD}$	-ø	-e	-ø	[...]$_{RD}$	-e	-rá	-ø	[...]$_{RD}$	-ø	-e	-ø
[...]$_{RD}$	-ø	-é	-mos	[...]$_{RD}$	-e	-ré	-mos	[...]$_{RD}$	-í	-ø	-mos
[...]$_{RD}$	-ø	-é	-is	[...]$_{RD}$	-e	-ré	-is	[...]$_{RD}$	-í	-ø	-is
[...]$_{RD}$	-ø	-e	-n	[...]$_{RD}$	-e	-rá	-n	[...]$_{RD}$	-ø	-e	-n

Siguiendo a la VT podemos encontrar un morfema de tiempo, aspecto y modo (TAM). Como es bien sabido, en español cada uno de esos morfos se corresponde con más de un morfema. El morfema *-ba*, por ejemplo, contiene al menos los rasgos [pret.], [imperf.], [ind.]. No es posible, sin embargo, interpretar que una parte de *-ba* aporta el rasgo [ind.], otra parte el rasgo [pret.] y otra es la manifestación del morfema [imperf.]. En términos autosegmentales esto se interpretaría como un caso de asociaciones múltiples. En este ejemplo tenemos tres rasgos morfológicos asociados con una sola forma fonológica. Es decir, al menos tres morfemas para un solo morfo. Se da el caso también, de morfemas que no se manifiestan en forma fonológica alguna. Por ejemplo, el morfema de [3ª sing.] no se manifiesta fonéticamente en español. De nuevo,

---

3. Un morfo es el segmento o la secuencia de segmentos con que se manifiesta un morfema. Por ejemplo, el morfo /-s/ en español se corresponde al morfema de plural. Es pues, la parte fonológica del morfema (véase Bauer 1983).

en términos autosegmentales diríamos que estos sufijos nulos son morfemas flotantes. En cuanto a la acentuación, que es lo que aquí nos ocupa, estos morfemas al no tener forma fonológica no juegan papel alguno. Finalmente, como puede apreciarse en (37a), los TAM pueden presentar formas bastante irregulares y pueden variar en las distintas personas gramaticales. En (37b) vemos que también hay tiempos como los imperfectos o el condicional, donde la forma del TAM es constante en todo el paradigma.

(37) a.

	VT	TAM	
[cant]$_{RD}$	-ø	-é	
[...]$_{RD}$	-á	-ste	-ø
[...]$_{RD}$	-ø	-ó	
[...]$_{RD}$	-á	-ø	-mos
[...]$_{RD}$	-á	-ste	-is
[...]$_{RD}$	-á	-ro	-n

b.

	VT	TAM	
[cant]$_{RD}$	-a	-ra	
[...]$_{RD}$	-a	-ra	-s
[...]$_{RD}$	-a	-ra	
[...]$_{RD}$	-a	-ra	-mos
[...]$_{RD}$	-a	-ra	-is
[...]$_{RD}$	-a	-ra	-n

Para efectos de nuestro análisis, distinguimos tres tipos de verbos en español según el carácter, retractor o no, del TAM:

Tipo 1: Tiempos verbales en los que el TAM no es un retractor. Con las restricciones propuestas predecimos que el acento va a aparecer en la última vocal si ésta no es parte de un sufijo de PN.

Tipo 2: Tiempos verbales en los que el TAM es un retractor o tiene una cima preespecificada léxicamente. Esperamos acentuación llana para todas las personas excepto la 1ª y 2ª del plural en las que esperamos acentuación esdrújula.

Tipo 3: Tiempos verbales en los que el TAM no es el mismo para todas las personas y puede, por tanto, ser o no un retractor. Esperamos acentuación llana o esdrújula en la 1ª y 2ª del plural y aguda o llana en las demás —dependiendo de que el TAM sea o no un retractor.

El **tipo 1** de acentuación lo encontramos en el tiempo futuro:

(38)

Futuro 1ª conj.				*Futuro 2ª conj.*				*Futuro 3ª conj.*			
Raíz	VT	TAM	PN	Raíz	VT	TAM	PN	Raíz	VT	TAM	PN
cant	-a	-ré		beb	-e	-ré		viv	-i	-ré	
cant	-a	-rá	-s	beb	-e	-rá	-s	viv	-i	-rá	-s
cant	-a	-rá		beb	-e	-rá		viv	-i	-rá	
cant	-a	-ré	-mos	beb	-e	-ré	-mos	viv	-i	-ré	-mos
cant	-a	-ré	-is	beb	-e	-ré	-is	viv	-i	-ré	-is
cant	-a	-rá	-n	beb	-e	-rá	-n	viv	-i	-rá	-n

En las siguientes tablas ilustramos cómo la misma restricción que determina la posición del acento en los nombres deriva el resultado correcto en este tiempo verbal. Lo que determina si el acento es agudo o llano es la presencia o no de un sufijo de PN.

(39)
Candidatos	ACENT-D
☞ beberé	
bebére	*!
bébere	**!

(40) Candidatos   ACENT-D
☞ beberé$_{mos}$ *
bebére$_{mos}$ **!
bébere$_{mos}$ ***!

Estas tablas muestran la evaluación, sin problemas, de candidatos para la primera persona singular y plural. La tabla siguiente ilustra la segunda persona singular. Esta forma tiene un morfema de PN (-s), pero como este morfo no puede ser un núcleo silábico no afecta a la acentuación y se comporta como el ejemplo sin sufijo de PN en (39).

(41) Candidatos   ACENT-D
☞ beberá$_s$
bebéra$_s$ *!
bébera$_s$ **!

En el **tipo 2** el TAM es siempre un retractor o tiene una cima preespecificada. Vimos que un retractor es un morfo que requiere la presencia del acento primario inmediatamente adyacente a su izquierda. Los imperfectos tienen morfemas TAM de este tipo:

(42) *Imperfecto 1ª conj.*   *Imp. Subj. 1ª conj.*

Raíz	VT	TAM	PN	Raíz	VT	TAM	PN
cant	-á	**-ba**		cant	-á	**-ra/se**	
cant	-á	**-ba**	-s	cant	-á	**-ra/se**	-s
cant	-á	**-ba**		cant	-á	**-ra/se**	
cant	-á	**-ba**	-mos	cant	-á	**-ra/se**	-mos
cant	-á	**-ba**	-is	cant	-á	**-ra/se**	-is
cant	-á	**-ba**	-n	cant	-á	**-ra/se**	-n

Imperfecto 3ª conj.   *Imp. Subj. 3ª conj.*

Raíz	VT	TAM	PN	Raíz	VT	TAM	PN
viv	-í	**-a**		viv	-ié	**-ra/se**	
viv	-í	**-a**	-s	viv	-ié	**-ra/se**	-s
viv	-í	**-a**		viv	-ié	**-ra/se**	
viv	-í	**-a**	-mos	viv	-ié	**-ra/se**	-mos
viv	-í	**-a**	-is	viv	-ié	**-ra/se**	-is
viv	-í	**-a**	-n	viv	-ié	**-ra/se**	-n

En el condicional, el sufijo *-ría* tiene preespecificación léxica de una cima:

(43)   *Condicional*

Raíz	VT	TAM	PN
cant	-a	-ría	
cant	-a	-ría	-s
cant	-a	-ría	
cant	-a	-ría	-mos
cant	-a	-ría	-is
cant	-a	-ría	-n

En (44) vemos que en las formas sin sufijo de PN la acentuación es llana como resultado del sufijo retractor. En (45) tenemos una ilustración de cómo los sufijos retractores generan acentuación esdrújula cuando hay un sufijo de PN que forma su propia sílaba. Una vez más hay que recordar que la letra negrita indica que se trata de un sufijo retractor.

(44) Candidatos   Retrac   Acent-d
    encantabá   *!
    ☞ encantába   *
    encántaba   *!   **
    éncantaba   *!   ***

(45) Candidatos   Retrac   Acent-d
    encantabá$_{mos}$ *!
    ☞ encántaba$_{mos}$ *
    encántaba$_{mos}$ *!   **!
    Éncantaba$_{mos}$ *!   ***!

El **tipo 3** está compuesto por los tiempos verbales en los que el morfema TAM aparece fusionado con la VT. El resultado de esta fusión lo representamos como VT/TAM. Una característica del nuevo morfema es que no parece tener un comportamiento perfectamente uniforme para todas las personas gramaticales.

En el pretérito el VT/TAM de la 2ª persona del singular y de las 2ª y 3ª personas del plural viene especificado con una anticima en la segunda vocal. Por lo demás el acento aparece lo más a la derecha posible sin afectar al morfema de PN. Una peculiaridad de este tiempo es la ausencia del morfo de PN en la segunda persona del singular. Sin embargo, hay que tener en cuenta que muchos hablantes dudan entre *cantaste* y *cantastes*.

(46) *Pretérito*
    Raíz   VT   TAM   PN
    cant   -é
    cant   -áste
    cant   -ó
    cant   -á   -mos
    cant   -áste   -is
    cant   -áro   -n

En (47), aportamos un ejemplo en el que el VT/TAM tiene un comportamiento normal y en (48) uno en el que la segunda vocal del morfema viene preespecificada como un valle rítmico.

(47) Candidatos   Acent-d
    ☞ encantó   *
    encánto   **!
    éncanto   ***!

(48) Candidatos   Acent-d
    ☞ encantást$_e$ *
    encántast$_e$ **!
    éncantast$_e$ ***!

En el presente, de nuevo no parece fácil separar la VT del TAM; por tanto vamos a considerar que se han fusionado. La 1ª y la 2ª persona del plural no tienen un TAM retractor pero sí el resto. Es interesante notar que en los casos en que el VT/TAM cambia con la conjugación exactamente con el mismo patrón que la VT, el morfo se acentúa. En los demás casos se comporta como un retractor. La interpretación es que el TAM del presente es (o era) un morfema retractor. Al fusionarse con la VT el nuevo morfema hereda esta caracteristica. Por algún motivo, esto no es lo que pasa con la primera y segunda persona del plural del presente de indicativo. Aquí no hay TAM, o desaparece por completo como resultado de la fusión. En cualquier caso, para estas personas el VT/TAM se comporta como una VT.

(49a) *Presente Indicativo*

Raíz	VT/TAM	PN	Raíz	VT/TAM	PN	Raíz	VT/TAM	PN
cánt	-o		béb	-o		vív	-o	
cánt	-a	-s	béb	-e	-s	vív	-e	-s
cánt	-a		béb	-e		vív	-e	
cant	-á	-mos	beb	-é	-mos	viv	-í	-mos
cant	-á	-is	beb	-é	-is	viv	-í	-is
cánt	-a	-n	béb	-e	-n	vív	-e	-n

El presente de subjuntivo tiene la misma irregularidad acentual en la primera y segunda persona del plural. Sin embargo, aquí no puede argüirse que el VT/TAM sea diferente al de las otras personas. El patrón acentual del presente de subjuntivo tiene pues que explicarse como un reflejo analógico del presente de indicativo.

(49b) *Presente Subjuntivo*

Raíz	VT/TAM	PN	Raíz	VT/TAM	PN	Raíz	VT/TAM	PN
cánt	-e		béb	-a		vív	-a	
cánt	-e	-s	béb	-a	-s	vív	-a	-s
cánt	-e		béb	-a		vív	-a	
cant	-é	-mos	beb	-á	-mos	viv	-á	-mos
cant	-é	-is	beb	-á	-is	viv	-á	-is
cánt	-e	-n	béb	-a	-n	vív	-a	-n

En las dos tablas siguientes tenemos las dos posibilidades que ofrece este tiempo. En (50) no hay un TAM retractor. En (51) el VT/TAM -o de la 1ª pers. del singular sí es un retractor.

(50) Candidatos   RETRAC   ACENT-D
   ☞ encantá$_{mos}$ *
   encánta$_{mos}$ **!
   éncanta$_{mos}$ ***!

(51) Candidatos   RETRAC   ACENT-D
   encantó   *!
   ☞ encánto   *
   éncanto   *!   **

Estas tablas ilustran tanto el presente de indicativo como el de subjuntivo. En la mayoría de los trabajos que se ocupan de la acentuación verbal se tienen en cuenta dialectos en los que la primera y segunda persona del plural tienen la acentuación que se esperaría si el presente de subjuntivo no tuviera influencia analógica del indicativo. En (52) tenemos el patrón de acentuación del presente de subjuntivo en esas variedades:

(52)   *Presente Subjuntivo (variedad no estándar)*

Raíz	VT/TAM	PN	Raíz	VT/TAM	PN	Raíz	VT/TAM	PN
cánt	-e		béb	-a		vív	-a	
cánt	-e	-s	béb	-a	-s	vív	-a	-s
cánt	-e		béb	-a		vív	-a	
cánt	-e	-mos	béb	-a	-mos	vív	-a	-mos
cánt	-e	-is	béb	-a	-is	vív	-a	-is
cánt	-e	-n	béb	-a	-n	vív	-a	-n

El único inciso que hay que hacer en este análisis para cubrir estos datos es que los hablantes de esa variedad han regularizado un TAM retractor para todas las personas.

Para terminar con esta sección, nos queda explicar la única diferencia significativa entre la acentuación nominal y la verbal. Como advirtiéramos anteriormente, si una raíz viene preespecificada, esta preespecificación no tiene nunca un efecto en la acentuación de los verbos. En el presente sistema esta diferencia se desprende de la organización de los morfemas verbales. Demostrábamos, además, que la única forma en que la preespecificación puede tener un efecto en el resultado óptimo es si esta preespecificación aparece en la antepenúltima sílaba. En cualquier otro caso puede formarse un pie adicional en el margen derecho que será el que contenga el acento primario. Lo que sucede con los verbos regulares es que entre la raíz y el margen derecho de la palabra siempre tenemos o la VT o un TAM que impiden la posibilidad de que la preespecificación de la raíz tenga un efecto. En las tres figuras siguientes ilustramos cómo el sistema que hemos presentado aquí predice correctamente el contraste acentual entre formas del tipo *próspero, prosperó, prospero*.

(53)   NOMBRE (el ET átono)

```
                              *              Línea 2
      *                       *    •   •     Línea 1
      *                      (*)  (*) (*)    Línea 0
   p r ᵒ s p e r ⁻ᵒ    →    p r ᵒ s p e r ⁻ᵒ
```

El ET no puede albergar el acento y la '*e*' de la segunda sílaba daría lugar a una secuencia de asteriscos adyacentes si tuviera una cima. Se favorece, por tanto, el acento antepenúltimo. En el caso del pretérito, al final de la palabra no hay un ET sino un TAM y este morfema a diferencia del ET sí puede acentuarse. El pretérito funciona pues como los nombres que terminan en una vocal que no es un ET (ej. Perú).

(54) PRETÉRITO (el TAM no es un retractor)

```
                                *         Línea 2
       *                    *  •  *       Línea 1
       *                   (*) (*  *)     Línea 0
    pr º s p e r -o   →   pr º s p e r ó
```

En el caso de la forma verbal de presente, tal como indicamos arriba, el TAM 'o' sí es un retractor y por tanto fuerza la acentuación penúltima.

(55) PRESENTE (el TAM es un retractor)

```
                                *         Línea 2
       *                    *   *  •      Línea 1
       *                   (*) (*  *)     Línea 0
    pr º s p e r -o   →   pr º s p e r -o
```

Aquí se crea una secuencia de asteriscos adyacentes en la línea 1. En la siguiente tabla podemos ver que si RETRAC domina a ALTERN se trata de un típico caso de violación de una restricción bajo presión de otra restricción dominante en conflicto.

(56)

Candidatos	RETRAC	ALTERN
pr º sper-ó	*!	
☞ pr º spér-o		*
pr ó sper-o	*!	

Una ventaja de la presente interpretación de estos contrastes es que no es necesario presuponer morfemas abstractos presentes en el momento de la asignación del acento y ausentes en la superficie, tal y como se ha hecho en estudios previos.

Antes de concluir la discusión sobre la acentuación verbal en este capítulo, hay sólo un punto que nos interesa resaltar de lo que precede: no existe ninguna restricción especial que controle el acento verbal. Todas las diferencias en el sistema acentual entre nombres y verbos se deben buscar en lo que concierne a su diferente composición morfológica, en la naturaleza paradigmática de los verbos y en la preespecificación léxica de morfemas específicos en cada caso.

9.7 *Acento secundario*

Como se indicó en el capítulo anterior, en estudios basados en aproximaciones derivacionales posteriores a Roca (86), se supone que el acento primario se asigna primero y que después, postléxicamente, se asigna el acento secundario. En una aproximación no derivacional esta sucesión temporal no es posible, porque no hay un antes ni un después; de modo que no hay reglas que puedan ordenarse. Todas las restricciones son simultáneas y actúan en forma paralela. Lo que crea la ilusión de encadenamiento derivacional es la interacción de las restricciones. No disponemos aquí del espacio necesario para considerar todos los argumentos que se aducen en Roca (1986) con la finalidad de demostrar que el acento primario precede al secundario. Quizás el argumento más fuerte está en la implicación lógica de que si la fusión de sílabas entre palabras (/daselo al/ → [daselwal]) es postléxica y el acento secundario tiene en cuenta estas fusiones, entonces sabemos que la fusión de vocales precede a la asignación del acento secundario y que el acento secundario es también postléxico. Si no hay duda de que la fusión de vocales es postléxica (tiene lugar entre palabras) y el acento primario es léxico (su dominio es la palabra) entonces, la propiedad transitiva nos fuerza a aceptar que el acento primario (léxico) precede al acento secundario (postléxico).

En un marco no derivacional estas implicaciones y ordenaciones se explican de la forma siguiente:

a) El acento primario responde a restricciones de alineamiento que tienen como dominio la palabra (ej. ACENT-D requiere un alineamiento con el margen derecho de la palabra).
b) La restricción (o restricciones) que determinan la fusión de vocales no está limitada a un dominio específico (eso es lo que en la fonología léxica se interpretaría como un fenómeno postléxico).
c) Las restricciones que controlan la generación de pies tampoco tienen un dominio específico (ej. INCORPORAR-σ, TROQUEO, ALTERN, PIE-BIN) o tienen como dominio la frase entonacional (véase (63)).
d) Si las restricciones en c) están dominadas por la restricción en b), se produce una situación en la que el acento secundario tiene en cuenta la fusión (sin precederla ni seguirla temporalmente).
e) Si, como sabemos, las restricciones en c) están dominadas por la restricción en a), obtenemos una situación en la que el acento secundario tiene en cuenta el acento primario (sin que se haya formado antes ni después en una derivación).

Éste, como otros muchos casos similares de ordenamiento de reglas, es un residuo derivacional que puede reanalizarse en términos no derivacionales.

9.7.1 La generación de pies secundarios

En español, el acento secundario consiste en una secuencia rítmica de acentos subsidiarios en sílabas alternas a la izquierda del acento primario. La generación de pies es la misma para el acento primario que para el acento secundario. No podemos interpretar que hay pies primarios que se forman primero, ni debemos distinguir entre pies primarios y secundarios. En los dos casos se trata del mismo tipo de pie, sólo que por su posición respecto al margen derecho de la palabra pueden albergar o no un acento primario. Como todo en la TOp, los pies son generados por la función GEN. Hasta este punto, las restricciones presentadas que controlan, directa o indirectamente, el análisis de sílabas en pies y los acentos son:

(57) INCORPORAR-σ: el análisis de sílabas en pies es exhaustivo.
PIE-BIN: los pies son binarios.
RETRAC: un sufijo retractor debe tener el acento inmediatamente a su izquierda.
ACENT-D: el acento primario tiene que estar lo más cerca posible del margen derecho de la PP.
ALTERN: las prominencias en la línea 1 no pueden ser adyacentes.

Sabemos que RETRAC domina ACENT-D (21), que INCORPORAR-σ domina PIE-BIN (4) y que RETRAC domina ALTERN (56). No sabemos, de momento, la posición exacta de ALTERN. Nótese que en español cuando dos prominencias acentuales son acentos primarios esta restricción no tiene efecto:

(58) lleg-[ó] h[ó]y
tir-[ó] [á]lt-o
act-[ó]r c[ó]m-ic-o

Del primer ejemplo podemos deducir que ACENT-D domina ALTERN. De otro modo, anticiparíamos que en este contexto *llegó* se pronunciaría *llégo*. En el segundo ejemplo el acento en la primera sílaba de *alto* no puede desplazarse a la derecha porque el ET viene preespecificado como átono. En el último ejemplo constatamos que RETRAC domina ALTERN—corroboración de una relación que ya habíamos determinado con anterioridad. Sabemos, pues, que ALTERN está situado por debajo de ACENT-D en la jerarquía. Nos falta ahora determinar si está por encima de INCORPORAR-σ. Si INCORPORAR-σ dominara a ALTERN la implicación sería que la lengua tolera cualquier caso de sílabas adyacentes acentuadas. En (59) se puede comprobar que no es ese el caso en español:

(59)
```
    *           *          ( *         *      Línea 2
 *    *  •  *  •          ( *  •) • ( *  •)   Línea 1
 San + Be rn a rd i n o  ⟶  San B e rn a rd i n o
```

De este tipo de ejemplos deducimos que es mejor dejar sílabas sin analizar en pies que permitir cimas adyacentes en el nivel 1. Es decir, que ALTERN domina a INCORPORAR-σ.

Una vez establecido el rango de las restricciones podemos ver cómo discriminan entre distintos candidatos. Tomemos la secuencia de sílabas *la mecedora:*

(60) candidatos	RETRAC	ACENT-D	ALTERN	INCORP-σ	PIE-BIN
☞ la(mèce)(dóra)	*		*		
☞ (lamè)(cedó)ra		*		*	
(là)(mèce)(dóra)		*	*!		*
la(mèce)(dó)ra		*		**!	*

Lo que discrimina entre los dos primeros candidatos es el tipo de pie. En el primer candidato los pies son trocaicos mientras que en el segundo son yámbicos. Por lo demás, los dos ejemplos son idénticos con respecto a la distribución de acentos primarios y secundarios. Para el caso concreto del español, la determinación de cuál de las dos posibilidades es mejor es un tanto delicada y tal vez no tenga demasiado sentido. Sin embargo, dado que universalmente las posibilidades de los pies binarios ofrecen esta tipología y la mayoría de las lenguas escogen una u otra opción, parece razonable presumir la existencia de las restricciones en (61):

(61) TROQUEO Alinear(Pie, I, Nuc-Pie, I)
              Para todo pie hay un núcleo alineado con el margen izquierdo.
     YAMBO   Alinear(Pie, D, Nuc-Pie, D)
              Para todo pie hay un núcleo alineado con el margen derecho.

Teniendo en cuenta que tradicionalmente el ritmo en español se ha considerado trocaico, nos inclinamos a favor de dar a la restricción TROQUEO, una posición prominente con respecto a YAMBO. Con relación al resto de las restricciones vamos a postular que TROQUEO está, a lo sumo, a la misma altura que PIE-BIN y no más alto, ya que en ese caso los pies serían igualmente binarios (para poder ser troqueos) y por tanto una posición más alta no tendría ningún efecto en los resultados.

Como se ilustra en la siguiente tabla hay otros empates que no están determinados por el tipo de pie. Consideremos ahora el ejemplo *contaduría*.

(62)	candidatos	RETRAC	ACENT-D	ALTERN	INCORP-σ	PIE-BIN	TROQUEO
☞	con(tàdu)(ría)		*		*		
☞	(cònta)du(ría)		*		*		
	(cònta)(durí)a		*		*		*!
	(contà)du(ría)		*		*		*!
	(còn)(tàdu)(ría)		*	*!		*!	

Hay que señalar aquí que, en realidad, el español contempla las dos posibilidades. El segundo candidato (*còntaduría*) se considera el patrón más común y coloquial, pero el primero (*contàduría*) también es posible. Se ha registrado también la existencia de dialectos (según observación de Núñez-Cedeño citada en Harris 1991), en donde sólo el patrón con acento inicial es posible. En estudios previos, esta doble posibilidad se ha interpretado como el resultado de una regla opcional que retrasa el acento una posición al principio de la frase entonacional (véanse Harris 1991:464 y Roca 1986:358). En el sistema que estamos presentando aquí, esta tendencia a la retracción tiene que interpretarse como el efecto de una restricción de alineamiento:

(63) ALIN-FE
     Alineamiemto(FE, I, N-Pie, I)
     Para toda frase entonacional hay **un** margen izquierdo que tiene que alinearse con el núcleo de un pie.

274   El Acento y la Optimidad

Esta restricción, afecta sólo a un acento de cada FE. En los dilectos con variabilidad en el candidato óptimo se puede aceptar que ALIN-FE está en una posición lo suficientemente baja en la jerarquía como para estar dominada por restricciones estilísticas y de registro. En cambio, en los dialectos observados por Núñez-Cedeño la restricción ocupa un lugar más prominente en la jerarquía, de forma que, independientemente del estilo, la rapidez o el registro, el alineamiento que sanciona se cumple. Para que pueda mostrar variabilidad la restricción no puede ser muy fuerte. Esto, sumado a que no tenemos evidencia de que domine a ninguna de las otras restricciones, hace que la representemos en el último casillero de la tabla.

Seguidamente ilustramos las predicciones de la interacción de las restricciones postuladas (la mayor parte de estos ejemplos están tomados de Roca 1986). Por razones de espacio y simplicidad, dejamos de representar en las siguientes tablas la restricciones RETRAC y ACENT-D. Consecuentemente dejamos también de considerar candidatos que serían descartados en virtud de estas restricciones.

(64)

candidatos	ALTERN	INCORP-σ	PIE-BIN	TROQUEO	ALIN-FE
☞ (pòrcons)tan(tíno)	*				
por (cònstan)(tíno)		*			*!
(por còns)tan(tíno)		*		*!	
(por còns)(tantí)no		*		**!	*
(pòr) (cònstan)(tíno)	*!		*		

(65)

candidatos	ALTERN	INCORP-σ	PIE-BIN	TROQUEO	ALIN-FE
☞ (pòr a)ga(menón)		*		*	
po (ràga)(menón)		*		*	*!
(por à)ga(menón)		*		**!	
(por à)(gamé)(nón)	*!	*	*	**	*
(pò) (ràga)(menón)	*!		*		

(66)

candidatos	ALTERN	INCORP-σ	PIE-BIN	TROQUEO	ALIN-FE
☞ (pòre)(làga)(menón)				*	
(pòre)(lagà)(menón)				**!	
(porè)(làga)(menón)				**!	*
(porè)(làga)(menón)	*!			**	*

(67)

candidatos	ALTERN	INCORP-σ	PIE-BIN	TROQUEO	ALIN-FE
☞ (èlcons)tan(tíno)(pléño)		*			
el (cònstan)(tìno)(pléño)		*			*!
(èl cons)(tànti)(noplé)ño		*		*!	
(èl cons)(tànti)(noplé)ño		*		*!	
(èl cons)(tànti)(noplé)ño		*		*!	
(èl cons)(tantì)(noplé)ño		*		**!	
(el còns)(tantì)(noplé)ño		*		**!	*
(el còns)(tànti)(noplé)ño		*		**!	*
(èl)(cònstan)(tìno)(pléño)	*!		*		

(68)

candidatos	ALTERN	INCORP-σ	PIE-BIN	TROQUEO	ALIN-FE
☞ (pòrel) (cònstan)(tìno)(pléño)					
por (èl cons)(tànti)(noplé)ño		**!		*	
(porèl)(cònstan)(tìno)(pléño)	*!				
(pòr) (èlcons)tan(tíno)(pléño)	*!		*		

(69)

candidatos	ALTERN	INCORP-σ	PIE-BIN	TROQUEO	ALIN-FE
☞ (lòs cons)tan(tìno)(pòli)(tános)		*			
los (cònstan)(tìno)(pòli)(tános)		*			*!
(lòs cons)(tànti)(nopò)(litá)nos		*		**	
(lòs cons)(tantì)(nopò)(litá)nos		*		***	
(los còns)(tantì)(nopò)(litá)nos		*		****	
(lòs cons)(tantì)(nòpo)(litá)nos	*!	*			

(70)

candidatos	ALTERN	INCORP-σ	PIE-BIN	TROQUEO	ALIN-FE
☞ (pòr los) (cònstan)(tìno)(pòli)(tános)					
(por lòs) cons(tànti)(nopò)(litá)nos		**!		***	*
(porlòs) (constàn)tino(pòli)(tános)		**!		**	
(pòrlos) (constàn)(tìno)(pòli)(tános)	*!			****	

Según este sistema, en los candidatos óptimos las secuencias entre dos acentos primarios se compondría de pies estrictamente binarios y trocaicos. Además, como resultado de ALIN-FE (siempre que esa restricción no esté dominada por otra restricción en conflicto) el primer pie estará alineado con el margen izquierdo de la FE.

9.8 Conclusión

El análisis de la acentuación que hemos presentado se basa en la interacción de las siguientes restricciones:

(71) INCORPORAR-σ: el análisis de sílabas en pies es exhaustivo.
PIE-BIN: los pies son binarios.
RETRAC: un sufijo retractor debe tener una cima inmediatamente a su izquierda.
ACENT-D: el acento primario tiene que estar lo más cerca posible del margen derecho de la PP.
ALTERN: las prominencias en la línea 1 no pueden ser adyacentes.
TROQUEO: los pies son trocaicos.
ALIN-FE: para toda FE el margen izquierdo se alinea con el núcleo de un pie.

Todas estas restricciones se suponen universales. De hecho, todas ellas son observables en otras lenguas. Lo que es peculiar del español es la disposición jerárquica de estas restricciones que reproducimos completamente en (72) y las especificaciones subyacentes que son la base de ese sistema:

(72) RETRAC ≫ ACENT-D ≫ ALTERN ≫ INCORPORAR-σ ≫ PIE-BIN, TROQUEO, ALIN-FE

Alterando la disposición de estas y otras restricciones derivaríamos otros sistemas acentuales distintos del español.

El presente análisis se caracteriza por su sencillez y exhaustividad. La interacción de un reducido número de restricciones universales es suficiente para dar cuenta de todos los datos. La acentuación llana de defecto es el resultado de que el elemento terminal y el PN estén preespecificados como átonos mientras que el acento primario tiene que alinearse con el margen derecho de la palabra. Hay tres patrones de excepcionalidad alternativos: uno consiste en preespecificar una cima acentual en la línea 1; otro en preespecificar un valle en la línea 1; el tercero lo encontramos en los sufijos retractores que tienen que estar precedidos por el acento primario. La ventana trisilábica se deriva sin estipulaciones *ad hoc* de la interacción de las restricciones y de las posibilidades de la preespecificación. Vimos que el mismo sistema deriva resultados correctos para las formas nominales y las formas verbales. Finalmente hemos mostrado cómo las restricciones propuestas pueden explicar la interacción entre acento primario y secundario sin tener que asumir que el acento primario se asigna antes que el secundario. Desde el punto de vista de la adquisición, el presente sistema sólo requiere que el aprendiz encuentre evidencia positiva de qué restricciones dominan a otras restricciones. Desde una perspectiva diacrónica la evolución del sistema acentual es el resultado de manipular el rango relativo de estas restricciones. En la evolución del latín al español, además de estas siete restricciones habría que tener en cuenta una restricción (o conjunto de restricciones) adicional: la que determina la correlación entre acento y peso silábico en sistemas sensitivos. Nuestra posición aquí ha sido que en época reciente esta restricción se ha degradado en el español hasta el punto en que ha dejado de tener un efecto en el sistema acentual.

Bibliografía

Abaglo, P. y Diana Archangeli. 1991. "Language Particular Underspecification: Gengbe /e/ and Yoruba /i/". *Linguistic Inquiry:* 457-480.
Alarcos Llorach, Emilio. 1965 [1981]. *Fonología española.* Editorial Gredos: Madrid.
Alcoba, S. 1989. "Tema verbal y formación de palabras en español". En *Lenguajes naturales y lenguajes formales* 6:87-119, C. Martín Vide, ed. Barcelona: PPU.
Alonso, Amado. 1945. "Una ley fonológica del español: variabilidad de las consonantes en la tensión y distensión de la sílaba". *Hispanic Review* 13:91-101.
Anderson, John y Colin Ewen. 1987. *Principles of Dependency Phonology.* Cambridge: Cambridge University Press.
Archangeli, Diana y Douglas Pulleyblank. 1986. "The Content and Structure of Phonological Representations". Manuscrito de University of Arizona y University of Ottawa.
———. 1995. *Grounded Phonology.* Cambridge, Massachusetts: MIT Press.
Archangeli, Diana. 1984. "Underspecification in Yawelmani Phonology and Morphology", Tesis doctoral de MIT, Cambridge, Massachusetts. Publicada en 1988 por Garland Publishing, New York.
———. 1988. "Aspects of Underspecification Theory", *Phonology* 5:183-207.
Aronoff, Mark. 1976. *Word Formation in Generative Grammar.* Cambridge, Massachusetts: MIT Press.
Avery, Peter y Keren Rice. 1989. "Segment Structure and Coronal Underspecification". *Phonology* 6:179-200.
Bauer, Laurie. 1983. *English Word Formation.* Cambridge: Cambridge University Press.
Beckman, Mary. 1986. *Stress and Non-stress Accent.* Dordrecht: Foris.
Bell, Alan y Joan Bybee Hooper. 1978. "Issues and Evidence in Syllabic Phonology". En *Syllables and segments:* 3-22. Alan Bell y Joan Bybee Hooper, eds. Amsterdam: North Holland.
Bird, Steven, John Coleman, Janet Pierrehumbert y James Scobbie. 1993. "Declarative Phonology". Proceedings of the XVth International Congress of Linguistics. André Crochetierre, Jean-Claude Boulanger y Conrad Ouellon, eds. Québec: Université Laval.
Bjarkman, Peter C. 1975." Natural Phonology and Loanword Phonology (with examples from Miami Cuban Spanish)". Tesis doctoral de University of Florida, Gainesville, Florida.
Bloomfield, L. 1933. *Language.* London: George Allen & Unwin.
Booij, Geert y Jerzy Rubach. 1984. "Morphological and Prosodic Domains in Lexical Phonology". *Phonology Yearbook* 1:1-27.
———. 1987. "Postcyclic versus postlexical rules in Lexical Phonology". *Linguistic Inquiry,* 18:1-44.
Borowsky, Toni. 1986. "Topics in the Lexical Phonology of English". Disertación doctoral de University of Massachusetts, Amherst, Massachusetts.

Bowen, J. Donald y Robert Stockwell. 1955. "The Phonemic Interpretation of Semivowels in Spanish". *Language* 31:236-40. Reimpreso en 1958 en *Readings in Linguistics:* 400-402. Martin Joos, ed. New York: American Council of Learned Societies.

———. 1956. "A Further Note on Spanish Semivowels". *Language* 32:290-92. Reimpreso en 1958 en *Readings in Linguistics:* 405. Martin Joos, ed. New York: American Council of Learned Societies.

———. 1984b. "Theories of Phonological Representation and Nasal Consonants in Spanish". En *Papers from the XIIth Linguistic Symposium on Romance Languages:* 153-168. Phillips Baldi, ed. Amsterdam: Benjamins.

———. 1985a. "The Spanish Diphthongization and Stress: a Paradox Resolved". *Phonology Yearbook* 2:31-45.

———. 1985b. "Spanish Word Markers". En *Current Issues in Hispanic Phonology and Morphology:* 34-54. Frank H. Nuessel Jr, ed. Bloomington: Indiana University Linguistics Club.

———. 1986a. "Acerca de la naturaleza de las representaciones fonológicas". *Revista Argentina de Lingüística* 2:3-20.

———. 1986b. "El modelo multidimensional de la fonología y la dialectología caribeña". En *Estudios sobre la fonología del español del Caribe:* 41-51. Rafael A. Núñez Cedeño, Iraset Páez Urdaneta y Jorge M. Guitart, editores. Caracas: Ediciones La Casa de Bello.

———. 1987. "The Accentual Patterns of Verbs Paradigms in Spanish". *Natural Language and Linguistic Theory* 5:61-90.

———. 1989a. "How Different is Verb Stress in Spanish?". Probus 1:241-258.

———. 1989b. "Our Present Understanding of Spanish Syllable Structure". En *American Spanish Pronunciation: Theoretical and Applied Perspectives:* 151-169. Peter C. Bjarkman y Robert M Hammond, editores. Washington DC: Georgetown Univ. Press.

———. 1991a. "The Exponence of Gender in Spanish". *Linguistic Inquiry* 22:27-62.

———. 1991b. "With Respect to Accentual Constituents in Spanish". En *Current Studies in Spanish Linguistics:* 447-474. Héctor Campos y Fernando Martínez Gil, editores. Washington DC: Georgetown University Press.

———. 1992. *Spanish Stress: the Extrametricality Issue.* Bloomington: Indiana University Press.

———. 1993. "Integrity of Prosodic Constituents and the Domain of Syllabification Rules in Spanish and Catalan". En *The View from Building 20: Essays in Linguistics in Honor of Sylvain Bromberger:* 177-193. Ken Hale y Samuel J. Keyser, editores. Cambridge Mass: MIT Press.

———. 1995. "Projection and Edge Marking in the Computation of Stress in Spanish". En *A Handbook of Phonological Theory:* 867-887. John Goldsmith, ed. Oxford: Basil Blackwell.

Canfield, D. Lincoln. *Spanish pronunciation in the Americas.* Chicago: University of Chicago Press.

Carreira, María. 1988. "The Structure of Palatal Consonants in Spanish". *Chicago Linguistic Society* 24:73-87.

———. 1991. "The Alternating Diphthongs in Spanish: a Paradox Revisited". En *Current Studies in Spanish Linguistics:* 7-446. Héctor Campos y Fernando Martínez-Gil, editores. Washington D.C.: Georgetown University Press.

Chomsky, Noam y Morris Halle. 1968. *The Sound Pattern of English.* New York: Harper and Row.

Chomsky, Noam. 1957. *Syntactic Structures.* The Hague: Mouton.

———. 1981. *Principles on Government and Binding*. Dordrecht: Holland.
Clements, George N. 1985. "The Geometry of Phonological Features". *Phonology Yearbook* 2:225–252.
———. 1986. "Compensatory Lengthening and Consonant Gemination in Luganda". En *Studies in Compensatory Lengthening:* 37–77. E. Sezer y Leo Wetzels, editores. Dordrecht: Foris.
———. 1988. "Toward a Substantive Theory of Feature Specification". *Proceedings of the North Eastern Linguistic Society* 18:79–93.
———. 1990. "The Role of the Sonority Cycle in Core Syllabification". En *Papers in Laboratory Phonology I: Between the grammar and the physics of speech:* 283–333. John Kingston y Mary Beckman, editores. Cambridge: Cambridge University Press.
Clements, G.N. y Elizabeth V. Hume. 1995. "The Internal Organization of Speech Sounds". En *The Handbook of Phonological Theory:* 245–306. John A. Goldsmith, ed. Cambridge, MA: Blackwell Publishers.
Clements, George N. y Samuel J. Keyser. 1983. *CV Phonology: A Generative Theory of the Syllable*. Cambridge, MA: The MIT Press.
Cole, Jennifer y John Coleman. 1993. "No Need for Cyclicity in Generative Phonology". *Chicago Linguistics Society* 28.2:36–50.
Colina, Sonia. 1995. "A Constraint-based Approach to Syllabification in Spanish, Catalan, and Galician". Tesis doctoral de University of Illinois, Champaign-Urbana.
Contreras, Heles y Conxita Lleó, 1982. *Aproximación a la fonología generativa*. Barcelona: Editorial Anagrama.
Crowhurst, Megan J. 1992. "Diminutuves and Augmentatives in Mexican Spanish: a Prosodic Analysis". *Phonology* 9:2:221–253.
den Os, Els y René Kager. 1986. "Extrametricality and Stress in Spanish and Italian". Lingua 69:23–48.
D'Introno, Francesco, Enrique del Teso y Rosemary Weston. 1995. *Fonética y fonología del español actual*. Madrid: Cátedra.
Dunlap, Elaine. 1991. "Issues in the Moraic Structure of Spanish". Tesis doctoral de University of Massachusetts, Amherst, MA.
Fant, Gunnar. 1973. *Speech Sounds and Features*. The MIT Press. Cambridge, Massachusetts.
Fernández, Salvador. 1951. *Gramática española*. Madrid: Manuales de la Revista de Occidente.
Firth, J.R. 1948. "Sounds and Prosodies". *Transactions of the Philological Society:* 127–52.
Galindo, Miguel Angel. 1997. "A Study on Eastern Andalusian Dialectology: A Phonemic Description of the Syllable-final Consonant System of the Dialect Spoken in Montejícar (Granada)". Tesis doctoral inédita. University of Illinois at Urbana-Champaign.
Giegerich, Heinz J. 1992. *English Phonology: an Introduction*. Cambridge: Cambridge University Press.
Goldsmith, John. 1976. "Autosegmental Phonology". Tesis doctoral, MIT. Publicada por Garland Publishing, New York, 1980.
———. 1979. "The Aims of Autosegmental Phonology". En *Current Approaches to Phonological Theory:* 202–222. Daniel A. Dinnsen, ed. Bloomington, Indiana: Indiana University Press.
———. 1979. "Subsegmental in Spanish Phonology; an Autosegmental Approach". Ponencia presentada en el Linguistic Symposium on Romance Linguistics IX, Georgetown University, Washington, D.C.

———. 1990. "Autosegmental and Metrical Phonology". Oxford and Cambridge: Basil Blackwell.

———. 1993. "Phonology as an Intelligent System". En *Bridges Between Psychology and Linguistics: A Swarthmore Festschrift for Lila Gleitman:* 247–267. Donna Jo Napoli y J. A. Kegl editores. Hillside, NJ: Lawrence Erlbaum Associates.

Gorecka, Alicja. 1989. "Phonology of Articulation". Tesis doctoral de MIT. Cambridge: Massachusetts.

Guerssel, Mohamed. 1978. "A Condition on Assimilation of Rules". *Linguistic Analysis* 4:225–254.

Guitart, Jorge M. 1976. *Markedness and a Cuban Dialect of Spanish.* Washington, D.C.: Georgetown University Press.

Halle, Morris. 1959. *The Sound Pattern of Russian.* The Hague: Mouton.

———. 1983. "On Distinctive Features and Their Articulatory Implementation". *Natural Language and Linguistic Theory* 1:91–105.

———. 1995. "Feature Geometry and Feature Spreading". *Linguistic Inquiry* 26:1–46.

Halle, Morris y K. P. Mohanan. 1985. "Segmental Phonology of Modern English". *Linguistic Inquiry* 16:57–116.

Halle, Morris, and Kenneth Stevens. 1971. "A Note on Laryngeal Features". *Quarterly Progress Report* 101:198–212. Cambridge, MA: MIT.

Halle, Morris y Jean-Roger Vergnaud. 1987a. *An Essay on Stress.* Cambridge, Mass.: MIT Press.

———. "Stress and the Cycle". *Linguistic Inquiry* 18:45–84.

Hammond, Michael. 1984. "Constraining Metrical Theory". Tesis doctoral de University of California, Los Angeles, CA.

Hammond, Robert M. 1986. *En torno a una regla global en la fonología del español de Cuba.* En *Estudios sobre la fonología del español del Caribe:* 31–39. Rafael A. Núñez Cedeño, Iraset Páez Urdaneta y Jorge M. Guitart, editores. Caracas: La Casa de Bello.

———. 1989. "American Spanish Dialectology and Phonology from Current Theoretical Perspectives". En *American Spanish Pronunciation: Theoretical and Applied Perspectives:* 137–150. Peter C. Bjarkman y Robert M. Hammond, editores. Washington DC: Georgetown University Press.

Hara, Makoto. 1973. *Semivocales y neutralización: dos problemas de fonología española.* Madrid: Consejo Superior de Investigaciones Científicas.

Harris, James W. 1969. *Spanish Phonology.* Cambridge, Mass.: MIT Press.

———. 1980. "Nonconcatenative Morphology and Spanish Plurals". *Journal of Linguistics Research* 1:15–31.

———. 1983. *Syllable Structure and Stress in Spanish: a Nonlinear Analysis.* Cambridge, MA: The MIT Press.

———. 1984a. "Autosegmental Phonology, Lexical Phonology, and Spanish Nasals". En *Language Sound Structure:* 67–82. Mark Aronoff y Richard T. Oehrle, editores. Cambridge, MA: The MIT Press.

———. 1984b. "Theories of Phonological Representation and Nasal Consonants in Spanish". En *Papers from the XIIth Linguistic Symposium on Romance Languages:* 153–168. Phillips Baldi, ed. Amsterdam: Benjamins.

———. 1985a. "The Spanish Diphthongization and Stress: a Paradox Resolved". *Phonology Yearbook* 2:31–45.

———. 1985b. "Spanish Word Markers". En *Current Issues in Hispanic Phonology and Morphology:* 34–54. Frank H. Nuessel, Jr., ed. Bloomington: Indiana University Linguistics Club.

———. 1986a. "Acerca de la Naturaleza de las Representaciones Fonológicas". *Revista Argentina de Lingüística* 2:3-20.

———. 1986b. "El Modelo Multidimensional de la Fonología y la Dialectología Caribeña". En *Estudios sobre la fonología del español del Caribe:* 41-51. Rafael A. Núñez Cedeño, Iraset Páez Urdaneta y Jorge M. Guitart, editores. Caracas: Ediciones La Casa de Bello.

———. 1987. "The Accentual Patterns of Verbs Paradigms in Spanish". *Natural Language and Linguistic Theory* 5:61-90.

———. 1989a. "How Different is Verb Stress in Spanish?" *Probus* 1:241-258.

———. 1989b. "Our Present Understanding of Spanish Syllable Structure". En *American Spanish Pronunciation: Theoretical and Applied Perspectives:* 151-169. Peter C. Bjarkman y Robert M. Hammond, editores. Washington, DC: Georgetown Univ. Press.

———. 1991a. "The Exponence of Gender in Spanish". *Linguistic Inquiry* 22:27-62.

———. 1991b. "With Respect to Accentual Constituents in Spanish". En *Current Studies in Spanish Linguistics:* 447-474. Hector Campos y Fernando Martínez-Gil, editores. Washington D.C.: Georgetown University Press.

———. 1992. *Spanish Stress: The Extrametricality Issue.* Bloomington: Indiana University Press.

———. 1993. "Integrity of Prosodic Constituents and the Domain of Syllabification Rules in Spanish and Catalan". En *The View from Building 20: Essays in Linguistics in Honor of Sylvain Bromberger:* 177-193. Ken Hale y Samuel J. Keyser, editores. Cambridge, Mass.: MIT Press.

———. 1995. "Projection and Edge Marking in the Computation of Stress in Spanish". En *A Handbook of Phonological Theory:* 867-887. John Goldsmith, ed. Oxford: Basil Blackwell.

Harris, Martin y Nigel Vincent. 1988. *The Romance Languages.* London: Croom Helm.

Harris, Zelig. 1944. "Simultaneous Components in Phonology". *Language* 20:181-205.

Hayes, Bruce. 1980. "A Metrical Theory of Stress Rules". Tesis doctoral de MIT, Cambridge, MA.

———. 1981. "Extrametricality and English Stress". *LI* 13:227-276.

———. 1984. "The Phonology of Rhythm in English". *Linguistic Inquiry* 15:33-74.

———. 1985. "Iambic and Trochaic Rhythm in Stress Rules". *Proceedings of the Second Annual Meeting of the Berkeley Linguistics Society:* 429-46.

———. 1986. "Inalterability in CV Phonology". *Language* 62:321-351.

———. 1987. "A Revised Parametric Metrical Theory". *Proceedings of the Northeastern Linguistic Society* 17.

———. 1995. *Metrical Stress Theory: Principles and Case Studies.* Chicago: The University of Chicago Press.

Hockett, Charles F. 1942. "A System of Descriptive Phonology". *Language* 18:3-21.

Hooper, Joan B. 1976. *An Introduction to Natural Generative Phonology.* New York: Academic Press.

Hooper, Joan y Tracy Terrell. 1976. "Stress Assignment in Spanish". *Glossa* 10:64-110.

Hualde, José I. 1989a. "Procesos Consonánticos y Estructuras Geométricas en Español". *Lingüística* 1:7-44.

———. 1989b. "Silabeo y Estructura Morfémica en Español". *Hispania* 72:821-831.

———. 1991a. *Basque Phonology.* London & New York: Routledge.

———. 1991b. "Unspecificied and Unmarked Vowels". *Linguistic Inquiry* 22:205-209.

———. 1991. "On Spanish Syllabification". En *Current Studies in Spanish Linguistics:* 475-493. Héctor Campos y Fernando Martínez-Gil, editores. Washington, DC: Georgetown University Press.

Bibliografía

———. 1994. "La contracción silábica en español". En *Gramática del español:* 629–647. V. Demonte, ed. México: El Colegio de México (Publicaciones de la Revista de Filología Hispánica, VI).

Hulst, Harry van der. 1989. "Atoms of Segmental Structure: Components, Gestures and Dependency". *Phonology* 6:253–284.

Hume, Elizabeth. 1994. *Front Vowels, Coronal Consonants, and their Interaction in Nonlinear Phonology.* New York: Garland Publishing.

Hume, Elizabeth y David Odden. 1996. "Reconsidering [Consonantal]". *Phonology* 13:345–376.

Hutchinson, Sandra P. 1974. "Spanish Vowel Sandhi". En *Papers from the Parasession on Natural Phonology.* A. Bruck, R.A. Fox y M.V. La Galy, editores. Chicago: Chicago Linguistic Society.

Hyman, R. 1956. "[N] as an Allophone Denoting Open Juncture in Several Spanish American Dialects". *Hispania* 39:293–299.

Ingria, Robert. 1980. "Compensatory Lengthening as a Metrical Phenomenon". *Linguistic Inquiry* 11.465–495.

Inkelas, Sharon. 1989. "Prosodic Constituency in the Lexicon". Disertación doctoral de Stanford University, California.

Itô, Junko. 1986. "Syllable Theory in Prosodic Phonology". Tesis Doctoral de University of Massachusetts, Amherst. (Publicada 1988, New York: Garland Press).

Ito, Y. y Mester, R.M. 1989. "Feature Predictability and Feature Specification: Palatal Prosody in Japanese mimetics". *Language* 65:259–93.

Jaeggli, Osvaldo. 1980. "Spanish Diminutives". En *Contemporary Studies in Romance Languages:* 142–158. Frank H. Nuessel, ed. Bloomington: Indiana University Linguistic Club.

Jakobson, R., G. Fant y M. Halle. 1952. *Preliminaries to Speech Analysis. The Distinctive Features and Their Correlates.* Cambridge, Massachusetts: The MIT Press.

Jakobson, Roman y Morris Halle. 1956. *Fundamentals of Language.* Berlin: Mouton Publishers.

Jespersen, Otto. 1904. *Lehrbuch der Phonetik.* Leipzig y Berlin.

Jiménez Sabater, Max A. 1975. *Más datos sobre el español de la República Dominicana.* Santo Domingo: Instituto Tecnológico de Santo Domingo.

Ka, Omar. 1988. "Wolof Phonology and Morphology: a Nonlinear Approach". Tesis doctoral inédita de University of Illinois, Urbana, Illinois.

Kager, René. 1992. "Shapes of the Generalized Trochee". Trabajo presentado en la West Coast Conference on Formal Linguistics, Los Angeles.

Kaisse, Ellen M. 1985. *Connected Speech: the Interaction of Syntax and Phonology.* New York: Academic Press.

———. "Can [Consonantal] Spread?". *Language* 68:313–332.

———. 1996. "The Prosodic Environment of S-weakening in Argentinian Spanish". En *Grammatical Theory and Romance Languages:* 123–134. Karen T. Zagona, ed. Amsterdam: Benjamin Publishers.

Kaisse, Ellen M. y Patricia A. Shaw. 1985. "On the Theory of Lexical Phonology". *Phonology Yearbook* 2:1–30.

Kaye, Jonathan y Jean Lowenstamm. 1984. "De la Syllabicité. Forme Sonore du Langage": 123–59. Francois Dell, D. Hirst y J.R. Vergnaud, editores. Paris: Hermann.

Kaye, Jonathan, Jean Lowenstamm y Jean-Roger Vergnaud. 1985. "Constituent Structure and Government in Phonology". *Phonology Yearbook* 2:303–326.

Kenstowicz, Michael. 1986. "Notes on Syllable Structure in Three Arabic Dialects". *Revue Québécoise de Linguistique* 16:101–28.

Kenstowicz, Michael and Charles Kisseberth. 1979. *Generative Phonology: Description and Theory.* New York: Academic Press.
———. 1994. *Phonology in Generative Grammar.* Cambridge, MA: Blackwell.
Kenstowicz, Michael y Charles Pyle. 1973. "On the Phonological Integrity of Germinate Clusters". En *Issues in Phonological Theory:* 27–43. Michael Kenstowicz y Charles Kisseberth, editores. The Hague: Mouton.
Keyser, Samuel Jay and Kenneth N. Stevens. 1994. "Feature Geometry and the Vocal Tract". *Phonology* 11:207–236.
Kiparsky, Paul. 1968. *How Abstract is Phonology.* Bloomington, Indiana: Indiana University Linguistics Club,.
———. 1973. "Elsewhere in Phonology". En *A Festschrift for Morris Halle:* 93–106. S. Anderson y P. Kiparsky, editores. New York: Holt, Rinehart and Winston.
———. 1979. "Metrical Structure Assignment is Cyclic". *Linguistic Inquiry* 10:421–441.
———. 1982a. "From Cyclic Phonology to Lexical Phonology". En *The Structure of Phonological Representations* I:131–177. H. van der Hulst and N. Smith, editores. Dordrecht: Foris.
———. 1982b. "Lexical Morphology and Phonology". En *Linguistics in the Morning Calm.* I.-S Yang, ed. Seoul: Hanshin.
———. 1985. "Some Consequences of Lexical Phonology". *Phonology Yearbook* 2:85–138.
Kisseberth, Charles. 1970. "On the Functional Unity of Phonological Rules". *Linguistic Inquiry* 1:291–306.
Ladefoged, P. 1993. *A Course in Phonetics.* New York: Harcourt Brace Jovanovich, Inc.
Lakoff, George. 1993. "Cognitive Phonology". En *The Last Phonological Rule: Reflections on Constraints and Derivations:* 117–145. John Goldsmith, ed. Chicago y London: University of Chicago.
Leben, William. 1973. "Suprasegmental Phonology". Tesis doctoral de MIT, Cambridge, Massachusetts.
———. 1980. "A Metrical Analysis of Length". *Linguistic Inquiry* 10:497–509.
Lehiste, Ilse. 1970. *Suprasegmentals.* Cambridge, MA: MIT Press.
Levin, Juliette. 1985. "A Metrical Theory of Syllabicity". Tesis doctoral de MIT, Cambridge, MA.
Liberman, Mark. 1975. "The Intonational System of English". Tesis doctoral de MIT, Cambridge, MA. Distribuída por Indiana University Linguistics Club.
Liberman, Mark y Alan Prince. 1977. "On Stress and Linguistic Rhythm". *Linguistic Inquiry* 8, 249–336.
Lipski, John M. 1990. "Elision of Spanish Intervocalic /y/ Toward a Theoretical Account". *Hispania* 73:797–804.
———. 1995. "Spanish Hypocoristics: Toward a Unified Analysis". *Hispanic Linguistics* 6/7:387–434.
———. 1996. "Spanish Word Stress: the Interaction of Moras and Minimality". En *Issues in the Phonology of Iberian Languages.* Fernando Martínez-Gil y Alfonso Morales-Front, editores. Washington, D.C.: Georgetown University Press.
Lloyd, Paul M. 1987. *From Latin to Spanish.* Philadelphia: American Philosophical Society.
Lozano, Carmen M. 1979. "Stop and Spirant Alternations: Fortition and Spirantization Processes in Spanish phonology". Tesis doctoral de Ohio State University. Distribuida por Indiana University Linguistics Club.
Maddieson, Ian. 1984. *Patterns of Sound.* Cambridge: Cambridge University Press.
Martínez-Gil, Fernando. 1993. "The Insert/Delete Parameter, Redundancy Rules, and

Neutralization Processes in Spanish". En *Current Studies in Spanish Linguistics:* 495–571. Héctor Campos y Fernando Martínez-Gil, editores. Washington, D.C.: Georgetown University Press.

Mascaró, Joan. 1976. "Catalan Phonology and the Phonological Cycle". Tesis Doctoral de MIT, Cambridge, MA. Distribuida por Indiana University Linguistics Club.

———. 1984. "Continuant Spreading in Basque, Catalan, and Spanish": 287–298. En *Language Sound Structure.* Mark Aronoff y Richard T. Oehrle, editores. Cambridge, MA: The MIT Press.

McCarthy, John. 1984. "Theoretical Consequences of Montañés Vowel Harmony". *Linguistic Inquiry* 15: 291–318.

———. 1988. "Feature Geometry and Dependency: a Review". *Phonetica* 43:84–108.

———. 1989. "Linear Order in Phonological Representations". *Linguistic Inquiry* 20: 71–99.

McCarthy, John y Alan Prince. 1986. "Prosodic Morphology". Manuscrito de la University of Massachussets, Amherst y Brandeis University.

———. 1993a. "Prosodic Morphology I: Constraint Interaction and Satisfaction". Manuscrito, University of Massachusetts-Amherst y Rutgers University.

———. 1993b. "Generalized Alignment". Manuscrito de University of Massachusetts-Amherst y Rutgers University.

Mester, R. Armin and Junko Ito. 1989. "Feature predictability and Underspecification: Palatal prosody in Japanese Mimetics". *Language* 65: 258–93.

Mohanan, K.P. 1982. "Lexical Phonology". Tesis doctoral de MIT, Cambridge, MA. Distribuida por Indiana University Linguistics Club.

———. 1986. *The Theory of Lexical Phonology.* Dordrecht: Reidel.

———. 1991. "On the Bases of Radical Underspecification". *Natural Language and Linguistic Theory* 9: 285–325.

Monroy Casas, Rafael. 1980. "Aspectos Fonéticos de las Vocales Españolas". Alcobendas, Madrid: Sociedad General Española de Librería.

Morales-Front, Alfonso. 1994. "A Constraint-based Approach to Spanish Phonology". Tesis doctoral de University of Illinois, Urbana-Champaign, Illinois.

Morgan, Terrell. 1984. "Consonant-glide-vowel Alternations in Spanish: A Case Study in Syllabic and Lexical Phonology". Tesis doctoral, University of Texas, Austin, Texas.

Navarro Tomás, Tomás. 1974. *Manual de pronunciación española.* Madrid: Consejo Superior de Investigaciones Científicas.

Nespor, Marina e Irene Vogel. 1986. *Prosodic Phonology.* Foris: Dordrecht.

———. *Nonlinear Phonology.* New York: Garland Publishing.

Núñez Cedeño, Rafael A. 1980. *La fonología moderna y el español de Santo Domingo.* Santo Domingo: Taller.

———. 1985. "Stress Assignment in Spanish Verb Forms". En *Current Issues in Hispanic Phonology and Morphology:* 55–76. F. Nuessel Jr., ed. Bloomington. Indiana: Indiana University Linguistics Club.

———. 1986. "Teoría de la organización silábica e implicaciones para el análisis del español caribeño". En *Estudios sobre la fonología del español del Caribe:* 75–94. Rafael A. Núñez Cedeño, Iraset Páez Urdaneta y Jorge M. Guitart, editores. Caracas: La Casa de Bello.

———. 1988. "Alargamiento vocálico compensatorio en el español cubano: un análisis autosegmental". En *Studies in Caribbean Spanish Dialectology:* 261–85. Robert M. Hammond y Melvyn Resnick, editores. Washington, D.C.: Georgetown University Press.

———. 1988. "Structure Preserving Properties of an Epenthesis Rule in Spanish": 311–335. En *Advances in Romance Linguistics*. D. Birdsong y J.-P. Montreuil, editores. Dordrecht: Foris.

———. 1989. "CV Phonology and its Impact on Describing American Spanish Pronunciation". En *American Spanish Pronunciation:* 170–186. Peter C. Bjarkman y Robert M. Hammond, editores. Washington, DC: Georgetown University Press.

———. 1994. "The Alterability of Spanish Geminates and its Effects on the Uniform Applicability Condition". *Probus* 5:3–19.

———. 1997. "Liquid Gliding in Cibaeño and Feature Geometry Theories". *Hispanic Linguistics* 9:1–21.

Odden, David. 1986. "On the Role of the Obligatory Contour Principle in Phonological Theory". *Language* 62:353–383.

———. 1988. "Anti-Antigemination and the OCP". *Linguistic Inquiry* 19.451–75.

———. 1994. "Adjacency Parameters in Phonology". *Language* 70:289–330.

Oroz, Rodolfo. 1966. *La lengua castellana en Chile*. Santiago: Facultad de Filosofía y Educación, Universidad de Chile.

Otero, Carlos. 1986. "A Unified Metrical Account of Spanish Stress". En *A Festschrift for Sol Saporta:* 299–332. M. Brame, H. Contreras y F. J. Newmeyer, editores. Seattle: Noit Amrofer.

Paradis, Carole. 1988a. "On Constraints and Repair Strategies". *Linguistic Review* 6 (1): 71–97.

———. 1988b. "Towards a Theory of Constraint Violations". McGill Working Papers in Linguistics 5:1–43.

———. 1993. "Ill-Formedness in the Dictionary: A Source of Constraint Violation". *Canadian Journal of Linguistics/Revue Canadienne de Linguistique* 38(2):215–234.

Paradis, Carole y Jean-François Prunet. 1988. *Markedness and Coronal Structure*. North Eastern Linguistics Society 19.

———. 1989. "On Coronal Transparency". *Phonology* 6:317–348.

———. 1991. "Introduction: Asymmetry and Visibility in Consonant Articulations". En *Phonetics and Phonology 2: The Special Status of Coronals:*1–27. Carole Paradis y Jean-François Prunet, editores. New York: Academic Press.

———. 1993. "On the Validity of Morpheme Structure Constraints". *Canadian Journal of Linguistics/Revue Canadienne de Linguistique* 38(2):235–256.

Paradis, Carole y Darlene LaCharité. 1993. "The Emergence of Constraints in Generative Phonology and a Comparison of Three Current Constraint Based Models". *Canadian Journal of Linguistics/Revue Canadienne de Linguistique* 38(2):1–36.

Penny, Ralph J. 1969. *El habla pasiega: ensayo de dialectología montañesa*. London: Tamesis Book.

Pesetsky, David. 1979. "Russian Morphology and Lexical Theory". Manuscrito de MIT.

———. 1988. *Phonology*. Cambridge, Inglaterra: Cambridge University Press.

Poser, William. 1984. "The Phonetics and Phonology of Tone and Intonation in Japanese". Disertación doctoral de MIT, Cambridge, MA.

Postal, Paul. 1968. *Aspects of Phonological Theory*. New York: Harper and Row.

Prieto, Pilar. 1992. "Morphophonology of the Spanish Diminutive Formation: a Case for Prosodic Sensitivity". *Hispanic Linguistics* 5:169–205.

Prieto, Pilar y J. van Santen. 1996. "Secondary Stress in Spanish: Some Experimental Evidence". En *Aspects of Romance Linguistics*. Claudia Parodi et al., editores. Washington, DC: Georgetown University Press.

Prince, Alan. 1983. "Relating to the Grid". *Linguistic Inquiry* 14:19–100.

Bibliografía

Prince, Alan y Paul Smolensky. 1993. *Optimality Theory: Constraint Interaction in Generative Grammar.* Technical Report #2 of the Rutgers Center for Cognitive Science. Rutgers University.

Pulleyblank, Douglas. 1983. "Extratonality and Polarity". En *Proceedings of WCCFL* 2: 204–216. Stanford: SLA.

———. 1986. *Tone in Lexical Phonology:* Dordrecht: Reidel.

———. 1988. "Vocalic Underspecification in Yoruba". *Linguistic Inquiry* 17: 233–270.

———. 1988. "Underspercification, the Feature Hierarchy and Tiv Vowels". *Phonology* 5:299–326.

Quilis, Antonio. 1981. *Fonética acústica de la lengua española.* Madrid: Gredos.

———. 1993. *Tratado de fonología y fonética españolas.* Madrid: Gredos.

Real Academia Española. 1973. *Esbozo de una nueva gramática de la lengua española.* Madrid: Espasa-Calpe.

Roca, Iggy. 1986. "Secondary stress and Metrical Rhythm". *Phonology Yearbook* 3: 341–370.

———. 1988. "Theoretical Implications of Spanish Word Stress". *Linguistic Inquiry* 19: 393–423.

———. 1990. "Verb Morphology and Stress in Spanish". *Probus* 2:321–350.

———. 1991. "Stress and Syllables in Spanish". En *Current Issues in Spanish Linguistics:* 591–635. Hector Campos y Fernando Martínez-Gil, editores. Washington, DC: Georgetown University Press.

———. 1992a. "On the Sources of Word Prosody". *Phonology* 9:26–87.

———. 1992b. "Stress and Syllables in Spanish". En *Current Studies in Spanish Linguistics:* 599–635. Héctor Campos y Fernando Martínez-Gil, editores. Washington, DC: Georgetown Univ. Press.

———. 1994. *Generative Phonology.* London: Routledge.

———. 1996. "On the Role of Accent in Stress Systems". En *Issues in the Phonology of Iberian Languages.* Fernando Martínez-Gil y Alfonso Morales-Front, editores. Washington, DC: Georgetown University Press.

Rubach, Jerzy 1984. *Cyclic and Lexical Phonology: the Structure of Polish.* Dordrecht: Foris.

Ruhlen, Merritt. 1976. *A Guide to Languages of the World.* Language Universal Project de Stanford University.

Sagey, Elizabeth. 1986. "The Representation of Features and Relations in Non-linear Phonology". Tesis doctoral de MIT, Cambridge, Massachusetts. Publicada en 1990 por Garland Press, New York.

Saporta, Sol. 1956. "A note on Spanish Semivowels". *Language* 32, 287–90. Reimpreso 1958 en *Readings in Linguistics:* 403–404. M. Joos, ed. Nueva York: American Council of Learned Societies.

Saporta, Sol y Heles Contreras. 1962. *A Phonological Grammar of Spanish.* Seattle, Washington: University of Washington Press.

Saussure, Ferdinand de. 1916. *Cours de linguistique générale.* Lausanne y Paris: Payot.

Schane, Sanford. 1984. "The Fundamentals of Particle Phonology". *Phonology Yearbook* 1.129–155.

Schein, Barry y Donca Steriade. 1986. "On Geminates". *Linguistic Inquiry* 17:691–744.

Scobbie, James. 1991. "Attribute Value Phonology". Tesis Doctoral, University of Edinburgh.

———. 1992. "Towards Declarative Phonology". En *Declarative Perspectives on Pho-*

nology. Steven Bird, et al., editores. Edinburgh Working Papers in Cognitive Science 7:1–26.
Selkirk, Elisabeth. 1984. *Phonology and Syntax: The Relation Betweeen Sound and Structure.* Cambridge, MA: MIT Press.
Siegel, Dorothy. 1974. "Topics in English Morphology". Tesis Doctoral de MIT. Cambridge, MA.
Sievers, E. 1881. *Grundzüge der Phonetik.* Leipzig: Breitkoft y Hartel.
Sommerstein, Alan H. 1995. *Fonología moderna.* Madrid: Cátedra.
Stampe, David L. 1979. *A Dissertation on Natural Phonology.* New York: Garland Press.
Steriade, Donca. 1984. "Glides and Vowels in Romanian". *Proceedings of the Berkeley Linguistics Society* 16.
———. 1987. "Redundant values". *Parasession on Autosegmental and Metrical Phonology* 23. Chicago Linguistics Society: Chicago.
———. 1995. "Underspecification and Markedness". En *The Handbook of Phonological Theory:* 114–174. John A. Goldsmith, ed. Cambridge, MA: Blackwell Publishers.
Steven, John Coleman, Janet Pierrehumbert y James Scobbie. 1993. "Declarative Phonology". *Proceedings of the XVth International Congress of Linguistics.* André Crochetière, Jean-Claude Boulanger y Conrad Ouellon, editores. Université Laval en Québec.
Stockwell, Robert, J. Donald Bowen e I. Silva-Fuenzalida. 1956. "Spanish Juncture and Intonation". *Language* 32:641–65. Reimpreso 1958 en *Readings in Linguistics:* 406–18. M. Joo, ed. New York: American Council of Learned Societies.
Thráisson, Hoskuldur. 1978. "On the Phonology of Icelandic Pre-aspiration". *Nordic Journal of Linguistics* 1:3–54.
Trubetzkoy, N.S. 1939.*Grundzüge der Phonologie.* Trad. francesa: *Principes de Phonologie.* France: Paris.
———. 1972. *Fonología y morfología.* Editorial Paidós: Buenos Aires.
Zamora C.Munné, Jorge M. Guitart. 1982. *Dialectología hispanoamericana.* Madrid: Ediciones Almar.
Zamora Vicente, Alonso. 1974. *Dialectología española.* Madrid: Editorial Gredos.

Apuntes de Transcripciones Fonéticas

A. Consonantes

1. El símbolo [N] corresponde a una nasal carente de punto articulatorio.
2. Las consonantes asimiladas a dentales aparecen con cedilla debajo del símbolo fonético, v.g. [n̪, l̪].
3. Las consonantes asimiladas a alveopalatales aparecen con un acento agudo encima del símbolo fonético, v.g. [ń, ĺ].
4. La líquida vibrante múltiple aparece como [R] y la vibrante uvular como [χ].
5. Los símbolos [j w] representan semivocales o semiconsonantes, los cuales se denominan indistintamente deslizadas.
6. Las consonantes sonoras coarticuladas con ensordecimiento aparecen con índice sobreescrito, v.g. [β⁰].

Tabla de consonantes

	bilabial	labio-dental	Inter-dental	dental/ alveolar	alveopalatal/ palatal	velar	laríngea
Oclusivas	p b			t d		k g	ʔ
Africadas					č ŷ		
Fricativas	β	f v	θ	ð/ s z	š ž	x γ	h
Nasales	m	m̪		/n	/ñ	ŋ	
Lateral				/l	/λ		
Vibrante				/r R			

B. Vocales

1. Excepto por las vocales abiertas, cuyos símbolos corresponden a [ɛ] y [ɔ], las demás se representan con mayúsculas, v.g., [I U].
2. El símbolo [ə] corresponde a una vocal reducida central.
3. El símbolo [ä] denota una vocal baja laxa mientras que [ẹ ọ] representan vocales con menor grado de apertura.

Tabla de vocales

	no retraída	no-retraída redonda	retraída
alta cerrada	i	ü	u
alta abierta	I		U
media cerrada	e		o
media abierta	ɛ		ɔ
baja	æ		a

Índice de temas y lenguas

Acento 14, 16, 23, 106, 179-194, 204-230, 251-276
Acentuación 106-107, 184, 204-230, 240-241, 251-276
Actuación 1
Adquisición 136, 221, 240, 246, 276
Alargamiento vocálico compensatorio 33, 180-181
Alemán 135-136
Alófono 2-3, 32-36, 196-197
Alternancia 23, 97, 138, 144, 146, 189, 236, 238, 246, 255
Aproximación basada en restricciones/reglas 215, 228, 231-251
Árabe 95, 100-101, 107, 127
Armonía vocálica 20, 49-50, 145-148, 158, 161-162, 174
Asimilación 13-17, 74, 82-92, 113-127, 155-162, 172, 175
    parcial 91, 92, 107
    total 46, 72, 74, 114, 165-166
Asociación
    múltiple 49, 94, 108
    simple 100
Ataque silábico 35, 174, 176, 189, 201, 248-249
ATAQUE 178, 185, 245, 247-249
Auca 167
Autosegmento 46-50, 148, 242

Binariedad 5, 10, 12, 37-41, 80, 137, 155, 205-208, 252-255, 272-275
Bukusu 130

Cambio
    estructural 12, 88, 91
    lingüístico 240
    de rasgos 12
Catalán 3, 159, 191-192, 197-198

Checo 219
Chipriota 74
Chukchi 131, 132
Ciclo transformacional 13-14, 190-202, 251
Coda silábica 13-16, 196, 201
*CODA 245, 247-249
Compensación vocálica 33, 180-181
Competencia 1, 5, 22, 238
Componente
    fonológico 13, 16, 21, 189-198, 242
    morfológico 190-199
    semántico 192
    sintáctico 13, 189-199
Compuestos 187, 200
Condición de
    Localidad 120, 128-133
    la Perifericidad 209
    Buena Formación 48-49, 102, 239, 245
    Uniformidad 27, 98, 101-103, 109, 113
Construcción de estructura 88-89, 209, 214, 235
Contorno tonal 47
Contracción silábica 187
Convención de Asociación Universal 48, 93
Coreano 119
Coronalización 121-125
Cuna 106-107

Derivación 13, 21, 45-46, 84, 125, 147-148, 189, 191-194, 232-243, 248, 251, 271
Descripción estructural 12, 27, 102, 109, 127, 156, 232
Diacríticos 40, 144, 212-217, 229
Diptongo 23, 30-31, 144-145, 181-186, 219-220

292   Indice de temas y lenguas

Direccionalidad 208
Distribución complementaria 2, 5, 34
Distribucionalismo 5

Elemento terminal (ET) 210-216, 230, 256, 259-262, 269-270
Elevación vocálica 160
Ergativo 166-167
Escuela americana 4-5
Escuela de Praga 1-5
Eslovaco 119
Español
    andaluz 34, 50, 127-128, 173, 186
    castellano 3, 36, 110-111, 114, 146
    cubano 35, 41, 75, 137, 173, 180
    dominicano 96, 221, 223
    mexicano 94-95, 110
    porteño 75, 110
Esqueleto prosódico 73, 80, 87-92, 100-113, 143, 165, 167
Estrato autosegmental 193-194, 198, 200
Estratos léxicos 46-47
Estructura moraica 179, 180, 185
Estructura superficial (ES) 189
Estructura profunda (EP) 190
Estructura silábica 40, 144, 175, 180, 188, 209-210, 217, 221, 225, 247
Estructuralismo 1-5, 22, 135-136, 189, 204
EVAL 242-244, 252-253
Extrametricalidad 207-208, 214-216, 229

Fonología
    armónica 20-21
    autosegmental 46-50, 72, 148, 237-238, 242
    autosegmental-jerárquica 14-15, 22, 18, 72-128, 237, 241, 246
    estructuralista 3-5
    declarativa 20-21, 202
    léxica 4, 84, 190-202, 231, 243
    métrica 16, 208
    morfológica 4
    prosódica 16
    segmental 106
    sintáctica 4
Forma lógica (FL) 190
Forma fonética (FF) 13, 91, 189-190, 192, 198, 202
Frase entonacional 271-274

Fula 158
Función distintiva 2-3, 38, 159
Futankoore 158-161

Geminada 27, 74, 97-114, 188, 241
GEN 242-244, 247, 252-253, 256
Generativismo 4, 21, 106, 136
Gengbe 145, 168
Geometría de los rasgos 15-16, 75-77, 87, 92-93, 113-121, 129, 161
Gramática universal 5, 21-22, 29, 38, 43-44, 48, 83-84, 105-106, 138, 141, 154-159, 163-164, 170, 219, 225, 232, 235-247
Griego 217

Hiato 181-186, 191, 193

Igbo 46, 139, 145
Inclusividad 239, 243, 251
Inglés 14, 28, 30-33, 77, 121, 134, 144, 160, 162, 164, 170-171, 190-201, 260
Inventario alfabético 19, 32-38, 139-140, 149, 167, 169, 197, 200
Islandés 105, 107, 219

Japonés 145, 151, 168, 219
Jerarquía de restricciones 21, 178-179, 239, 241, 244-249, 272, 274
Jerarquía prosódica 202, 216, 224

Kikongo 131
Kikuyu 105
Kimatuumbi 105
Kpelle 83

Langue 1
Lardil 219-220
Latín 30, 33, 130, 164-165, 179-180, 208, 211, 217, 219, 222-223, 230, 260, 276
Ley de Lyman 151
Líneas de asociación 48, 101-105
Lituano 104
Lomongo 44-45, 47

Maninka 105
Maranungku 169
Marcadez 111, 141, 151, 167-169
Margi 47-48

Índice de temas y lenguas   293

Marroquí 100–101, 107
Maximización de ataques silábicos 175 - 179, 247–249
Modelo autosegmental jerárquico 72–128
Mora 179–180, 185–186, 205, 207–209, 214–216, 220 221, 252
Morfofonología 4, 189

Neutralización 135–137, 155, 173
Ndu 119
Nez Perce 142
Nivel subyacente 50, 100, 104, 108, 125, 138–140, 144–145, 148, 154, 156, 158, 162, 166, 167
Nodo
   articulatorio 87, 104, 117, 124
   coronal 76, 117–118, 125, 159
   de apertura 120
   paladar blando 73, 76, 78
   dorsal 75, 104, 123, 127, 161
   glotal 92
   labial 118
   laríngeo 15, 121
   oral 78, 81, 89, 96, 121, 125
   punto de articulación 16
   radical 15, 81, 118, 177
   supralaríngeo 15, 79, 87
   vocálico 120, 161–162
No cruce de líneas 101–104, 164, 238
Núcleo
   consonántico 144
   vocálico 40, 48, 170–180

Odawa 219

Palabra prosódica 210, 216, 227, 253–254, 263, 272, 276
Paralelismo 239, 241, 251, 271
Parámetros 119–120, 207–209, 212, 219, 239
Parole 1
Parrilla métrica 205–207, 213–216, 225, 252
Pasiego 20, 50, 130, 145, 146, 148, 160
Persa 101–106
Peso silábico 179–180, 207–209, 219–226
Pie métrico 205–276
Pluralización en español 16, 50, 143, 159, 173, 186

Preespecificación 34, 40, 215–216, 224, 229, 254–259, 261–270, 272
Prefijos 49, 175–178, 183, 188–189, 200–201, 249
Principio
   de la Alternancia Acentual 207, 255
   de la Alteración Mínima 215
   de Ciclicidad Estricta 192–193, 196
   del Contorno Obligatorio 94–99, 104–106, 108–109, 113, 116, 119, 238–239
   de la Minimidad Léxica 18, 238
   de la perifericidad 209, 214–215, 218
   de Minimización de Rasgos 138, 140
   Preservación de Estructura 83–85, 196–197, 200
   del Resto 232–233, 252
   Prueba de la conmutación 2–3

Raíz
   derivacional 91, 214–215, 218, 263–265, 272
   lingual adelantada 50, 73, 76–77, 145–149, 160, 249
   lingual retraída 73, 76–77
Rasgos
   distintivos 5, 11–17, 23–24, 38–45, 72, 157, 205
   segmentales 14–15, 40, 185, 213
   suprasegmentales 15–16, 27, 93, 117
Regla de
   asimilación de nasales 13, 72, 2–89, 156–157, 175, 188, 197–198, 233, 241
   asignación de acento primario 191, 253–270
   aspiración 13, 15, 17, 27, 97, 99, 196–197, 200–201
   desacentuación 191–193, 195–196
   epéntesis 17, 100–101, 139, 143, 145, 159, 232, 264
   espirantización 74, 95, 103, 109–115
   reducción trisilábica (Trisyllabic Shortening) 193
   reducción vocálica 14, 191–192
   resilabificación 178, 185, 197–201
   semivocalización de vocales altas 187
   velarización de nasales 12–13, 155, 197, 200–201

Regla morfofonológica 4, 45, 146, 189, 200
Reglas
   aprendidas 141–142
   cíclicas 13–14, 190–202, 251
   complementarias 34, 141, 147–148, 150–151, 153, 164
   de formación de palabras 190, 194–195
   léxicas 194–197, 202
   por defecto 80, 121, 124–125, 141–142, 145, 150–154, 163
   no-cíclicas 190, 195–197, 200
   postléxicas 195–196, 202
   de redundancia 10, 19–20, 126, 138, 140, 147, 149, 151, 159, 162, 167
Relaciones
   paradigmáticas 4, 227–228, 259, 264
   sintagmáticas 4
Rellenando rasgos 88
Rendaku 151–152
Representación
   fonética 12–13, 21, 43, 76, 106, 108, 116, 118, 134, 140, 166, 189
   lineal 12, 46
   subyacente 18–21, 40, 87, 97, 101, 105–106, 134, 137, 139, 224, 232, 235, 241, 247
Restricción derivacional 46, 233–234

Sánscrito 162
Serialismo armónico 242–243
Shona 105
Silabificación 17, 40, 145, 170–188, 197–201, 215, 220, 249
Sinalefa 185–186, 250
Sonoridad 28, 150, 163, 170–171, 181–182, 187, 248
Subespecificación
   consonántica 111–112, 139, 149–162
   contrastiva o restringida 18–19, 161–169
   radical 19–20, 139, 162–169
Sufijos 47,-49, 100, 122, 144, 146, 148, 158–161, 164–166, 193–201, 210–218, 227, 230, 258–276
Swahili 167

Tabla evaluadora (tableau) 244, 252
TAM (tiempo/aspecto/modo) 263–270, 228.doc,
Telugu 145
Teoría
   de la Adyacencia 127–133
   De las Estrategias de Restricción y Reparación 236–237
   de la Marcadez 135, 137
   Métrica 12, 205–208, 251–252
   de la Optimidad 215, 231–242, 246, 251–252, 256, 261, 272
   de los Principios y Parámetros 239
   de la Subespecificación 20, 134–135, 138–139, 154, 160–167
Tigriña 95, 103
Tiv 145
Troqueo 207–208, 211–213, 217, 271–276

Ultracorrección 35, 221–224
Unidades portadoras de tonos 46, 48

Valores redundantes 163
Vasco 132, 165–167, 174
Ventana trisilábica 218, 222, 259, 276
Violabilidad 239–241, 251
Vocal temática 227–230, 264

Warao 219
Wolof 50

Yambo 207, 273
Yawelmani 145, 233
Yoruba 168